¡Proletarios de todos los países, uníos!

Karl Marx
Friedrich Engels

Biografía del Manifiesto Comunista

El *Manifiesto* y los textos que precedieron,
siguieron y explicaron el primer programa del
comunismo científico.

Ediciones Tinta Roja
2024

K. Marx y F. Engels
Biografía del Manifiesto Comunista

Ediciones Tinta Roja
Primera edición: septiembre, 2024

Edición y revisión
Javier Martín Rodríguez
Enmakón Boyero Vicente
Tomás Ferreira Crubellati

Maquetación
Iván Álvarez Díaz

Diseño de cubierta
Pedro Fernández

Ilustraciones
María Daga

ISBN: 978-84-129349-0-8
Depósito legal: M-22270-2024
Impreso en Estugraf, Madrid

Edición histórica:
Biografía del Manifiesto Comunista,
Editorial México SA (1949)

Biografía del Manifiesto Comunista

Nota de los editores
Consejo editorial de Tinta Roja

El libro que tienes en tus manos surge de la necesidad de ofrecer una visión histórica de los orígenes del *Manifiesto Comunista*; así lo concibió Wenceslao Roces cuando a inicios de los años 30 afrontaba esta recopilación de textos bajo el título de la *Biografía del Manifiesto Comunista*, inicialmente publicada por la editorial Cenit en 1932, y reeditada por la Editorial México S.A. en 1949, de donde hemos tomado el grueso de los textos.

Ediciones Tinta Roja hemos decidido reeditar esta obra con la intención de ofrecer un material de enorme valor y utilidad tanto para aquellos que se inician en la lectura del comunismo científico, como para quienes ya poseen cierto bagaje. El *Manifiesto Comunista*, «cantar de los cantares» del comunismo, es la primera exposición clara y sistemática de la nueva concepción del mundo fundamenta por los dos amigos, fuente inagotable de reflexiones, brújula a la que siempre recurrimos los revolucionarios para encontrar orientación, y primera lectura de quienes buscan respuestas ante las tinieblas del presente. Recuperar la edición histórica de Wenceslao no solo nos permite reconectar con toda una tradición editorial militante, sino que además permite profundizar en la comprensión de este texto fundador y fundamental ofreciendo su propia biografía: sus antecedentes, su proceso de génesis, su contexto militante e histórico, etc.

Hemos realizado, no obstante, algunos cambios en la selección y orden de los textos con respecto a la edición de Roces. En primer lugar, como podrá comprobar el lector que consulte la edición original de la obra, hemos decidido prescindir de los textos «En Memoria del Manifiesto Comunista» de Labriola y «Las consecuencias de la revolución del proletariado» de Mosses Hess. Son sin duda textos de interés, pero la larga extensión del libro, y el hecho de que sus aportes fundamentales ya quedan reflejados en otros textos de la antología, nos ha inclinado por prescindir de ellos en la presente edición.

En segundo lugar, hemos añadido varios textos que sirven para conocer mejor algunas cuestiones como la vida y los aportes teóricos fundamentales de los autores del *Manifiesto Comunista*; en ese sentido incorporamos los textos «Karl Marx» y «Friedrich Engels» de V. I. Lenin, tomados de la edición de Progreso de sus *Obras Completas* (Tomo XXVI, pp. 43-95, y Tomo II, pp. 1-14, respectivamente); si bien hemos espaciado algunos párrafos que en esta traducción eran excesivamente largos. Asimismo, se ha incluido la «Quinta Conferencia sobre Marx y Engels en la Academia Socialista en 1922» de David Riazánov, archivero soviético y fundador del Instituto Marx-Engels. Junto con las «Notas aclaratorias al Manifiesto del Partido Comunista», también de Riazánov, los textos mencionados en este párrafo constituyen el apéndice de esta antología.

Tras la introducción de Roces, «Sobre los orígenes del *Manifiesto* y de la Liga de los Comunistas», los textos de la antología siguen un orden cronológico –biográfico, podríamos decir–, partiendo de las alocuciones de la Liga de los justicieros en 1846 hasta el texto intitulado «Marx Contra La Fracción Ultraizquierdista Willich-Schapper», que sintetiza algunos elementos del final de la Liga de los Comunistas en 1852, pasando, por supuesto, por el propio *Manifiesto Comunista* y otros textos esenciales.

El texto del *Manifiesto Comunista* y de los *Principios del Comunismo* ha sido tomado del Tomo I de las *Obras Escogidas* de Marx y Engels editadas por nuestra propia editorial. Asimismo, se ha tomado de dicha edición el texto de las citas que hacen referencia a obras recogidas en ella, como por ejemplo las referencias a «El 18 de Brumario de Luis Bonaparte» o «Trabajo Asalariado y Capital».

Para la correspondencia entre Marx y Engels, hemos utilizado las referencias de la edición del Instituto Marx-Engels de Moscú, que es la edición que utiliza Roces, y hemos homogeneizado esta edición también en los textos editados por Progreso, sustituyendo así las referencias a la edición rusa de las *Obras Completas* de Marx y Engels por las de los tomos de la *Correspondencia*. Asimismo, hemos señalado las fechas exactas de las cartas allí donde hemos podido encontrar la referencia.

En el caso de aquellos textos que Roces toma de las ediciones en alemán de Ernst Drahn en el periódico *Neue Zeit* de 1919, y de Carl Grünberg, *Die Londoner kommunistische Zeitschrift und andere Urkunden aus den Jahren 1847/1848*, de 1821, los hemos trabajado teniendo presentes esas mismas ediciones.

Igualmente se ha consultado la edición en ruso del *Manifiesto Comunista* publicada por la Editorial Estatal en 1930, que incluye las notas aclaratorias que realizó Riazánov para la edición de 1922.

Debemos advertir que, en el caso del *Anti-Dühring* y de *El Capital*, que son citados profusamente por Riazánov, hay dos ediciones distintas de cada texto citadas a lo largo del libro. Mientras que Roces utiliza, en su edición, las versiones alemanas, en los textos de Lenin de Progreso se utilizan las versiones rusas de las *Obras Completas*. A falta de poder dotar de homogeneidad al respecto a todo el libro, nos hemos visto obligados a respetar las ediciones citadas en cada texto original. Aun así, queda ordenado: durante la primera mitad se hace referencia a las ediciones de las *Obras Completas* de la edición rusa, mientras que, en el texto de Riazánov, se hace referencia a las alemanas. En el momento en el que se hace un cambio de referencia en la edición citada, queda reflejado como corresponde en nota al pie.

Hemos señalado las notas al pie de Wenceslao Roces con WR, y las de Progreso con PR, antes del texto de cada nota. Las nuestras, así como las notas bibliográficas, no están señaladas. En las escasas ocasiones en las que las notas son de los autores originales (Marx, Engels, Lenin, etc.), lo hemos señalado al inicio de la propia nota como «Nota de ...:».

Hemos descastellanizado todos los nombres, menos los de nobles y reyes al ser esta su forma habitual.

El lector podrá observar que además de Marx, Engels y Lenin, son dos los nombres que destacan en la obra: Wenceslao Roces y David Riazánov. No son estas líneas el lugar de trazar sus biografías, pero sí querríamos situar algunos elementos que permitan ilustrar por qué hemos decidido publicar una obra que gravita en torno a sus investigaciones.

Riazánov, dirigente del Instituto Marx-Engels, realizó una ingente labor de investigación y de trabajo documental respecto a los manuscritos originales de Marx y Engels, no entendiéndose por completo la difusión de estos autores sin ella. A pesar de su gran trabajo, fue una figura no exenta de contradicciones y errores políticos e ideológicos, pues su conocimiento del marxismo no le impidió adoptar posiciones mencheviques y contrarrevolucionarias, razón por la que fue destituido de su cargo en 1931. En el contexto de las purgas, fue condenado a muerte en 1938.

Por otra parte, Wenceslao Roces fue una figura clave en la difusión del pensamiento de Marx y Engels en castellano, traduciendo a nuestro idioma una parte importante de sus obras. Famosas son las críticas a su traducción de *El Capital*, bajo las que en ocasiones subyace no una mera crítica formal, sino más bien un ajuste de cuentas por su militancia en el PCE en el exilio mexicano. Roces fue, además, cofundador de la Asociación de Amigos de la Unión Soviética, miembro de la

Unión de Escritores y Artistas Proletarios, y Subsecretario del Ministerio de Instrucción Pública y Bellas Artes durante la guerra civil, cumpliendo un papel determinante en el traslado de los cuadros del Museo del Prado fuera de España para garantizar su conservación.

En resumidas cuentas, el trabajo de investigación militante de ambos resulta esencial para entender las tareas de edición del marxismo en el siglo XX; ambos se preocuparon por que las generaciones posteriores de trabajadores y trabajadoras contásemos con un acervo cultural revolucionario más amplio y rico gracias a su contribución, y en ese sentido no es casual, sino deliberado y consciente, que desde una editorial militante como Tinta Roja hayamos decidido reeditar una obra que lleva el sello de los dos.

Frente a las tendencias académicas o comerciales de investigación y publicación de obras del marxismo, la perspectiva militante de la labor editorial se concibe a sí misma desde una función organizadora para la recomposición política e ideológica de la clase obrera. Esta perspectiva práctica, revolucionaria, era también la que guiaba siempre a las dos mayores cabezas del proletariado, a Karl Marx y Friedrich Engels. Por ello poseía un especial simbolismo, y significaba una declaración de intenciones, publicar su «carta magna» para el proletariado acompañada del contexto militante en el que nace y se desarrolla. Hay un antes y un después tras la publicación del *Manifiesto*, salto cualitativo que puede localizarse en la presente obra, y que representa el fin de la infancia del proletariado y el comienzo de su historia independiente como clase. Están por escribirse en tinta roja las más brillantes páginas de esa historia.

Prólogo
Wenceslao Roces

El *Manifiesto Comunista* es, como acertadamente lo ha llamado Labriola[1], la partida de nacimiento del socialismo crítico. En él se sintetizan, sistemáticamente expuestos por vez primera, los criterios fundamentales que hacen del comunismo una teoría científica. El *Manifiesto* estampa el epitafio histórico sobre el socialismo utópico tradicional, con todas sus variantes arbitristas, sentimentales, religiosas, etc. El socialismo científico se afirma definitivamente en él –para decirlo con palabras de Engels– sobre todas las formas y modalidades del socialismo feudal, burgués, pequeñoburgués, etc., de la confusa comunidad de bienes, del comunismo utópico y del tosco y elemental comunismo obrero. Este documento maravilloso cierra una larga etapa, que podríamos calificar de prehistoria del socialismo, y señala el comienzo de la época en que los vagos afanes de justicia social se convierten en clara norma de razón, y esta, a su vez, en arma política revolucionaria para la instauración de una sociedad nueva. De la utopía a la ciencia, y de esta al hecho. Concebido así el comunismo –y ya es muy difícil hoy concebirlo de otro modo– se identifica con el marxismo. Y la teoría marxista, forjada en largos años de observación y

---

1 Antonio Labriola (Cassino, 1843 – Roma, 1904): Filósofo italiano, uno de los primeros divulgadores del marxismo en su país, cuya obra influyó en autores posteriores como Antonio Gramsci.

estudio sobre los campos de la filosofía, la historia, las doctrinas socialistas y la ciencia económica, aparece cifrada por primera vez en el *Manifiesto Comunista* en rasgos sistemáticos y precisos.

Pero el *Manifiesto* es algo más que la proclamación de una nueva teoría. En él la nueva visión dialéctica de la sociedad, la concepción materialista de la historia social, el nuevo materialismo, es algo más que la testificación de una verdad científica. El *Manifiesto Comunista* no se limita a entregar a la sociedad una nueva teoría y a la ciencia un nuevo modo de estudiar la sociedad. En sus famosas *Tesis sobre Feuerbach*[2] había dicho Marx: «Los filósofos no han hecho más que interpretar el mundo, cada cual a su manera; mas de lo que se trata es de transformarlo». El *Manifiesto Comunista* no venía, pues, a brindar una nueva interpretación del mundo en un plano contemplativo, sino que pretendía entregar la palanca para su transformación. Y la entregaba a aquella clase a quien la propia historia de esta sociedad de clases, por imperio de su situación material, imponía la misión ineludible de crear la sociedad nueva: el proletariado.

El *Manifiesto Comunista*, se ha dicho con razón, es la Carta Magna, el evangelio del proletariado militante de todos los países. Y quien quiera formarse una idea clara de lo que es esta proclama, única en la historia, deberá cuidarse de no desintegrar, ni permitir que otros deliberadamente desintegren, la unidad inseparable que forman en el *Manifiesto Comunista* la teoría y la práctica, la visión científica y la política revolucionaria, la interpretación social y la lucha proletaria de clases como el arma para su ejecución. La concepción científica del materialismo histórico se disecaría y convertiría en un objeto inerte de doctrina sin la savia vitalizadora, dinámica, de la lucha de clases, sin la meta próxima de la dictadura del proletariado y el objetivo último de la sociedad sin clases. Exangüe de su

---

2 *Tesis sobre Feuerbach*: Texto de Marx acerca de las concepciones del materialismo del filósofo alemán Ludwig Feuerbach. Escrito en 1845 en su cuaderno de notas, fue editado para su publicación por Engels en 1888.

linfa política, revolucionaria, mutilado del brazo práctico del proletariado, sublimado en pura teoría, el *Manifiesto Comunista* quedaría reducido, degradado, a texto escolástico, y sus autores no pretendieron ser jamás los dómines de una «escuela», sino los precursores y los orientadores del partido mundial de las masas proletarias. El grito de «¡Proletarios de todos los países, uníos!» no es, en el *Manifiesto Comunista*, un santo y seña incidental, sino la culminación y el remate lógico de toda la doctrina, pues en la unión de los proletarios del mundo, y solo en ella, residía la viabilidad del nuevo principio.

Las vicisitudes del *Manifiesto Comunista* –reeditado cientos de veces en todos los idiomas–, desde su fecha hasta hoy, acusan, como la curva de una fiebre, todo el ritmo del movimiento socialista moderno. «La historia del *Manifiesto Comunista* –ha dicho Mehring– es, cada vez más marcadamente, la historia del moderno socialismo internacional». Bandera de combate y brújula del movimiento proletario de un puñado de alemanes en la revolución de 1848, desaparece casi del horizonte político durante el reflujo de la reacción, para volver a flotar de nuevo sobre las cabezas con la fundación, en 1864, de la Primera Internacional. Ahora, el pequeño pelotón de los del 48 crecía hasta tomar las proporciones de un verdadero ejército proletario internacional. Ya en 1890, Engels podía decir que el proletariado europeo y americano pasaba el Primero de Mayo revista a sus fuerzas como un gigantesco ejército, unido bajo una bandera y proyectado hacia una meta común.

La bancarrota del «socialismo internacionalista» y la vergonzosa capitulación de la Segunda Internacional ante la matanza imperialista de los pueblos no selló precisamente el fracaso del *Manifiesto Comunista*, sino el de aquella doctrina y aquella organización que habían querido matarlo, al matar en él el nervio revolucionario para convertir sus enseñanzas en principios puramente doctrinales e históricos. La derrota oprobiosa del socialismo reformista durante la guerra, y desde entonces para acá, es la venganza del *Manifiesto* contra sus desertores, la fehaciente confirmación de su vitalidad y de su perenne actualidad. Y el triunfo maravilloso del proletariado ruso, acaudillado por el partido de los comunistas, la magna obra de creación de la nueva sociedad por los proletarios en el poder, hechos que han cambiado de raíz la faz del mundo, fueron arrancados también a la historia viva por las masas obreras disciplinadas bajo los principios del *Manifiesto Comunista*.

Se explican perfectamente los esfuerzos de los reformistas sociales de todos los países por anestesiar a fuerza de olvido el *Manifiesto Comunista* –sin perjuicio, naturalmente, de haber trepado por él, en su día, para escalar los puestos de caudillaje–, por convertir el *Manifiesto* en un documento «histórico», en una especie de «incunable» de la bibliografía socialista, arrinconado entre el polvo de los archivos, en un pendón glorioso guardado en las vitrinas del museo del pasado, en un «monumento». Casi podría afirmarse que la actitud adoptada ante el *Manifiesto Comunista* es –entre otras muchas cosas, naturalmente– una de las líneas divisorias que separan nítidamente a revolucionarios y reformistas en el movimiento internacional del proletariado.

No quiere esto decir que todo, en el *Manifiesto*, conserve un valor de perennidad. Pensarlo sería hacer la mayor injuria a la visión dialéctica de sus autores. Hay en él mucho de táctica que, como toda táctica, solo tiene un valor histórico en relación con las circunstancias de lugar y tiempo. Desde 1847 para acá, el balance de las fuerzas sociales, el panorama político, las perspectivas del proletariado en relación con otras clases, la potencia de la burguesía, organizada hoy en régimen de imperialismo, todo ha cambiado considerablemente. En este aspecto es indudable que el *Manifiesto Comunista* ha de ser juzgado dentro de las condiciones sociales de su época. Pero si el paisaje ha cambiado, la mira y el ojo siguen siendo los mismos; ha podido cambiar la superficie de las aguas, su nivel, pero la brújula no ha cambiado. Los métodos, las ideas fundamentales con que Marx y Engels enjuiciaban y aspiraban a transformar la realidad de su tiempo según los mandatos de la historia, siguen teniendo la misma validez que el primer día.

No son las normas de la táctica y la acción inmediata las que forman la médula del *Manifiesto*, ni es tampoco el programa mínimo de medidas revolucionarias propugnado para su tiempo y aún hoy perfectamente actual; no lo es la crítica de otras doctrinas y corrientes seudocomunistas en boga por aquel tiempo: todas estas normas, medidas y críticas no son más que otras tantas proyecciones, otras tantas aplicaciones de la substancia del *Manifiesto* a una situación contingente. Lo fundamental del *Manifiesto* ha de buscarse en la teoría de la lucha de clases y en el papel del proletariado como agente del progreso histórico, cimentados uno y otra sobre las bases de la historia de la economía; en los objetivos actuales y futuros del proletariado, en las relaciones entre proletarios y comunistas –entre la clase y el partido–, en el internacionalismo del movimiento obrero («los trabajadores no tienen patria»), en el cuadro de los fines y consecuencias de la futura revolución proletaria. Y, sobre todo, en la afirmación en que culmina toda la enseñanza: en la afirmación de que el proletariado solo podrá alcanzar sus objetivos, que son –a partir de un momento dado– los de la historia y los de la civilización humana, revolucionariamente: «derrocando por la fuerza todo el orden social», conquistando por medio de una revolución el poder político.

En este respecto, el *Manifiesto Comunista* no ha envejecido ni envejecerá mientras haya una burguesía que derribar, cumpliendo los mandatos de la historia, y un proletariado que exaltar al poder para instaurar desde el régimen social que la historia ha hecho ya inseparable del progreso humano; es decir, mientras la revolución proletaria esté sin hacer y clame por ser ejecutada. Quienes crean que en este punto han cambiado las cosas, es que han cambiado ellos mismos. Para seres cuyo «socialismo» y cuyo espíritu «revolucionario» están expuestos a las corrientes de aire de todas las «crisis» –para decirlo con el eufemismo en que suelen envolverse todos los sometimientos y claudicaciones– el mundo es capaz de cambiar cada veinticuatro horas. Pero estos cambios, aunque para quienes los experimentan sean el eje del universo, no son precisamente los que han de obligarnos a la revisión de una teoría como la contenida en el *Manifiesto*. Frente al «revisionismo» de los Bernstein y los Kautsky, los Millerand, los Vandervelde y los Macdonald[3], caricaturizados en España por los «socialistas» gobernantes del día; frente a los «enterradores» del *Manifiesto Comunista*, apuntaladores del poder de la burguesía, se alza hoy, más clara y vibrante que nunca, en este mundo burgués administrado por «socialistas», con sus docenas de millones de obreros parados y hambrientos, la voz enjuiciadora del *Manifiesto* a quien se «enterró»:

> La burguesía es incapaz de gobernar, porque es incapaz de garantizar a sus esclavos la existencia ni aun dentro de su esclavitud, porque se ve forzada a dejarlos llegar hasta una situación de desamparo en que no tiene más remedio que mantenerles, cuando son ellos quienes debieran mantenerla a ella: la sociedad no puede seguir viviendo bajo el imperio de esa clase; la vida de la burguesía se ha hecho incompatible con la sociedad.

Fue en vísperas de una revolución política en que la burguesía actuaba de fuerza progresiva y ascensional cuando los autores del *Manifiesto*, rindiendo homenaje como ninguno a ese papel histórico de la clase burguesa, llamaron a la conciencia de clase del proletariado, a sus intereses proletarios de clase, al imperativo de solidaridad internacional

---

3 Dirigentes de la II Internacional: Eduard Bernstein (Berlín, 1850 – Berlín, 1932), Karl Johann Kautsky (Praga, 1854 – Ámsterdam, 1938), Alexandre Millerand (París, 1859 - Versailles, 1943), Émile Vandervelde (Ixelles, 1866 – Ixelles, 1938), James Ramsay MacDonald (Lossiemouth, 1866 – MV Reina del Pacífico, 1937).

por encima de las fronteras de la nación. Para su mente dialéctica de revolucionarios no podía haber contradicción, sino lógica elemental, lógica dinámica, viva, en predicar a la masa obrera una política de alianzas con el adversario de clase de mañana para batir al enemigo histórico común, el Estado del feudalismo, a la par que abrazaban y mantenían ardorosamente la primacía de la lucha de clases, el camino de la revolución proletaria, el régimen de la dictadura del proletariado, y se esforzaban por organizar a este como clase, como partido político aparte, sustraído a la mediatización de los partidos radicales burgueses y pequeñoburgueses. Hoy, cuando la burguesía ha agotado su papel de progreso histórico y el capitalismo se descompone, comido de contradicciones, en la bancarrota imperialista, partidos «socialistas» que se dicen herederos de Marx y de las doctrinas del *Manifiesto* cifran toda su misión en salvar lo que no tiene salvación, colaborando con la burguesía en el poder y sobreponiendo al interés de clase del proletariado el interés sagrado de la «nación», la sacrosanta «riqueza nacional».

Jamás ha estado tan vivo, jamás ha sido tan actual como hoy el *Manifiesto Comunista*. Las teorías que en él –que tanto vale decir en el marxismo en general– más se jactaban los revisionistas de haber refutado, sobornados por la efímera prosperidad económica de antes de la guerra, las teorías de la bancarrota y de la depauperación, vienen a ser confirmadas hoy, en el apogeo del imperialismo, con rasgos flagrantes y casi monstruosos, por la clamorosa realidad. Afortunadamente, desde Octubre de 1917, la confirmación negativa tiene también su reverso positivo en el triunfo del proletariado en la sexta parte del mundo.

En los últimos setenta y cinco años no ha surgido una sola investigación histórica, no se ha hecho un solo descubrimiento serio –y eso que la ciencia burguesa se aplicó de un modo afanoso, como advierte perspicazmente el marxista alemán

H. Duncker[4], a los estudios de historia para no quemarse los dedos en los candentes problemas actuales– que obligase a rectificar ni uno solo de los trazos geniales del *Manifiesto Comunista*. El único país del mundo en que el *Manifiesto* ha «envejecido», ha sido «superado», es precisamente aquel país en el que el proletariado tomó posesión del poder bajo su bandera y acaudillado por sus principios. Solo ese hecho histórico, la revolución proletaria, es lo que puede convertir en documento también histórico al Manifiesto del proletariado.

4　Hermann Duncker (Hamburgo, 1874 – Bernau bei Berlin, 1960) Militante del SPD, KPD y SED, vinculado especialmente a la formación política de la clase obrera. Entre sus múltiples tareas militantes se encuentran el ser cofundador y profesor de la Escuela Obrera Marxista en 1925, y ser director de la Escuela sindical «Fritz Heckert» de la FDGB en los años 50.

Introducción
Sobre los orígenes del *Manifiesto* y la Liga de los comunistas
Wenceslao Roces

«Con este fin (el de redactar "un manifiesto de su partido") se han congregado en Londres los representantes comunistas de diferentes países y redactado el siguiente manifiesto». Esa reunión, a que el propio *Manifiesto Comunista* se refiere en su preámbulo, fue el segundo congreso de la Liga de los Comunistas, reunido en la capital de Inglaterra del 29 de noviembre al 8 de diciembre de 1847; en él se encomendó a Marx y Engels la redacción del programa político de la Liga que pasaría a la historia con el nombre de *Manifiesto Comunista*. Es, pues, en esa organización a la que el Manifiesto sirve de programa, en la Liga de los Comunistas y en su historia, donde han de buscarse los orígenes de este inmortal documento. Y la investigación tiene de suyo notorio interés, ya que la Liga de los Comunistas es la primera organización política del proletariado que actúa bajo los principios del socialismo científico, y el primer partido obrero en que se destaca, por mucho que en él prevaleciesen los elementos alemanes y la preocupación por la revolución alemana, el carácter internacional del movimiento proletario. La Liga de los Comunistas es el precedente directo de la Internacional de los Trabajadores, y los años de su actuación representan una etapa decisiva en la consolidación del movimiento obrero internacional, etapa que ha dejado su huella en la historia y su jalón perenne en el *Manifiesto Comunista*.

En 1885, extinguida la Primera Internacional, decía Engels que el movimiento obrero internacional de los tiempos modernos no era más que la continuación directa de aquel período de actuación proletaria, que había sido, en rigor, el primer movimiento obrero internacional de la historia, y que los principios teóricos abrazados por aquella organización y estampados como programa suyo en el *Manifiesto Comunista* de 1848 eran el más fuerte lazo que unía en una acción común al proletariado de Europa y América.

Durante mucho tiempo no hubo más fuente de información para investigar los orígenes de la Liga de los Comunistas y su actuación que el que Engels llama su «libro negro», una obra amañada al servicio del Gobierno prusiano por dos espías policiacos, Wermuth y Stieber, con el título de *Las conspiraciones comunistas del siglo XIX*[5]. Por su parte, *Las Revelaciones del proceso de los comunistas de Colonia*[6], publicadas por Marx en 1853, en las que ponía al desnudo toda la trama de falsificaciones sobre las que descansaba aquel proceso, no encontraron apenas difusión, pues el folleto fue secuestrado por la policía. En su obra contra Vogt[7], Marx registra una serie de datos de interés sobre la Liga de los Comunistas. En 1885, transcurridos ya

---

5 *Las conspiraciones comunistas del siglo XIX* (Berlín, dos partes, 1853 y 1854) se trata de una obra escrita por Wilhelm Johann Carl Eduard Stieber y Karl Georg Ludwig Wermuth, policías alemanes en el contexto del proceso contra los comunistas. Además de su autoría, su subtítulo «Una directiva oficial para el uso de las autoridades policiales de todos los estados federados alemanes en base a las relevantes actas judiciales y policiales» refleja las intenciones del mismo.

6 *Las revelaciones sobre el proceso de los comunistas de Colonia* son publicadas por primera vez en Basilea en enero de 1853 y secuestrada su tirada principal en marzo en la frontera entre Suiza y la Confederación Germánica. Sin embargo, una copia del texto había sido enviada a Estados Unidos, siendo publicada en el periódico *Neue-England-Zeitung* de Boston y difundiéndose entre la inmigración alemana.

7 *Señor Vogt* (*Herr Vogt*). Obra de Marx escrita en 1860 en contra de las acusaciones de ser un espía realizadas por Carl Vogt, quien resultó serlo él mismo.

cerca de cuarenta años desde su fundación, Engels, reeditando las *Revelaciones*[8], les antepone una detallada introducción que intitula «Datos para la historia de la Liga de los Comunistas». En estos materiales, sacados por Engels de sus recuerdos, en los datos suministrados por Marx en su crítica a Vogt, y en la correspondencia mantenida entre Marx y Engels durante aquellos años[9], se basan todos los investigadores marxistas: Mehring[10], Gustav Mayer[11] Carl Grünberg[12] y D. Riazánov[13], para exponer los orígenes, desarrollo y vicisitudes de la Liga de los Comunistas y de su programa[14]. El descubrimiento del único número

---

8 *Hottingen-Zurich, Verlag der Volksbuchhandlung*, 1885. Reeditada con introducción y notas por Franz Mehring, Berlín, 1914.

9 *Karl Marx-Friedrich Engels Briefwechsel*, en Marx y Engels, *Obras completas*, ed. alemana, Berlín, 1929, pp. 63 y ss.

10 Franz Erdmann Mehring (Schlawe, 1846 – Berlín, 1919). Dirigente del SPD y fundador de la Liga Espartaquista. Véanse sus investigaciones sobre Marx y Engels en *Historia de la Socialdemocracia alemana*, 2° ed., Stuttgart, 1903, I, pp. 328 y ss.; estudios preliminares y notas a su edición de los *Escritos varios de Marx y Engels*, 4ª ed., Stuttgart, 1923, II, pp. 329 y ss.; *Carlos Marx (Historia de su vida)*, trad. española de W. Roces, Madrid, 1932, Editorial Cenit, pp. 153 y ss.

11 Gustav Mayer (Prenzlau, 1871 – Londres, 1948). Historiador alemán especializado en la Historia del Movimiento Obrero. Véase su gran biografía de Engels, *Friedrich Engels in seiner Fruhzeit*, 1820-1851, Berlín, 1920, pp. 262 y ss.

12 Carl Grünberg (Focşani, 1861– Frankfurt am Main, 1940). Director del Instituto de Investigación Social de Frankfurt, considerado uno de los precursores del austromarxismo. Véase su documentado estudio preliminar sobre «La historia de los orígenes del *Manifiesto Comunista*» que precede a su compilación *Die Londoner Kommunistische Zeitschrift und andere. Urkunden aus den Jahren I 847-1848*, Leipzig, 1921.

13 Véase la introducción a su edición comentada del *Manifiesto Comunista*, ed. inglesa, *The Communist Manifesto of Karl Marx and Friedrich Engels*, Londres, 1930.

14 WR: Acerca de los orígenes de este y del boceto de Engels, da también una síntesis muy precisa H. Duncker, en su edición de los *Principios del comunismo* de Engels, *Elementarbücher des Kommunismus*, Berlín, 1930.

publicado en septiembre de 1847 por la *Revista Comunista* de Londres, como órgano de la Liga[15], y la publicación de las dos proclamas de la Liga de los Justicieros, que reproducimos en la página 71 de la presente edición, han contribuido a avivar e iluminar con nuevos datos documentales esta importantísima época del movimiento proletario.

Con el ingreso de Marx y Engels en la Liga de los Comunistas, hecho que en realidad marca los orígenes de esta, confluyen por vez primera en la historia dos movimientos que hasta entonces habían venido discurriendo por cauces separados: la idea comunista críticamente cimentada, la ciencia comunista, y el movimiento proletario; la teoría crítica del comunismo y las luchas y organizaciones del proletariado. De esta fusión de las dos corrientes nace el socialismo científico, que mata en el proletariado el morbo del socialismo como utopía, como puro sentimiento, y en la ciencia revolucionaria la quimera del comunismo como vana filosofía. La teoría encarnaba en la práctica y la idea organizada se forjaba en instrumento de lucha y arma de acción. La predicción y el anhelo que Marx proclamara en los *Anales franco-alemanes* (1844)[16] quedaban cumplidos: el «rayo de la idea» había prendido «en el candoroso suelo popular», la filosofía se había convertido en la «cabeza», el proletariado en el «corazón» de la gran cruzada emancipadora. Este hecho, que abre toda la historia moderna del socialismo y prepara la conquista del poder por el proletariado, no se produjo, naturalmente, por obra del milagro. Era, a su vez, el fruto de un largo proceso histórico, que intentaremos esbozar aquí, en el reducido espacio del que disponemos.

En el *Manifiesto Comunista* se formulan ya, perfectamente definidos, los criterios fundamentales que forman la teoría marxista. «Durante el invierno de 1846 a 1847 –dice Engels en su

---

15 Véase más abajo, p. 87 de este libro.

16 *Anales franco-alemanes*. Publicación editada por Karl Marx y Arnold Ruge que tuvo un único número doble en febrero de 1844.

prólogo a la edición alemana de la *Miseria de la Filosofía*[17]– Marx acababa de dilucidar los principios de su nueva concepción histórica y económica».

Esta nueva concepción, médula del socialismo científico y palanca de todo el movimiento proletario moderno: el materialismo histórico, era el punto al que venían a desembocar, por derroteros independientes, las trayectorias filosóficas de Marx y Engels. Ambos habían arrancado de la filosofía hegeliana, superándola críticamente a través de Feuerbach y de los materialistas franceses, hasta convertirla en una nueva dialéctica revolucionaria. Marx tenía ya detrás de sí la campaña política de la *Gaceta del Rin* (*Gaceta Renana*)[18], convertida por él, desde su puesto de redactor jefe, en el órgano teórico y político de la burguesía radical renana, vehículo ascensional de progreso en los medios industriales de aquella región. Había vencido por la observación y el incansable estudio la fase ideológica de culto al principio del Estado y su fe en la fuerza suprema de la idea, para volverse hacia el mundo de la realidad social. De la conciencia de esta realidad a la necesidad de revolucionarla para realizar en ella su ideal de humanidad no podía haber, para el espíritu de Marx, más que un paso. En este temprano proceso de formación, a Marx se le revela enseguida el carácter necesariamente limitado y fragmentario de las revoluciones políticas, que solo tocan a las instituciones de la democracia formal. Rompiendo la envoltura del Estado, desciende a la sociedad y ahonda en la raíz de los problemas sociales. En París, a donde se expatrió voluntariamente en noviembre de 1843, huyendo de la mortífera atmósfera de la

---

17 *La miseria de la Filosofía*. Obra escrita entre 1846 y 1847 en respuesta a *Filosofía de la Miseria* del señor Proudhon y publicada en julio de ese año. En ella, Marx refuta las posiciones de quien sería considerado uno de los padres del anarquismo.

18 *Gaceta Renana de política, comercio e industria*. Periódico fundado en enero de 1842 del que Marx asume su dirección en octubre de ese año. Fue publicado hasta su prohibición el 31 de marzo de 1843.

reacción alemana, se entrega apasionadamente al estudio de la Gran Revolución Francesa, de los materialistas y socialistas franceses, campo magnífico de experimentación en que se consolida y esclarece la formación dialéctica que ya traía cimentada. El propio Marx resume, en las líneas clásicas de su prólogo al ensayo de *Una contribución a la Crítica de la Economía política* (1859)[19], su proceso de formación científica. En él nos dice que fue una revisión crítica de la filosofía hegeliana del derecho, publicada en 1844 en los *Anales franco-alemanes,* la que le llevó a la conclusión de que había de cimentar su teoría del materialismo histórico.

La «nueva idea comunista», que había ido gestándose, según nos cuenta Engels, al margen del comunismo tradicional y de las doctrinas utopistas, estaba a punto de alumbramiento. Engels, por su parte, iniciado antes que el propio Marx en el comunismo filosófico y entregado de lleno al estudio de las obras socialistas cuando Marx las ignoraba todavía completamente –como él mismo hubo de confesar desde la *Gaceta del Rin* apenas se hizo cargo de ella en octubre de 1842 en un conocido episodio–, había entrado en contacto con el mundo industrial inglés, removido en aquellos años por el movimiento revolucionario del cartismo[20]. En Manchester, donde pasó los años 1843 y 1844, la realidad inglesa vino a representar para él, sobre su formación anterior, lo que para Marx el año de estudios de París.

En Manchester –dice el propio Engels, en su introducción a las *Revelaciones–* di de bruces contra la observación de que los hechos económicos, a los cuales los historiadores venían atribuyendo

---

19 *Contribución a la crítica de la economía política.* Obra de Marx escrita en 1858 y publicada en 1859, que sienta las bases de lo que después se desarrollaría en *El Capital.* En su prólogo se condensan algunos de los elementos fundamentales del materialismo histórico.

20 Movimiento político de la clase obrera inglesa, vinculado a reivindicaciones de carácter democrático. Su punto de partida se vincula con la llamada «Carta del Pueblo», documento escrito en el año 1837.

una importancia despreciable, cuando le atribuían alguna, representaban, a lo menos en el mundo moderno, una potencia histórica decisiva; y llegué a la persuasión de que esos hechos económicos eran la base sobre que descansaban las modernas luchas de clases, y de que estas luchas, en aquellos países en que, gracias a la gran industria, habían llegado a su pleno desarrollo, como ocurría, sobre todo, en Inglaterra, constituían a su vez la base de formación de los partidos políticos, de las luchas entre estos partidos y, por consiguiente, de toda la historia política.

Y del mismo modo que Marx, en sus dos artículos de los *Anales franco-alemanes* sobre la cuestión judía[21] y la introducción a la crítica de la filosofía del derecho hegeliana[22], esbozaba ya su nueva filosofía materialista de la historia y social, Engels daba expresión, paralelamente, a la misma idea en su *Esbozo para una crítica de la economía política*[23] y en sus apuntes sobre *La situación de la clase obrera en Inglaterra*[24], publicados con los ensayos de Marx en el único número que llegó a ver la luz de aquella revista (febrero de 1844).

Marx –prosigue Engels– llegaba ya a la conclusión general de que no era el Estado el que condicionaba y presidía la sociedad burguesa, sino, por el contrario, esta la que condicionaba y presidía al Estado,

---

21 *La cuestión judía*. Texto de Marx escrito a finales de 1843 y publicado en 1844 en los *Anales franco-alemanes*, donde reseña críticamente obras de Bruno Bauer sobre el particular.

22 *Crítica de la filosofía del derecho de Hegel*. Obra de Marx cuya introducción fue publicada en 1844 pero la obra completa no lo sería hasta 1927.

23 *Esbozo para una crítica de la economía política*. Artículo de Engels publicado en 1844 en los *Anales franco-alemanes*, en el cual analiza distintas categorías económicas y sus interpretaciones. El texto influirá fuertemente en las investigaciones de Marx.

24 *La situación de Inglaterra*, en los *Anales franco-alemanes* de 1844. Junto con otros artículos, principalmente en *Vorwärts* en septiembre y octubre de 1844, sería el antecedente de su obra publicada en 1845: *La situación de la clase obrera en Inglaterra*.

y que, por tanto, la política y su historia habían de explicarse por los factores económicos y su desarrollo, y no al revés.

Marx y Engels se reunieron en París a fines de agosto de 1844. Engels regresaba a su casa paterna, después de los meses de estudio en Manchester. En los diez días que permanecieron juntos pudieron contrastar la perfecta coincidencia de sus puntos de vista. Fue entonces cuando sellaron aquella alianza sin igual al servicio de la idea y de la causa proletaria, que había de fundir en unidad sus vidas, y de allí arranca su compenetrada colaboración. Durante los días de convivencia en París quedó cimentada su primera obra crítica en común contra el pasado filosófico de los idealistas hegelianos: *La Sagrada Familia*[25].

Cuando volvimos a reunirnos en Bruselas en la primavera de 1845, Marx, partiendo de las bases a que acabo de referirme, había desarrollado ya a grandes rasgos su teoría materialista de la historia, y no nos quedaba más que sentarnos a trabajar y desenvolver en detalle la nueva concepción conquistada, proyectándola en diferentes direcciones.[26]

Como es sabido, Marx hubo de trasladarse a Bruselas, expulsado de Francia por las intrigas del Gobierno prusiano, que tuvieron en Guizot[27] su brazo ejecutor. El Gobierno reaccionario y feudal de Prusia se sentía amenazado por la campaña de los revolucionarios alemanes expatriados, que tenían por órgano de expresión el *Vorwäts* de París. En agosto de 1844, cinco meses

---

25 *La Sagrada Familia*, o *Crítica de la Crítica crítica. Contra Bruno Bauer y consortes.* Obra de Marx y Engels escrita en 1844 y publicada en 1845, donde ajustan cuentas con los jóvenes hegelianos.

26 Engels, *Contribución a la Historia de la Liga de los Comunistas*, en Marx, Revelaciones sobre el *Proceso de los comunistas de Colonia*, op. cit.

27 François Pierre Guillaume Guizot (Nîmes, 1787 – Saint-Ouen-le-Pin, 1874). Historiador y político francés. Ministro de exteriores y primer ministro durante el reinado de Luis Felipe I de Orleans.

antes de su expulsión, Marx había publicado en sus columnas el célebre artículo sobre la insurrección de los tejedores silesianos, artículo que debió titularse en rigor, como dice Mehring, «Política y socialismo», y donde, criticando las ideas del demócrata burgués Arnold Ruge[28], antiguo camarada suyo neohegeliano, traza ya, con una claridad perfecta, la senda que la clase obrera había de abrazar para su emancipación: la senda revolucionaria. «Sin revolución no podrá realizarse el socialismo». La vieja teoría que distingue entre revoluciones políticas y sociales es sometida aquí a una profunda revisión: «Toda revolución disuelve la vieja sociedad; en este sentido, toda revolución es social. Toda revolución derriba los viejos poderes; en este sentido, toda revolución es política». Estas ideas descansan ya en un estudio detenido del régimen capitalista, con todas sus contradicciones, y en la conciencia del único camino que puede llevar al proletariado a resolverlas.

Entre los papeles de esta época legados por Marx y recogidos ahora[29] en la edición magna del Instituto Marx-Engels[30], ocupan una parte considerable los extractos de obras económicas, que, con los de las obras de los historiadores de la Revolución francesa y las de los socialistas y materialistas, nos descubren el andamiaje de los estudios de Marx en este periodo y los cimientos de investigación de la teoría marxista.

El descubrimiento del materialismo histórico,

que había de revolucionar la ciencia de la historia y que era substancialmente obra de Marx, en la que a mí –dice Engels– solo

---

28 Arnold Ruge (Bergen auf Rügen, 1802 – Brighton, 1880). Escritor alemán, parte de la izquierda hegeliana, colaborador de Marx en los *Anales franco-alemanes*.

29 Hace referencia al momento de escribir la introducción (1932).

30 A pesar de que en 1931, tras la fusión con el Instituto Lenin, se crea el Instituto Marx-Engels-Lenin, la obra a la que hace referencia seguramente sea previa a dicha fusión.

me cabe una parte muy pequeña, encerraba una importancia directa para el movimiento obrero de aquel entonces. Contemplando a la luz de la nueva idea el comunismo de los franceses y los alemanes, el cartismo de los ingleses no se presentaba ya como algo fortuito y accidental, que lo mismo podía no haber existido. Estos movimientos cobraban ahora la significación de un movimiento de la clase oprimida moderna, el proletariado, el relieve de formas más o menos definidas de una lucha históricamente necesaria contra la clase gobernante, contra la burguesía, de la forma de lucha de clases, pero de una lucha de clases que se distinguía de todas las anteriores en esto: en que la clase oprimida moderna, el proletariado, no podía llevar adelante su obra de emancipación sin emancipar al mismo tiempo a toda la sociedad de su división en clases, y, por tanto, de las luchas de clases en general. A partir de ahora el comunismo dejaba de ser la incubación por la fantasía de un ideal social lo más perfecto posible y se convertía en el estudio del carácter, las condiciones y los objetivos generales que de ella se derivaban necesariamente en la lucha mantenida por el proletariado.[31]

La superación del socialismo como utopía por el socialismo como ciencia quedaba cimentada, y quien desee tener una idea clara de la transcendencia y alcance de esta transición no tiene más que leer el clásico estudio de Engels sobre el socialismo utópico y el socialismo científico[32]. En su prólogo a la edición del *Manifiesto Comunista*, publicada en 1883, Engels insiste en que la idea fundamental inspiradora del *Manifiesto*, la idea central de todo el marxismo, la concepción materialista de la historia, pertenece «única y exclusivamente» a Marx. En el prólogo a la traducción inglesa puntualiza un poco más los orígenes de la teoría, añadiendo:

Ya varios años antes de 1845 nos habíamos ido acercando ambos gradualmente a esa idea, y mi obra sobre *La situación de*

---

31 Engels, *Contribución a la Historia de la Liga de los Comunistas*, op. cit.

32 *Del socialismo utópico al socialismo científico.* Obra de Engels publicada en 1880 en base a tres capítulos de su libro de 1878, *La revolución de la ciencia del Señor Eugen Dühring más conocido como el Anti-Dühring.*

la clase obrera en Inglaterra demuestra los avances hechos por mí personalmente en esa dirección. Sin embargo, cuando en la primavera de 1845 volví a reunirme con Marx en Bruselas, ya él había dado los últimos toques a esa teoría y me los expuso en términos claros y precisos.[33]

Con su visión nueva de la historia, Marx y Engels se convierten en los dos grandes teóricos del proletariado. Analizada por el nuevo método crítico, la historia no dejaba abierta más puerta de progreso humano ascensional que la revolución proletaria. Ante el proletariado se alzaba la nueva idea alumbrada por la historia, la misión también histórica de crear desde el poder, con la instauración revolucionaria de su régimen de clase, la sociedad en que habían de resolverse necesariamente las contradicciones del mundo burgués. ¿Qué harían los geniales descubridores con la nueva idea? ¿Se limitarían a propagarla teóricamente en el campo de la doctrina? La trayectoria de Marx y de Engels, proyectada ya desde muy atrás hacia el mundo de las realidades, les curaba de esa aberración erudita. En sus famosas *Tesis sobre Feuerbach*, escritas en Bruselas en la primavera de 1845, Marx había escrito: «Hasta ahora, los filósofos se han limitado a interpretar el mundo cada cual a su manera; mas de lo que se trata es de transformarlo».

> A nosotros –dice Engels, en su introducción a las *Revelaciones*– no se nos pasó jamás por las mientes la idea de ir a contar al oído del mundo erudito, en gordos volúmenes, los nuevos resultados científicos de nuestras investigaciones, para que los demás no se enterasen. Nada de eso... Teníamos el deber de fundamentar científicamente nuestras doctrinas; pero, para nosotros, era por lo menos igualmente importante ganar la opinión del proletariado europeo, y sobre todo del proletariado alemán, para nuestras ideas. Y apenas llegamos a conclusiones claras ante nosotros mismos, nos pusimos a trabajar.

---

33 Marx y Engels, *Manifiesto del Partido Comunista*, véase más abajo, p. 175.

¿Cuál era el panorama del «otro frente», del frente proletario, cuáles eran las perspectivas del movimiento obrero y de sus organizaciones de clase por aquellos tiempos en que Marx y Engels forjaban la nueva concepción del socialismo? Esta pregunta nos remonta por el curso de la segunda corriente que ha de confluir en el *Manifiesto Comunista* y nos lleva a los orígenes de la organización obrera a que el *Manifiesto* sirvió de portavoz.

La Revolución francesa echó las bases para el socialismo con el derrocamiento de la sociedad feudal y la instauración del poder de la burguesía. Por eso es en París donde hay que buscar, desde la fracasada conspiración de Babeuf[34], el hogar del movimiento proletario. El movimiento cartista inglés, profunda conmoción revolucionaria del proletariado, desencadenada por la crisis de la sociedad burguesa instaurada en Inglaterra por la revolución industrial, y que llena un largo periodo de la primera mitad del siglo XIX, no trasciende apenas al continente. La atmósfera política de Alemania, cargada de opresión feudal, no era propicia siquiera a las débiles organizaciones políticas de la clase artesana. Y esta atmósfera de opresión política, unida al gran contingente de artesanos alemanes de diferentes oficios (sastres, ebanistas, curtidores, etc.) que emigraban a la capital francesa a perfeccionarse en sus artes mecánicas, hacía que París fuese en aquella época el centro político y social de Europa. Las tradiciones revolucionarias y las obras de los primeros socialistas franceses llenaban aquel ambiente de París de gérmenes de socialismo y de comunismo.

No coincidían, por entonces, los dos conceptos, como el propio Engels pone de relieve al final de su prólogo de 1890 al *Manifiesto*. Lorenz von Stein, en su conocido libro sobre la *Historia del movimiento social en Francia*[35], expresaba la diferencia en estos términos: el socialismo aspiraba a formar una nueva sociedad

---

34 François-Noël (Gracchus) Babeuf, (Saint Quentin, 1760 – Vendôme, 1797). Revolucionario francés y líder de la Conspiración de los Iguales en 1796.

35 *Historia del Movimiento Social en Francia* de 1789 hasta nuestros días. Obra de Lorenz Von Stein publicada en 1850.

por la fuerza de las verdades proclamadas; el comunismo quería derrocar la sociedad existente por la fuerza de la masa, mediante una revolución. En la década del 40, la palabra «socialismo» cifraba los deseos más o menos radicales, y expuestos en una forma más o menos académica, que tendían a la renovación pacífica de la sociedad por medio de toda una serie de reformas. El «comunismo» designaba las ideas que pugnaban por su transformación revolucionaria. El socialismo era una doctrina culta y presentable en los salones. El comunismo, una peste plebeya contra la que todo era lícito y que a todo trance había que sofocar. En la historia del socialismo alemán, la distinción, siendo la misma, adopta distinta expresión: de un lado, el «comunismo filosófico», propagado por los representantes de las clases cultas; de otro, el comunismo plebeyo de los artesanos. Engels, que en su contacto con las doctrinas socialistas se anticipa, como hemos visto, a la trayectoria de Marx, hubo de ser iniciado en el «comunismo filosófico», cuando aún estaba con el «partido» de los neohegelianos radicales de Berlín, por su camarada y coetáneo Moses Hess[36], el primero del grupo que vio en el comunismo el desarrollo lógico de la filosofía neohegeliana. Hasta el otoño de 1842 no se le revela a Engels la existencia del movimiento comunista práctico que surge del seno del artesanado alemán con las doctrinas de Wilhelm Weitling.

Desde la Gran Revolución francesa regía en Francia una ley prohibitiva de las coaliciones obreras, y la monarquía de julio, perseguidora rabiosa de las organizaciones proletarias y, en general, de cuanto significase oposición contra el régimen de la gran burguesía financiera que tenía acaparado el país, reforzó celosamente la antigua prohibición. En aquellas condiciones, desahuciadas de la vida pública, las clases oprimidas no tenían más vehículo de organización que la sociedad secreta, ni podían

---

36 Moses Hess (Bonn, 1812 – París, 1875). Autor alemán de origen judío, precursor del sionismo, especialmente de su rama socialista o laborista. Véanse las notas aclaratorias de Riazánov, p. 365 y ss. de este libro.

tener más actividad política que la conspiración. La década del 30 es una época de conspiraciones, atentados terroristas, golpes de mano, intentonas; por todas partes brotan conjuras y sectas de conspiradores, sociedades secretas, no pocas de ellas fomentadas, naturalmente, por la propia policía como pretexto de nuevas represiones. En esta etapa, el proletariado, desorganizado y falto de fuerzas, integrado en la mayor parte de su contingente por elementos artesanos, no es más que un apéndice de la pequeña burguesía radical, mediatizado por las tradiciones jacobinas de la Gran Revolución.

La agitación republicana tiene completamente absorbido al movimiento obrero en sus cauces sectarios y no deja margen a la formación de un partido proletario de clase. La Sociedad de los Amigos del Pueblo y la Sociedad de los Derechos del Hombre[37], centros de cristalización de las campañas republicanas en los primeros años del decenio, son organizaciones mixtas de radicales pequeñoburgueses y proletarios. Sofocado por segunda vez en 1834 el alzamiento de los tejedores hambrientos de Lyon, la «monarquía burguesa» redobla su persecución contra las ideas republicanas, y la Mutualidad Obrera de los lioneses, organización perfectamente apolítica, principalmente integrada por maestros artesanos y que mantenía relaciones muy estrechas con la Sociedad de los Derechos del Hombre, se ve obligada a disolverse. Los jefes de esta huyen al extranjero. Obreros y republicanos se refugian en la ilegalidad, capitaneados principalmente por Armand Barbes[38] y Auguste Blanqui[39],

---

37 Sociedad de los Amigos del Pueblo: Asociación republicana fundada en las jornadas revolucionarias de julio de 1830. Tras la derrota de la insurrección republicana de 1832 en París será sucedida por la Sociedad de los Derechos del Hombre.

38 Armand Barbès, (Pointe-à-Pitre, 1809 – La Haya, 1870). Político francés, miembro de distintas sociedades, aliado y posterior rival político de Blanqui.

39 Louis-Auguste Blanqui (Puget-Théniers, 1805 – París, 1881). Revolucionario francés partidario de una táctica conspiracionista.

secuaces de Babeuf, cuyas gestas glorificara pocos años antes su camarada Fillipo Buonarroti[40]. En 1835, acaudillada por estas dos figuras de «radicales igualitarios», se funda la Sociedad de las Familias[41], que, deshecha por la policía, se rehace a poco en la Sociedad de las Estaciones[42]. En ella prevalece ya, casi exclusivamente, la tendencia proletaria. Su programa predica la «revolución social y radical», la «destrucción de la aristocracia, de los capitalistas, de los banqueros, de los grandes contratistas, de los monopolizadores, de los grandes terratenientes, de los especuladores, en una palabra, de todos los explotadores que engordan a costa del pueblo». En la ideología de estos revolucionarios, la república no es ya un fin en sí, sino un simple medio político para desplazar los bienes de los poseedores que no trabajan a los obreros desposeídos. Eran, en una palabra, las toscas tendencias comunistas de Babeuf, vertidas en la fórmula ideológico-burguesa de la igualdad. Y como el programa, la táctica también estaba basada sobre el patrón de los «igualitarios». Era la idea primitiva de que un puñado de conspiradores decididos, con un audaz golpe de mano, bastaban para derribar el Gobierno y tomar el poder. La intentona del 12 de mayo de 1839, reincidencia del alzamiento de los «igualitarios» en mayo de 1796, dio pronto al traste, fácilmente sofocada, con esa quimera. Los dos jefes del movimiento, Barbes y Blanqui, fueron condenados a muerte, conmutándoseles la pena por la de cadena perpetua, y los demás elementos hubieron de dispersarse.

---

40 Filippo Giuseppe Maria Ludovico Buonarroti (Pisa, 1761 – París, 1837). Revolucionario francés de origen italiano, formó parte tanto de la Conspiración de los Iguales en 1796 como de la Sociedad de los Derechos del Hombre en la década de 1830.

41 Sociedad de las Familias. Sociedad republicana secreta formada en julio de 1834 por Barbès y Blanqui.

42 Sociedad de las Estaciones. Sociedad fundada por Martin Bernard, Blanqui y Barbès.

Íntimamente relacionada con la Sociedad de las Estaciones, identificada con ella en principios y en táctica, y aliada en el movimiento, estaba la Liga de los Justicieros. En 1834, los elementos de la emigración alemana de París crearon la primera secta secreta integrada por artesanos de esta nacionalidad: la Liga de los Proscritos. Sus objetivos eran democrático-republicanos, al igual que los de otras sociedades políticas francesas de la misma época, y en los estatutos se consignaba como finalidad de la organización «la emancipación y el renacimiento de Alemania, la instauración y defensa de la igualdad política y social, y los postulados de la libertad, la virtud civil y la unidad nacional». Formaban su contingente de afiliados unos cien artesanos alemanes residentes en París, que, por medio de otros oficiales que iban y venían, mantenían contacto con Alemania. En 1836 se escindió esta sociedad. Los elementos más decididos y radicales, que eran la gran mayoría, se reunieron bajo la dirección de Wilhelm Schuster, un antiguo profesor universitario de Gotinga, en la nueva Liga de los Justicieros, mientras los demás seguían dormitando en la inacción, hasta desaparecer, bajo la jefatura de otro ex profesor: Jakob Venedey.

La Liga de los Justicieros no tardó en cobrar incremento. Y aunque en un principio siguió profesando la vieja idea igualitaria y rindiendo culto a las tradiciones conspirativas de Babeuf, poco a poco iba pasando a primer plano en ella la preocupación de la propaganda. Sin embargo, la tradición acabó por vencer y la nueva Liga se vio arrastrada rápidamente por los métodos y la táctica del grupo de Blanqui. Su organización era complicadísima. Aunque sus estatutos no se han conservado, sabemos, por las memorias de un contemporáneo[43], que se dividía en «comunas», formadas por diez individuos; que cada diez comunas integraban un «distrito»; los representantes de

---

43 Véase Arnold Ruge, *Dos años en París. Estudios y recuerdos*, Leipzig, 1846.

estos, el «atrio», y que al frente de este, formado por elementos de su seno, estaba un Comité directivo, a quien incumbía la dirección ideológica de la Liga, con un Comité adjunto, que desempeñaba funciones de control. Entre sus afiliados se destacaban Karl Schapper, Heinrich Bauer y el sastre Wilhelm Weitling, primer ideólogo del proletariado alemán, que en 1838 dio a la luz, respondiendo seguramente a una iniciativa de la organización, su primera obra titulada *La humanidad como es y como debiera ser*, obra que era una profesión de fe comunista y que, aunque muy influida todavía en la forma por Lamennais[44], presentaba ya huellas muy marcadas del socialismo de los utopistas.

La fracasada intentona de mayo de 1839[45], en que la Liga de los Justicieros hizo causa común con la conspiración de Blanqui y Barbes y compartió su suerte, valió la expulsión de Francia por el Gobierno de Luis Felipe, tras largo encarcelamiento a sus principales afiliados. Los más de ellos se trasladaron a Londres. Otros buscaron refugio en Suiza, y en ambos sitios procuraron aprovecharse de la libertad más o menos relativa de movimientos que las leyes les brindaban para restaurar con los elementos dispersos su organización. Pero fue en Londres donde, más favorecidos por las leyes de reunión y asociación, se congregaron los elementos más activos, restableciendo aquí el centro de la Liga de los Justicieros. Alma de la empresa en esta nueva etapa de su actuación fueron Karl Schapper, Heinrich Bauer y Joseph Moll. Schapper, natural de Nassau, estudiante de la Escuela forestal de Giessen, había tomado parte, en 1833, en el

---

44 Hugues Felicité Robert de La Mennais, conocido como Lamennais (Saint-Malo, 1782 – París, 1854). Filósofo y teólogo francés considerado el precursor del catolicismo liberal y social.

45 Intento insurreccional protagonizado por la Sociedad de las Estaciones los días 12 y 13 de mayo de 1839. En los dos juicios posteriores, Barbès y Blanqui son sentenciados a muerte pero sus penas son conmutadas por la deportación al Monte Saint-Michel.

asalto a la guardia de los condestables de Fráncfort y, refugiado en Suiza, se unió en el mes de febrero de 1844 a la expedición de Mazzini sobre Saboya. En su introducción a las *Revelaciones,* Engels traza de él la siguiente semblanza:

> De talla gigantesca como un huno, expeditivo y enérgico, dispuesto siempre a jugarse la existencia burguesa y la vida, Schapper era modelo de revolucionarios profesionales, de aquellos que supieron destacarse en la década del treinta. Aunque un poco tardo de pensamiento, no era inaccesible, ni mucho menos, a toda penetración teórica profunda, como lo acredita ya su misma evolución de «demagogo» a comunista, y cuando llegaba a una conclusión se aferraba firmemente a ella. Esto hacía que su pasión revolucionaria se desviase a veces con su inteligencia; pero, en estos casos, reconocía siempre y sabía confesar sinceramente sus errores, después de descubiertos. Era todo un hombre, y sus méritos en la fundación del movimiento obrero alemán son inolvidables.

Emigrado en París, se ganaba la vida de cajista de imprenta; más tarde, en Londres, se dedicó a dar lecciones de idiomas. Heinrich Bauer, oriundo de Franconia, era zapatero: «un hombrecillo vivo, despierto y diminuto, pero en cuyo cuerpo, aunque pequeño, se albergaban una gran astucia y una gran decisión». En Londres se les unió Joseph Moll, relojero, de Colonia, «un Hércules de talla media –¡cuántas veces (dice Engels) entre él y Schapper defendieron victoriosamente con sus cuerpos la puerta de una sala contra cientos de asaltantes!– y hombre que, no desmereciendo por lo menos de sus dos camaradas en punto a energía y decisión, los sobrepujaba en inteligencia. Moll no era solo un diplomático innato, como lo prueban los triunfos de sus numerosas misiones, sino también un espíritu abierto a la comprensión teórica». Engels les conoció por vez primera en Londres, en 1843, antes seguramente de expatriarse Marx en París.

Eran –nos dice– los primeros revolucionarios que me echaba a la cara, y aunque nuestras ideas, por entonces, no coincidiesen en todo, ni mucho menos, pues frente a su mezquino comunismo igualitario, yo abrigaba todavía, a la sazón, una buena dosis de jactancia filosófica no menos mezquina, jamás olvidaré la impresión imponente que me causaron aquellos tres hombres de verdad cuando apenas empezaba a dejar de ser un chiquillo.

El 7 de febrero de 1840, los desterrados alemanes fundaban en Londres, con carácter público, una Asociación Educativa de Obreros Alemanes, que todavía seguía funcionando a principios de siglo. A fines de 1846 contaba, según datos aproximados, con unos 500 socios. Esta Asociación, aparte de sus fines propios, servía de vehículo de reclutamiento para la Liga de los Justicieros, por cuyos elementos estaba dirigida. En París, Weitling fue quien se encargó de reanudar, poniéndolos bajo la dirección de Ewerbeck, los hilos rotos de la organización, pasando de allí a Suiza, donde realizó la misma tarea, ayudado por Augusto Becker, su entusiasta partidario. De este modo, la red de la organización proletaria iba extendiéndose a todos los centros de la emigración alemana y mantenía relaciones constantes con Alemania. En 1844, las represiones del Gobierno contra los comunistas ahogaron casi por completo el movimiento en Suiza, y Weitling hubo de trasladarse a Londres, después de cerca de un año de encarcelamiento. Allí donde las persecuciones de los gobiernos no permitían fundar asociaciones obreras, los elementos comunistas procuraban deslizarse en las sociedades corales, agrupaciones de gimnasia y asociaciones de todo género. Las constantes expulsiones por los gobiernos de los obreros, es decir, de los elementos más decididos y rebeldes, aseguraban a la Liga un magnífico enlace internacional. En el noventa por ciento de los casos, los expulsados, afiliados a la Liga, eran otros tantos emisarios del movimiento.

Tal era el panorama que presentaba el movimiento proletario alemán por los años en que Marx y Engels, reunidos en Bruselas, completaban el instrumental de su nueva teoría revolucionaria. Y este era el campo que su teoría científica del socialismo había de remover y fecundar. Pues aunque esta teoría fuese por esencia internacionalista, tenía que empezar a apoyar la palanca, fiel a las doctrinas del *Manifiesto*, en las organizaciones obreras de la propia nación. Mas para ello habían de dar antes la batalla a aquella forma de comunismo primitivista y estéril que tenía mediatizada con su ideología a la Liga de los Justicieros, y, con ella, a los elementos más revolucionarios del proletariado alemán. Esta ideología, que las nuevas concepciones de Marx habían de arrollar tras trabajoso esfuerzo, pero que por el momento se interponía tenazmente entre el materialismo histórico, con su nueva concepción crítica de las luchas de clases, y la organización del proletariado, estaba formada por una mezcolanza de ideas, prejuicios, quimeras y sentimientos, que tenían su principal exponente en el comunismo elemental, artesano, de Weitling y en el «socialismo filosófico», cuyo agitador más activo era Karl Grün, compañero de estudios de Marx.

Para imponerse al movimiento proletario, la nueva idea hubo de vencer a estos dos rivales. Ya en 1843, Engels trabó contacto en Londres, como veíamos, con los elementos más destacados de la Liga, y él mismo nos cuenta que ya entonces había sido invitado a ingresar en la organización. Por su parte, Marx, durante el año que pasó en París, mantuvo, según él mismo nos dice[46], «relaciones personales con los directivos parisienses de la Liga y con los jefes de la mayoría de las sociedades secretas obreras de Francia, pero sin afiliarse a ninguna de estas sociedades». Se explica perfectamente el retraimiento de ambos ante una organización que profesaba y practicaba todavía de lleno métodos incompatibles con la visión ya arraigada en ellos acerca del papel histórico del proletariado.

---

46 Véase su obra *Herr Vogt*, en Marx y Engels, *Obras Completas*, 2ª ed. rusa, Tomo XIV, pp. 395–691.

Weitling es, con Proudhon, el primer ideólogo del proletariado salido de sus filas. Nació en Magdeburgo en 1808. De joven estuvo en París cinco o seis años, hasta 1841, perfeccionando su oficio de sastre, y actuó con gran entusiasmo en la Liga de los Justicieros. Se asimiló afanosamente las obras de los socialistas franceses, atento a moldearlas para las luchas revolucionarias de su clase, y esto hizo de él el eslabón de enlace entre el socialismo utópico y el socialismo proletario. La importancia histórica de Weitling, como «primera vibración teórica original del proletariado alemán», es innegable, y ni Marx ni Engels la desconocieron en ningún momento. En 1844, desde las columnas del *Vorwärts*, de París, Marx saludaba con cálido entusiasmo la aparición de su obra, titulada *Garantías de la armonía y la libertad*, publicada en 1842[47]. Y todavía en 1885, Engels suscribía en un todo las palabras estampadas por Marx allí. Fue entonces, bajo la impresión vivísima de la obra de Weitling, cuando Marx, en aquel mismo artículo, sentó la tesis de que el proletariado alemán tenía por misión histórica ser el teórico del proletariado europeo, como el proletariado inglés la de ser su economista y el proletariado francés su político, idea que ya en 1841 desarrollara Moses Hess en su *Triarquía europea*.

Pero Weitling era el representante más caracterizado del comunismo de tipo gremial un comunismo de artesanos en que no ha arraigado aún la clara conciencia proletaria de clases y que no sabe desprenderse todavía de las quimeras utópicas que nublan el socialismo burgués. En esto, sus doctrinas no eran más que el reflejo fiel de la situación social de la clase de la que era portavoz: la clase de los artesanos. Oficiales artesanos eran los que formaban el principal contingente de la Liga de los Justicieros y el campo de acción de París y Suiza, en que la

---

47 Véase el pasaje transcrito de Marx más abajo, p. 548.

simiente de Weitling encontraba campo propicio. La distinción entre artesanos y proletarios es fundamental para comprender el tránsito del comunismo tradicional al comunismo marxista, pues la concepción verdaderamente genial que se abre paso en el *Manifiesto* está precisamente en haber visto en el proletariado la clase obrera de la sociedad moderna, sobreponiéndose, en maravilloso alarde de previsión, a una realidad social que tenía invadido todavía el continente, pero que no era ya más que un vestigio agonizante.

El artesano se sentía, por su condición social, proletario de paso nada más; la estructura económica del artesanado, lejos de cerrarle el camino hacia el puesto de maestro, estaba construida a base de una jerarquía móvil, en que los maestros salían de los oficiales y estos de los aprendices. Colocado en este escalafón, lo vital en el artesano no podía ser la conciencia de formar una clase aparte, frente a la de los maestros explotadores, sino la esperanza de llegar a convertirse por turno en explotador de otros artesanos. Se añadía a esto el ambiente de compenetración casi familiar entre maestros y oficiales, la falta de concentración de grandes masas de obreros en aquellos pequeños talleres y, sobre todo, el raquitismo de la industria artesana, que, no exigiendo costosos medios de producción, dejaba las modestas herramientas en manos de los oficiales.

Ramo típico del artesanado era, como en buena parte lo es todavía en muchos países, el de sastrería. Y sastres, como él, eran los que formaban el terreno más abonado para la propaganda de Weitling en París, donde se congregaban gran número de operarios alemanes de este oficio. La explotación en gran escala del ramo de sastrería, la industria de la confección, empezaba apenas a surgir en el emporio industrial de Londres.

Honra sobremanera a estos hombres –dice Engels– el que no siendo todavía, como no eran, ni siquiera verdaderos proletarios, sino un apéndice de la pequeña burguesía que comenzaba a derivar hacia el proletariado moderno y que aún no se enfrentaba directamente con la burguesía, es decir, con el gran capital, fueran no obstante capaces de adelantarse a sus derroteros futuros y organizarse, aun cuando no fuese con plena conciencia de lo que hacían, en partido del proletariado. Pero era también inevitable que sus rancios prejuicios artesanos se les enredasen entre las piernas cuando trataban de criticar en detalle la sociedad vigente, es decir, de investigar los hechos económicos. Y me temo mucho que en toda la Liga no existiese, por aquel entonces, ni un solo hombre que se hubiese echado a la cara un libro sobre economía. Pero no importaba; la Igualdad, la Fraternidad y la Justicia bastaban, por el momento, para trasponer todas las montañas teóricas.

El otro enemigo doctrinal a quien era necesario dar la batalla dentro de la Liga, si quería despejarse el terreno para la nueva idea, era Karl Grün, con su «socialismo filosófico». Él es el principal blanco de la acertada sátira del *Manifiesto* contra el «verdadero» socialismo o socialismo a la alemana, que tenía en Moses Hess a otro destacado representante. Grün, emigrado en París, conquistó gran predicamento entre los ebanistas y curtidores alemanes afiliados a la Liga y llevó a estas comunas una influencia confusionista y enervante, con sus frases literarias sobre la felicidad humana y la armonía universal de intereses. Identificado con Proudhon, y traductor alemán de su *Filosofía de la miseria*, era eficaz vehículo de propaganda de las ideas reformistas proudhonianas entre sus adeptos. En sus campañas de París, Engels hubo de luchar duramente contra sus influencias, no menos que contra las de Weitling.

En Inglaterra, la gran industria, la industrialización en grande del régimen de producción, ocupaba ya por aquel entonces un alto nivel, y el movimiento cartista había hecho estallar en explosiones revolucionarias el latente antagonismo de clases entre el trabajo y el capital. La lucha por la conquista de la plenitud de derechos políticos para la clase obrera cobraba allí proporciones desconocidas en el continente. Fue en aquel ambiente social, durante su primer año de aprendizaje en Inglaterra, donde la nueva realidad económica empezó a abrir a Engels los horizontes del socialismo moderno, llevándole por la vía de la intuición directa a un terreno semejante al que Marx se debatía por conquistar por caminos intelectivos, mediante el estudio de economistas, socialistas, materialistas e historiadores de la revolución. El propio Engels pone de relieve la transcendencia que tenía para la Liga el desplazamiento del centro de gravedad de su organización de París a Londres:

> La Liga deja de ser una organización alemana para convertirse, poco a poco, en una agrupación internacional. La Liga mantenía estrecho contacto con los revolucionarios franceses [...]. Asimismo mantenía relaciones con los radicales polacos [...]. Los cartistas ingleses quedaban al margen, pues el carácter específicamente inglés de su movimiento no permitía considerarlo como revolucionario. Los dirigentes londinenses de la Liga no entablaron relaciones con ellos hasta más tarde, por mediación mía. Pero no era este el único aspecto en que los acontecimientos habían obligado a modificar el carácter de la organización. Aunque seguía considerándose a París –y con plena razón entonces– como la ciudad matriz de la revolución, la Liga no vivía ya mediatizada por los conspiradores parisienses. Conforme se desarrollaba en extensión, crecía la conciencia de su propia personalidad. Presentía que iba echando raíces cada vez más hondas en la clase obrera alemana y que estos obreros alemanes estaban llamados históricamente a levantar la bandera ante los trabajadores del Norte y del Oriente de Europa [...]. La experiencia del 12 de mayo le había enseñado que las intentonas no conducían, por el momento, a nada.

Iba imponiéndose en el nuevo ambiente una visión más diáfana y más real de las cosas, que chocaba, aunque inconscientemente todavía, con las viejas tradiciones revolucionarias y con la envoltura conspirativa de la organización. Desde el momento en que sienta el pie en

Londres y se pone en contacto con la nueva realidad, la Liga de los Justicieros, desarraigada del ambiente artesano de París, hace crisis.

Al presentarse Weitling en Londres, expulsado de Suiza, al antiguo paladín y héroe de la Liga le faltó el ambiente propicio para sus sueños utópicos. Los directivos londinenses no encontraban ya satisfacción para sus afanes, cada vez más claramente proletarios, en aquel comunismo «tallado en madera» que tenía no pocas reminiscencias del cristianismo primitivo. Conforme se acentuaba su decadencia, Weitling iba degenerando en predicador y en profeta. Y lo mismo que con sus ideas evangélicas, les ocurría con el simplista comunismo igualitario francés, el del *Viaje a Icaria*, o con el reformismo utópico proudhoniano. Y no digamos con el comunismo literario y seudofilosófico, hecho de frases, y cuyas obras «tenían por fuerza que repeler e infundir asco a aquellos viejos revolucionarios, aunque solo fuese por su babeante impotencia». A avivar el proceso de silenciosa renovación que venía gestándose en la Liga contribuyó no poco el hecho de incorporarse a los directivos londinenses dos hombres de quienes dice Engels «que sobrepujaban con mucho a los demás en capacidad de comprensión teórica»: el miniaturista Carl Pfänder, de Heilbronn, «cabeza extraordinariamente aguda e inteligente, ingeniosa, irónica, dialéctica», que había de desempeñar un puesto en el Consejo de la Primera Internacional, y Johann Georg Eccarius, sastre, oriundo de Turingia y secretario general, más tarde, de la Asociación Internacional de Trabajadores.

Otro hecho que condujo a afirmar el carácter internacional de la Liga en Londres y a abrir sus horizontes fue la fundación, en 1845, de los *Fraternal Democrats* o Democracia Fraternal, que es probablemente la primera organización internacional de la clase obrera, integrada principalmente por elementos cartistas y en cuya junta directiva estaba representada la Liga de los Justicieros en las personas de Moll y Schapper. Los *Fraternal*

Democrats surgieron por una iniciativa del cartista Harney como medio de enlace y plataforma de observación de los demócratas de los varios países dispersos en Londres. Tenían por divisa la de «Todos los hombres son hermanos», tomada, al parecer, de la Asociación Educativa de Obreros Alemanes, y propagaban activamente las ideas de solidaridad proletaria internacional, laborando por espolear a las masas en la lucha por su emancipación. En una proclama lanzada «a las clases trabajadoras de Inglaterra y los Estados Unidos» ante la amenaza de una guerra, resuena esta frase: «Haced por vosotros mismos lo que los gobiernos se niegan a hacer por vosotros», frase en la que se percibe ya, insegura todavía, la afirmación cardinal del movimiento proletario que ha de vibrar en el *Manifiesto Comunista*: «La emancipación de la clase trabajadora tiene que ser obra de los trabajadores mismos».

Entre tanto, Marx y Engels, rodeados de un grupo de adeptos en Bruselas, habían convertido esta capital en el centro de estudio y propaganda de sus ideas. El 1 de enero de 1845, Marx salió de París para Bruselas. Aquí no tardó en reunírsele Engels, después de poner fin en su casa paterna a la redacción de su obra sobre la situación de la clase obrera inglesa y realizar algunas campañas de propaganda comunista –todavía muy teñidas de tendencias literarias neohegelianas– en la cuenca de Elberfeld, teniendo a Moses Hess por camarada de armas.

Esta etapa de Bruselas, que se cierra con los comienzos de la revolución de 1848, consolida definitivamente las ideas marxistas, las plasma y las aguza en un trabajo incesante de análisis, y liquida para siempre el pasado ideológico de los dos autores del *Manifiesto*. El *Manifiesto Comunista*, último trabajo sistemático en que Marx y Engels ponen la pluma antes de lanzarse como militantes a la actuación revolucionaria del 48, es el fruto más maduro de este periodo histórico y señala ya la incorporación definitiva de las ideas, que hasta allí solo eran patrimonio intelectual de dos hombres, al movimiento de la lucha de clases como bandera de combate y de victoria del proletariado.

Seguros ya de sí mismos y de la nueva idea, Marx y Engels –dice este– se pusieron «a trabajar». En el verano de 1845 hicieron juntos un viaje a Inglaterra, donde permanecieron seis semanas. Marx pudo ahondar, en rápida ojeada sobre el terreno, en la literatura económica inglesa y establecer contacto con el ala izquierda del cartismo; Engels renovó en este viaje sus antiguas relaciones con los cartistas de izquierda y principalmente con Julian Harney, redactor del *Northern Star*, órgano central del cartismo, con quien convino una asidua colaboración. Y aunque acerca de esto no poseemos datos concretos, bien puede conjeturarse que aprovecharían también el viaje para entrevistarse con los dirigentes de la Liga de los Justicieros, con algunos de los cuales Engels mantenía ya desde antiguo relaciones de amistad.

A su regreso a Bruselas se entregan asiduamente a colaborar en una obra que no llegó a ver la luz y de la que solo conocemos hoy algunos fragmentos: *La ideología alemana*[48], crítica de su conciencia filosófica del pasado, en la que se contienen no pocos trabajos que habían de dar su fruto más sazonado en el *Manifiesto*. Así, por ejemplo, en el capítulo destinado a la crítica de Feuerbach, nos encontramos con un profundo estudio del desarrollo de la burguesía, del capitalismo y del proletariado, documentado sobre la historia de la economía y que sienta las conclusiones que han de sintetizarse en el *Manifiesto*.

A esta época corresponde también, en el campo de las doctrinas, otra de las batallas en las que Marx templa sus armas dialécticas: la polémica contra Proudhon, su réplica a la

---

48 *La ideología alemana*. Obra de Marx y Engels, escrita en 1845-46. No será hasta 1932 (año precisamente de la edición original de esta *Biografía del Manifiesto*) cuando es publicada fruto del trabajo de Riazánov. En ella se confronta con posiciones como el anarquismo de Max Stirner, o el «verdadero socialismo» de Karl Grün.

Filosofía de la miseria; que ve la luz bajo el título de *Miseria de la Filosofía* en 1847 y cuya redacción data del otoño de 1846. Esta obra sanciona la ruptura de Marx con Proudhon, sobrevenida poco antes por la irreductibilidad de sus concepciones, irreductibilidad que, como es sabido, había de dejar un largo rastro en la trayectoria del movimiento obrero y enquistarse tenazmente en la Primera Internacional. En la polémica contra Proudhon, como en la mayoría de sus escritos de esta época, Marx lucha contra el confusionismo imbuido en el proletariado por todo género de ideas antiproletarias. Y esta finalidad combativa, en la que se ve ya al militante y al caudillo de la clase obrera, es la que pone tanta pasión exaltada en su pluma.

En torno a Marx y Engels había ido formándose en Bruselas una nutrida colonia comunista, formada por proletarios y por intelectuales del proletariado: Moses Hess; Ernst Dronke, más tarde redactor de la *Nueva Gaceta del Rin*[49]; Wilhelm Wolff, silesiano, el gran camarada de luchas, muerto tempranamente y a quien Marx dedicó el primer volumen de *El Capital*; su hermano Ferdinand; Joseph Weydemeyer, ex oficial de artillería; Georg Weerth; Edgar von Westphalen, cuñado de Marx; Sebastian Seiler, suizo, entusiasta weitlingiano; Karl Wallau y Stephan Born, cajistas de la *Gaceta Alemana de Bruselas*, el primero de los cuales acabó de alcalde mayor de Colonia y el segundo de profesor universitario en Basilea; Gigot, funcionario de la Biblioteca municipal; Steingens, obrero pintor; Riedel, tapicero; Heilberg, un alemán, editor de una pequeña hoja obrera, y otros. Weitling pasó por Bruselas, procedente de Londres, desilusionado y receloso como profeta errante; mas tampoco aquí pudo entenderse con nadie y decidió embarcarse rumbo a América.

«En Bruselas –dice Marx en su obra contra Vogt– fundé con Engels, Wilhelm Wolff y otros, la Asociación de Obreros

---

49 *Nueva Gaceta Renana*. Órgano de la Democracia. Diario editado por Marx entre junio de 1848 y mayo de 1849.

Alemanes, que todavía (1860) funciona». Se trataba de un centro de cultura y de propaganda comunista, que tenía por eje, naturalmente, las doctrinas de Marx. Privados de órgano en la prensa para la difusión de sus ideas, Marx y Engels deciden crear un «Comité comunista de correspondencia» para mantenerse en asiduo contacto con los principales centros de propaganda comunista y radical de Europa. En Londres tenían por corresponsales a los elementos de la Liga de los Justicieros, y con objeto de preparar también en París, entre los artesanos alemanes, el terreno para su agitación, Engels se trasladó allí en agosto de 1846. Su viaje perseguía, además, el objetivo de establecer enlace con los radicales de tipo «socialista», principalmente los del grupo de la *Reforme*[50] (Louis Blanc, Flocon, Ledru-Rollin), con quienes Marx y Engels, fieles a la táctica que habían de proclamar en el Manifiesto, creían necesario establecer una inteligencia para la primera etapa de la revolución que se avecinaba.

En la obra de Marx contra Vogt hay un pasaje en que se habla de la intensa labor desplegada por el Comité de correspondencia en relación con la central londinense de la Liga de los Justicieros: «Por medio de una serie de panfletos, unas veces impresos y otras litografiados, sometíamos a una crítica despiadada aquella mescolanza de socialismo o comunismo franco-inglés y de filosofía alemana, que formaba por entonces la doctrina secreta de la Liga, sentando en vez de eso, como una base teórica sólida, el estudio científico hasta ahondar en la estructura económica de la sociedad burguesa y exponiendo finalmente, en forma accesible, cómo no se trataba de implantar ningún sistema utópico, cualquiera que él fuese, sino de intervenir conscientemente en el proceso de transformación revolucionaria de la sociedad, que se estaba desarrollando ante

---

50 Periódico fundado en 1843 por Alexandre Ledru-Rollin. Varios de sus redactores fueron parte del gobierno provisional instaurado en la revolución de 1848. Su última edición es de 1850.

nuestros ojos». El deslinde de posiciones entre el comunismo utópico y el comunismo científico queda trazado de mano maestra en estas palabras. Desgraciadamente, hasta hoy[51] ninguno de los investigadores aplicados a la historia del marxismo ha logrado descubrir alguna de esas circulares a que Marx y Engels achacan la conversión de la Liga a sus ideas. Es esta una laguna extraordinariamente sensible en la historia de las doctrinas comunistas, pues esta campaña debió de constituir uno de los eslabones más importantes entre la teoría marxista y la política militante del movimiento obrero. Únicamente tenemos noticia de la circular relacionada con el episodio de Kriege, que precipitó la ruptura de Marx y Engels con Weitling[52].

¿Perseguían Marx y Engels, o la persiguieron durante un momento, la finalidad de crear un centro que laborase por la unificación de los varios grupos comunistas alemanes, como un paso hacia la organización coherente y unitaria del proletariado? Es la tesis que mantiene Riazánov en su citada introducción al *Manifiesto Comunista*. Riazánov dice haber descubierto una copia de la circular en que se sugería la necesidad de convocar una conferencia de representantes de aquellos grupos comunistas para fines de 1845 o comienzos de 1846. En esa circular se indicaba, según la referencia de Riazánov, como lugar más conveniente para la reunión, por ser el más accesible para los delegados alemanes, un pueblo de Suiza: Verviers, donde residía Hess y a donde podían trasladarse sin contratiempo Marx y Weitling, entre quienes no había sobrevenido todavía la ruptura. Riazánov conjetura que las discrepancias, cada vez más pronunciadas, existentes entre ellos, debieron de ser precisamente las que frustraron la celebración de esa conferencia, ya que no existe indicio alguno de que llegara a celebrarse.

---

51 Roces se refiere al año 1932.

52 Acerca de este episodio, véase la nota de Riazánov más abajo, pp. 552 y ss.

En la primera campaña de propaganda librada por Engels en las comunas de los Justicieros de París, en las tres que allí funcionaban –dos compuestas principalmente de sastres y la otra integrada casi en su totalidad por ebanistas–, hubo de batallar incansablemente contra las supervivencias del «comunismo de cuchara» de Weitling, aferrado a las cabezas de aquellos «erizos»[53], contra los «idilios y las frases humanitarias» de Grün y las influencias de Proudhon, a las que este servía de vehículo. En sus cartas a Marx desde París, Engels refleja todas las incidencias de esta trabajosa campaña de penetración. La estrella de Weitling palidecía rápidamente, pero las frases de Grün y las quimeras reformistas de Proudhon tenían tercamente empañada la mentalidad preproletaria de aquellos artesanos rebeldes.

> El Grün ha hecho aquí un daño espantoso. Ha convertido todo lo que había de concreto en estos bigardos en puro sentimentalismo, aspiraciones humanitarias, etc., etc. Bajo pretexto de atacar a Weitling y a todo el comunismo doctrinal, les ha llenado la cabeza de frases literarias y pequeñoburguesas [...]. Hasta los ebanistas, que jamás han sido weitlingianos, le tienen un miedo supersticioso y fantasmal al «comunismo de cuchara», dejándose llevar [...] de mejor grado de todos esos absurdos sentimentalismos, planes pacíficos para hacer la felicidad del mundo, etc. Reina aquí una confusión sin límites.[54]

Y en la misma carta dice:

> Con estos erizos de aquí espero salir adelante. Cierto es que son espantosamente incultos y que están en absoluto sin preparar por

---

53 *Correspondencia Marx-Engels*, op. cit., Tomo I, pp. 49 y ss. En el original se usa el término "straubingerisch" que hace referencia a Bruder (hermano) Straubinger figura literaria de inicios del XIX que representaba a un artesano que viajaba entre ciudades para demostrar su habilidad. Marx y Engels lo usaban para referirse a la mentalidad gremial de los artesanos.

54 «Carta de octubre de 1846», en *Correspondencia Marx-Engels*, ed. del Instituto Marx-Engels de Moscú, Tomo I, pp. 55.

sus condiciones de vida; entre ellos no existe competencia, los jornales se mantienen siempre en el mismo nivel, sus luchas con el maestro no giran nunca en torno al salario, sino atizadas por la llamada soberbia de los oficiales, etc.

En una carta anterior, fechada el 23 de octubre de 1846 y dirigida al Comité de correspondencia comunista de Bruselas, Engels comunica:

Se discutió durante tres noches sobre el plan proudhoniano de asociación. Al principio toda la pandilla estaba en contra mía, pero a la postre solo Eisermann y los otros tres grünianos. Lo principal era demostrar la necesidad de la revolución violenta y desenmascarar el verdadero socialismo grüniano, que había encontrado nuevas savias en la panacea de Proudhon, como antiproletario, pequeñoburgués, propio de erizos.

Con gran esfuerzo, Engels consigue centrar la discusión en el verdadero tema del comunismo y define del modo siguiente las intenciones de los comunistas:

1º, mantener y hacer triunfar los intereses de los proletarios frente a los de los burgueses; 2º, hacerlo mediante la abolición de la propiedad privada y la implantación del régimen comunista; 3º, no reconocer más medio para el logro de esas intenciones que la revolución democrática violenta.

Y añade:

Sobre esto, dos noches de discusión. A la segunda, el más capaz de los tres grünianos, barruntando el espíritu de la mayoría, se pasa abiertamente a mi lado [...]. Resumiendo: a la hora de votar, la asamblea se declaró comunista, en consonancia con la anterior definición, por trece votos contra los dos de los fieles grünianos.[55]

---

55 Engels, *Al comité de correspondencia comunista en Bruselas*, 23 de octubre de 1846.

Como se ve, el contingente de afiliados no era numeroso, y, sin embargo, los avances de la nueva idea en la conciencia de aquellos militantes tenían gran importancia, pues Marx y Engels sabían que en aquellas cabezas estaban luchando por atraerse a la vanguardia del movimiento proletario incipiente para la revolución que se avecinaba.

Ya a fines de diciembre, Engels da por perdidos todos sus esfuerzos por traer a los «erizos» a la senda crítica, y en su carta a Marx[56] resuena una nueva nota: «Los eternos celos contra nosotros como intelectuales». La conciencia de aquellos artesanos era demasiado simplista para distinguir entre intelectuales burgueses e intelectuales proletarios y sobreponerse al bárbaro tópico que identifica la intelectualidad y la cultura con la potencia enemiga, como si lo opuesto a la «cultura» burguesa no fuese la cultura proletaria, la verdadera cultura, la del mañana, sino la barbarie. Este recelo contra los elementos intelectuales era uno de los muros más obstinados que se alzaban ante la fusión del movimiento obrero y las ideas que habían de llevarle a la victoria, ante el triunfo del comunismo científico que tiene su bandera en el *Manifiesto Comunista*. Y ese recelo es todavía hoy, en nuestro país, una de las características del comunismo utópico y pequeñoburgués de los sindicalistas, medio bakuninistas, medio proudhonianos, con su concepción sectaria de la lucha de clases. «Frente a nosotros –concluye Engels–, estos mozos se erigen en "el pueblo", en "los proletarios", y nosotros solo podemos apelar al proletariado comunista que acabará por formarse en Alemania». Engels da, pues, por perdida la batalla, abandona por breve tiempo a su destino a las sectas de París y se remite a los frutos del movimiento.

En su labor de propaganda en las comunas de París, Ewerbeck y Junge secundaron los esfuerzos de Engels. Ewerbeck venía influyendo desde atrás en aquellas organizaciones. En

---

56 *Correspondencia Marx-Engels*, op. cit., Tomo I, pp. 57 y ss.

sus cartas, Engels le reconoce buena voluntad propagandista, aunque sin una gran capacidad intelectiva. Pero el verdadero jefe y guía de los «erizos» grünianos era Friedrich Adolf Junge, un carpintero de Duseldorf, denunciado al Gobierno prusiano como «uno de los comunistas más activos de París». Engels lo ganó enseguida para su causa y tuvo en él un activo instrumento de agitación. Junge se quejaba de que «a la gente le gustase más escuchar frases necias que argumentos basados en hechos económicos».

En la primavera de 1847, según la referencia de Engels –más verosímil, evidentemente, que la fecha de fines de 1846 que da Marx en su obra contra Vogt–, tuvo lugar el histórico acontecimiento que, meses después, había de alumbrar para el proletariado de todos los países el *Manifiesto Comunista*: el ingreso de Marx y Engels en el único partido organizado de los proletarios alemanes de aquella época, la Liga de los Justicieros. Según el relato que hace Engels de estos hechos en su introducción a las *Revelaciones*, la invitación oficial de ingreso en la Liga podría parecer algo inesperado para ellos. En realidad era la culminación de un proceso orgánico en que los proletarios organizados, habiendo superado ya las viejas tradiciones de la conspiración y la revuelta, y echado por la borda el equipo ideológico del comunismo artesano, los sistemas utópicos y el socialismo seudofilosófico hecho de frases, se veían faltos de brújula y acudían a buscarla a los únicos que podían ofrecérsela. Estos, a su vez, habían encaminado todos sus esfuerzos, desde que adquirieron la certeza de sus métodos críticos, a encontrar en la práctica del movimiento obrero el único terreno en que su teoría podía cobrar cuerpo de realidad.

En el otoño de 1846 se renovó el Comité Central de la Liga, y la crisis de transformación que ya venía gestándose desde muy atrás empezó a cobrar formas más definidas. La reciente publicación por E. Drahn de dos proclamas desconocidas dirigidas a los afiliados de la Liga por el Comité, en noviembre de 1846 y febrero de 1847[57], han venido a aclarar poderosamente el proceso de conversión de la Liga de los Justicieros en Liga de los Comunistas. En estas alocuciones –aunque, analizadas con criterio marxista dejen todavía mucho que desear– se observa ya una enérgica reacción contra todas las degeneraciones utópicas, religiosas, proféticas y transcendentales del comunismo, y muy principalmente contra la quimera fourierista de los falansterios, y se proclama la necesidad de redactar «una sencilla profesión de fe comunista» que pudiera servir a todos de norma. Para imprimir al movimiento esta nueva orientación se convoca en esa proclama a un congreso en Londres para el 1 de mayo de 1847[58], tras el que, una vez reorganizada la Liga, se abriría la perspectiva de un congreso general comunista, al que serían invitados los partidarios de la nueva doctrina en todos los países. Poco después, el 28 de enero de 1847, el Comité Central de la Liga tomaba el acuerdo de dar poderes a Moll para que se trasladase a Bruselas para negociar con Marx y Engels su ingreso en la Liga; en este poder, dado a conocer por Mehring[59], se autoriza al emisario para que exponga de palabra a Marx y Engels «la situación (en Londres), haciéndose asimismo cargo de lo que ellos le digan»:

> «Moll –dice Engels– se entrevistó en Bruselas con Marx y en París conmigo, invitándonos reiteradamente, en nombre de sus camaradas, a ingresar en la Liga. Nos dijo que estaban convencidos de la exactitud de nuestras ideas en general, así como de la necesidad de emancipar a la Liga de las viejas tradiciones y formas conspiradoras. Y que si accedíamos a entrar se nos daría ocasión, en un congreso, a

---

57 Reproducidas en *Neue Zeit*, t. 37, 2, p. 131, y traducidas en el Apéndice de esta obra, pp. 71 y ss.

58 Véase la alocución más abajo, p. 78.

59 Véase su introducción a la edición última de las *Revelaciones*, pp. 10 y ss.

desarrollar en un manifiesto, que se publicaría como manifiesto de la Liga, los principios de nuestro comunismo crítico, y que nosotros contribuiríamos por nuestra parte a conseguir que la anticuada organización de la Liga cediese el puesto a una organización más en consonancia con los tiempos y con sus fines.

Nosotros no abrigábamos la menor duda acerca de la necesidad de mantener una organización de la clase obrera alemana, aunque solo fuese para fines de propaganda, y estábamos también plenamente convencidos de que esa organización, aunque radicase fuera de Alemania tenía que ser necesariamente secreta. No otra cosa era lo que la Liga representaba. Sus dirigentes echaban ahora por la borda y repudiaban como falso todo lo que hasta entonces habíamos podido nosotros reprochar en ella; se nos requería para tomar parte en la reorganización de un organismo que estimábamos necesario. ¿Podíamos negarnos? Evidentemente, no. Ingresamos, pues, en la Liga. Marx formó en Bruselas una comuna, integrada por nuestros amigos más allegados; yo, por mi parte, frecuentaba las tres comunas de París».

La nueva comuna creada en Bruselas no era, en realidad, más que el grupo que venía funcionando como Comité de correspondencia, transformado ahora en sección de la Liga. El congreso de esta, anunciado para enero, se aplazó hasta el 1 de junio de 1847. La segunda circular de la Liga, la de febrero de 1847 (reproducida en nuestra edición, p. 78), sirve de renovada convocatoria para este congreso y contiene sus normas y el orden del día. En esta misma circular se acotan los puntos sobre los cuales ha de versar la «profesión de fe» y que el Comité Central somete a la deliberación previa de sus afiliados.

Engels describe del modo siguiente este congreso:

En el verano de 1847 se celebró en Londres el primer congreso de la Liga, al que Wilhelm Wolf acudió como delegado con la representación de la Comuna de Bruselas, y yo llevando la de todas las comunas de París. Lo primero que se hizo en este congreso fue acometer la reorganización de la Liga. Se borró todo lo que quedaba de los viejos nombres místicos procedentes de los tiempos conspirativos; la Liga se organizó en Comunas, Círculos, Círculos directivos, Comité Central y Congreso, adoptando desde ahora el nombre de Liga de los Comunistas. El artículo primero de los estatutos decía así: «La finalidad de la Liga es el derrocamiento de la burguesía, la instauración del régimen del proletariado, la abolición de la vieja sociedad burguesa, basada en los antagonismos de clase, y la creación de una sociedad nueva, sin clases ni propiedad privada». La nueva organización era absolutamente democrática y todas las autoridades eran electivas y amovibles en cualquier momento, con lo cual se cerraba el paso de antemano a todos los devaneos conspirativos, que solo pueden vivir en régimen de dictadura, y se convertía a la Liga –a lo menos para los tiempos normales de paz– en una mera sociedad de propaganda. Estos nuevos estatutos –¡véase lo democráticamente que se procedía ahora!– fueron enviados a las comunas para su discusión, y después de deliberarse nuevamente sobre ellos en el segundo congreso, se aprobaron definitivamente el 8 de diciembre de 1847.[60]

Es muy verosímil que, según la hipótesis de Grünberg[61], no fuese solo el deseo de someter los estatutos a la deliberación de las comunas lo que aplazase su aprobación, sino también, y sobre todo, las resistencias con que hubo de tropezar en la asamblea el artículo primero y fundamental, en el que se definían programáticamente los fines de la Liga. Otra cosa hubiera equivalido a la aceptación sin lucha de las teorías de Marx y Engels, y a ellos se les hubiera encomendado desde el primer momento la redacción del programa. Mas no fue así.

De las proclamas de noviembre de 1846 y febrero de 1847 se desprende que el Comité central de la Liga tenía ya esbozado su propio proyecto de programa, y en el artículo

---

60 Véase el texto de los estatutos más abajo, pp. 127 y ss.

61 Véase su introducción en *Die Londoner Kommunistische Zeitschrift und andere. Urkunden aus den Jahren 1847-1848*, op. cit., p. 21.

titulado «¡Proletarios!» de la *Revista Comunista*[62], la dirección de la Liga lo declara expresamente. No tenemos noticias de si Marx y Engels, el primero por escrito y el segundo de palabra, sometieron o no sus doctrinas a la aprobación de este congreso. Mas hay motivos para pensar que los resultados de las deliberaciones no les satisficieron por completo. En una carta del 24 de noviembre de 1847, Engels, citando a Marx para hacer juntos el viaje al segundo congreso, le dice: «Este congreso tiene que ser decisivo *as this time we shall have it all our own way*»[63]. No es forzado inferir de aquí que el primer congreso no había dado plena satisfacción a sus pretensiones, ya que esperaban triunfar en el segundo. La aprobación de los estatutos y del programa o «profesión de fe», es decir, los puntos decisivos, se diferían, pues, al segundo congreso.

En cambio, sí hubo acuerdo sobre la publicación de una *Revista Comunista* mensual, órgano de la Liga, a la que se asignaba como misión «trabajar por la emancipación del proletariado y predicar la unión entre todos para acelerar de ese modo su consecución». A la cabeza de este periódico, del que solo un «número de prueba» llegó a ver la luz, campeaba ya, documentando la influencia que las ideas de Marx empezaban a ganar en la Liga, el lema de: «¡Proletarios de todos los países, uníos!». Es el primer documento del que tenemos noticia en que aparece estampada la famosa divisa del comunismo internacionalista moderno, que había de dar la vuelta al mundo uniendo en un vínculo de solidaridad a los trabajadores de todos los países. La redacción de la revista se encomendó a Schapper[64]. Solo el artículo consagrado a la

---

62 Véase el artículo «¡Proletarios!» más abajo, pp. 90-97.

63 *Correspondencia Marx-Engels*, op. cit., Tomo I, p. 87. El fragmento en inglés es utilizado como expresión en el original. Su traducción al español es: «[...] ya que esta vez lo tendremos todo a nuestra manera».

64 WR: Según la referencia de F. Lessner, veterano del movimiento comunista. Véase la introducción de *Grünberg en Die Londoner Kommunistische Zeitschrift und andere. Urkunden aus den Jahren 1847-1848*, op. cit., p. 23, nota. 49.

Dieta prusiana y al proletariado prusiano y alemán presenta huellas muy claras de análisis marxista, en las que algunos investigadores ven la mano de Engels.

El 7 de noviembre del mismo año se fundaba en Bruselas, siguiendo el precedente de los *Fraternal Democrats* de Londres, la Sociedad Democrática, para fomentar la unión y la fraternidad de todos los pueblos, y en representación de los demócratas alemanes era designado Marx para una de las vicepresidencias. En esta sociedad, que Marx utilizó también para la propaganda de sus ideas, fue donde pronunció en enero de 1848 su famoso discurso sobre el librecambio. Antes, desde el mes de agosto, Marx y Engels empezaron a colaborar en la *Gaceta Alemana de Bruselas,* periódico de dudoso origen[65], y acabaron por convertirlo también en vehículo de agitación para su doctrina. En nombre de la Sociedad Democrática de Bruselas habló Marx el 29 de noviembre en un mitin organizado en Londres por los *Fraternal Democrats* para celebrar el aniversario de la revolución polaca. Poco después se reunía en la sala de sesiones de la Asociación Comunista de Educación Obrera el segundo congreso de la Liga de los Comunistas, al que Marx acudía representando a los elementos de Bruselas y Engels en representación de las comunas de París. Hicieron juntos el viaje desde Ostende.

Era el congreso en que habían de discutirse los estatutos y el programa de la Liga reorganizada. «Marx –dice Engels– defendió en grandes debates su nueva teoría. Por fin, vencidas todas las resistencias y todas las dudas, fueron unánimemente aprobados los nuevos principios y se nos encargó a Marx y a mí que redactásemos un manifiesto». Afortunadamente, la correspondencia cruzada entre ambos nos permite desarrollar esta lacónica referencia y esclarecer, en parte al menos, los orígenes inmediatos del *Manifiesto Comunista.*

---

65 Fundado por Adelbert von Bornstedt quién había sido teniente del ejército prusiano y parte de la Legión Extranjera. A posteriori fue dirigente de la sociedad democrática alemana en París y de la legión democrática.

Engels, que, después del primer congreso, hubo de permanecer algún tiempo en Bruselas, sustituyendo a Marx durante una ausencia de este, apremiaba a Marx a que regresase, para poder reintegrarse cuanto antes a su labor de agitación en las comunas de París. En octubre lo encontramos ya en la capital francesa, y en una carta que dirige a Marx con fecha 25-26 de este mes, le comunica que reina «entre los erizos una confusión infernal», que pocos días antes de llegar él habían sido expulsados los últimos grünianos, una comuna entera, la mitad de los cuales habían reingresado, viniendo a contar en total, para su causa, con unos «treinta hombres». En esta misma carta habla Engels de la resistencia que encuentra entre los obreros en las deliberaciones programáticas, resistencia nutrida principalmente por la labor de Moses Hess. De este dice que «había logrado imponer una profesión de fe divinamente mejorada». Por fin, mediante cierto ardid, consiguió que se le encargase a él la ponencia de otra, «que será discutida en el círculo el próximo viernes y enviada a Londres a espaldas de la comuna»[66]. Así fue como redactó Engels, para ser presentada al congreso, su «profesión de fe comunista», conocida hoy, desde la edición de Bernstein, con el nombre de *Principios del comunismo*. El 15 de noviembre notifica su nombramiento de delegado. El 24 del mismo mes, en una carta famosa[67], cita a Marx en Ostende para cruzar juntos el Canal. En esta carta hay una posdata que dice:

> Medita algo sobre la profesión de fe. Creo que lo mejor sería prescindir de la forma catequística y darle el título de *Manifiesto Comunista*. Como no hay más remedio que relatar algo de historia, la forma anterior no se presta. Yo llevo la de aquí, redactada por mí; está redactada en forma de simple relato, pero deplorablemente, con una prisa espantosa. Comienzo con lo de «¿Qué es comunismo?». Inmediatamente viene el proletariado:

---

66 *Correspondencia Marx-Engels*, op. cit., Tomo I, p. 83.

67 Ibíd., pp. 87 y ss.

orígenes históricos, diferencias respecto a los obreros anteriores, desarrollo de la antítesis de proletariado y burguesía, crisis, consecuencias. Entremezcladas, diversas cosas secundarias, y por último, la política de partido de los comunistas, en lo que puede hacerse pública.

Y añade: «Lo de aquí no ha sido sometido todavía por completo a la aprobación, pero confío en que, salvo pequeñeces insignificantes, podré hacerlo pasar de tal modo que, por lo menos, no encierre nada contrario a nuestras convicciones». Como se ve, el triunfo de sus doctrinas no se imponía sin lucha.

La redacción de los programas en forma de catecismo o «profesión de fe», mediante preguntas y respuestas, era tradicional entre los socialistas franceses. Gustaba elegir esta forma catequística, consagrada y popularizada por la liturgia eclesiástica, sin duda, como dice Duncker[68], para de ese modo subrayar mejor el contraste con el mundo de los sentimientos religiosos. Era, además, una forma que cuadraba muy bien en las sectas de conspiradores, en que el catecúmeno había de hacer voto, ajustándose, mediante una serie de respuestas rituales, a los principios profesados por la respectiva agrupación. Este rito, muy en boga entre los masones, provenía, probablemente, como la masonería misma, de los gremios medievales, y por ello encontraba tan gran predicamento en las asociaciones políticas de los artesanos. En la Sociedad de las Familias, fundada por Blanqui, como luego en la Sociedad de las Estaciones, continuadora suya, regía un catecismo con dieciséis preguntas y respuestas del tenor de estas:

1.º ¿Qué piensas del Gobierno? - Que el Gobierno ha traicionado al pueblo y al país.
2.º ¿En interés de quién gobierna? - En interés de unos cuantos privilegiados.

---

68 Véase «Sobre los orígenes del boceto de Engels», en su edición de los *Principios de comunismo*, p. 7.

3.º ¿Quiénes son hoy aristócratas? - Las gentes de dinero, los banqueros, los especuladores, los monopolistas, los grandes terratenientes, y en general todos aquellos a quienes llamamos hoy explotadores del hombre por el hombre. [...].

10.º ¿Qué es el pueblo? - El conjunto de todos los ciudadanos que trabajan. [...].

12.º ¿Cuál es la suerte del proletario bajo el gobierno de los ricos? - Ni más ni menos que la del siervo y la del esclavo de la raza negra.

13.º ¿Cuál debe ser la base de una sociedad justa? - La igualdad. [...].

16.º ¿Debe hacerse una revolución política o social? - Una revolución social.[69]

Era evidente que la forma catequística tradicional, muy indicada para iniciar a los novicios en los misterios de las sectas conspirativas, no era el molde más adecuado para desarrollar un programa crítico e histórico como el de Marx y Engels. Para comprenderlo basta comparar la exposición de los *Principios de comunismo* de Engels, en que las doctrinas mantenidas aparecen, pese a todo, cohibidas y desarticuladas, con el texto maravilloso del *Manifiesto*.

Las sesiones del segundo congreso duraron hasta el 8 de diciembre, y los debates se cerraron aprobando los nuevos estatutos y encargando unánimemente a Marx y Engels redactar el *Manifiesto del Partido Comunista*. Ignoramos si Marx acudiría al congreso ya con alguna ponencia escrita, avance de su programa, o se limitaría a mantener verbalmente su nueva teoría del materialismo histórico, tal como la resume Engels en su prólogo a la tercera edición alemana del *Manifiesto* (1883)[70]. La transcrita posdata de Engels en su carta

---

69 WR: Véase el texto de Lucien de la Hodde, *Histoire des Sociétés Secrètes, 1830-1848*, París, 1850, pp. 200 y ss. En el proceso seguido en Colonia a la Liga de los Comunistas en 1852 desempeña gran papel el llamado «Catecismo Rojo», difundido por la fracción de Willich-Schapper, cuya paternidad atribuía Marx a Moses Hess, mas sin que haya pruebas suficientes que lo acrediten.

70 Véase el prólogo más abajo, p. 182.

de 24 de noviembre no permite una conclusión clara sobre este punto.

Reintegrado a Bruselas, Marx se entregó de nuevo a su propaganda en la Asociación de Obreros Alemanes[71] y en la Sociedad Democrática (discurso sobre el librecambio). Pasaban los días sin que el encargo encomendado por el congreso de Londres se ejecutase. El 24 de enero de 1848, el Comité Central de la Liga acordaba dirigirse al Comité de distrito de Bruselas, encargándole «notificar al ciudadano Marx que si el *Manifiesto del Partido Comunista*, de cuya redacción se le había encargado en el último congreso, no llegaba a Londres antes del martes 1 de febrero del corriente año, se tomarán contra él otras sanciones. En caso de que el ciudadano Marx no redacte el *Manifiesto*, el Comité central le insta a que devuelva inmediatamente los documentos que le fueron facilitados por el congreso». Firmaban la comunicación Schapper, Bauer y Moll.

En los primeros días de febrero de 1848, Marx pudo poner mano, por fin, a la ejecución de su encargo, en colaboración con Engels, y a las tres semanas salía para Londres el original del *Manifiesto,* al tiempo que estallaba en París la revolución[72]. «Desde ahora –dice Carl Grünberg–, el proletariado contaba con su teoría, la teoría que le garantizaba un incesante progreso ascensional y la victoria definitiva; tenía su Carta, su programa táctico, su grito de combate». La vieja divisa humanitaria y confusionista que venía presidiendo el movimiento obrero, el grito de «Todos los hombres son hermanos» se esfumaba

---

71 *Trabajo asalariado y capital.* Texto de Marx aparecido en forma de artículos en la *Nueva Gaceta Renana*, Órgano de la Democracia, en abril de 1849, basado en las conferencias impartidas por Marx en 1847 en la Asociación Obrera Alemana de Bruselas.

72 WR: Que el *Manifiesto Comunista* no fue obra exclusiva de Marx, aunque su redacción corriese exclusivamente a cargo de este –como el estilo lo denota–, es cosa que atestigua terminantemente el propio Marx. «El *Manifiesto* redactado por Engels y por mí [...]», dice en el prólogo a su *Crítica de la Economía política*, en 1859.

al alzarse, como afirmación de la conciencia de clase del proletariado y de la solidaridad de los trabajadores del mundo, el grito de «¡Proletarios de todos los países, uníos!».

Al estallar la revolución de febrero, el Comité Central de la Liga traspasó sus poderes al Círculo directivo de Bruselas. Casi al mismo tiempo, Marx salía para París, autorizado para constituir allí un nuevo Comité Central. Reunidos en París los elementos más destacados de la Liga, redactaron el documento que reproducimos en esta edición, con las reivindicaciones de los comunistas alemanes ante la revolución que se avecinaba en su país. Las doctrinas del *Manifiesto* empezaban a ponerse por obra en la práctica militante de la revolución. En la segunda quincena de marzo triunfaba en Viena y en Berlín el movimiento revolucionario. Los militantes de la Liga, con Marx y Engels a la cabeza, se lanzaron inmediatamente a la lucha, Marx con la pluma desde la plataforma de avanzada de la *Nueva Gaceta del Rin*, y Engels como táctico de la democracia, en el alzamiento del Palatinado. Había llegado la hora prevista por Engels en una carta fechada en Barmen en 1844[73], la hora de «poder realizar nuestras ideas con las manos y, si necesario fuere, con los puños». La táctica de llevar adelante la revolución democrática hasta convertirla en proletaria, que es la profesada por Marx y Engels en el *Manifiesto* y la mantenida activamente en los movimientos del 48, estaba alentada por la creencia de que el régimen de la burguesía tendría que ser forzosamente fugaz, ante el auge del nuevo régimen industrial, en la creencia de que «el verdugo aguardaba a la puerta» a la burguesía triunfante[74].

La Liga, débil todavía numéricamente y sin tiempo para consolidarse sobre los nuevos principios de táctica y organización, tenía que resultar una palanca demasiado endeble frente a aquel movimiento rápidamente desatado de las masas

---

73 *Correspondencia Marx-Engels*, op. cit., Tomo I, p. 7.

74 Véase más abajo, p. 173.

del pueblo. «Y sin embargo –añade Engels–, fue precisamente entonces cuando se demostró qué excelente escuela de actuación revolucionaria había sido la Liga. En el Rin, donde la *Nueva Gaceta del Rin* servía de centro permanente al movimiento, en Nassau, en el Hessen renano, etc., por todas partes eran afiliados a la Liga los que acaudillaban el ala extrema del movimiento democrático». Las matanzas obreras de junio de 1849 en París y la derrota de los demócratas alemanes y austriacos en mayo y junio del mismo año, pusieron fin a la primera etapa, a la más peligrosa, de la revolución de 1848. Pero el triunfo de la reacción no estaba todavía consolidado. En otoño de 1849 volvieron a congregarse en Londres la mayoría de los elementos de la Liga de los Comunistas. Atenta a las nuevas circunstancias, esta se reorganizó como asociación secreta. De los viejos militantes faltaba Moll, muerto entre los rebeldes en los encuentros del Palatinado. La Liga envió a Alemania como emisario a Heinrich Bauer, encargándole difundir entre sus afiliados la alocución de marzo de 1850, reproducida en esta edición en la página 251.

Esta alocución, redactada por Marx y por Engels, es importantísima, pues fija la táctica de la Liga ante la revolución democrático-burguesa y pone en acción los principios estratégicos del *Manifiesto Comunista*. Pero en el transcurso del año 1850 fue viéndose que las perspectivas revolucionarias iban en descenso. La crisis industrial de 1847, que había hecho estallar la revolución, estaba vencida. Comienza un periodo de inusitada prosperidad industrial. En la «Revista de mayo a octubre de 1850», publicada en la *Nueva Gaceta del Rin, revista político-económica, cuads. V y VI* (Hamburgo, 1850), escribían Marx y Engels:

En esta fase de prosperidad general, en que las fuerzas productivas de la sociedad burguesa se desarrollan con todo el esplendor que permite este régimen, es inútil hablar de verdadera revolución. Las verdaderas revoluciones solo pueden darse en los periodos en que estos dos factores, las modernas fuerzas productivas y las formas burguesas de producción, chocan entre sí. Las diferentes discordias en que se hallan empeñados en la actualidad los representantes de las diversas facciones del partido del orden en el continente, acusándose las unas a las otras, lejos de dar pábulo a nuevas revoluciones, estallan precisamente por ser tan segura de momento, y tan burguesa –cosa que la reacción no sabe–, la base de la situación. Contra ella se estrellarán con idéntica seguridad todas las tentativas de la reacción para contener el desarrollo burgués y todas las arengas inflamadas de los demócratas.

La posición de retraimiento ante las nuevas perspectivas de crisis revolucionaria mantenida por Marx y Engels produce en la Liga la escisión ultraizquierdista capitaneada por Schapper y por Willich, afiliados a la organización desde hacía unos meses[75], a la que se refiere el fragmento de Marx que publicamos en el Apéndice, tomado de sus *Revelaciones*[76].

En mayo de 1852 sobreviene la detención de los emisarios de la Liga en Alemania, y la policía prusiana urde la infame comedia del célebre proceso de los comunistas en Colonia. «Con el proceso de Colonia termina la primera etapa del movimiento obrero alemán. A poco de dictarse la sentencia[77] disolvimos –dice Engels– la Liga de los Comunistas, y meses más tarde pasaba también a mejor vida la Liga secesionista de Willich-Schapper».

Doce años después, en la Primera Internacional, la enseña del *Manifiesto Comunista* volvía a flotar, triunfante, sobre un ejército mundial de trabajadores. Sesenta y cinco años más tarde, en octubre de 1917, el proletariado sube al poder en Rusia bajo la bandera del *Manifiesto* que la Liga de los Comunistas empuñó, en la firme mano de Marx, desde 1847 hasta 1852 y

---

75 Seguramente Roces esté haciendo referencia a sus seguidores ya que tanto Schapper como Willich llevaban más tiempo participando de la organización.

76 Véase más abajo, pp. 283 y ss.

77 WR: Que condenó a los acusados de tres a seis años de prisión.

que la Tercera Internacional, fundada y acaudillada por Lenin, levanta del fango donde, desde la capitulación vergonzosa del año 14, la dejara caer la Internacional de los «socialistas» claudicantes.

Dos alocuciones del Comité central de la Liga de los Justicieros a sus afiliados

INTRODUCCIÓN

En 1919 publicó el marxista alemán Ernst Drahn[78] dos documentos de gran importancia en la historia de los orígenes del *Manifiesto Comunista*. Se trata de dos alocuciones dirigidas por la Liga de los Justicieros a sus afiliados en noviembre de 1846 y febrero de 1847, anteriores, por consiguiente, a su transformación en Liga de los Comunistas, y muy interesantes para fijar la trayectoria de sus ideas en la fase que precede a la incorporación de Marx y Engels a la Liga y a la promulgación del *Manifiesto Comunista* como doctrina oficial de esta.

La circular de 1847, especialmente, nos da el esquema a que responden los *Principios del comunismo* de Engels y nos permite apreciar con cierta precisión el contraste entre los principios profesados hasta entonces por los comunistas de la Liga y los mantenidos catequísticamente en el esbozo de Engels y luego desarrollados de un modo más doctrinal en el *Manifiesto*. Sobre fragmentos transcritos de estas alocuciones, y principalmente de la segunda, forma Carl Grünberg[79] un proyecto de profesión

---

78 Véase *Neue Zeit*, XXXVII, 2, pp. 131 y ss.

79 Véase *Die Londoner Kommunistische Zeitschrift und andere Urkunden aus den Jahren 1847-48*, Leipzig, 1921.

de fe redactado por la Liga de los Comunistas. En efecto, en las circulares se esboza bastante claramente la posición de la Liga ante estas preguntas: ¿Qué es comunismo y qué pretenden los comunistas? ¿Quién es proletario? ¿Qué es socialismo y qué persiguen los socialistas? ¿De qué modo puede implantarse el comunismo más fácil y rápidamente? ¿Cuál es la actitud del proletariado frente a la alta y la baja burguesía? ¿Cuál es la actitud del proletariado frente a los diversos partidos religiosos? ¿Cuál es su actitud con respecto a los diversos partidos sociales y comunistas?

Estos documentos tienen, además, la gran importancia histórica de haber servido de convocatoria al congreso de donde salió la transformación de la Liga de los Justicieros en Liga de los Comunistas y la nueva orientación de esta bajo los principios críticos consignados en el *Manifiesto*.

Wenceslao Roces

ALOCUCIÓN DE NOVIEMBRE DE 1846

Hermanos:

Habiéndosenos encargado de la alta dirección de nuestros asuntos, creemos de nuestro deber hacer llegar a vosotros la siguiente carta, y os rogamos que le prestéis la mayor atención y el debido respeto.

I. Si nos fijamos en la situación actual de Europa, y especialmente de Alemania, no podremos dudar un momento que las ideas sociales y comunistas consiguen los progresos más satisfactorios y que ningún partido puede encontrar eco si no hace más o menos hincapié en la transformación de la sociedad actual. Nuestra misión debe ser espolear el grandioso movimiento de nuestro tiempo y encauzarlo en la medida de nuestras fuerzas, pues solo de ese modo lograremos formar un partido potente y dar la batalla victoriosamente a nuestros enemigos. Desgraciadamente, hasta hoy no ha ocurrido así; unidos en la aspiración de combatir el orden o, por mejor decir, el desorden actual, no lo estamos en cambio en cuanto al modo de cómo hemos de combatirlo. Al principio se creía que nuestra actuación debía consistir en construir sistemas comunistas y sociales, pero pronto se vio que se seguía un camino falso y, afortunadamente, hoy se va abandonando ya casi por completo esa manía sistemática; no obstante, nuestras fuerzas siguen desunidas, nuestras relaciones con el partido religioso y con la burguesía radical no se han puesto en claro todavía, aún es la hora en que no se ha levantado una sencilla profesión de fe comunista que pueda servir a todos de norma, y así nos encontramos con que en muchas localidades, en vez de ayudarnos eficazmente unos a otros, nos estorbamos recíprocamente. Pues bien, es necesario a todo trance poner remedio a este mal, y como ello no podría conseguirse por medio de cartas, convocamos un congreso para el 1º de mayo de 1847. Todos... deben enviar a este congreso un delegado; aquellas localidades donde solo exista una comuna deben unirse con otras que estén en idénticas condiciones, para elegir entre las dos, de su seno, un representante. Os encarecemos la necesidad de no elegir más que a delegados que conozcan bien las orientaciones de su localidad y que puedan, por tanto, representarlas en sus intervenciones; los días que dure el congreso correrá de nuestra cuenta el alojamiento y la comida de los delegados. Este congreso puede ser el precursor de un congreso general comunista que se celebre en el año 1848 y al cual se invite, de un modo público, a los partidarios de la nueva doctrina en todos los continentes. Esperamos que para ese día habremos alcanzado la unidad y la fuerza necesarias para imprimir a todos los asuntos la debida orientación.

II. Ya tendréis noticia de que, no solo en Alemania, sino también en Bélgica y otros países, el partido radical se separa públicamente del viejo y vacuo liberalismo, levantando bandera propia. La pequeña burguesía, desplazada más y más, con cada día que pasa, por la alta aristocracia del dinero, cada vez más pujante, ve acercarse a pasos agigantados su ruina; ella es la que forma principalmente ese partido, que no solo no está reacio a una reforma social –en Alemania y en Francia las cosas no están todavía tan avanzadas–, sino que reconoce públicamente su necesidad. A nuestro juicio, las circunstancias actuales hacen deseable y necesaria una inteligencia del proletariado con ese partido. Creemos, por tanto, que debemos procurar en todas partes entrar en relación con los radicales, aunque sin ceder en nada de nuestros principios; que debemos aspirar a demostrarles que no está ya lejos el día en que también ellos se verán empujados a las filas proletarias y que solo por medio de una reforma social podrán esquivar su ruina. Si somos capaces de llevar adelante una inteligencia de la burguesía radical con el proletariado, pronto se abrirá una nueva era, tan grandiosa, que no tendrá paralelo en la historia. ¡Manos, pues, a la obra, hermanos!

III. Las esperanzas que ciertos comunistas ponían en los católicos alemanes y en los iluministas no parecen realizarse. Nosotros jamás ciframos la menor ilusión en ello: querer apuntalar un edificio viejo y podrido es trabajo en balde. Procurad, pues, traer de nuevo al buen camino a cuantos hasta ahora encauzaron en ese sentido sus aspiraciones. No miremos demasiado al ayer y convenzámonos de que las formas del viejo mundo que cohíbe el espíritu del corazón humano no podrán ser trasplantadas al mundo nuevo; no, eso no es posible.

IV. Os llamamos la atención acerca de los manejos de los fourieristas y os intimamos a que dondequiera que se manifiesten esos hombres vanos les salgáis al paso, y vigorosamente. De suyo no tienen nada de peligrosos, pero disponen de dinero, envían a todas partes emisarios y se esfuerzan primordialmente por desfigurar el comunismo; por eso no podemos seguirlos ignorando por más tiempo, sino que debemos atacarlos públicamente. Su ridícula pretensión de hacerse pasar por los verdaderos cristianos, sus instituciones militares y su sinnúmero de leyes, su asociación de capitales para hacer atractivo el trabajo, brindan elementos sobrados para combatirlos. En su necia adoración de Fourier y de sí mismos no comprenden que con su reglamentación de todas las relaciones de la vida humana privan a los hombres de toda libertad y los convierten en plantas de estufa, de las que nada bueno puede esperarse; no comprenden que toda la aspiración de los tiempos actuales tiende precisamente a emanciparse de las innumerables trabas de las leyes y los reglamentos, en que los hombres de hoy se revuelven como las moscas apresadas en una tela de araña, y pretenden imponernos nuevas trabas, por si las existentes fuesen pocas. Los infelices nos hablan de medios para hacer atractivo el trabajo y no parecen darse cuenta de que en una sociedad basada en las leyes naturales, el trabajo, que es función de vida y manifestación vital del individuo, no necesita de medios que lo hagan atractivo, ya que el trabajo mismo es de por sí lo más atractivo que hay en el mundo.

V. Queremos dirigir vuestra atención muy especialmente a los manejos del partido cristiano-germano-prusiano. Los secuaces de este partido del jesuitismo protestante son los oscurantistas de los tiempos presentes; incapaces de combatir con su espíritu y sus enseñanzas sin corazón las aspiraciones jóvenes y fuertes, pero resueltos a mantener a los pueblos a todo trance en la esclavitud, no saben más que gritar: ¡policía!, ¡policía! Y cuando no consiguen lo que desean, pretenden alcanzar sus fines tergiversando los principios sociales o sembrando recelos contra las personas que difunden estas doctrinas. Es menester arrancar a esos sujetos la careta detrás de la que se ocultan, para que la gente vea su verdadera faz y retroceda aterrada ante ella. Toda su aspiración se cifra ahora en reclutar partidarios entre el proletariado, en sembrar la discordia en nuestras filas, para, en caso de revolución, levantar un ejército popular, que, como los vendeanos de 1793[80], declaren la guerra, en nombre de Dios y del Redentor, a las ideas de la justicia. Hay que salir al paso de esta maniobra, si no queremos que corran ríos de sangre. Mas no creáis que la cosa es fácil, pues esas gentes cuentan con la protección de los gobiernos, de los curas, del dinero y de la policía; ya han fundado en Berlín, Hamburgo, Stuttgart, Basilea, París, Londres, etc., asociaciones cristianas de artesanos, que mantienen entre sí constantes relaciones, envían a obreros de emisarios y, si necesario es, no tienen inconveniente en ponerse careta de comunistas para ganar adeptos; es necesario, pues, desenmascarar a esas gentes, sin pérdida de momento, en todos los periódicos que podamos[81]. Os invitamos, pues, a que salgáis al paso de las maniobras de esos oscurantistas del modo más enérgico, no solo en vuestras localidades, sino previniendo también a cuantos obreros se trasladan a Londres contra los manejos de esos jesuitas protestantes... Como veis, hermanos, el trabajo no falta; ¡Arriba, pues, quienquiera que seáis, poneos en pie! Que la justicia y la verdad sean vuestros gritos de guerra; hagamos frente sin miedo a los enemigos de la humanidad, y estad seguros de que cuanto más dura sea la lucha más espléndida será la victoria.

VI. Exigimos de vosotros que cada dos meses nos enviéis un informe detallado acerca de los progresos experimentados y de los sucesos ocurridos durante ese tiempo. Cuatro semanas después de recibir esos informes se enviará a todas las localidades una memoria reseñando los progresos generales y los acontecimientos más importantes; en ella se transcribirán, además, literalmente, los pasajes verdaderamente interesantes de cuantas cartas se reciban. Esperamos que os someteréis estrictamente a nuestras instrucciones; nosotros cumpliremos con nuestro deber y haremos

---

80 La Guerra de la Vendée fue una revuelta contrarrevolucionaria en el campo francés con importante participación del campesinado.

81 En la edición de Ernst Drahn señala que en esta parte del texto seguiría una descripción de la situación en Londres.

cuanto esté en nuestras manos, pero exigimos de vosotros que hagáis lo mismo. Si en alguna localidad ocurriese algo importante se nos debe informar sin pérdida de momento, para que podamos adoptar sin dilación las medidas oportunas.

VII. Os rogamos que a partir de ahora dejéis a un lado todas las escisiones, si alguna existiera entre vosotros, que estrechéis vuestras filas para luchar contra el enemigo común y no perdáis nunca de vista que la unidad hace la fuerza. Las discrepancias de criterio serán discutidas y resueltas en el congreso; entre tanto, no hay más que esperar. Todos aquellos hermanos para quienes nuestra causa sagrada lo sea, comprenderán, sin duda alguna, que no es este momento de destacar personalismos, sino, por el contrario, de darlos al olvido; alerta, pues, apretad firmemente vuestras filas, y si entre vosotros hubiese alguno para quien la persona esté por encima del triunfo de nuestros principios, alejadle de junto a vosotros lo antes posible.

VIII. Os rogamos que inmediatamente de recibir esta carta nos enviéis un informe detallado acerca de la situación en vuestra localidad, para que, con los elementos de juicio necesarios, podamos crear la organización más general y más sencilla que nos sea posible.

IX. Os suplicamos que procuréis ayudar en la medida de vuestras fuerzas al periódico de Suiza, siendo de parecer que el próximo congreso decida dónde y de qué modo se ha de crear el órgano general de nuestro movimiento.

X. Siendo indispensable que todo el mundo conozca detalladamente nuestra actual situación, os rogamos que pongáis a debate en todas las comunas las tres preguntas siguientes: Pregunta 1: ¿Cuál es la actitud que guardan entre sí el proletariado y la alta y la baja burguesía? ¿Es aconsejable que lleguemos a una inteligencia con la baja burguesía o burguesía radical, y en caso afirmativo, de qué modo podría lograrse esa inteligencia del modo más fácil y seguro? Pregunta 2: ¿Cuál es la actitud del proletariado frente a los diversos partidos religiosos? ¿Es posible y aconsejable una inteligencia con algunos de estos partidos, y, caso afirmativo, de qué modo podría conseguirse esa inteligencia del modo más fácil y seguro? Pregunta 3: ¿Cuál es nuestra actitud ante los partidos sociales y comunistas? ¿Es posible y deseable la unión general de todos los socialistas, y, si lo es, de qué modo podría realizarse esa unión del modo más rápido y seguro? Os rogamos que, ante todo, meditéis maduramente estas tres preguntas en los respectivos..., para que la mesa de todas las comunas pueda encauzar debidamente la discusión que se haga acerca de las mismas. No entramos en el análisis detenido de estas preguntas porque, antes de inclinarnos en ningún sentido, queremos conocer el parecer de los afiliados; sin embargo, por los puntos 2, 3 y 4 podéis deducir nuestra actitud ante las actuales circunstancias.

Una vez discutidas las anteriores preguntas, os rogamos que nos hagáis conocer sin demora las opiniones y los deseos de los afiliados.

Seguros de que apoyaréis con todo celo y decisión nuestros deseos, os saludamos a todos fraternalmente.

ALOCUCIÓN DE FEBRERO DE 1847

Queridos hermanos:

Cuando nos hicimos cargo de la dirección de los asuntos de la Liga esperábamos vernos asistidos enérgicamente por todos; pero nuestras esperanzas han resultado fallidas: son varios los sitios de los que hasta la fecha no hemos recibido una carta ni una comunicación. Es necesario poner remedio a este mal. En los momentos actuales en que el horizonte político aparece cargado de nubes, en que por todas partes se oye bramar al espíritu de los tiempos y en que todo indica que navegamos hacia una revolución gigantesca que decidirá probablemente por varios siglos la suerte de la humanidad, no es hora de dormirse, no es el momento más adecuado para hacer valer los personalismos; no, en estos momentos la humanidad exige de cada uno de sus militantes el cumplimiento de su deber.

Los demonios en figura humana que devoraron lo último que quedaba en pie de la infeliz Polonia, unidos a ese monstruo que amenaza con destruir el espíritu de la libertad en el noble pueblo francés, se disponen ahora a abalanzarse sobre Suiza e Italia y reducir al silencio al pueblo de todos los países, con ayuda de cartuchos y bayonetas, en vez de darle la justicia por la que clama; cientos de miles de bárbaros rusos acampan en las fronteras de Alemania, dispuestos a arrollar de un momento a otro los países del centro y occidente de Europa, enviando a nuestros padres y hermanos a las estepas heladas de Siberia y deshonrando a nuestras mujeres y nuestras hermanas.

¡Hermanos! ¿Hemos de seguir contemplando impasibles esto? ¿Solo hemos de tener palabras con que atacarlo, sin energías con que combatirlo? ¿Hemos de doblar cobardemente la cerviz bajo el yugo? ¡No, os oímos exclamar a todos, o vencer o morir! Pues bien, hermanos, congregaos bajo la bandera de la humanidad, y si la lucha hubiese de comenzar ya esta primavera, colocaos en las primeras filas de los soldados de la justicia y demostrad que sabemos manejar el fusil con la misma firmeza que la palabra. Y a la par que hacéis eso, difundid por todas partes los principios del comunismo, predicadlos por dondequiera que vayáis, pues el pueblo recibirá con gozo esta magnífica doctrina que le asegura el remedio definitivo de sus males. Esto es lo que tenemos que aconsejaros, caso de que los tiranos se lancen ya al ataque esta primavera; en ese caso, vuestras funciones habrían terminado y nuestra última misión sería conseguir por la palabra y por el hecho que al gobierno provisional fuesen hombres que rindiesen culto a los principios del comunismo. Pero si nuestros enemigos no creyeran oportuno lanzarse este año al ataque, deberemos concentrar todos nuestros esfuerzos en organizar convenientemente nuestro partido. El proletariado de Europa, y solo él, es capaz de traer a la humanidad su salvación; por eso nuestro deber más sagrado es organizar nuestras fuerzas de lucha lo más rápidamente posible y arrancar a los proletarios a la influencia de los vacuos liberales, que acaso se prestarían a colaborar en una revolución política, para, bajo el título de presidente, poder ocupar el trono vacante del príncipe, pero que solo nos emanciparían de la tiranía de los príncipes para colocarnos bajo el despotismo del dinero.

En nuestra primera carta convocábamos a un congreso comunista para comienzos del mes de mayo, pero hoy, ante circunstancias inesperadas que han surgido y que hacen necesarias precauciones especiales, nos vemos obligados a aplazar ese congreso hasta el 1 de junio de este año.

Os invitamos, pues, a que elijáis sin pérdida de momento vuestros delegados y les dotéis de los recursos necesarios para emprender el viaje. Los delegados deberán estar todos en Londres el 30 de mayo, para que las sesiones puedan comenzar el 1 de junio. Inmediatamente de abierto el congreso, rendiremos cuentas de nuestra labor y pondremos nuestros cargos a disposición de los delegados, invitándolos a que designen el lugar en que hemos de tener en lo sucesivo nuestra residencia. En seguida se procederá a una total revisión de la Liga. La humanidad progresa a pasos agigantados, la conciencia se desarrolla en todos los pechos y con ella la apetencia de libertad. También nosotros tenemos que sujetarnos a esa necesidad y no obligar a la gente a someterse a leyes que contradicen a su espíritu.

En tercer lugar, deberá procederse a redactar una breve profesión de fe comunista que se imprima en todos los idiomas europeos y se difunda por todos los países. Este es un punto muy importante y os rogamos que discutáis con la mayor atención las preguntas que, relacionadas con esto, formulamos más abajo, para que de una vez podamos saber claramente qué es lo que queremos.

En cuarto lugar, deberá deliberarse acerca de la creación de un periódico que represente a nuestro partido en todas las direcciones. Todos vosotros comprenderéis, seguramente, que no puede existir un partido sin un órgano público de expresión; estamos convencidos, por tanto, de que haréis todo lo posible para que ese periódico pueda aparecer ya en el mes de junio. Todos los delegados deben saber cuántos ejemplares pueden colocar en su comarca.

En quinto y último lugar, deberán nombrarse delegados que se pongan en camino a todas partes, para intervenir en la organización. Deberéis, pues, dar a vuestros representantes todas las direcciones que conozcáis de aquellas personas que se encuentren en Alemania y países escandinavos y que hasta ahora no hayan dado noticia ninguna de su actuación. Deliberad acerca de este y otros puntos que deseéis someter al congreso y dad a vuestros diputados las instrucciones necesarias.

Por lo que se refiere a la situación actual, podemos deciros que, aunque el número de afiliados es muy grande, hay que reconocer, desdichadamente, que entre ellos no existe una cohesión firme ni una colaboración enérgica, sin las cuales jamás llegaremos a influir real y verdaderamente en la marcha de las cosas. Los comunistas no forman todavía, desgraciadamente, un partido firme, no tienen todavía bases fijas y concretas, y eso hace que propendan con harta frecuencia, allí donde no son fuertes, a confundirse con otros partidos, movidos del pensamiento de que también estos laboran por el progreso y de que no hay que ser exclusivistas. Es menester que esto cambie. Nosotros, que vamos hoy a la cabeza del movimiento, debemos tener una bandera propia en torno a la cual podamos agruparnos y no marchar a la zaga del gran ejército de los filisteos. Cuando nos vean avanzar resueltos y decididos, en filas cerradas, ya nos seguirán; pero si nos dividimos entre los más diversos partidos, jamás seremos nada. Sigamos el ejemplo de los cartistas ingleses, que en Inglaterra van a la cabeza del movimiento. Los cartistas han proclamado los seis puntos de su Carta, y declarado: o con nosotros o contra nosotros, y aunque al principio toda la banda de los filisteos echaba pestes contra ellos, ya hoy empiezan a sumárseles, cada vez más abiertamente. También nosotros debemos proclamar lo que queremos, nuestros puntos del comunismo, no apartándonos ni una tilde de ellos y discutiendo solamente en cuanto a los medios para conseguir lo más fácil y más rápidamente nuestras pretensiones; ya veréis cómo, si avanzamos, nos sigue el ejército de los filisteos.

De Suecia recibimos noticias bastante alentadoras. Las ideas de comunismo hacen allí grandes progresos, si bien aparecen mezcladas todavía con algo de cristianismo, como a nosotros nos acontecía también en los primeros momentos; pero eso se evitará. Varios hermanos nuestros se proponen fundar en todas las comarcas de Suecia asociaciones públicas de proletarios, y en Estocolmo se han dado ya los primeros pasos para ello.

Por mucho que los príncipes y los clérigos se revuelvan contra nosotros, todo redunda en ventaja nuestra; ¡Adelante, pues, y no cejemos! En Francia y en Bélgica hemos vuelto a organizarnos provisionalmente. Confiamos en que París, que ha venido siendo hasta ahora nuestro centro de propaganda, lo siga siendo también en lo sucesivo. Y esperamos y exigimos de los hermanos de París que en adelante cumplan estrictamente con su deber y creen una escuela de militantes de la que salgan elementos que difundan nuestros principios por todos los rincones del planeta.

De Berna recibimos noticias favorables; nuestros hermanos de aquella capital van a fundar una revista comunista, y os invitamos a que hagáis todo lo posible por ayudar a este periódico. Necesitamos incondicionalmente de un periódico que mantenga en Suiza la causa de nuestro partido. Desgraciadamente, en los últimos dos años surgieron allí una serie de lamentables discordias, que contribuyeron a desorganizar nuestras fuerzas. Los comunistas cristianos declararon una guerra sin cuartel a los no cristianos, a los llamados ateos, espoleados principalmente por Weitling, que pugnaba por crearse en Suiza un partido propio, ya que en otras partes todo le había salido mal. Esperamos que nuestros hermanos de Suiza hayan sabido comprender que para organizar las instituciones de la tierra no necesitamos acudir a remedios supraterrenales.

De nuestros hermanos de L...[82] hemos recibido noticias y sabemos que trabajan con arrojo, energía y éxito por nuestra justa causa. En Londres, las cosas marchan bien. Las dos asociaciones de los dos barrios londinenses no hacen más que ver aumentar su contingente de día en día, y cuentan ya con unos 500 afiliados. Los curas alemanes no hacen más que vomitar pestes contra nosotros desde los púlpitos, y no saben que con eso lo que consiguen es favorecer nuestra causa. Fuera de eso, se mantienen tranquilos dentro de sus asociaciones juveniles, medio adormiladas; esto proviene, sin duda, de que el piadoso Bunsen[83], cristiano-germano, no puede de momento prestarles ayuda, absorbido como está por la labor de cohonestar ante el gabinete inglés y la nación inglesa los manejos tramposos e infames de la diplomacia prusiana. En la próxima carta os informaremos acerca de la actuación de los cartistas ingleses y del plan agrario de O'Connor, con el que, dicho sea entre paréntesis, no estamos de acuerdo, sino que, lejos de ello, lo creemos un absurdo repugnante y una estupidez canibálica; pero no queremos alargar demasiado esta carta.

1. ¿Qué es comunismo y qué pretenden los comunistas?

2. ¿Qué es socialismo y qué pretenden los socialistas?

3. ¿De qué modo puede instaurarse el comunismo lo más rápida y fácilmente posible?

A modo de introducción, observamos lo que sigue: Como sabéis, el comunismo es un sistema según el cual la tierra debe ser propiedad común de todos los hombres, y todo el mundo debe trabajar, «producir», con arreglo a sus capacidades y

---

82 Estos puntos suspensivos se encuentran en la edición de Drahn de *Neue Zenit*, por el contexto se puede entender que se trata de Londres.

83 WR: El embajador en Londres del rey de Prusia.

disfrutar, «consumir», con arreglo a sus fuerzas; los comunistas pretenden, por tanto, echar a tierra toda la organización social del pasado y levantar sobre sus ruinas una nueva.

El socialismo, que deriva su nombre de la palabra latina *socialis*, o sea lo que afecta a la sociedad, estudia, coma ya su propio nombre indica, la organización de la sociedad, las relaciones de unos hombres con otros; pero no erige ningún sistema nuevo, sino que se aplica predominantemente a poner parches en el viejo edificio, a taponar y ocultar a la vista las grietas abiertas por el tiempo, y a lo sumo, a levantar, como hacen las fourieristas, un nuevo piso sobre los viejos y carcomidos cimientos llamados capital; entre los socialistas pueden clasificarse todos los inventores de cárceles y correccionales, todos los fundadores de hospitales, comedores económicos y asilos de beneficencia; y precisamente por eso, porque el término de socialismo no tiene un sentido concreto y fijo, sino que puede significarlo todo y no significa nada, corren a agruparse bajo sus banderas e increpan a los comunistas, que no quieren perder el tiempo en apuntalar el viejo edificio y concentran todos sus esfuerzos en levantar otro nuevo, todas esas cabezas confusas, todos esos filántropos sentimentales, todas esas gentes a quienes gustaría hacer algo, pero que carecen de arrojo para hacer nada.

A nadie que sepa razonar se le puede ocultar que el entretenerse en remendar y repintar un sistema social totalmente podrido es perder lastimosamente el tiempo. Es necesario, pues, que nos aferremos a la palabra «comunismo» y la inscribamos audazmente en nuestras banderas, contando luego los militantes que se congreguen en torno a ella; no podemos callar cuando oímos, como tantas veces se oye en la actualidad, que el comunismo y el socialismo son en el fondo lo mismo, cuando se nos invita a cambiar el nombre de comunistas, que todavía asusta a tantos espíritus medrosos, por el de socialistas, sino que debemos levantar nuestra enérgica protesta contra semejante disparate.

Por lo que toca a la implantación del comunismo, hay que saber ante todo, pues es la cuestión fundamental, si este puede implantarse inmediatamente o si hay que admitir un periodo de transición durante el cual se eduque al pueblo para él; y necesitamos además saber, en ese caso, cuánto habrá de durar ese periodo; en segundo término, hay que preguntarse si el régimen comunista puede y debe implantarse de una vez o si se deberá comenzar con pequeños ensayos; y, finalmente, ¿deberá implantarse por la fuerza o dejar que la transformación se desarrolle por la vía pacífica?

Con esto creemos haber encauzado suficientemente vuestras discusiones, y terminamos haciéndoos el requerimiento formulado ya en nuestra carta anterior: que en todas partes donde dé señales de vida el fourierismo, cuyo fin no es otro que mantener en pie bajo una forma más endulzada la esclavitud del trabajo, aboguéis vigorosamente por nuestros principios. Asimismo, os invitamos a que luchéis contra esa vacua filantropía sentimental que, desgraciadamente, parece haberse desatado entre los comunistas de una serie de sitios. Los tiempos son cada vez más duros; necesitamos de hombres fuertes y no de lunáticos y soñadores, de esos que, en vez de maldecir de la miseria de la humanidad y empuñar la espada, no saben más que derramar lágrimas como las mujeres. Y por último: guardaos de motines, conspiraciones, compras de armas y demás disparates por el estilo; nuestros enemigos se desvivirán por provocar revueltas callejeras, etc., y tomar de ahí pretexto para una represión encaminada a restablecer, como ellos dicen, el orden y a poner por obra sus planes demoniacos. Una actitud seria y serena obligará a los tiranos a quitarse la careta, y entonces ¡A vencer o morir!

Que os vaya bien, hermanos, y contestad pronto.

La Revista Comunista de Londres

INTRODUCCIÓN

En septiembre de 1847, medio año antes de que viese la luz el *Manifiesto Comunista,* apareció en Londres el primer y único número –publicado como «número de prueba»– de una revista política, órgano de la Liga, que acababa de abrazar el nombre oficial de comunista y contaba ya entre sus afiliados a Marx y Engels. A la cabeza del periódico campea ya el famoso lema marxista de «¡Proletarios de todos los países, uníos!», denotando con solo eso el predicamento que la doctrina de Marx y la preocupación internacionalista del movimiento obrero empezaban a ejercer en aquella organización proletaria.

En 1920, dos investigadores marxistas, el profesor austriaco Carl Grünberg y el alemán Gustav Meyer, biógrafo de Engels, descubrieron este importantísimo documento histórico, y el primero de ellos lo dio a conocer, acompañado de notas, en su libro titulado *Die Londoner Kommunistische Zeitschrift und an dere Urkunden aus den Jahren 1847-48.* Sobre su texto se basa nuestra traducción. En el original forma un cuaderno de 16 páginas impresas en antigua. Por la gran importancia que tiene en la historia de los orígenes del *Manifiesto Comunista* lo reproducimos íntegro.

Wenceslao Roces

Número de prueba

REVISTA COMUNISTA

¡Proletarios de todos los países, uníos!

Núm. 1.   Londres, septiembre 1847.   Precio: 2 peniques.

Rogamos a todos nuestros amigos del extranjero que envíen sus artículos y pedidos a este periódico, franco de porte, a la Asociación Educativa para Obreros Alemanes, 191, Drury Lane, High, Londres. Precio para Alemania, 2 silbergr o 6 cruzados; para Francia y Bélgica, 4 sous; para Suiza, 1½ batzes.

SUMARIO: Introducción. - El Plan de emigración del ciudadano Cabet - La Dieta prusiana y el proletariado de Prusia y de toda Alemania - Los emigrados alemanes - Revista política y social.

Introducción

Miles de periódicos y revistas salen a la luz; todos los partidos políticos, todas las sectas religiosas encuentran su vocero; solo el proletariado, la masa inmensa de los desposeídos, estuvo condenada hasta hoy a no poseer un órgano permanente que defendiera incondicionalmente sus intereses y sirviese de guía a los obreros en su aspiración por ilustrarse. La necesidad de un periódico así concebido ha sido sentida no pocas veces y en gran extensión por los proletarios, y en varios sitios se acometió el intento de fundarlo, pero desdichadamente siempre fracasaba. En Suiza aparecieron en breve tiempo, uno tras otro, *La Joven Generación*, *La Buena Nueva*, las *Hojas Actuales*; en Francia, el *Adelante*, las *Hojas del Porvenir*, en la Prusia renana, *El Espejo de la*

Sociedad, etc., pero todos morían, tras una vida fugaz, unas veces porque la policía tomaba cartas en el asunto, dispersando a los redactores; otras veces porque faltaban los medios económicos para continuar la empresa: los proletarios no podían y los burgueses no querían prestarles ayuda. Después de todos estos intentos fracasados, hacía ya mucho tiempo que se nos requería desde distintos sitios a que aventurásemos una nueva tentativa aquí en Inglaterra, donde la libertad de prensa es absoluta y donde, por tanto, no tenemos por qué temer persecuciones policiacas.

Intelectuales y obreros nos prometían su colaboración, pero aún vacilábamos, temerosos de que se nos agotasen en poco tiempo los recursos necesarios para llevar adelante la empresa. Finalmente, se nos propuso la creación de una imprenta propia, para de este modo asegurar la vida del periódico que se fundase. Fue abierta una suscripción, los afiliados a las dos asociaciones de Educación Obrera de Londres hicieron cuanto pudieron y aun más, y en poco tiempo se reunieron 25 libras. Con este dinero trajimos de Alemania los originales necesarios; los cajistas de nuestras organizaciones los compusieron gratuitamente, y así puede ver la luz hoy el primer número de nuestro periódico, cuya existencia, por poca ayuda que reciba del continente, estará asegurada. Solo nos falta una prensa, y tan pronto como reunamos el dinero necesario para adquirirla, dispondremos de una imprenta en marcha, en la cual podremos imprimir, además de nuestra revista, otra serie de folletos de defensa del proletariado. Ateniéndonos a nuestro plan de avanzar con pie firme, nos limitaremos por ahora a expedir este número de prueba y esperaremos a ver los recursos que se nos envían antes de reanudar la publicación. De aquí a fines de año esperamos haber recibido las contestaciones necesarias, y para entonces podremos decidir si el periódico ha de publicarse quincenal o semanalmente. La publicación mensual está casi asegurada con la venta de Londres. El precio de cada número se fija provisionalmente en 2 peniques, 4 sous, 2 silbergrosen o 6 cruzados; sin embargo, tan pronto como el número de suscriptores llegue a los 2.000, este precio podrá abaratarse considerablemente.

Y ahora, proletarios, sois vosotros quienes tenéis la palabra. Enviadnos artículos, suscribíos, por poco que podáis, difundid el periódico, aprovechando todas las ocasiones, y laboraréis por una causa santa y justa: por la causa de la justicia contra la injusticia, por la causa de los oprimidos contra los opresores; nuestra lucha es la lucha por la verdad contra la superstición, contra la mentira. No aspiramos a ninguna recompensa, a ningún pago por lo que hacemos, pues nos limitamos a cumplir con nuestro deber. Proletarios, si queréis ser libres, sacudid vuestra modorra y apretad bien vuestras filas. ¡La humanidad exige de cada hombre el cumplimiento de su deber!

¡Proletarios!

Como para muchos serán seguramente desconocidos los orígenes de esta palabra con que nos dirigimos a vosotros, comenzaremos dando aquí una pequeña explicación de lo que significa. Cuando en la antigüedad el Estado romano alcanzó su poderío, al acercarse al punto culminante de su civilización, sus ciudadanos se dividían en dos clases: los poseedores y los desposeídos. Los poseedores pagaban al Estado impuestos directos; los que no poseían nada le entregaban sus hijos, a quienes se empleaba en defender a los ricos y se enviaba a regar con su sangre los inacabables campos de batalla, para aumentar más todavía el poderío y la riqueza de la clase poseedora. La *prole* significa, en la lengua latina, los hijos, la descendencia; los proletarios eran, pues, una clase de ciudadanos que no tenían más patrimonio que sus brazos y sus hijos.

Hoy, en que la sociedad moderna se acerca al punto culminante de la civilización, con la invención de las máquinas y la creación de las grandes fábricas; hoy, en que la propiedad tiende a concentrarse cada vez más en manos de unas cuantas personas, se ha desarrollado también en nuestros países, cada vez más nutrido, el proletariado. Un puñado de privilegiados posee en propiedad todos los bienes, mientras que a la gran masa del pueblo no le quedan más que sus brazos y sus hijos. Y lo mismo que en Roma, los proletarios de hoy y nuestros hijos nos vemos embutidos en el capote del soldado, amaestrados como máquinas llamadas a proteger a sus propios opresores y a derramar la propia sangre a la menor seña de aquellos. Nuestras hermanas y nuestras hijas sirven, ni más ni menos que en tiempos pasados, para satisfacer los apetitos animales de unos cuantos ricos crapulosos. Sigue siendo el mismo el odio de los pobres oprimidos contra los ricos opresores.

Pero el proletariado de nuestra sociedad ocupa una posición muy distinta y muy superior a la del proletariado romano. Los proletarios romanos no disponían de los medios necesarios ni de la cultura imprescindible para poder emanciparse; no les quedaba más salida que la venganza, sucumbiendo en ella. Muchos de los proletarios de hoy poseen ya, gracias a la imprenta, un alto grado de cultura y los demás progresan día a día en su tendencia a la unión, y mientras que en este campo el progreso es cada día más señalado y la cohesión más firme, la clase privilegiada nos da el espectáculo del más espantoso egoísmo y del desenfreno más repugnante. La civilización actual brinda medios sobrados para hacer felices a todos los hombres de la sociedad; por eso el objetivo del proletariado de hoy no es simplemente destruir, vengarse y buscar en la muerte su liberación, sino cooperar a la creación de una sociedad en la que todos puedan vivir como hombres libres y dichosos. Proletarios de la sociedad actual son todos los que no pueden vivir de sus capitales, lo mismo el obrero que el intelectual, igual el artista que el pequeño burgués, pues aunque la pequeña burguesía conserve aún algunos bienes de fortuna, marcha visiblemente, y a pasos agigantados, bajo la espantosa concurrencia del gran capital, hacia una situación que la confundirá con la masa de los proletarios. Ya hoy podemos, pues, contarla entre nosotros, no siendo como no es menor su interés de librarse de una situación de total penuria que el nuestro por salir de ella. Unámonos, pues, y ambas partes saldremos ganando.

La mira de este periódico es laborar por la emancipación del proletariado y ofrecer a este un portavoz para que pueda llevar su aliento a todos los oprimidos y apretar en sus filas la solidaridad.

Le hemos dado el nombre de *Revista Comunista*, convencidos como lo estamos de que esta emancipación no puede ser alcanzada por más camino que el de una radical transformación del régimen de propiedad existente. La liberación de los oprimidos solo puede ser realizada, para decirlo de otro modo, sobre una sociedad basada en la propiedad común. Era nuestro propósito insertar aquí una breve profesión de fe comunista, fácilmente comprensible para todos y cuyo proyecto tenemos ya redactado[84]. Sin embargo, como esta profesión de fe ha de servir en lo futuro de norma para nuestra propaganda y tiene por consiguiente una importancia grandísima, nos hemos creído obligados a enviar antes de nada este proyecto a nuestros amigos del continente para que nos digan su opinión. Tan pronto como la conozcamos, introduciremos en el proyecto las enmiendas y adiciones necesarias, para insertarlo en el número próximo.

El movimiento comunista es interpretado por mucha gente de un modo tan falso, se ve tan calumniado e intencionadamente torcido, que no podemos menos de decir aquí algunas palabras acerca de él, en aquello en que lo conocemos y en que tenemos de él una experiencia propia. Nos limitaremos principalmente a explicar lo que no somos, saliendo así desde el principio al paso de algunas de las calumnias con que se nos ha querido combatir.

---

84 Véanse más arriba las Alocuciones del Comité Central de la Liga, p. 71.

Nosotros no somos ningunos urdidores de sistemas: sabemos por experiencia cuán necio es discutir y cavilar acerca de las instituciones que habrán de implantarse en una sociedad futura, sin pararse a pensar en los medios que pueden llevarnos a su instauración. Dejamos a los filósofos y a los eruditos el cuidado de inventar sistemas para la organización de una nueva sociedad, y hasta lo juzgamos bueno y provechoso; pero si nosotros, los proletarios, nos pusiéramos a discutir seriamente sobre la organización de los talleres y la forma de administrar la comunidad de bienes en la sociedad del mañana, si nos pusiéramos a disputar acerca del corte de los trajes o del procedimiento más recomendable para limpiar los retretes, etc., caeríamos en el ridículo y mereceríamos en justicia ese nombre de soñadores sin sentido práctico que tantas veces se nos adjudica. El deber de nuestra generación es descubrir y acarrear los materiales constructivos necesarios para levantar el nuevo edificio; el deber de la generación venidera será construirlos, y estamos seguros de que para esa obra no faltarán arquitectos.

Nosotros no somos comunistas de esos que pretenden arreglarlo todo con el amor[85]. No derramamos lágrimas amargas a la luz de la luna plañendo la miseria de los hombres, para extasiarnos luego ante la idea de un dorado mañana. Sabemos que los tiempos en que vivimos son serios, que reclaman los mayores esfuerzos de cada hombre y que esos vahídos de amor no son más que una especie de desfallecimiento espiritual que incapacita para la acción a quien se entrega a él.

Nosotros no somos de esos comunistas que andan por ahí predicando ya la paz eterna, mientras sus enemigos se pertrechan en todas partes para la lucha. Sabemos muy bien que

---

85 WR: Véase el *Manifiesto del Partido Comunista* (en la presente edición, p. 175). Ya en mayo de 1846, Marx había redactado y enviado una circular en nombre de los comunistas de Bruselas contra la campaña de agitación del «apóstol del amor» Hermann Kriege y sus campañas sentimentales de Norteamérica.

en ningún país, exceptuando quizá a Inglaterra y a los estados libres de Norteamérica[86], podremos entrar en un mundo mejor sin antes haber conquistado por la fuerza los derechos políticos. No importa que haya gentes a quienes esto sirva de fundamento de acusación para tacharnos a gritos de revolucionarios: todo eso nos tiene sin cuidado. Nosotros, por lo menos, no queremos poner una venda sobre los ojos del pueblo, sino decirle la verdad y hacer que se fije en la tormenta que se avecina para que pueda tomar posiciones ante ella. Nosotros no somos ningunos conspiradores de esos que pretenden hacer estallar una revolución o asesinar a un príncipe en un día determinado, pero no somos tampoco mansas ovejas que cargan con la cruz sin rechistar. Sabemos muy bien que en el continente es inevitable la lucha entre los elementos aristocráticos y democráticos, y nuestros enemigos lo saben también y se aprestan a ella; es, pues, deber de todo hombre prepararse para esa lucha, para que el enemigo no nos ataque por sorpresa y nos aniquile. Nos espera todavía la última y definitiva batalla, una ruda batalla, y en tanto que nuestro partido no salga triunfante de ella no habrá llegado el momento de deponer, esperamos que para siempre, las armas.

Nosotros no somos de esos comunistas que creen que, una vez dada victoriosamente la batalla, podrá implantarse el comunismo como por encanto. Sabemos que la humanidad no avanza a saltos, sino paso a paso. No puede pasarse en una noche de un régimen inarmónico a un régimen de armonía: para ello será necesario un periodo de transición, que podrá durar más o menos según las circunstancias. La propiedad privada solo puede transformarse gradualmente en propiedad social.

Nosotros no somos de esos comunistas que destruyen la libertad personal y pretenden convertir el mundo en un inmenso

---

86 WR: Todavía en 1871, en una carta a Kugelmann (véase Marx, *Cartas a Kugelmann*, pp. 96 y ss.), preveía Marx la remota posibilidad de una forma pacífica de transición para Inglaterra y Norteamérica. Sobre esto, véase Lenin, *El Estado y la Revolución*.

cuartel o en una inmensa fábrica. Hay, indudablemente, comunistas que se las arreglan muy cómodamente negando y pretendiendo abolir la libertad personal, por entender que es incompatible con la armonía: a nosotros no se nos ha pasado jamás por las mientes comprar la igualdad con el sacrificio de la libertad. Tenemos la convicción, y procuraremos demostrarlo en los siguientes números, de que en ninguna sociedad puede la libertad de la persona ser mayor que en la basada sobre un régimen de comunidad.

Nos hemos limitado a decir lo que no somos; en nuestra profesión de fe pondremos en claro lo que somos y lo que queremos. Hoy solo nos resta dirigir unas cuantas palabras a los proletarios que forman en otros partidos políticos o sociales. Todos luchamos contra la sociedad actual, que nos oprime y nos deja perecer en la miseria; desgraciadamente, lejos de tener esto en cuenta para unirnos, lo que hacemos, con harta frecuencia, es combatirnos los unos a los otros, para goce de nuestros opresores. En vez de poner, todos unidos, manos a la obra, para levantar un Estado democrático en el que cada partido pueda luchar con las armas de la palabra hablada y escrita para atraerse a la mayoría, nos dejamos llevar de la discordia en torno a lo que deberá y no deberá suceder una vez que hayamos vencido. No podemos menos de recordar aquí la fábula de aquellos cazadores que, antes de haberse echado a la cara el oso, se liaban a golpes sobre quién había de llevarse la piel. Tiempo es ya de que dejemos a un lado nuestras rivalidades y nos tendamos la mano en mutua ayuda. Y si queremos sellar la solidaridad es necesario que los portavoces de los diferentes partidos cesen en sus rabiosos ataques contra cuantos ostentan otras opiniones y pongan fin a la execración de los partidarios de otras teorías. Nosotros respetamos a cuantos, incluso aristócratas y pietistas, tengan opiniones propias y estén prestos a defender, firme y resueltamente, lo que crean la razón. Pero aquellos que, detrás de la careta de tal o cual religión, de tal o cual partido político o social, no persiguen más mira que la defensa de sus propios intereses, serán inexorablemente combatidos por nosotros. Todo hombre de honor tiene el deber de desenmascarar a esos hipócritas, presentándolos ante el mundo en toda su repugnante desnudez. Una persona puede equivocarse y mantener doctrinas falsas, pero no debemos pensar mal de él porque lo haga, si cree en la doctrina que profesa y es fiel a su divisa.

Por eso Karl Heinzen incurre en injusticia cuando ataca a los comunistas como lo hace en el segundo número del *Tribuno*. Una de dos. O Karl Heinzen ignora de media a media lo que significa el comunismo, o se vale de sus rivalidades personales con ciertos comunistas para prejuzgar su idea acerca de un partido que forma en la vanguardia de los ejércitos que luchan por la democracia. Cuando leímos este ataque contra los comunistas nos quedamos suspensos de asombro. Sus acusaciones no nos conmueven en lo más mínimo, por una sencilla razón, y es que esos comunistas que describe Heinzen no existen. Han sido creados probablemente por su calenturienta imaginación, para luego rebatirlos. Cuando decimos que la lectura de este artículo nos llenó de asombro, queremos decir que era muy duro para nosotros creer que un demócrata pudiera incurrir en la responsabilidad de lanzar la manzana de la discordia entre las filas de sus propios camaradas de armas. Pero nuestro asombro fue en aumento cuando, al final del artículo, leímos aquellos nueve puntos llamados a formar las bases del nuevo orden social. Estos puntos coinciden casi al pie de la letra con las reivindicaciones presentadas por los comunistas. No hay más diferencia, al parecer, sino que el ciudadano Karl Heinzen ve en sus nueve puntos las bases del nuevo orden social, mientras que nosotros las consideramos simplemente como el cimiento del periodo de transición que debe preceder a la creación de una sociedad plenamente comunista. Es, pues, razonable esperar que acabemos uniéndonos para llevar a la práctica lo que Karl Heinzen propone. Y cuando lo hayamos conseguido, si vemos que el pueblo vive contento y tan cumplidamente satisfecho que no apetece nuevos avances, nos deberemos someter a la voluntad popular.

Pero si el pueblo desea seguir avanzando hasta la implantación del comunismo, suponemos que el ciudadano Heinzen no tendrá nada que objetar. Sabemos de sobra que el ciudadano Heinzen es el blanco de los ataques y calumnias de nuestros comunes opresores y que esto fomenta en él un estado de aguda irritabilidad. Nosotros, por nuestra parte, no queremos molestarle. Lejos de ello, no nos negaremos a tenderle la mano en señal de concordia[87]. La unión hace la fuerza, y solo ella puede llevarnos al fin perseguido.

Así, pues, proletarios de todos los países, unámonos; públicamente, allí donde la ley lo permita, pues nuestros actos no tienen por qué rehuir la luz del día, y secretamente donde el despotismo de los tiranos no consienta otra cosa. Leyes que prohíben a los hombres asociarse para debatir los problemas de la época y defender sus derechos, no son leyes, sino actos de fuerza de la tiranía, y quien los acate y respete obra cobarde y deshonrosamente; mas quien los desprecie y los infrinja procede virilmente y con honor.

Diremos, para terminar, que las columnas de nuestra revista no estarán nunca abiertas para librar polémicas personales ni para llenar de elogios a aquellos que cumplen con su deber. En cambio, cuantos proletarios se sientan oprimidos y maltratados no tienen más que dirigirse a nosotros, que saldremos sin vacilar a la palestra en defensa suya y entregaremos los nombres de sus opresores a la execración de la opinión pública, ante la cual empiezan ya a temblar hasta los tiranos más ensoberbecidos.

---

87 WR: Desde la *Gaceta Alemana de Bruselas*, Marx y Engels atacaban con bastante más dureza al «ciudadano Heinzen», en unos artículos publicados en octubre y noviembre de 1847, con este título: «La crítica moralizante y la moral crítica. Contribución a la historia de la cultura alemana. Contra Karl Heinzen» (véase Marx y Engels, *Escritos varios*, ed. Mehring, Tomo II, pp. 454 y ss.). Karl Heinzen (1809-1880) era un republicano federal burgués, empleado de contribuciones de Prusia y colaborador de varios periódicos radicales. Procesado en 1844 por un libro publicado contra la burocracia prusiana, emigró a Bélgica y luego a Suiza, donde en 1846 publicó un libro contra los comunistas alemanes.

El plan de emigración del ciudadano Cabet

El ciudadano Cabet, de París, ha lanzado a los comunistas franceses una proclama, en la que dice: «Ya que aquí nos vemos perseguidos, calumniados y blasfemados por el Gobierno, por los curas, por la burguesía y hasta por los republicanos revolucionarios; ya que se llega incluso a querer privarnos de medios de vida, para reducirnos así a la ruina física y moral, salgamos de Francia y trasladémonos a Icaria». Y calcula que estarán dispuestos a seguirle, para fundar una colonia comunista en otro continente, unos 20 a 30.000 comunistas. Cabet no ha dicho todavía adónde piensa encaminar su emigración; probablemente piensa establecer su Icaria en los Estados libres de Norteamérica o en Texas, o acaso en la península de California, conquistada hace poco por los norteamericanos[88].

Reconocemos con satisfacción, como hacen sin duda todos los comunistas, que Cabet ha luchado con éxito y con celo incansable y perseverancia digna de admiración por la causa de la humanidad oprimida, y que, previniendo al proletariado contra toda clase de conspiraciones, le ha prestado un servicio

---

88 WR: El llamamiento aquí comentado apareció en mayo de 1847, bajo el título de «Allons en Icarie», en *Le Populaire*, revista editada por Cabet; al mismo tiempo, este publicó un folleto titulado *Realisation de la Communaute d'Icarie*. Pasaron siete meses antes de que el periódico cabetiano revelase el misterio del punto de destino, señalando como meta Texas. Se añadía: «Tenemos ya más de un millón de acres de tierra a lo largo del río Rojo, hermoso curso navegable hasta nuestra colonia, y podremos extendernos indefinidamente». El 3 de febrero de 1848 salía del puerto de El Havre la primera expedición de icarios, compuesta de 69 personas, a las que desde el 3 de junio hasta el 8 de diciembre del mismo año siguieron otras, hasta formar un total de 415 emigrantes. Cabet envió también su llamamiento a la Asociación Educativa Obrera de Londres, y poco después se trasladó personalmente a esta capital, esforzándose en vano por convencer a los londinenses de las excelencias de su plan. F. Lessner dice, en sus *Recuerdos de un comunista veterano*, publicados en alemán en 1898, p. 107, que la discusión abierta acerca de la proposición de Cabet duró toda una semana.

inapreciable; pero esto no es razón para que allí donde Cabet abraza, a nuestro juicio, una senda falsa, le dejemos seguirla sin protesta de nuestra parte. Con todo el respeto que sentimos por la persona del ciudadano Cabet no tenemos más remedio que combatir su plan de emigración, y estamos persuadidos de que si esta se lleva a cabo inferirá el mayor de los agravios al principio del comunismo, haciendo triunfar a los gobiernos y empañando con amargos desengaños los últimos días de Cabet. Las razones en que apoyamos nuestra opinión son las siguientes:

1) El creer que cuando en un país están a la orden del día las corrupciones más escandalosas, cuando el pueblo se ve oprimido y explotado de la manera más infame, cuando el derecho y la justicia ya no son nada, cuando la sociedad empieza a disolverse en la anarquía, que es lo que actualmente acontece en Francia, es deber de todo militante de la justicia y de la verdad permanecer en el país para ilustrar al pueblo, infundir nuevos ánimos a los que desfallezcan, echar las bases para una nueva organización social y hacer frente gallardamente a los malvados. Si los hombres justos y honrados, si los que han de luchar por un mañana mejor abandonan el campo a los oscurantistas y a los canallas, Europa tendrá necesariamente que hundirse y se hundirá, y con ella el continente, en el que, aunque solo sea por razones estadísticas y económicas, primero y más fácilmente puede implantarse el comunismo, y la pobre humanidad tendrá que pasar por una nueva prueba de fuego y de miseria, que aún durará varios siglos.

2) El estar convencidos de que el plan de Cabet, encaminado a fundar en América una Icaria, es decir, una colonia basada en los principios del comunismo, no puede llevarse todavía a efecto, por las siguientes consideraciones:

a) Porque aunque todos los que emigren con Cabet sean celosos comunistas, conservan todavía demasiado vivas, por su educación, las huellas de los vicios y prejuicios de la actual sociedad, para poder desnudarse de ello instantáneamente al pisar el suelo de Icaria;

b) Porque esto hará inevitablemente que en la colonia se promuevan desde el primer momento rozamientos y litigios, que la sociedad circundante, potente y hostil, y los espías de los gobiernos europeos, procurarán atizar más todavía, hasta conseguir dar al traste definitivamente con la sociedad comunista;

c) Porque la mayoría de los emigrantes son artesanos, cuando lo que allí más falta hace son recios agricultores que puedan emplearse en la roturación y cultivo de la tierra, sin que sea tan fácil, como muchos piensan, transformar un obrero en campesino;

d) Porque las privaciones y las enfermedades que lleva consigo el cambio de clima infundirán en no pocos el desaliento, moviéndolos a abandonar la empresa. Hoy son muchos los que se entusiasman con el plan, en el que no ven más que el lado bello; pero cuando la áspera realidad hable, cuando tengan que someterse a privaciones de todo género, cuando se vean obligados a renunciar a todas esas pequeñas comodidades de la civilización, que en parte hasta el obrero más humilde puede procurarse en Europa, los más sentirán que el entusiasmo cede el paso a un indecible desaliento;

e) Porque tratándose de comunistas que reconocen el principio de la libertad personal, como sin duda lo reconocen también los icarios, el implantar el comunismo sin un periodo democrático de transición, en que la propiedad personal se vaya transformando gradualmente en patrimonio social, es algo tan imposible como para el labrador recoger sin sembrar.

3) Porque el fracaso de un intento como el de Cabet, si bien no puede imposibilitar para siempre el principio comunista ni su práctica realización, puede hacer que deserten de sus filas, desilusionados, muchos miles de comunistas, contribuyendo

con ello, probablemente, a seguir manteniendo en la miseria durante una o varias generaciones más al proletariado oprimido.

4) Porque unos cuantos cientos o miles de personas no bastan para fundar o mantener en pie un régimen comunista, sin que este adopte un carácter totalmente exclusivista y sectario, como ocurrió, por ejemplo, con el de Rapp[89] en América, etc. Y no es nuestra intención, ni esperamos que sea tampoco la de los icarios, fundar un régimen semejante.

Y aún no hemos aludido a las persecuciones a que los icarios se exponen, probablemente y hasta casi con absoluta seguridad en América, si quieren mantener contacto con la sociedad circundante. Los que deseen acompañar a Cabet a América deben leer antes cualquier relato de las persecuciones a que se vieron expuestos allí, y aún se ven, los mormones, secta comunista de carácter religioso.

Tales son las razones por las que creemos funesto el proyecto de emigración de Cabet, y acogiéndonos a ellas, gritamos a los comunistas de todos los países: ¡Hermanos, permanezcamos en la vieja Europa, junto a la brecha; actuemos y luchemos aquí, pues solo aquí, en Europa, se dan ya todos los elementos para la instauración de un régimen comunista, que o se implantará aquí por vez primera o no se implantará en parte alguna!

La Dieta prusiana y el proletariado de Prusia y de toda Alemania

Desde 1815 la burguesía viene luchando en Alemania con los terratenientes medievales y el sistema absolutista de gobierno, el sistema del «derecho divino», por la conquista del poder. La transformación cada vez mayor experimentada por todos

---

89 WR: George Rapp (1757–1847) fue un alemán de Wurtemburgo, fundador de la colonia comunista de los «Armonistas», establecida en Norteamérica, primero en Pensilvania (1805), luego en Indiana (1824) y por último, desde 1824, otra vez en Pensilvania.

los factores de la industria y del cambio en los demás países, a la zaga de los cuales renqueaba Alemania con paso modesto y mortecino, había planteado la necesidad de esta lucha. Las nuevas circunstancias reclamaban nuevas formas; la potencia creciente de la burguesía, basada en el capital y en la libre concurrencia, no se avenía a seguir desempeñando por más tiempo un papel mudo y secundario. Pero la tradicional cobardía de la burguesía alemana, y sobre todo su dispersión y su desunión, no le permitían alcanzar una rápida victoria. Dividida en 38 partes o Estados, enfrentados los unos con los otros como extraños, y no pocas veces como celosos enemigos, la burguesía se esforzaba, tan pronto en una como en otra de las patrias alemanas, en esfuerzos aislados, por alcanzar la meta de sus deseos. En varios sitios consiguió arrancar a la monarquía pactos –bautizados con el nombre de constituciones– en que se le garantizaba una participación más o menos grande en el gobierno y en la gestión de los negocios públicos. Pero la promesa se quedaba, en lo fundamental, sobre el papel, y en la realidad seguía imperando el sistema del «derecho divino» y de la aristocracia de los terratenientes y los burócratas aliada a él.

Ocurría esto porque los príncipes alemanes podían oponer a la burguesía desunida y dispersa, a los esfuerzos diseminados y a los ataques aislados de sus enemigos, un frente cerrado de batalla que acataba sumiso la jefatura del archibandolero Metternich, triunfando en general, gracias a esta unión, de todas las tentativas de resistencia y de todas las oposiciones. La Dieta federal alemana, formada por las criaturas y gentes a sueldo de los príncipes, era el molino de ventaja que no servía más que para volver a pulverizar las conquistas que la burguesía había arrancado por el momento en cualquiera de los muchos Estados o «Estaditos» alemanes. Este sistema tenía para los «paternales» soberanos la ventaja de que les permitía, llegado el caso, asegurar hipócritamente lo extraordinariamente liberales que eran y cuán de buen grado accederían a todo y cumplirían con todo lo prometido, si por desgracia no estuviera allí la Dieta federal para interponerse en el camino de sus promesas. Daba la fatalidad de que sus Estados eran demasiado pequeños o demasiado débiles para hacer frente a la poderosa Prusia o a la potente Austria. No tenían más remedio que someterse, aun con harto dolor de sus personas. Y el «paternal» soberano se reía a carcajadas para sus adentros.

Precisamente por eso tiene una importancia extraordinaria el movimiento que actualmente se está desarrollando en Prusia. Prusia, con sus 16 millones de habitantes, echa en la balanza alemana un peso decisivo y tiene una importancia muy distinta a la que tendría si la cosa partiese de cualquier otra patria alemana con tres o cuatro millones de almas, o acaso con 6.000 nada más (que son las que cuenta el principado Lichtenstein-Vaduz). Los 16 millones de habitantes de Prusia pesan más que los restantes 28 millones, divididos en 33 estados. Cada triunfo alcanzado por la burguesía en Prusia representa a la vez un triunfo para la burguesía de los 28 millones restantes de Alemania. Si la burguesía prusiana sabe hacer entrar en razón a su rey «cristiano-germano» de Potsdam y hacerle sumiso a su voluntad, sometiéndole a una recia disciplina, la burguesía del resto de Alemania tendrá también vía libre. El absolutismo de la Dieta federal alemana habrá pasado a la historia, la burguesía de toda Alemania se irá dando poco a poco la mano para marchar unida, y los reyes de «derecho divino» y los señores medievales de la tierra serán mandados por ella al diablo, y si quieren seguir teniendo voz y voto habrán de resignarse a ser meros representantes y miembros de la burguesía.

Fijémonos un momento en los trabajos de la Dieta prusiana. Los sucesos que se vienen desarrollando en el salón blanco de Berlín ponen en claro la situación actual de los partidos de Prusia y la importancia del movimiento político prusiano para el resto de Alemania. Sin embargo, solo nos será dado comprender los procedimientos de la Dieta si antes nos explicamos las razones por las que fue convocada. ¿A qué se debe que el soberano de Potsdam se decidiese por fin a adoptar una medida contra la que venía manifestándose, tan resueltamente y con tanta furia, hasta estos últimos días, desde que subiera al trono? ¿No venía la censura suprimiendo e impidiendo despiadadamente cuantas manifestaciones intentaban hacerse acerca de la necesidad de convocar las Cortes, cuantas referencias se aventuraban a las promesas reales hechas hace más de veinte años? ¿No se acusaba y castigaba como reo de alta traición a todo el que se atreviese a defender, hablando en público, la necesidad de reunir las Cortes? Y de pronto, he aquí que el soberano de Potsdam se convierte él mismo en reo de alta traición, da un mentís a su pasado y hace lo que tantas veces y con tanto empaque asegurara que jamás haría. ¿Qué fue lo que le llevó a incurrir en tamaña contradicción consigo mismo? Fue sencillamente un arca pública completamente vacía y la imposibilidad de volver a llenarla sin la ayuda de las Cortes.

A pesar de treinta años seguidos de paz, a pesar de la subida anual de los impuestos y contribuciones, a pesar de los tributos agobiadores de todo género que pesan sobre la población trabajadora, las inauditas disipaciones del rey y de la corte, el contingente ruinoso de gastos consignados para el ejército, las pensiones desvergonzadas pagadas a oficiales y funcionarios civiles ya ricos de por sí, la incapacidad y las dilapidaciones de toda la administración pública consiguieron agotar hasta el último céntimo los recursos existentes. Todos los expedientes intentados por el rey y sus ministros resultaron fallidos; hasta el último plan, el del Banco regio, fracasó en gran parte, sin brindar más que un pequeño consuelo pasajero, pues el Gobierno prusiano se encontró, espantado, con que seguía gozando de tan poco crédito como antes. Había, desdichadamente, en la enojosa ley de 1820, un par de líneas nada más, pero formuladas en términos tales que ningún capitalista nacional o extranjero podía incurrir en la insensatez de adelantar al Gobierno prusiano un solo tálero mientras dicha ley siguiese siendo letra muerta.

Por eso la soberana majestad «cristiano-germana» no tuvo más remedio que soltar la sutil patente regia del 3 de febrero. En su texto estaba todo tan hábil y arguciosamente hilvanado, que parecía como si el monarca absoluto fuese a conseguir lo que tanto y tan apremiantemente necesitaba, sin que su poder despótico sufriese el menor menoscabo. A ese fin se encaminaba, muy bien calculado, el «soberano» orden del día que se le prescribía a la Dieta como a un tropel de chicos de la escuela, y tal era también el designio a que respondía la invención de la Cámara señorial[90].

Esta Cámara, formada –en fragante contradicción con las leyes vigentes– por unos cuantos príncipes de sangre real, más o menos estúpidos, ricos y orgullosos, y con un puñado de los terratenientes más poderosos y más aristócratas, que tanto vale decir los más reaccionarios, los más viles y los más canallas, se destinaba a servir de freno a la segunda Cámara. Y por si aún era poco esto, en esta tenía también una desmedida representación la propiedad inmueble medieval, ya que a la sabiduría real había placido dar el nombre de segunda Cámara al montón de las ocho Dietas provinciales reunidas. Por lo que se refiere a los demás diputados de esta Cámara, una ley electoral lamentable se había cuidado de que entre ellos hubiese de todo menos un exceso de individuos inteligentes y enérgicos de la burguesía. Además, el

---

90 WR: La Dieta convocada por la patente de 3 de febrero de 1847 era un Parlamento de tipo marcadamente feudal. Los representantes de las ocho Dietas provinciales se congregaban en dos Curias o Cámaras: la primera, la Cámara señorial, formada por 72 diputados de la alta nobleza; la segunda, en la que estaban representados los tres brazos o estamentos, contaba 23 diputados de la nobleza baja, 182 diputados de las ciudades y 120 de los distritos del campo. El círculo de atribuciones de este «parlamento» era reducidísimo, pues se limitaba a la autorización de empréstitos en tiempos de paz, a la aprobación de nuevos impuestos o subida de los ya existentes y a la dictaminación de proyectos de ley.

rey confiaba en que, adoptando una conducta ruda e insolente en su Mensaje de la Corona, conseguiría intimidar a aquellos pocos que aún infundían cierto temor a la conciencia poco tranquila del gobierno «paternal».

Hechos todos los preparativos, Federico Guillermo, contento de sí mismo, rebosaba alegría y satisfacción. Lo único que le preocupaba era conseguir dinero y restaurar el crédito de su gobierno, completamente destruido. Creía estar seguro de la consecución de sus deseos. «Tan pronto como tenga en el bolsillo unos cuantos empréstitos de cincuenta a cien millones y vuelva a obtener crédito de los capitalistas, mandaré a casa tranquilamente a estos buenos chicos diputados, y ya pueden esperar sentados a que vuelva a convocarlos. Me arreglaré con las comisiones, que me prestarán magníficos servicios. Sobornar a seiscientos diputados cuesta una fortuna. Me resulta mucho más barato tener que habérmelas con un puñado de comisiones nada más. Las condecoraciones, el dinero, los halagos y demás recursos de que dispone un gobierno cristiano no dejarán de surtir su efecto. Y equipado con dinero y con crédito seguiré gobernando como rey "soberano", seguiré imponiendo mis antojos y mi capricho en nombre del cielo y trasquilando como hasta aquí, a medida de mis deseos, la lana de mi leal rebaño de súbditos». Así se expresaba el señor de Potsdam en la intimidad de sus allegados. Veamos lo que le contestó la Dieta.

La Dieta le contestó denegando todas las peticiones de dinero, rechazando los proyectos de ley que se le presentaron sobre creación de bancos de renta territorial y sobre el empréstito para las obras del ferrocarril de Berlín a Königsberg, y declarando que solo autorizaría arbitrios al Gobierno si este restauraba los derechos del país, coartados por las patentes del 3 de febrero, convocando periódicamente a Cortes y rindiendo a estas cuentas detalladas sobre la inversión de los fondos públicos: es decir, siempre y cuando el Gobierno, para decirlo de una vez, renunciase para siempre a sus ridículas pretensiones de «derecho divino», para marchar por la vía constitucional.

La misma suerte –la de la denegación– corrió el proyecto de ley sobre los impuestos de molienda y matanza. Las razones alegadas para ello fueron, en parte, las ya aducidas, y en parte la resistencia que los diputados ricos oponían a contribuir con mayores sacrificios a los gastos del Estado. Entre estos diputados se destacó principalmente un grupo numeroso de representantes de la alta nobleza, en el que figuraban los príncipes más ricos de la Casa real (entre otros, el príncipe Alberto) y la mayoría de los terratenientes de la aristocracia. Hubo, además, muchos diputados que votaron en contra, porque conocían demasiado bien la brutalidad, la soberbia y la desvergonzada tiranía de la burocracia prusiana, para poner en sus manos, mientras siguiese vistiendo la librea de «derecho divino» fuera del mando de la burguesía, un nuevo poder inquisitivo sobre la renta de los ciudadanos.

Después de todo esto hubiera podido creerse que la Dieta iba a perseverar impasible en la defensa de lo que tantas veces y con tanto ahínco proclamó ser el derecho de las Cortes. Pero no hubo tal. Poco antes de clausurarse sus sesiones, el 26 de julio, se puso en su conocimiento la respuesta del rey. En ella, el de Potsdam se aviene a algunas de las peticiones de sus «leales» estamentos, aplaza otras, de más importancia, hasta «más madura reflexión», pasa otras en silencio, y finalmente, en lo que se refiere a las comisiones –el punto más importante de todos–, ordena proceder a su elección sin demora con arreglo a las prescripciones contenidas en la patente del 3 de febrero.

¿Qué hacen las Cortes? Obedecer. Un grupo de diputados de la provincia del Rin, de Silesia, etc., hace honor a sus convicciones y se niega a tomar parte en la elección; otros intervienen en ella, pero formulando protesta y dejando a salvo expresamente los derechos del Parlamento; los demás votan como lacayos humildosos de su señor germánico.

A este viraje final, altamente vergonzoso a todas luces para la Dieta, contribuyó lo suyo la tradicional cobardía de la burguesía alemana, a la que más arriba aludimos. El arrojo de no pocos representantes de la oposición liberal se vio en un duro trance; a última hora se amedrentaron y dieron media vuelta, abandonando armas y bagaje. También contribuyeron no poco a este resultado los manejos y la perfidia de algunos diputados que pasaban por ser los primeros gallitos liberales. Uno de estos, el señor de Auerbach, había tenido ya repetidas ocasiones, sobre todo al elevarse la petición sobre la libertad de Prensa –que, por ahora, se ha ido a pique–, de revelarse bien a las claras como un canalla y tramposo político de primer orden. Si además tenemos en cuenta la estructura de las Cortes, la preponderancia en ellas de la propiedad feudal y el número inmenso de funcionarios reales que tenían asiento en la segunda Cámara, y si además ponemos en cuenta lo mucho que pesaban en el ánimo de aquellos señores los convites a la mesa regia, las palabras de halago, las sonrisas y demás artes cortesanas infalibles todavía, no tenemos por qué maravillarnos de que el resultado final fuera ese.

Pero por muy mezquino que sea todavía, hoy por hoy, el triunfo alcanzado, y grande la satisfacción del partido del Gobierno, aquel no tardará en traer consigo otras concesiones ni pasará mucho tiempo sin que esta alegría se convierta en duelo. La diputación de la Deuda pública y las comisiones están en una situación tal, que les es imposible prestar al Gobierno ninguno de los servicios que este esperaba de ellas. No pueden atreverse, enfrentándose con la opinión pública, a pisotear los derechos propios de las Cortes. Pero aun puestos en el caso, poco probable, de que la mayoría de la diputación y de las comisiones se solidarizasen con el Gobierno y votasen contra la fracción liberal, la monarquía absoluta no saldría ganando con ello ni un ápice. No habría ningún capitalista que fuese lo bastante candoroso para poner su dinero en manos de este Gobierno, después de los debates sostenidos en la Dieta, después de las reiteradas negativas de la oposición y haciendo caso omiso de la letra de las leyes vigentes, hasta hoy incumplidas. Y si a pesar de ello lo hiciese, no tendría que quejarse a nadie si a la vuelta de muy poco tiempo se encontrara con que sus créditos se verían anulados por imperio de la ley.

No se olvide que toda la cuestión gira sobre dinero. Y como la monarquía no tiene bastante y lo necesita irremisiblemente, la burguesía podrá y deberá aprovechar esta ocasión para hacer valer sus pretensiones. El que se dice trono «soberano» es ya impotente para contener la ola arrolladora del «espíritu de los tiempos» modernos. La importancia extraordinaria de la Dieta prusiana no hay que medirla por las declaraciones finales que hizo llegar a ella Federico Guillermo. La importancia de sus debates consiste en que, durante once semanas, la opinión pública de Prusia ha dado un avance para el cual hubiera necesitado, sin la Dieta, de muchos años. La burguesía prusiana aparece en ella luchando por vez primera en la historia, ante los ojos de todo el mundo, contra la burocracia y la monarquía absoluta, y asesta a sus dos enemigos golpes tan rudos, les inflige una derrota tan formidable, que los vencidos tendrán que rendirse, no tardando, a merced del vencedor. Hasta ahora, un ministro prusiano era un ente tan inaccesible que un vulgar ciudadano no podía osar siquiera levantar la vista hacia él. La Dieta ha hecho morder el polvo a esa grandeza imaginaria. Ni un solo ministro ha intervenido en los debates parlamentarios sin poner al desnudo, estridentemente, su incapacidad. Las once semanas de sesiones han sido un tormento constante para todos los ministros, uno tras otro; su soberbia, su vaciedad, su jactancia mediocre y su mala administración de los negocios públicos se han visto castigadas con la amarga burla, con el desprecio, y a las veces, con explosiones de justa cólera.

Jamás se han desempeñado papeles más miserables que los de estos «consejeros de la corona». Eichorn[91], blando como un corderito, hizo un triste papel ante la Dieta, con su «Estado prusiano»; el antihistórico Savigny[92] hubo de guardarse en el bolsillo, corrido de vergüenza, su falta de sentido histórico, su rancia mercancía no encontraba salida en la Dieta, no encontraba más que burlas. Y otro tanto le aconteció a Thiele[93], a Duesberg[94], a Boyen[95] y a los demás. Ni el cinismo de Bodelschwingh[96] pudo salvar ni el más leve resto de la aureola que venía rodeando a todo el ministerio. Y todos los golpes descargados sobre las espaldas de los ministros repercutían en el señor de Potsdam. Jamás un Mensaje de la Corona fue objeto de más burlas que el suyo en casi todas las sesiones de la Dieta. Sin mentarlo, los debates no eran más que una protesta constante contra lo que el 11 de abril proclamara en su mensaje el rey «cristiano», protesta en la que no faltaba la sátira ni la seriedad de razonamiento.

Y como los debates se desarrollaban en la más completa publicidad, comentados y reflejados por cientos de periódicos, acabaron despertando en el público un sentido de colaboración en los negocios públicos del que antes solo se descubría algún rastro en ciertas localidades, sobre todo en las ciudades populosas. Hoy, ese sentido intervencionista se

---

91 WR: J.A. Friedrich Eichorn (1779–1856), ministro de Enseñanza y Cultos desde 1840.

92 WR: Friedrich Karl von Savigny (1789–1861), jurista prusiano y jefe de la «escuela histórica del derecho», ministro de Legislación desde 1842.

93 WR: L. Gustavo von Thiele (1781–1852), general de infantería y ministro del Tesoro desde 1841.

94 WR: Franz von Duesberg (1793–1872), ministro de Hacienda desde 1846.

95 WR: L. von Boyen (1771–1848), ministro de la Guerra y encargado de la cartera de Estado desde 1841.

96 WR: Ernst von Bodelschwingh (1794–1854), ministro de Gabinete y del Interior desde 1841.

ha corrido por todo el país y ha hecho presa en personas que no estaban acostumbradas a pensar por encima de las cuatro paredes de su casa o de los mojones de su municipio. Y los sucesos de Berlín no solo se siguen con emoción en Prusia, sino en toda Alemania. Se ha sabido comprender que cada triunfo de la burguesía prusiana es un triunfo de la burguesía alemana en general, y que cuanto se arranque en Prusia acabara por imponerse rápidamente en los demás estados de la Confederación.

Pero, ¿qué nos interesa a nosotros proletarios, oigo que exclaman muchos de los nuestros, las luchas de la burguesía? ¿No son acaso los burgueses nuestro peores enemigos? ¿No acaban precisamente de manifestar en la Dieta prusiana con bastante elocuencia el desprecio que sienten contra nosotros y las malísimas intenciones que contra nosotros abrigan, al tratar de las peticiones relacionadas con la situación de las clases trabajadoras? ¿Qué nos importa a nosotros que la burguesía suba o no suba al poder? Y caso de importarnos algo, ¿no saldremos ganando más con oponernos a su triunfo, luchando más bien a favor que en contra del Gobierno?

Preguntas e ideas tales solo pueden partir de aquellos de nosotros que, cegados por el odio –un odio perfectamente justificado, sin duda– contra la burguesía, no han sabido comprender claramente ni la situación que actualmente ocupa el proletariado ni el camino que ha de seguir si quiere realmente emanciparse.

La burguesía es, indiscutiblemente, nuestro enemigo; todo su poder se apoya en la propiedad privada, en el capital y en lo que forma una unidad con todo eso. Y nosotros, proletarios, solo podemos emanciparnos aboliendo la propiedad privada, lo que equivale a destruir la clase burguesa y a poner fin para siempre a todas las diferencias de clase. Entre ellos y nosotros la lucha es a vida o muerte; una lucha en que el arma no es solo la palabra, sino el puño y el fusil.

¿Pero es que nosotros, los proletarios alemanes, hemos hecho ya tantos progresos que podemos transformar de raíz el desorden social en nuestro propio interés, es decir, que podemos echar inmediatamente por la borda a la burguesía y realizar sin más espera los principios del comunismo? ¿No tenemos, junto a la burguesía y antes que ella, otro enemigo al que hemos de dar la batalla antes de ajustar cuentas con la burguesía? Sí, y ese otro enemigo es la monarquía absoluta, la monarquía despótica que se titula «de derecho divino», que nos explota en nombre del cielo, que nos sujeta en las garras de los terratenientes medievales, que nos acogota entre las mallas del Estado «cristiano-germano» y pone al servicio del capital su policía, sus gendarmes, sus clérigos y sus cañones cuantas veces, llagados por las cadenas de la esclavitud, intentamos sacudirlas. ¿Es que este poder es merecedor de que le guardemos gratitud y le ayudemos en sus luchas contra la burguesía? ¿Qué es lo que ha hecho para merecer de nosotros ninguna de ambas cosas? Ha dilapidado –para atenernos tan solo a los últimos tiempos–, en treinta años de paz, 850 millones de táleros en gastos militares, en sostener con los productos de los impuestos pagados por nosotros bailarinas y prostitutas reales[97], ha nutrido a costa nuestra un ejército cada vez más numeroso y más grosero de funcionarios públicos, ha pagado pensiones desvergonzadamente altas a gentes ya ricas de suyo, ha sostenido, con los llamados «fondos de gracia», a un tropel de terratenientes e hidalgos haraganes, ha llenado de privilegios a la nobleza, ha degradado nuestras vidas por debajo de las de las fieras de sus cotos señoriales de caza, ha entregado a nuestras personas al arbitrio despótico de la policía, ha construido para nosotros presidios y máquinas de tormento, ha entregado nuestro trabajo al capital y a la libre concurrencia, ha sacado de nuestros bolsillos, por medio de una ingeniosa bomba de

---

97 Nota de la revista: Esta acusación no va, naturalmente, contra Federico Guillermo IV en persona, pues ¿qué iba a hacer este con ellas?

impuestos, los últimos frutos de nuestro trabajo y confiado nuestros estómagos a los rayos del sol, por ser este el alimento más barato.

¿Podía la monarquía absoluta hacer más por nosotros, los proletarios? Sí podía. El Federico Guillermo de Potsdam, llamado por otro nombre el Cuarto, ha demostrado que también en su actitud para con los proletarios saben hacer progresos las artes «paternales» de gobierno. La ordenanza industrial de policía del año 1845 entregó a las clases trabajadoras, por si aún lo estaban poco, atadas de pies y manos a los capitalistas y patronos[98]. En esta nueva ley se castiga con severas penas la menor tentativa de asociarse y organizar de ese modo sus fuerzas, sea para oponerse a una rebaja de salarios o para conseguir salarios mejores que basten por lo menos para cubrir las más perentorias necesidades. A los capitalistas, en cambio, con tal de que den gusto al Gobierno, se les conceden todas las libertades apetecidas contra los trabajadores. En la nueva ordenanza de domésticos, el «paternal» Gobierno prusiano autoriza a los señores no solo para cubrir a sus criados con todo género de insultos, sino hasta para apalearlos, siempre y cuando el apaleado no quede tullido por la paliza. Salvo en este caso, el que se ve obligado a servir no puede quejarse ni reclamar.

En una orden secreta de gabinete del 14 de junio de 1844, el rey «cristiano» de Potsdam ordena a los censores que no dejen pasar en la Prensa la menor alusión a las relaciones entre las clases poseedoras y desposeídas, ni la menor referencia a la situación de los obreros frente a los terratenientes medievales y la burguesía. Cuando en 1844 miles de tejedores de las montañas silesianas, acosados por la miseria y la desesperación, se sublevaron contra los señores de las fábricas, el «piadoso» rey de Prusia dejó que los ametrallasen y los matasen a bayonetazos como perros, y a los que no murieron los sepultó en el presidio,

---

98 WR: Esa ordenanza mantenía en pie las antiguas normas contra las coaliciones, recargando sus penas.

y encima, a la mayoría de ellos, aún les arrancaron la carne de la espalda vareándolos de veinte a cuarenta veces. He ahí las bendiciones que los proletarios tenemos que agradecerle a la monarquía «cristiano-germana».

El año 1847, año de hambre, nos ha dado nuevas pruebas de esto. Mientras miles de proletarios de la provincia del Rin, de Westfalia, de Silesia, de Posen y de la Prusia oriental sucumbían de hambre y de fiebres engendradas por esta, la monarquía «prusiano-germana» y sus criaturas seguían regodeándose, como si nada ocurriese, en todos los deleites que la abundancia y la ociosidad son capaces de inventar. Hasta que, por fin, cayó en la cuenta de que tenía que hacer algo para aparentar la pena que le daban aquellas poblaciones hambrientas. Y así surgió la ley prohibiendo el empleo de patatas en las destilerías, y unos cuantos decretos más por el estilo, con que se quería tapar los ojos a la clase trabajadora. El miedo a los proletarios fue creciendo, sobre todo cuando en Berlín y en algunos otros sitios estallaron disturbios por la falta de pan. El miedo llevó al «paternal» Gobierno prusiano a hacer un nuevo esfuerzo «en bien de las clases trabajadoras». ¿En qué consistía ese esfuerzo? En enviar un consejero de gobierno de Berlín a Bremen con el encargo de comprar urgentemente y bajo cualesquiera condiciones 6.000 toneladas de trigo y expedirlas sin demora a Berlín y otras localidades. El consejero del gobierno se dirigió a la casa Delins de Bremen, donde exhibió sus poderes. Y como era necesario reunir las 6.000 toneladas a cualquier precio, los marchantes de trigo se pusieron en campaña, y a las dos horas, la tonelada había experimentado ya un alza de cerca de 40 táleros oro. Y la subida no paró ahí. En Bremen solo lograron reunirse 1.500 toneladas.

Para el resto, los tratantes en trigo de Bremen remitieron al emisario a sus existencias de Stettin, Danzig, etc., a las que dieron salida, de este modo, a los enormes precios desencadenados por el consejero del gobierno de Prusia.

Esta alza de trigo en Bremen hizo que a la vuelta de unos cuantos días los precios del grano subiesen al mismo nivel en todo el norte de Alemania y que las clases trabajadoras tuviesen que pagar su pan una tercera parte más caro y encima soportar como contribuyentes la carga que aquel negocio, tan torpemente llevado por el Gobierno, echaba sobre la Hacienda. Eso es lo que se llama en alemán «gobernar paternalmente», y el ser rey absoluto por «la gracia de Dios» consiste en hacer fuego o lanzarse a la bayoneta sobre los obreros hambrientos apelotonados en Berlín, en Stettin, etc., mientras el «piadoso rey» manda fabricar con el dinero de la clase trabajadora panoplias por valor de medio millón y se las envía como juguete regio a su ahijado de Londres, un muchacho que apenas sabe sorber los mocos.

No acabaríamos nunca si quisiéramos enumerar todo lo que debemos a la «monarquía absoluta»; basten, pues, los ejemplos aducidos. De ellos se desprende ya claramente que esa monarquía es, por lo menos, tan enemiga nuestra como lo es la burguesía. Pero no perdamos de vista que esta necesita, para consolidar su hegemonía, libertades políticas que la «monarquía absoluta» deniega obstinadamente y que nosotros, los proletarios, utilizaremos, tan pronto como sean concedidas, como palanca para derribar lo antes posible lo existente; enfocada así la cosa, se comprenderá nuestro interés en el movimiento político actual, pues ayudando a acelerar la caída de esa monarquía laboraremos en nuestro propio provecho. Hasta allí, pero no más, discurren juntos nuestros caminos. Derribado el enemigo de «derecho divino», derribado el Estado «cristiano» de policía, derribado el gobierno «paternal», ya no tendremos más enemigos que la burguesía; el palenque de nuestras luchas se simplificara y el plan de batalla no será difícil de trazar.

Pero mientras no apretemos nuestras filas de proletarios, mientras no nos unamos y organicemos, mientras no laboremos con nuestras fuerzas unidas por transformar radicalmente nuestra situación, será inútil cuanto hagamos por luchar contra este «sistema paternal de gobierno» ni contra la burguesía. Hasta ahora no disponemos en Alemania ni de libertad de prensa para defender nuestros intereses, ni de derecho para reunirnos públicamente y poder manifestarnos e ilustrarnos unos a otros acerca de las condiciones sociales, acerca de la situación de poseedores y desposeídos, en una palabra, acerca de todas las cuestiones que afectan al proletariado. Es indudable que esas libertades políticas facilitan la obra de emancipación, pues con ayuda de ellas el proletariado puede organizarse más rápidamente; por eso el actual movimiento político, encaminado también hacia la libertad de prensa y el derecho de libre asociación, tiene gran importancia para nosotros. Pero no seamos tan necios que, entretanto, pongamos las manos tranquilamente en el regazo, en espera de que se proclamen esos derechos. Hagamos contra la ley lo que esta nos prohíbe. La ley es obra de nuestros enemigos, fruto del gobierno «paternal» en interés de los ricos y poseedores; a nosotros, los desposeídos, la ley solo obliga mientras no tenemos fuerza bastante para derribarla. Hagamos en secreto lo que se nos prohíbe hacer públicamente; aquí no podemos acatar más ley que la ilegalidad. Cuantas más dificultades se nos pongan en el camino, más actividad y energía debemos desplegar para organizarnos y unirnos en una actuación común por encima de ella. «Ayúdate a ti mismo», dice el proverbio; y verdaderamente, si nosotros, los proletarios, no sabemos emanciparnos por nosotros mismos, no esperemos que nadie nos emancipe.

¡Qué pavor infundimos ya hoy tanto a la monarquía de «derecho divino» como a la burguesía, hoy, en que estamos casi solos, en que no somos más que un puñado de individuos sueltos, desgarrados no pocas veces por las discordias intestinas e inconscientes de la fuerza que da la unión! ¿No bastaron unos cuantos cientos de proletarios en Berlín, participando en los tumultos de protesta por la falta de pan, sin plan, sin previo acuerdo, sin un objetivo común, para hacer temblar a toda la capital y hacer perder la cabeza durante medio día a todas las autoridades, hasta las más supremas e inaccesibles? ¿No han confesado dos altos funcionarios ministeriales que, pese a todas las tropas, Berlín hubiera caído en manos de los proletarios a poco que estos hubiesen sabido explotar su fuerza y actuar en común? Es cierto, Berlín estuvo cinco horas enteras en manos del pueblo, sin que este lo advirtiese. Y lo mismo aconteció en muchos otros sitios de Prusia y del resto de Alemania. Y si un montón de proletarios aislados e insignificantes, obrando sin plan ni concierto, bastan para hacer peligrar de ese modo lo existente, fácilmente se comprenderá que, una vez unidos y organizados como un solo hombre, no habrá poder en el mundo capaz de arrancarnos la victoria. Aislados no somos ni seguiremos siendo más que pobres esclavos entregados al hambre y a la miseria, a la soberbia y a la misericordia de los grandes y los ricos; unidos y organizados, los barrotes que forjan para nosotros la propiedad privada o los gobiernos «cristiano-germanos» se quebrarán en nuestras manos como mimbres secos.

Los emigrantes alemanes

Ya en la antigüedad aspiraban los hombres a un mundo mejor, a un mundo nuevo, en el que confiaban ser felices, y sus aspiraciones siguen siendo las mismas de entonces. Desgraciadamente, pese a todas las aspiraciones, poco es lo que hasta hoy se ha conseguido, pues durante mucho tiempo se ha estado buscando ese mundo mejor donde no podía encontrarse, y aún es hoy el día en que son muy pocos los que saben y comprenden que ese mundo mejor está bien cerca de nosotros, que para alcanzarlo basta con unir y organizar a los oprimidos, con imponerse un recio esfuerzo. Se equivocan de medio a medio, naturalmente, los que piensan que basta con buscar, con emigrar a América, para dar con ese mundo mejor. Ese mundo mejor no hay que buscarlo, sino conquistarlo, y el cielo no nos ayudará si nosotros mismos no nos unimos firmemente y nos ayudamos. En otro tiempo, millones de europeos se precipitaban hacia el Oriente para escapar a la tiranía de los señores feudales, para ganar el cielo con la conquista de los Santos Lugares y esperanzados en que en el suelo que había pisado su Redentor les sería dado ya sobre la tierra un avance de las delicias celestiales; pero fueron muy pocos los que alcanzaron la meta, pues los más cayeron sin haber visto la tierra de Jerusalén, derribados por las enfermedades y por el acero de los turcos.

Hoy, millones de europeos acuden a las costas de Occidente esperando encontrar allí un suelo libre y un porvenir dichoso para sí y sus familiares; pero los más sucumben sin ver cumplidas sus esperanzas. Miles de emigrantes mueren ya en las bodegas abarrotadas de los barcos, barridos por las enfermedades, sin haber divisado la orilla del Nuevo Mundo. Miles y miles más caen, no segados ciertamente por el acero turco, pero sí arruinados física y moralmente, despojados por truhanes y engañadores de cuanto poseían, en las esquinas o en los asilos obreros de la Unión; y miles de hombres, obligados a entregar sus brazos a la burguesía americana para poder vivir, se ven explotados tanto y aún más que si estuviesen en Europa, y cuando las fuerzas se les acaban tienen que dar gracias, exactamente lo mismo que en Europa, si los dejan morir en un hospital o en un asilo obrero. ¡Cuán pocos son los que consiguen cimentar una existencia para sí y sus familias! Los buenos alemanes, a quienes hay que reconocer que su libre y unida Alemania, con sus treinta y cuatro príncipes y principillos soberanos, no ofrece gran aliciente, están atravesando por una verdadera borrachera de emigración, y lo malo es que, de todos los emigrantes, ningunos se ven tan estafados, tan tirados por los rincones, tan explotados y maltratados como los alemanes.

En las ciudades de Alemania, Holanda y Bélgica, en Londres y Nueva York, en todos los lugares del mundo donde embarcan o desembarcan emigrantes alemanes, se ha formado una clase especial de hombres que tienen por profesión estafar a esas pobres gentes, las más inexpertas del mundo. Los ingleses llaman a esa casta de hombres «tiburones de tierra» (*land sharks*), nombre muy adecuado, pues devoran con la misma codicia el cruzado del pobre que el ducado de quien tiene un poco más de fortuna. Tan pronto como llegan aquí, a Londres, emigrantes alemanes se ven rodeados por estos pájaros, acompañados a ciertas moradas, y ya no les dejan de la mano mientras tengan algo que perder. Los más afortunados son los que han pagado por adelantado el pasaje, pues esos llegan por lo menos a las costas de América; los demás tienen que quedarse por el camino, y a la postre, la necesidad los obliga a desnudar a los compatriotas que vienen detrás de ellos, lo mismo que a ellos los desnudaron. ¿Pero es que la policía no interviene?, se preguntará el lector maravillado. La respuesta no puede ser más sencilla: la ley inglesa tiene por principio que «donde no hay demandante, no hay tampoco juez». Y como los pobres alemanes no entienden el idioma ni saben orientarse por esta ciudad gigantesca, como nadie se preocupa de ellos, raro es el caso en que consiguen dar con las personas que los estafaron para entregarlos a los tribunales. Los tiburones de tierra no tienen más que saltar de tugurio en tugurio y recatarse, aguardando a que se haga a la mar el barco que lleva sus víctimas; luego, pueden salir de nuevo a la calle y reanudar el negocio. Pero aun supuesto el caso de que el emigrante consiga entregar uno de esos pájaros a la policía, no habrá salido ganando nada; el ladrón es enviado, sin duda, a la prisión, pero lo robado no aparece, y antes de que el proceso se abra, el barco parte y la víctima del robo con él; y no presentándose nadie a mantener la querella, el tiburón de tierra queda en libertad. Y lo mismo que en Londres, les pasa a miles de emigrantes en El Havre, en Amberes, en Rotterdam, etc., y los afortunados que logran desembarcar con algo todavía en Nueva York, caen allí en las garras de los tiburones americanos. Nos han contado infamias increíbles cometidas con emigrantes alemanes, y en los números siguientes de nuestra revista diremos algunas, para que sirvan de aviso a todos los emigrantes. Y rogamos a nuestros amigos de los barrios del puerto que comuniquen a esta redacción todos los abusos y estafas, cometidos contra los emigrantes, de que tengan noticia.

Muchos alemanes se preguntarán: de todos nuestros embajadores y cónsules de Londres, ¿ninguno se ha ocupado de los emigrantes? Los ingleses y los franceses, por dondequiera que vayan, sean viajeros o emigrantes, encuentran protección, consejo y ayuda en los cónsules y embajadores de su país; no así los alemanes, sobre todo si son proletarios; en cuanto salen de las fronteras de la Confederación que los tiene por súbditos, en cuanto abandonan el suelo alemán, ningún embajador o cónsul de su país se cuida de ellos. Los embajadores y cónsules alemanes en Inglaterra, a quienes el pueblo alemán paga sueldos de cientos de miles todos los años, tienen otras cosas de qué ocuparse. El piadoso Bunsen[99] se dedica a fundar asociaciones juveniles y sociedades evangélicas para inmunizar a los proletarios contra el veneno del ateísmo y el comunismo y enchiquerarlos en el gran establo del Estado «cristiano-germano»; los demás envían de vez en cuando a las asociaciones obreras algún que otro espía y se dedican a divertirse.

¡Quién se preocupa de proletarios, y sobre todo de proletarios que aspiran a ser republicanos! Y a propósito, camaradas,

---

99 WR: El barón de Bunsen (1792–1860), embajador prusiano en Londres desde 1845, era un celoso propagandista de las misiones interiores. En una de las alocuciones de la Liga de los Justicieros, la de noviembre de 1846 (véase más arriba, p. 72 y ss.), se habla de la labor desarrollada por Bunsen en este terreno y de las asociaciones de artesanos y jóvenes cristianos, fundadas en Londres bajo sus auspicios, a semejanza de las que también existían en Berlín, Hamburgo, Stuttgart, Basilea y París.

¿qué tal estaría si un buen día, en vez de emigrar a la remota república de Norteamérica, dejándoos desnudar y explotar en el viaje, apretaseis un poco vuestras filas, pusieseis término a ese absurdo «cristiano-germano» y enviaseis a vuestros príncipes paternales y bondadosos a hacer un viaje bajo cielos más suaves (a Texas, por ejemplo, o al África central, adonde tan de buena gana quieren expediros los píos hermanos), o a un clima más adecuado para su constitución (a Rusia, pongamos por caso), y os decidieseis a instituir en Alemania una república en la que todo el que quisiera trabajar encontrara medios de vida? ¿Eh, qué decís a eso? Nos parece que bien valdría la pena de intentarlo; se ahorraría mucho tiempo y dinero, y podéis estar seguros de que costaría diez veces menos víctimas que las que siembran la ruta de los emigrantes hacia el Nuevo Mundo.

¡Proletarios, pensad alguna vez en esto!

Revista política y social

En los números siguientes daremos un breve resumen de los acontecimientos políticos y sociales de todos los países, enfocados desde el punto de vista comunista; hoy, el escaso espacio de que disponemos solo nos permite apuntar algunos de los sucesos más notables de la actualidad.

PORTUGAL. Una reina perjura[100] es restaurada a la fuerza por los ingleses, franceses y españoles en el trono del que la arrojara la general y justa cólera del pueblo portugués.

Los proletarios de las ciudades empiezan a abrir los ojos y forman asociaciones republicanas y comunistas.

ESPAÑA. Grandes escándalos en la corte. Isabel, la joven reina a quien el viejo mercader de almas[101] de París impuso

---

100 WR: María II da Gloria, que subió al trono en 1834 y fue restaurada en él en 1847.

101 WR: Luis Felipe, rey de Francia.

por marido un ser impotente, busca consuelo en amantes más viriles, y como sus ministros no le consienten esos devaneos, amenaza con abdicar.

Las arcas públicas están vacías, el país plagado de bandas de salteadores y el comercio y los negocios paralizados. ¿Hasta cuándo se dejará maltratar el pueblo español?

FRANCIA. El sistema de Luis Felipe está en las últimas y extiende por toda Francia, al descomponerse, un hedor pestilencial. Ladrones, salteadores y asesinos manipulan sin recatarse casi, y entre la clase gobernante el honor y la justicia son ya palabras vanas[102].

Los republicanos y comunistas, fusil al brazo, contemplan impasibles el espectáculo. Cuando el paciente exhale el último suspiro enterrarán el cadáver, y como primer remedio para purificar el aire proclamarán la república.

ALEMANIA. El Gran Duque de Hessen[103] prohibe a los proletarios el matrimonio. No nos preocupa, pues sabemos procrear y multiplicarnos sin la bendición del cura.

Lola Montes[104] sigue abofeteando a los leales súbditos bávaros; ¡que les aproveche!

Federico Guillermo el Gordo, Señor de Berlín[105], hace decretos sobre los bigotes y manda condenar a los nobles polacos que quieren emancipar a su desdichada patria[106].

La burguesía prusiana sigue avanzando lentamente y Federico el Gordo, con toda su Real Casa, acabará sirviendo, además de al señor, a los amos del dinero.

---

102 WR: Alude a la larga serie de escándalos que en 1847 se produjeron en la alta sociedad de Francia.

103 WR: Luis II de Hessen-Darmstadt.

104 WR: Bailarina española, amante del anciano rey de Baviera Luis I.

105 WR: Federico Guillermo IV.

106 WR: Alude a las consecuencias de la insurrección polaca de 1846.

Fernando de Viena cuenta los cristales de su palacio[107], y Metternich se relame barruntando sangre.

Los demás príncipes patriarcales de Alemania emprenden viajes de recreo, y el pueblo alemán muerde el pañuelo para matar el hambre.

BÉLGICA Y HOLANDA. Se dice que los reyes de Holanda y Bélgica encuentran demasiado gravoso el peso de sus coronas y que tienen el propósito de abdicar y salir a viajar. *Bon voyage*.

GRAN BRETAÑA. El plan agrario del conocido cartista Feargus O'Connor[108] produce gran sensación, y la acogida que encuentra demuestra que el pueblo aspira seriamente a emancipar la tierra. Desgraciadamente, el plan de O'Connor descansa en el reparto y no en la comunidad de bienes. Más detalles acerca de esto en nuestro próximo número.

Las elecciones para el nuevo Parlamento han terminado, habiendo salido elegidos algunos hombres de valor.

La reina y el príncipe Alberto se dedican a hacer viajes de recreo, mientras los proletarios suspiran en la miseria más espantosa. *Tout comme chez nous* [*Exactamente igual que entre nosotros*].

PAÍSES ESCANDINAVOS. En Suecia, la doctrina comunista encuentra buena acogida en el pueblo. Como en todas partes, los más rabiosos enemigos del comunismo son aquí los sacerdotes. La igualdad de esos señores no es de este mundo. Pero vuestros esfuerzos, negros oscurantistas, son en vano, no os molestéis.

SUIZA. Los jesuitas y sus leales arman un ruido espantoso; Metternich les envía pertrechos de guerra, y actualmente se dedican a aniquilar a todos los radicales con el pico; pero en cuanto las tropas federales avancen, lo que confiamos que no se hará esperar, es muy probable que los señores de la Sonderbund[109] corran a refugiarse en sus casas.

---

107 WR: Fernando I de Austria, demente y muy enfermo.

108 Véase más arriba, p. 83.

109 WR: Los cantones separatistas, acaudillados por los católicos.

ITALIA. El Papa Pío IX ha levantado la bandera de la libertad y del progreso y el pueblo italiano se ha congregado junto a él con verdadero entusiasmo. El sangriento Metternich, descontento de esto, quiso organizar en el Estado eclesiástico una segunda edición de las matanzas de Galitzia; en vista de que no lo consiguió, parece que se dispone a emplear la fuerza para que en Italia siga todo bonitamente en las tinieblas. Se dice que el Papa ha declarado que si Metternich le atacaba, saltaría sobre un caballo y saldría al encuentro de los mercenarios austriacos a la cabeza de su pueblo. ¡Bravo! Esta vez puede que el astuto Metternich se haya equivocado.

HUNGRÍA. También aquí, en el país más libre de la monarquía austriaca, se siembra la simiente del comunismo y cae en tierra fructífera.

Dónde y cómo no se lo descubriremos por ahora al señor de Metternich.

POLONIA. En Lemberg[110] (Galitzia), dos grandes hombres, Teofil Wisniowsky y Józef Kapuscinsky, han sufrido la muerte de los mártires. Murieron como dos héroes, gritando: «¡Viva Polonia!» y «¡Hombres, aprended de nosotros cómo se muere por una causa justa!». Camino del cadalso, el pueblo les arrojaba por todas partes coronas de flores.

¡Todavía no está perdida la causa de Polonia![111]

RUSIA. Los bravos circasianos han vuelto a infligir a los rusos varias derrotas de importancia.

Pueblos, aprended ahí todo lo que son capaces de hacer hombres que quieren ser libres.

TURQUÍA. El sultán ha abolido la esclavitud y rinde culto al progreso.

---

110 Leopolis, Lvov o Lviv, ciudad de la actual Ucrania.

111 WR: En febrero de 1846 estalló en Galitzia una insurrección de los nacionalistas polacos, lamentablemente fracasada; el 31 de julio de 1847 fueron ejecutados brutalmente en Lemberg por el verdugo austriaco los dos insurrectos mencionados más arriba.

¡Mírate en este espejo, tú, que solo quieres servir al señor con toda tu casa[112]; estás hasta por debajo de los turcos!

GRECIA. El bávaro Otto[113] ha declarado a sus fieles estamentos que se ve en la más repugnante penuria de dinero y que nadie quiere prestarle nada. ¡Oh, Rothschild, apiádate de él!

NORTEAMÉRICA. Los norteamericanos siguen liados en guerra con los mexicanos. Hay que esperar que se adueñen de la mayor parte del territorio mexicano y sepan utilizar mejor el país de lo que estos lo han hecho[114]. La Liga para la emancipación de la tierra, la Joven América, cuenta cada día con nuevos afiliados[115].

De venta en Londres, en la Librería Alemana, 8, Marylebone Street, Regent's Street, Quadrant; en el Westend, en la Asociación Educativa, 191, Drury Lane, High Holborn; y en el Ostend, en la Asociación Educativa para Obreros Alemanes, Castle Goodman's Style, Whitechapel.

Printed for the Proprietors by Meldolas Cahn & Co., 18, St. Mary Axe, City, London.

---

112 WR: Alusión a Federico Guillermo IV de Prusia.

113 Otto Friedrich Ludwig (1815–1867), también conocido como Otón I de Grecia, primer rey de Grecia.

114 WR: La guerra de los Estados Unidos contra México estalló por la anexión de Texas. Terminó con la paz de Guadalupe-Hidalgo, el 2 de febrero de 1848, por la que los Estados Unidos –abonando una indemnización de 18 millones de dólares– obtenían, además de Texas, una faja de tierra bastante extensa que iba desde el noroeste de Texas hasta el Océano Pacífico.

115 WR: En 1847, Engels aprobaba expresamente la inteligencia entre los comunistas norteamericanos y los reformadores agrarios, ya que estos «volvían la Constitución democrática contra la burguesía y pretendían utilizarla en interés del proletariado» (véase *Principios de comunismo*, respuesta a la pregunta 25).

Estatutos de la Liga de los Comunistas[116]
Karl Schapper y Friedrich Engels

¡Proletarios de todos los países, uníos!

SECCIÓN 1 - LA LIGA

Art. 1. La finalidad de la Liga es el derrocamiento de la burguesía, la instauración del régimen del proletariado, la abolición de la vieja sociedad burguesa, basada en los antagonismos de clase, y la creación de una sociedad nueva, sin clases ni propiedad privada.

Art. 2. Las condiciones para ser miembro de la Liga son:

a) vida y actuación en consonancia con el fin propuesto;

b) energía revolucionaria y celo para la propaganda de estas idea;

c) profesión del credo comunista;

d) los miembros de la Liga no podrán pertenecer a ninguna sociedad anticomunista[117], política o nacional, y deberán

---

116 WR: Tomados de la obra de Grünberg, *Die Londoner Kommunistische Zeitschrift und andere. Urkunden aus den Jahren I 847-1848*, op. cit., pp. 86 y ss.

117 WR: Lo mismo Grünberg, que Riazánov, en la versión inglesa de su edición del *Manifiesto Comunista* (*The Communist Manifesto of K. Marx and F. Engels*, Londres, 1930, p. 340), al reproducir los Estatutos de la Liga transcriben «comunista» en vez de «anticomunista». Nosotros aceptamos esta segunda lectura que da H. Duncker, *Das Kommunistische Manifest*, 7ª ed., Berlín, 1931, p. 56, por parecernos la más racional.

dar cuenta de su pertenencia a cualesquiera sociedades a las autoridades competentes de la Liga;

e) deberán someterse a las decisiones de la Liga;

f) guardar sigilo en cuanto concierna al régimen interno de la Liga;

g) ser admitidos unánimemente en una Comuna.

Quienes dejen de ajustarse a estas condiciones serán expulsados.

Art. 3. Todos los miembros de la Liga son iguales y hermanos, y como tales están obligados a prestarse mutua ayuda siempre que la necesiten.

Art. 4. Todos los miembros de la Liga se asignarán un nombre especial dentro de la organización.

Art. 5. La Liga está organizada por Comunas, Círculos, Círculos directivos, Comité Central y Congresos.

SECCIÓN 2 - LA COMUNA

Art. 6. La Comuna no deberá constar de menos de tres ni de más de veinte miembros.

Art. 7. Cada Comuna elegirá un presidente y un adjunto. El presidente dirigirá los debates, y el adjunto se hará cargo de la caja y contabilidad y sustituirá al presidente en sus ausencias.

Art. 8. Todo nuevo miembro deberá ser inscrito por el presidente y el proponente, una vez que la Comuna haya votado su admisión.

Art. 9. Las comunas no deberán conocerse unas a otras ni mantener correspondencia entre sí.

Art. 10. Cada Comuna adoptará un nombre distintivo.

Art. 11. Todo miembro que cambie de residencia deberá informar previamente al presidente de su Comuna.

SECCIÓN 3 - EL CÍRCULO

Art. 12. El Círculo no deberá constar de menos de dos ni de más de diez comunas.

Art. 13. Los presidentes y adjuntos de las comunas formarán el comité de Círculo. Este elegirá de su seno un presidente. El Círculo mantendrá correspondencia con sus comunas y con el Círculo directivo.

Art. 14. Al comité de Círculo corresponde el poder ejecutivo de las comunas que lo integran.

Art. 15. Las comunas aisladas deberán afiliarse a un Círculo ya existente o ponerse en contacto con otras comunas aisladas para formar un nuevo Círculo.

SECCIÓN 4 - EL CÍRCULO DIRECTIVO

Art. 16. Los círculos de un país o de una provincia están todos sometidos a un Círculo directivo.

Art. 17. La clasificación de los círculos de la Liga por provincias y el nombramiento del Círculo directivo serán de competencia del Congreso, a propuesta del Comité Central.

Art. 18. Al Círculo directivo corresponde el poder ejecutivo sobre todos los círculos de su provincia. Mantiene correspondencia con estos círculos y con el Comité central.

Art. 19. Los círculos de nueva formación deberán afiliarse al Círculo directivo más próximo.

Art. 20. Provisionalmente, los círculos directivos son responsables ante el Comité Central y en última instancia ante el Congreso.

SECCIÓN 5 - EL COMITÉ CENTRAL

Art. 21. Al Comité Central corresponde el poder ejecutivo sobre toda la Liga y deberá como tal rendir cuentas al Congreso.

Art. 22. Lo compondrán cinco miembros por lo menos, elegidos entre los comités del Círculo del lugar donde se haya convocado el Congreso.

Art. 23. El Comité Central mantiene correspondencia con los círculos directivos y presentará cada tres meses una memoria sobre la situación general de la Liga.

SECCIÓN 6 - PRECEPTOS GENERALES

Art. 24. Las comunas, los comités de Círculo y el Comité Central deberán reunirse por lo menos una vez cada dos semanas.

Art. 25. Los miembros de los comités de Círculo y del Comité Central son elegidos por un año, admitiéndose la reelección y pudiendo ser removidos en todo momento por sus electores.

Art. 26. Las elecciones se celebrarán en el mes de septiembre.

Art. 27. Los comités de Círculo deberán encauzar las discusiones de las comunas en consonancia con los fines de la Liga. Si el Comité central entiende que es de interés general la discusión de ciertas cuestiones, deberá plantearlas a toda la Liga.

Art. 28. Los miembros deberán mantener correspondencia individualmente, una vez por lo menos cada tres meses, y las comunas una vez por lo menos al mes, con los comités de sus círculos respectivos. Cada Círculo deberá mantener correspondencia una vez al menos cada dos meses con su Círculo directivo, y cada Círculo directivo enviará un informe al Comité central una vez, por lo menos, al trimestre.

Art. 29. Incumbe a todas las autoridades de la Liga, bajo su propia responsabilidad y siempre dentro de los límites impuestos por los estatutos, adoptar cuantas medidas sean necesarias para la salvaguardia y eficaz actuación de la Liga. Acerca de estas materias deberá informar con la mayor prontitud ante las autoridades superiores de la organización.

SECCIÓN 7- EL CONGRESO

Art. 30. Al Congreso corresponde el poder legislativo dentro de la Liga. Toda propuesta de modificación de los estatutos deberá ser elevada al Comité Central por los círculos directivos, para ser sometida al Congreso.

Art. 31. Cada Círculo enviará al Congreso sus delegados.

Art. 32. Los círculos compuestos por menos de 30 miembros deberán enviar un delegado; los de menos de 60 miembros, dos delegados; los de menos de 90, tres. Los círculos pueden otorgar su representación a afiliados a la Liga que no residan en su localidad. En este caso deberán darles instrucciones muy precisas.

Art. 33. El Congreso deberá reunirse todos los años en el mes de agosto. En casos de gran urgencia, el Comité Central podrá convocar un Congreso extraordinario.

Art. 34. El Congreso decidirá el lugar en que el Comité central deba establecer su residencia durante el año siguiente. Asimismo, decidirá el lugar en que haya de reunirse el Congreso próximo.

Art. 35. El Comité Central no tiene en el Congreso voto decisorio.

Art. 36. Al final de cada una de sus reuniones, el Congreso redactará una circular y dirigirá un manifiesto a la opinión en nombre del partido.

SECCIÓN 8 - FALTAS CONTRA LA LIGA

Art. 37. Toda infracción de las condiciones exigidas para ser socio (art. 2) irá seguida, según las circunstancias, de suspensión o expulsión. Los miembros expulsados no podrán volver a ingresar en la Liga.

Art. 38. Las expulsiones son de la exclusiva competencia del Congreso.

Art. 39. Los miembros pueden ser suspendidos por el Círculo o por la Comuna a la que pertenezcan, pero informando de ello inmediatamente a las autoridades superiores y reservándose al Congreso la decisión final.

Art. 40. Los miembros suspendidos pueden ser rehabilitados por el Comité Central a instancia del Círculo a que pertenezcan.

Art. 41. Todo acto contrario a la Liga cae bajo la jurisdicción de las autoridades del Círculo, a cuyo cargo corre también la ejecución del fallo recaído.

Art. 42. Los miembros expulsados o suspendidos, así como las personas sobre quienes recaigan sospechas, deberán ser vigilados y neutralizados para la salvaguardia de la Liga. Todas sus maquinaciones serán puestas inmediatamente en conocimiento de la Comuna a la que afecten.

SECCIÓN 9 - RÉGIMEN FINANCIERO

Art. 43. El Congreso decidirá la cuota mínima con que deba contribuir todo miembro de la Liga.

Art. 44. La mitad de estas aportaciones ingresará en la caja del Comité Central. La otra mitad alimentará los fondos del Círculo o de la Comuna.

Art. 45. Los fondos que afluyan al Comité Central deberán aplicarse a los siguientes fines:

> 1. A sufragar los gastos de correspondencia y administración;
>
> 2. A costear los impresos y toda la propaganda puesta en circulación;
>
> 3. A subvencionar los viajes de emisarios nombrados por el Comité Central para ejecutar misiones especiales.

Art. 46. Los fondos de los comités locales deberán invertirse en lo siguiente:

> 1. En sufragar los gastos de correspondencia;
>
> 2. En costear los impresos y toda la propaganda puesta en circulación;
>
> 3. En subvencionar los viajes de emisarios especiales.

Art. 47. Las comunas y los círculos que dejen de enviar sus cuotas al Comité Central por espacio de seis meses serán suspendidos por este.

Art. 48. Los comités de Círculo enviarán a sus comunas, cada tres meses por lo menos, una cuenta de ingresos y de gastos. El Comité Central rendirá cuentas al Congreso, exponiéndole los gastos de administración y la situación financiera de la Liga. Toda malversación de fondos pertenecientes a la Liga será severamente castigada.

Art. 49. Los gastos extraordinarios y las atenciones de los congresos serán cubiertos mediante contribuciones especiales.

SECCIÓN 10 - ADMISIÓN DE NUEVOS MIEMBROS

Art. 50. El presidente de la Comuna leerá y explicará a cuantos soliciten el ingreso los artículos 1 a 49 de estos estatutos, y haciendo resaltar muy especialmente en una breve alocución las responsabilidades que todo miembro de la Liga asume. Después de esto, preguntará al aspirante: «¿Te mantienes en tu deseo de ingresar en la Liga?». Si la respuesta es afirmativa, le intimará por su honor a cumplir con sus deberes de miembro, le proclamará miembro de la Liga y le introducirá en la primera reunión de la Comuna.

Londres, 8 de diciembre de 1847. En nombre del segundo congreso, celebrado en otoño de 1847,

El secretario: El presidente:
firm. ENGELS.   firm. KARL SCHAPPER

Principios del Comunismo
(Proyecto de profesión de fe comunista)[118]
Friedrich Engels

I. ¿Qué es el comunismo?

El comunismo es la doctrina de las condiciones de la liberación del proletariado.

II. ¿Qué es el proletariado?

El proletariado es la clase social que consigue sus medios de subsistencia exclusivamente de la venta de su trabajo, y no del rédito de algún capital; es la clase, cuyas dicha y pena, vida y muerte y toda la existencia dependen de la demanda de trabajo, es decir, de los períodos de crisis y de prosperidad de los negocios, de las fluctuaciones de una competencia desenfrenada. Dicho

---

118 El trabajo *Principios del comunismo* es un proyecto de programa de la Liga de los Comunistas. Lo escribió Engels en París por encargo del comité comarcal de la Liga. Como lo tenía por proyecto previo, Engels, en la carta a Marx del 23 al 24 de noviembre de 1847, propone renunciar a la forma de catecismo y redactar un programa de la Liga de los Comunistas en forma de *Manifiesto Comunista*. En el segundo congreso de la Liga de los Comunistas (29 de noviembre-8 de diciembre), las opiniones de Marx y Engels fueron aprobadas por completo; se les dio el encargo de redactar el programa de la Liga, que fue el *Manifiesto del Partido Comunista*. Al escribirlo, los fundadores del marxismo utilizaron una serie de tesis expuestas en los *Principios del comunismo*.

En la obra *Principios del comunismo* Engels fundamentó teóricamente algunos principios programáticos y tácticos muy importantes del partido proletario y enseñó qué medidas debía aplicar el proletariado que conquistara el poder para preparar el paso del capitalismo al socialismo.

en pocas palabras, el proletariado, o la clase de los proletarios, es la clase trabajadora del siglo XIX.

III. ¿Quiere decir que los proletarios no han existido siempre?

No. Las clases pobres y trabajadoras han existido siempre, siendo pobres en la mayoría de los casos. Ahora bien, los pobres, los obreros que viviesen en las condiciones que acabamos de señalar, o sea los proletarios, no han existido siempre, del mismo modo que la competencia no ha sido siempre libre y desenfrenada.

IV. ¿Cómo apareció el proletariado?

El proletariado nació a raíz de la revolución industrial, que se produjo en Inglaterra en la segunda mitad del siglo pasado y se repitió luego en todos los países civilizados del mundo. Dicha revolución se debió al invento de la máquina de vapor, de las diversas máquinas de hilar, del telar mecánico y de toda una serie de otros dispositivos mecánicos. Estas máquinas, que costaban muy caras y, por eso, solo estaban al alcance de los grandes capitalistas, transformaron completamente el antiguo modo de producción y desplazaron a los obreros anteriores, puesto que las máquinas producían mercancías más baratas y mejores que las que podían hacer éstos con ayuda de sus ruecas y telares imperfectos. Las máquinas pusieron la industria enteramente en manos de los grandes capitalistas y redujeron a la nada el valor de la pequeña propiedad de los obreros (instrumentos, telares, etc.), de modo que los capitalistas pronto se apoderaron de todo, y los obreros se quedaron con nada. Así se instauró en la producción de tejidos el sistema fabril. En cuanto se dio el primer impulso a la introducción de máquinas y al sistema fabril, este último se propagó rápidamente en las demás ramas de la industria, sobre todo en el estampado de tejidos, la impresión de libros, la alfarería y la metalurgia.

El trabajo comenzó a dividirse más y más entre los obreros individuales de tal manera que el que antes efectuaba todo el trabajo pasó a realizar nada más que una parte del mismo. Esta división del trabajo permitió fabricar los productos más rápidamente y, por consecuencia, de modo más barato. Ello redujo la actividad de cada obrero a un procedimiento mecánico, muy sencillo, constantemente repetido, que la máquina podía realizar con el mismo éxito o incluso mucho mejor. Por tanto, todas estas ramas de la producción cayeron, una tras otra, bajo la dominación del vapor, de las máquinas y del sistema fabril, exactamente del mismo modo que la producción de hilados y de tejidos. En consecuencia, ellas se vieron enteramente en manos de los grandes capitalistas, y los obreros quedaron privados de los últimos restos de su independencia. Poco a poco, el sistema fabril extendió su dominación no ya solo a la manufactura, en el sentido estricto de la palabra, sino que comenzó a apoderarse más y más de las actividades artesanas, ya que también en esta esfera los grandes capitalistas desplazaban cada vez más a los pequeños maestros, montando grandes talleres, en los que era posible ahorrar muchos gastos e implantar una detallada división del trabajo. Así llegarnos a que, en los países civilizados, casi en todas las ramas del trabajo se afianza la producción fabril y, casi en todas estas ramas, la gran industria desplaza a la artesanía y la manufactura. Como resultado de ello, se arruina más y más la antigua clase media, sobre todo los pequeños artesanos, cambia completamente la anterior situación de los trabajadores y surgen dos clases nuevas, que absorben paulatinamente a todas las demás, a saber:

I. La clase de los grandes capitalistas, que son ya en todos los países civilizados casi los únicos poseedores de todos los medios de existencia, como igualmente de las materias primas y de los instrumentos (máquinas, fábricas, etc.) necesarios para la producción de los medios de existencia. Es la clase de los burgueses, o sea, burguesía.

II. La clase de los completamente desposeídos, de los que en virtud de ello se ven forzados a vender su trabajo a los burgueses, al fin de recibir en cambio los medios de subsistencia necesarios para vivir. Esta clase se denomina la clase de los proletarios, o sea, proletariado.

V. ¿En qué condiciones se realiza esta venta del trabajo de los proletarios a los burgueses?

El trabajo es una mercancía como otra cualquiera, y su precio depende, por consiguiente, de las mismas leyes que el de cualquier otra mercancía. Pero, el precio de una mercancía, bajo el dominio de la gran industria o de la libre competencia, que es lo mismo, como lo veremos más adelante, es, por término medio, siempre igual a los gastos de producción de dicha mercancía. Por tanto, el precio del trabajo es también igual al costo de producción del trabajo. Ahora bien, el costo de producción del trabajo consta precisamente de la cantidad de medios de subsistencia indispensables para que el obrero esté en condiciones de mantener su capacidad de trabajo y para que la clase obrera no se extinga. El obrero no percibirá por su trabajo más que lo indispensable para ese fin; el precio del trabajo o el salario será, por consiguiente, el más bajo, constituirá el mínimo de lo indispensable para mantener la vida. Pero, por cuanto en los negocios existen períodos mejores y peores, el obrero percibirá unas veces más, otras menos, exactamente de la misma manera que el fabricante cobra unas veces más, otras menos, por sus mercancías. Y, al igual que el fabricante, que, por término medio, contando los tiempos buenos y los malos, no percibe por sus mercancías ni más ni menos que su costo de producción, el obrero percibirá, por término medio, ni más ni menos que ese mínimo. Esta ley económica del salario se aplicará más rigurosamente en la medida en que la gran industria vaya penetrando en todas las ramas de la producción.

VI. ¿Qué clases trabajadoras existían antes de la revolución industrial?

Las clases trabajadoras han vivido en distintas condiciones, según las diferentes fases de desarrollo de la sociedad, y han ocupado posiciones distintas respecto de las clases poseedoras y dominantes. En la antigüedad, los trabajadores eran *esclavos* de sus amos, como lo son todavía en un gran número de países atrasados e incluso en la parte meridional de los Estados Unidos. En la Edad Media eran *siervos* de los nobles propietarios de tierras, como lo son todavía en Hungría, Polonia y Rusia. Además, en la Edad Media, hasta la revolución industrial, existían en las ciudades oficiales artesanos que trabajaban al servicio de la pequeña burguesía y, poco a poco, en la medida del progreso de la manufactura, comenzaron a aparecer obreros de manufactura que iban a trabajar contratados por grandes capitalistas.

VII. ¿Qué diferencia hay entre el proletario y el esclavo?

El esclavo está vendido de una vez y para siempre, en cambio, el proletario tiene que venderse él mismo cada día y cada hora. Todo esclavo individual, propiedad de *un* señor determinado, tiene ya asegurada su existencia por miserable que sea, por interés de este. En cambio el proletario individual es, valga la expresión, propiedad de toda la *clase* de la burguesía. Su trabajo no se compra más que cuando alguien lo necesita, por cuya razón no tiene la existencia asegurada. Esta existencia está asegurada únicamente a toda la *clase* de los proletarios. El esclavo está fuera de la competencia. El proletario se halla sometido a ella y siente todas sus fluctuaciones. El esclavo es considerado como una cosa, y no miembro de la sociedad civil. El proletario es reconocido como persona, como miembro de la sociedad civil. Por consiguiente, el esclavo puede tener una existencia mejor que el proletario, pero este último pertenece a una etapa superior de desarrollo de la sociedad y se encuentra a un nivel más alto que el esclavo. Este se libera cuando de todas las relaciones de la propiedad privada no suprime más que una, la relación de esclavitud, gracias a lo cual solo entonces se convierte en proletario; en cambio, el proletario solo puede liberarse suprimiendo toda la propiedad privada en general.

VIII. ¿Qué diferencia hay entre el proletario y el siervo?

El siervo posee en propiedad y usufructo un instrumento de producción y una porción de tierra, a cambio de lo cual entrega una parte de su producto o cumple ciertos trabajos. El proletario trabaja con instrumentos de producción pertenecientes a otra persona, por cuenta de esta, a cambio de una parte del producto. El siervo da, al proletario le dan. El siervo tiene la existencia asegurada, el proletario no. El siervo está fuera de la competencia, el proletario se halla sujeto a ella. El siervo se libera ya refugiándose en la ciudad y haciéndose artesano, ya dando a su amo dinero en lugar de trabajo o productos, transformándose en libre arrendatario, ya expulsando a su señor feudal y haciéndose él mismo propietario. Dicho en breves palabras, se libera entrando de una manera u otra en la clase poseedora y en la esfera de la competencia. El proletario se libera suprimiendo la competencia, la propiedad privada y todas las diferencias de clase.

IX. ¿Qué diferencia hay entre el proletario y el artesano?[119]

X. ¿Qué diferencia hay entre el proletario y el obrero de manufactura?

El obrero de manufactura de los siglos XVI-XVIII poseía casi en todas partes instrumentos de producción: su telar, su rueca para la familia y un pequeño terreno que cultivaba en las horas libres. El proletario no tiene nada de eso. El obrero

---

119 PR: Engels deja en blanco el manuscrito para redactar luego la respuesta a la pregunta IX.

de manufactura vive casi siempre en el campo y se halla en relaciones más o menos patriarcales con su señor o su patrono. El proletario suele vivir en grandes ciudades y no lo unen a su patrono más que relaciones de dinero. La gran industria arranca al obrero de manufactura de sus condiciones patriarcales; este pierde la propiedad que todavía poseía y solo entonces se convierte en proletario.

XI. ¿Cuáles fueron las consecuencias directas de la revolución industrial y de la división de la sociedad en burgueses y proletarios?

En primer lugar, en virtud de que el trabajo de las máquinas reducía más y más los precios de los artículos industriales, en casi todos los países del mundo el viejo sistema de la manufactura o de la industria basada en el trabajo manual fue destruido enteramente. Todos los países semibárbaros que todavía quedaban más o menos al margen del desarrollo histórico y cuya industria se basaba todavía en la manufactura, fueron arrancados violentamente de su aislamiento. Comenzaron a comprar mercancías más baratas a los ingleses, dejando que se muriesen de hambre sus propios obreros de manufactura. Así, países que durante milenios no conocieron el menor progreso, como, por ejemplo, la India, pasaron por una completa revolución, e incluso la China marcha ahora de cara a la revolución. Las cosas han llegado a tal punto que una nueva máquina que se invente ahora en Inglaterra podrá, en el espacio de un año, condenar al hambre a millones de obreros de China. De este modo, la gran industria ha ligado los unosa los otros a todos los pueblos de la tierra, ha unido en un solo mercado mundial todos los pequeños mercados locales, ha preparado por doquier el terreno para la civilización y el progreso y ha hecho las cosas de tal manera que todo lo que se realiza en los países civilizados debe necesariamente repercutir en todos los demás, por tanto, si los obreros de Inglaterra o de Francia se liberan ahora, ello debe suscitar revoluciones en todos los demás países, revoluciones que tarde o temprano culminarán también allí en la liberación de los obreros.

En segundo lugar, en todas las partes en que la gran industria ocupó el lugar de la manufactura, la burguesía aumentó extraordinariamente su riqueza y poder y se erigió en primera clase del país. En consecuencia, en todas las partes en las que se produjo ese proceso, la burguesía tomó en sus manos el poder político y desalojó las clases que dominaban antes: la aristocracia, los maestros de gremio y la monarquía absoluta, que representaba a la una y a los otros. La burguesía acabó con el poderío de la aristocracia y de la nobleza, suprimiendo el mayorazgo o la inalienabilidad de la posesión de tierras, como también todos los privilegios de la nobleza. Destruyó el poderío de los maestros de gremio, eliminando todos los gremios y los privilegios gremiales. En el lugar de unos y otros puso la libre competencia, es decir, un estado de la sociedad en la que cada cual tenía derecho a dedicarse a la rama de la industria que le gustase y nadie podía impedírselo a no ser la falta de capital necesario para tal actividad. Por consiguiente, la implantación de la libre competencia es la proclamación pública de que, de ahora en adelante, los miembros de la sociedad no son iguales entre sí únicamente en la medida en que no lo son sus capitales, que el capital se convierte en la fuerza decisiva y que los capitalistas, o sea, los burgueses, se erigen así en la primera clase de la sociedad. Ahora bien, la libre competencia es indispensable en el período inicial del desarrollo de la gran industria, porque es el único régimen social con el que la gran industria puede progresar. Tras de aniquilar de este modo el poderío social de la nobleza y de los maestros de gremio, puso fin también al poder político de la una y los otros. Llegada a ser la primera clase de la sociedad, la burguesía se proclamó también la primera clase en la esfera política. Lo hizo implantando el sistema representativo, basado en la igualdad burguesa ante la ley y en el reconocimiento legislativo de la libre competencia. Este sistema fue instaurado en los países europeos bajo la forma de la monarquía constitucional. En dicha monarquía solo tienen derecho de voto los poseedores de cierto capital, es decir, únicamente los burgueses. Estos electores burgueses eligen a los diputados, y estos diputados burgueses, valiéndose del derecho a negar los impuestos, eligen un gobierno burgués.

En tercer lugar, la revolución industrial ha creado en todas partes el proletariado en la misma medida que la burguesía. Cuanto más ricos se hacían los burgueses, más numerosos eran los proletarios. Visto que solo el capital puede dar ocupación a los proletarios y que el capital solo aumenta cuando emplea trabajo, el crecimiento del proletariado se produce en exacta correspondencia con el del capital. Al propio tiempo, la revolución industrial agrupa a los burgueses y a los proletarios en grandes ciudades, en las que es más ventajoso fomentar la industria, y con esa concentración de grandes masas en *un mismo* lugar le inculca a los proletarios la conciencia de su fuerza. Luego, en la medida del progreso de la revolución industrial, en la medida en que se inventan nuevas máquinas, que eliminan el trabajo manual, la gran industria ejerce una presión creciente sobre los salarios y los reduce, como hemos dicho, al mínimo, haciendo la situación del proletariado cada vez más insoportable. Así, por una parte, como consecuencia del descontento creciente del proletariado y, por la otra, del crecimiento del poderío de este, la revolución industrial prepara la revolución social que ha de realizar el proletariado.

XII. ¿Cuáles han sido las consecuencias siguientes de la revolución industrial?

La gran industria creó, con la máquina de vapor y otras máquinas, los medios de aumentar la producción industrial rápidamente, a bajo costo y hasta el infinito. Merced a esta facilidad de ampliar la producción, la libre competencia, consecuencia necesaria de esta gran industria, adquirió pronto un carácter extraordinariamente violento; un gran número de capitalistas se lanzó a la industria, en breve plazo se produjo más de lo que se podía consumir. Como consecuencia, no se podían vender las mercancías fabricadas y sobrevino la llamada crisis comercial; las fábricas tuvieron que parar, los fabricantes quebraron y los obreros se quedaron sin pan. Y en todas partes se extendió la mayor miseria. Al cabo de cierto tiempo se vendieron los productos sobrantes, las fábricas volvieron a funcionar, los salarios subieron y, poco a poco, los negocios marcharon mejor que nunca. Pero no por mucho tiempo, ya que pronto volvieron a producirse demasiadas mercancías y sobrevino una nueva crisis que transcurrió exactamente de la misma manera que la anterior. Así, desde comienzos del presente siglo, en la situación de la industria se han producido continuamente oscilaciones entre períodos de prosperidad y períodos de crisis, y casi regularmente, cada cinco o siete años se ha producido tal crisis, con la particularidad de que cada vez acarreaba las mayores calamidades para los obreros, una agitación revolucionaria general y un peligro colosal para todo el régimen existente.

XIII. ¿Cuáles son las consecuencias de estas crisis comerciales que se repiten regularmente?

En primer lugar, la de que la gran industria, que en el primer período de su desarrollo creó la libre competencia, la ha rebasado ya; que la competencia y, hablando en términos generales, la producción industrial en manos de unos u otros particulares se ha convertido para ella en una traba a la que debe y ha de romper; que la gran industria, mientras siga sobre la base actual, no puede existir sin conducir cada siete años a un caos general que supone cada vez un peligro para toda la civilización y no solo sume en la miseria a los proletarios, sino que arruina a muchos burgueses; que, por consiguiente, la gran industria debe destruirse ella misma, lo que es absolutamente imposible, o reconocer que hace imprescindible una organización completamente nueva de la sociedad, en la que la producción industrial no será más dirigida por unos u otros fabricantes en competencia entre sí, sino por toda la sociedad con arreglo a un plan determinado y de conformidad con las necesidades de todos los miembros de la sociedad.

En segundo lugar, que la gran industria y la posibilidad, condicionada por esta, de ampliar hasta el infinito la producción permiten crear un régimen social en el que se producirán tantos medios de subsistencia que cada miembro de la sociedad estará en condiciones de desarrollar y emplear libremente todas sus fuerzas y facultades; de modo que, precisamente la peculiaridad de la gran industria que en la sociedad moderna engendra toda la miseria y todas las crisis comerciales será en la otra organización social justamente la que ha de acabar con esa miseria y esas fluctuaciones preñadas de tantas desgracias.

Por tanto, está probado claramente:

1) Que en la actualidad todos estos males se deben únicamente al régimen social, el cual ya no responde más a las condiciones existentes;

2) Que ya existen los medios de supresión definitiva de estas calamidades por vía de la construcción de un nuevo orden social.

XIV. ¿Cómo debe ser ese nuevo orden social?

Ante todo, la administración de la industria y de todas las ramas de la producción en general dejará de pertenecer a unos u otros individuos en competencia. En lugar de esto, las ramas de la producción pasarán a manos de toda la sociedad, es decir, serán administradas en beneficio de toda la sociedad, con arreglo a un plan general y con la participación de todos los miembros de la sociedad. Por tanto, el nuevo orden social suprimirá la competencia y la sustituirá con la asociación. En vista de que la dirección de la industria, al hallarse en manos de particulares, implica necesariamente la existencia de la propiedad privada y por cuanto la competencia no es otra cosa que ese modo de dirigir la industria, en el que la gobiernan propietarios privados, la propiedad privada va unida inseparablemente a la dirección individual de la industria y a la competencia. Así, la propiedad privada debe también ser suprimida y ocuparán su lugar el usufructo colectivo de todos los instrumentos de producción y el reparto de los productos de común acuerdo, lo que se llama la comunidad de bienes. La supresión de la propiedad privada es incluso la expresión más breve y más característica de esta transformación de todo el régimen social, que se ha hecho posible merced al progreso de la industria. Por eso los comunistas la plantean con razón como su principal reivindicación.

XV. ¿Eso quiere decir que la supresión de la propiedad privada no era posible antes?

No, no era posible. Toda transformación del orden social, todo cambio de las relaciones de propiedad es consecuencia necesaria de la aparición de nuevas fuerzas productivas que han dejado de corresponder a las viejas relaciones de propiedad. Así ha surgido la misma propiedad privada. La propiedad privada no ha existido siempre; cuando a finales de la Edad Media surgió el nuevo modo de producción bajo la forma de la manufactura, que no encuadraba en el marco de la propiedad feudal y gremial, esta manufactura, que no correspondía ya a las viejas relaciones de propiedad, dio vida a una nueva forma de propiedad: la propiedad privada. En efecto, para la manufactura y para el primer período de desarrollo de la gran industria no era posible ninguna otra forma de propiedad además de la propiedad privada, no era posible ningún orden social además del basado en esta propiedad. Mientras no se pueda conseguir una cantidad de productos que no solo baste para todos, sino que se quede cierto excedente para aumentar el capital social y seguir fomentando las fuerzas productivas, deben existir necesariamente una clase dominante que disponga de las fuerzas productivas de la sociedad y una clase pobre y oprimida. La constitución y el carácter de estas clases dependen del grado de desarrollo de la producción. La sociedad de la Edad Media, que tiene por base el cultivo de la tierra, nos da el señor feudal y el siervo; las ciudades de las postrimerías de la Edad Media nos dan el maestro artesano, el oficial y el jornalero; en el siglo XVII, el propietario de manufactura y el obrero de esta; en el siglo XIX, el gran fabricante y el proletario. Es claro que, hasta el presente, las fuerzas productivas no se han desarrollado aún al punto de proporcionar una cantidad de bienes suficiente para todos y para que la propiedad privada sea ya una traba, un obstáculo para su progreso. Pero hoy, cuando, merced al desarrollo de la gran industria, *en primer lugar*, se han constituido capitales y fuerzas productivas en proporciones sin precedentes y existen medios para aumentar en breve plazo hasta el infinito estas fuerzas productivas; cuando, *en segundo lugar*, estas fuerzas productivas se concentran en manos de un reducido número de burgueses, mientras la gran masa del pueblo se va convirtiendo cada vez más en proletarios, con la particularidad de que su situación se hace más precaria e insoportable en la medida en que aumenta la riqueza de los burgueses; cuando, *en tercer lugar*, estas poderosas fuerzas productivas, que se multiplican con tanta facilidad hasta rebasar el marco de la propiedad privada y del burgués, provocan continuamente las mayores conmociones del orden social, solo ahora la supresión de la propiedad privada se ha hecho posible e incluso absolutamente necesaria.

XVI. ¿Será posible suprimir por vía pacífica la propiedad privada?

Sería de desear que fuese así, y los comunistas, como es lógico, serían los últimos en oponerse a ello. Los comunistas saben muy bien que todas las conspiraciones, además de inútiles, son incluso perjudiciales. Están perfectamente al corriente de que no se pueden hacer las revoluciones premeditada y arbitrariamente y que estas han sido siempre y en todas partes una consecuencia necesaria de circunstancias que no dependían en absoluto de la voluntad y la dirección de unos u otros partidos o clases enteras. Pero, al propio tiempo, ven que se viene aplastando por la violencia el desarrollo del proletariado en casi todos los países civilizados y que, con ello, los enemigos mismos de los comunistas trabajan con todas sus energías para la revolución. Si todo ello termina, en fin de cuentas, empujando al proletariado subyugado a la revolución, nosotros, los comunistas, defenderemos con hechos, no menos que como ahora lo hacemos de palabra, la causa del proletariado.

XVII. ¿Será posible suprimir de golpe la propiedad privada?

No, no será posible, del mismo modo que no se puede aumentar *de golpe* las fuerzas productivas existentes en la medida necesaria para crear una economía colectiva. Por eso, la revolución del proletariado, que se avecina según todos los indicios, solo podrá transformar paulatinamente la sociedad actual, y acabará con la propiedad privada únicamente cuando haya creado la necesaria cantidad de medios de producción.

XVIII. ¿Qué vía de desarrollo tomará esa revolución?

Establecerá, ante todo, un *régimen democrático* y, por tanto, directa o indirectamente, la dominación política del proletariado. Directamente en Inglaterra, donde los proletarios constituyen ya la mayoría del pueblo. Indirectamente en Francia y en Alemania, donde la mayoría del pueblo no consta únicamente de proletarios, sino, además, de pequeños campesinos y pequeños burgueses de la ciudad, que se encuentran solo en la fase de transformación en proletariado y que, en lo tocante a la satisfacción de sus intereses políticos, dependen cada vez más del proletariado, por cuya razón han de adherirse pronto a las reivindicaciones de este. Para ello, quizá, se necesite una nueva lucha que, sin embargo, no puede tener otro desenlace que la victoria del proletariado.

La democracia sería absolutamente inútil para el proletariado si no la utilizara inmediatamente como medio para llevar a cabo amplias medidas que atentasen directamente contra la propiedad privada y asegurasen la existencia del proletariado. Las medidas más importantes, que dimanan necesariamente de las condiciones actuales, son:

1) Restricción de la propiedad privada mediante el impuesto progresivo, el alto impuesto sobre las herencias, la abolición del derecho de herencia en las líneas laterales (hermanos, sobrinos, etc.), préstamos forzosos, etc.

2) Expropiación gradual de los propietarios agrarios, fabricantes, propietarios de ferrocarriles y buques, parcialmente con ayuda de la competencia por parte de la industria estatal y, parcialmente de modo directo, con indemnización en asignados.

3) Confiscación de los bienes de todos los emigrados y de los rebeldes contra la mayoría del pueblo.

4) Organización del trabajo y ocupación de los proletarios en fincas, fábricas y talleres nacionales, con lo cual se eliminará la competencia entre los obreros, y los fabricantes que queden, tendrán que pagar salarios tan altos como el Estado.

5) Igual deber obligatorio de trabajo para todos los miembros de la sociedad hasta la supresión completa de la propiedad privada. Formación de ejércitos industriales, sobre todo para la agricultura.

6) Centralización de los créditos y la banca en las manos del Estado a través del Banco Nacional, con capital del Estado. Cierre dé todos los bancos privados.

7) Aumento del número de fábricas, talleres, ferrocarriles y buques nacionales, cultivo de todas las tierras que están sin labrar y mejoramiento del cultivo de las demás tierras en consonancia con el aumento de los capitales y del número de obreros de que dispone la nación.

8) Educación de todos los niños en establecimientos estatales y a cargo del Estado, desde el momento en que puedan prescindir

del cuidado de la madre. Conjugar la educación con el trabajo fabril.

9) Construcción de grandes palacios en las fincas del Estado para que sirvan de vivienda a las comunas de ciudadanos que trabajen en la industria y la agricultura y unan las ventajas de la vida en la ciudad y en el campo, evitando así el carácter unilateral y los defectos de la una y la otra.

10) Destrucción de todas las casas y barrios insalubres y mal construidos.

11) Igualdad de derecho de herencia para los hijos legítimos y los naturales.

12) Concentración de todos los medios de transporte en manos de la nación.

Por supuesto, todas estas medidas no podrán ser llevadas a la práctica de golpe. Pero cada una entraña necesariamente la siguiente. Una vez emprendido el primer ataque radical contra la propiedad privada, el proletariado se verá obligado a seguir siempre adelante y a concentrar más y más en las manos del Estado todo el capital, toda la agricultura, toda la industria, todo el transporte y todo el cambio. Este es el objetivo a que conducen las medidas mencionadas. Ellas serán aplicables y surtirán su efecto centralizador exactamente en el mismo grado en que el trabajo del proletariado multiplique las fuerzas productivas del país. Finalmente, cuando todo el capital, toda la producción y todo el cambio estén concentrados en las manos de la nación, la propiedad privada dejará de existir de por sí, el dinero se hará superfluo, la producción aumentará y los hombres cambiarán tanto que se podrán suprimir también las últimas formas de relaciones de la vieja sociedad.

XIX. ¿Es posible esta revolución en un solo país?

No. La gran industria, al crear el mercado mundial, ha unido ya tan estrechamente todos los pueblos del globo terrestre, sobre todo los pueblos civilizados, que cada uno depende de lo que ocurre en la tierra del otro. Además, ha nivelado en todos los países civilizados el desarrollo sociala tal punto que en todos estos países la burguesía y el proletariado se han erigido en las dos clases decisivas de la sociedad, y la lucha entre ellas se ha convertido en la principal lucha de nuestros días. Por consecuencia, la revolución comunista no será una revolución puramente nacional, sino que se producirá simultáneamente en todos los países civilizados, es decir, al menos en Inglaterra, en América, en Francia y en Alemania[120]. Ella se desarrollará en cada uno de estos países más rápidamente o más lentamente, dependiendo del grado en que esté en cada uno de ellos más desarrollada la industria, en que se hayan acumulado más riquezas y se disponga de mayores fuerzas productivas. Por eso será más lenta y difícil en Alemania y más rápida y fácil en Inglaterra. Ejercerá igualmente una influencia considerable en los demás países del mundo, modificará de raíz y acelerará extraordinariamente su anterior marcha del desarrollo. Es una revolución universal y tendrá, por eso, un ámbito universal.

XX. ¿Cuáles serán las consecuencias de la supresión definitiva de la propiedad privada?

Al quitar a los capitalistas privados el usufructo de todas las fuerzas productivas y medios de comunicación, así como

---

120 PR: Esta deducción sobre la posibilidad de la victoria de la revolución proletaria solo en el caso de que se hiciera simultáneamente en los países capitalistas adelantados y, por consiguiente, de la imposibilidad del triunfo de la revolución en un solo país, y que obtuvo la forma más acabada en el trabajo de Engels *Principios del comunismo* (1847) era acertada para el período del capitalismo premonopolista. En las nuevas condiciones históricas, en el período del capitalismo monopolista, Lenin, partiendo de la ley, que él descubrió, del desarrollo económico y político desigual del capitalismo en la época del imperialismo, llegó a la nueva conclusión de que era posible la victoria de la revolución socialista primero en varios países o incluso en uno solo, tomado por separado, y de que era imposible la victoria simultánea de la revolución en todos los países o en la mayoría de ellos. La fórmula de esta nueva deducción se dio por vez primera en el artículo de Lenin *La consigna de los Estados Unidos de Europa* (1915).

el cambio y el reparto de los productos, al administrar todo eso con arreglo a un plan basado en los recursos disponibles y las necesidades de toda la sociedad, esta suprimirá, primeramente, todas las consecuencias nefastas ligadas al actual sistema de dirección de la gran industria. Las crisis desaparecerán; la producción ampliada, que es, en la sociedad actual, una superproducción y una causa tan poderosa de la miseria, será entonces muy insuficiente y deberá adquirir proporciones mucho mayores. En lugar de engendrar la miseria, la producción superior a las necesidades perentorias de la sociedad permitirá satisfacer las demandas de todos los miembros de esta, engendrará nuevas demandas y creará, a la vez, los medios de satisfacerlas. Será la condición y la causa de un mayor progreso y lo llevará a cabo, sin suscitar, como antes, el trastorno periódico de todo el orden social. La gran industria, liberada de las trabas de la propiedad privada, se desarrollará en tales proporciones que, comparado con ellas, su estado actual parecerá tan mezquino como la manufactura al lado de la gran industria moderna. Este avance de la industria brindará a la sociedad suficiente cantidad de productos para satisfacer las necesidades de todos. Del mismo modo, la agricultura, en la que, debido al yugo de la propiedad privada y al fraccionamiento de las parcelas, resulta difícil el empleo de los perfeccionamientos ya existentes y de los adelantos de la ciencia, experimentará un nuevo auge y ofrecerá a disposición de la sociedad una cantidad suficiente de productos. Así, la sociedad producirá lo bastante para organizar la distribución con vistas a cubrir las necesidades de todos sus miembros. Con ello quedará superflua la división de la sociedad en clases distintas y antagónicas. Dicha división, además de superflua, será incluso incompatible con el nuevo régimen social. La existencia de clases se debe a la división del trabajo, y esta última, bajo su forma actual, desaparecerá enteramente, ya que, para elevar la producción industrial y agrícola al mencionado nivel no bastan solo los medios auxiliares mecánicos y químicos. Es preciso desarrollar correlativamente las aptitudes de los hombres que emplean estos medios. Al igual que en el siglo pasado, cuando los campesinos y los obreros de las manufacturas, tras de ser incorporados a la gran industria, modificaron todo su régimen de vida y se volvieron completamente otros, la dirección colectiva de la producción por toda la sociedad y el nuevo progreso de dicha producción que resultará de ello necesitarán hombres nuevos y los formarán. La gestión colectiva de la producción no puede correr a cargo de los hombres tales como lo son hoy, hombres que dependen cada cual de una rama determinada de la producción, están aferrados a ella, son explotados por ella, desarrollan nada más que un aspecto de sus aptitudes a cuenta de todos los otros y solo conocen *una* rama o parte de alguna rama de toda la producción. La industria de nuestros días está ya cada vez menos en condiciones de emplear tales hombres. La industria que funciona de modo planificado merced al esfuerzo común de toda la sociedad presupone con más motivo hombres con aptitudes desarrolladas universalmente, hombres capaces de orientarse en todo el sistema de la producción. Por consiguiente, desaparecerá del todo la división del trabajo, minada ya en la actualidad por la máquina, la división que hace que uno sea campesino, otro, zapatero, un tercero, obrero fabril, y un cuarto, especulador de la bolsa. La educación dará a los jóvenes la posibilidad de asimilar rápidamente en la práctica todo el sistema de producción y les permitirá pasar sucesivamente de una rama de la producción a otra, según sean las necesidades de la sociedad o sus propias inclinaciones. Por consiguiente, la educación los liberará de ese carácter unilateral que la división actual del trabajo impone a cada individuo. Así, la sociedad organizada sobre bases comunistas dará a sus miembros la posibilidad de emplear en todos los aspectos sus facultades desarrolladas universalmente. Pero, con ello desapareción inevitablemente las diversas clases. Por tanto, de una parte, la sociedad organizada sobre bases comunistas es incompatible con la existencia de ciases y, de la otra, la propia construcción de esa sociedad brinda los medios para suprimir las diferencias de clase.

De ahí se desprende que ha de desaparecer igualmente la oposición entre la ciudad y el campo. Unos mismos hombres se dedicarán al trabajo agrícola y al industrial, en lugar de dejar que lo hagan dos clases diferentes. Esto es una condición necesaria de la asociación comunista y por razones muy materiales. La dispersión de la población rural dedicada a la agricultura, a la par con la concentración de la población industrial en las grandes ciudades, corresponde solo a una etapa todavía inferior de desarrollo de la agricultura y la industria y es un obstáculo para el progreso, cosa que se hace ya sentir con mucha fuerza.

La asociación general de todos los miembros de la sociedad al objeto de utilizar colectiva y racionalmente las fuerzas productivas; el fomento de la producción en proporciones suficientes para cubrir las necesidades de todos; la liquidación del estado de cosas en el que las necesidades de unos se satisfacen a costa de otros; la supresión completa de las clases y del antagonismo entre ellas; el desarrollo universal de las facultades de todos los miembros de la sociedad merced a la eliminación de la anterior división del trabajo, mediante la educación industrial, merced al cambio de actividad, a la participación de todos en el usufructo de los bienes creados por todos y, finalmente, mediante la fusión de la ciudad con el campo serán los principales resultados de la supresión de la propiedad privada.

XXI. ¿Qué influencia ejercerá el régimen social comunista en la familia?

Las relaciones entre los sexos tendrán un carácter puramente privado, perteneciente solo a las personas que toman parte en ellas, sin el menor motivo para la injerencia de la sociedad. Eso es posible merced a la supresión de la propiedad privada y a la educación de los niños por la sociedad, con lo cual se destruyen las dos bases del matrimonio actual ligadas a la propiedad privada: la dependencia de la mujer respecto del hombre y la dependencia de los hijos respecto de los padres. En ello reside, precisamente, la respuesta a los alaridos altamente moralistas de los burguesotes con motivo de la comunidad de las mujeres, que, según éstos, quieren implantar los comunistas. La comunidad de las mujeres es un fenómeno que pertenece enteramente a la sociedad burguesa y existe hoy plenamente bajo la forma de prostitución. Pero, la prostitución descansa en la propiedad privada y desaparecerá junto con ella. Por consiguiente, la organización comunista, en lugar de implantar la comunidad de las mujeres, la suprimirá.

XXII. ¿Cuál será la actitud de la organización comunista hacia las nacionalidades existentes?

– Se queda[121].

XXIII. ¿Cuál será su actitud hacia las religiones existentes?

– Se queda.

XXIV. ¿Cuál es la diferencia entre los comunistas y los socialistas?

Los llamados socialistas se dividen en tres categorías.

La primera consta de partidarios de la sociedad feudal y patriarcal, que ha sido destruida y sigue siéndolo a diario por la gran industria, el comercio mundial y la sociedad burguesa creada por ambos. Esta categoría saca de los males de la

---

121 PR: En el manuscrito, en lugar de respuesta a la pregunta 22, así como a la siguiente, la 23, figura el término «se queda». Por lo visto, Engels estimó que la respuesta debía «quedarse» en la forma en la que ya estaba expuesta en uno de los proyectos previos, que no nos han llegado, del programa de la Liga de los Comunistas.

sociedad moderna la conclusión de que hay que restablecer la sociedad feudal y patriarcal, ya que estaba libre de estos males. Todas sus propuestas persiguen, directa o indirectamente, este objetivo. Los comunistas lucharán siempre enérgicamente contra esa categoría de socialistas *reaccionarios*, pese a su fingida compasión de la miseria del proletariado y las amargas lágrimas que vierten con tal motivo, puesto que estos socialistas:

1) se proponen un objetivo absolutamente imposible;

2) se esfuerzan por restablecer la dominación de la aristocracia, los maestros de gremio y los propietarios de manufacturas, con su séquito de monarcas absolutos o feudales, funcionarios, soldados y curas, una sociedad que, cierto, estaría libre de los vicios de la sociedad actual, pero, en cambio, acarrearía, cuando menos, otros tantos males y, además, no ofrecería la menor perspectiva de liberación, con ayuda de la organización comunista, de los obreros oprimidos;

3) muestran sus verdaderos sentimientos cada vez que el proletariado se hace revolucionario y comunista: se alían inmediatamente a la burguesía contra los proletarios.

La segunda categoría consta de partidarios de la sociedad actual, a los que los males necesariamente provocados por esta inspiran temores en cuanto a la existencia de la misma. Ellos quieren, por consiguiente, conservar la sociedad actual, pero suprimir los males ligados a ella. A tal objeto, unos proponen medidas de simple beneficencia; otros, grandiosos planes de reformas que, so pretexto de reorganización de la sociedad, se plantean el mantenimiento de las bases de la sociedad actual y, con ello, la propia sociedad actual. Los comunistas deberán igualmente combatir con energía contra estos *socialistas burgueses*, puesto que éstos trabajan para los enemigos de los comunistas y defienden la sociedad que los comunistas quieren destruir.

Finalmente, la tercera categoría consta de socialistas democráticos. Al seguir el mismo camino que los comunistas, se proponen llevar a cabo una parte de las medidas señaladas en la pregunta...[122], pero no como medidas de transición al comunismo, sino como un medio suficiente para acabar con la miseria y los males de la sociedad actual. Estos *socialistas democráticos* son proletarios que no ven todavía con bastante claridad las condiciones de su liberación, o representantes de la pequeña burguesía, es decir, de la clase que, hasta la conquista de la democracia y la aplicación de las medidas socialistas dimanantes de esta, tiene en muchos aspectos los mismos intereses que los proletarios. Por eso, los comunistas se entenderán con esos socialistas democráticos en los momentos de acción y deben, en general, atenerse en esas ocasiones y en lo posible a una política común con ellos, siempre que estos socialistas no se pongan al servicio de la burguesía dominante y no ataquen a los comunistas. Por supuesto, estas acciones comunes no excluyen la discusión de las divergencias que existen entre ellos y los comunistas.

XXV. ¿Cuál es la actitud de los comunistas hacia los demás partidos políticos de nuestra época?

Esta actitud es distinta en los diferentes países. En Inglaterra, Francia y Bélgica, en las que domina la burguesía, los comunistas todavía tienen intereses comunes con diversos partidos democráticos, con la particularidad de que esta comunidad de intereses es tanto mayor cuanto más los demócratas se acercan a los objetivos de los comunistas en las medidas socialistas que los demócratas defienden ahora en todas partes, es decir, cuanto más clara y explícitamente defienden los intereses del proletariado y cuanto más se apoyan en el proletariado. En *Inglaterra*, por ejemplo, los cartistas[123],

---

122 PR: Se trata de la pregunta XVIII, pese a que Engels no completó esta oración.

123 PR: Recibieron la denominación de *cartistas* los participantes en el movimiento obrero de Gran Bretaña entre los años 30 y mediados de los 50 del siglo XIX debido a la grave situación económica y la falta de derechos políticos.

que constan de obreros, se aproximan inconmensurablemente más a los comunistas que los pequeñoburgueses democráticos o los llamados radicales.

Escrito por F. Engels a finales de octubre y en noviembre de 1847. Publicado por vez primera como edición aparte en 1914.

Se publica de acuerdo con el tomo I de las *Obras Escogidas* de K. Marx y F. Engels, editoriales Revolución y Tinta Roja, pp. 79-93. Traducido del alemán.

Este movimiento transcurrió bajo la consigna de lucha por la aprobación de la Carta del Pueblo que contenía las reivindicaciones de sufragio universal y varias condiciones que garantizaban este derecho a los obreros. Según definición de Lenin, el cartismo era «el primer movimiento proletario y revolucionario amplio, verdaderamente de masas y políticamente formado».

Los movimientos revolucionarios de 1847[124]

Friedrich Engels

En *Norteamérica*, donde ha sido proclamada la Constitución democrática, los comunistas deberán apoyar al partido que quiere encaminar esta Constitución contra la burguesía y utilizarla en beneficio del proletariado, es decir, al partido de la reforma agraria nacional.

En *Suiza*, los radicales, aunque constituyen todavía un partido de composición muy heterogénea, son, no obstante, los únicos con los que los comunistas pueden concertar acuerdos, y entre estos radicales los más progresistas son los de Vand y los de Ginebra.

Finalmente, en Alemania está todavía por delante la lucha decisiva entre la burguesía y la monarquía absoluta. Pero, como los comunistas no pueden contar con una lucha decisiva con la burguesía antes de que esta llegue al poder, les conviene a los comunistas ayudarle a que conquiste lo más pronto posible la dominación, a fin de derrocarla, a su vez, lo más pronto posible. Por tanto, en la lucha de la burguesía liberal contra los gobiernos, los comunistas deben estar siempre del lado de la primera, precaviéndose, no obstante, contra el autoengaño en que incurre la burguesía y sin fiarse en las aseveraciones seductoras de esta

---

124 Este artículo de Engels fue publicado el 23 de enero de 1848 en la *Gaceta Alemana de Bruselas*, pocos días antes de estallar en París la revolución de febrero, habiendo sido reimpreso por la *Neue Zeit* en 1911.

acerca de las benéficas consecuencias que, según ella, traerá al proletariado la victoria de la burguesía. Las únicas ventajas que la victoria de la burguesía brindará a los comunistas serán: 1) diversas concesiones que aliviarán a los comunistas la defensa, la discusión y la propagación de sus principios y, por tanto, aliviarán la cohesión del proletariado en una clase organizada, estrechamente unida y dispuesta a la lucha, y 2) la seguridad de que el día en que caigan los gobiernos absolutistas, llegará la hora de la lucha entre los burgueses y los proletarios. A partir de ese día, la política del partido de los comunistas será aquí la misma que en los países donde domina ya la burguesía.

El año 1847 fue el más turbulento que desde hace mucho tiempo hemos conocido. A Prusia le han sido otorgadas una Constitución y una Dieta Unida; en Italia se muestra un despertar rápido e insospechado de la conciencia política del pueblo, acompañado de extensos alzamientos en armas contra Austria; en Suiza estalla la guerra civil; en la Gran Bretaña triunfa en las elecciones un Parlamento decididamente radical; Francia vive sensacionales acontecimientos y celebra banquetes de homenaje a las reformas. Los Estados Unidos de América celebran su reciente triunfo sobre México. He ahí toda una sucesión de cambios y de movimientos que hacía mucho tiempo que no se experimentaban.

El último viraje de la historia había sido el año 1830. La revolución de julio en Francia y la aprobación de la ley de reformas habían sellado el triunfo de la burguesía, que, en lo concerniente a Inglaterra, era el triunfo de la burguesía industrial, de los fabricantes, sobre la burguesía no industrial, sobre la aristocracia de la tierra. Pronto Bélgica, y hasta cierto punto la propia Suiza, siguieron sus huellas, y la burguesía volvió a registrar un triunfo en estos países. Vinieron luego los

---

125 Este artículo de Engels fue publicado el 23 de enero de 1848 en la *Gaceta Alemana de Bruselas*, pocos días antes de estallar en París la revolución de febrero, habiendo sido reimpreso por la *Neue Zeit* en 1911.

alzamientos de Polonia. Italia gemía bajo el talón de Metternich. Alemania acopiaba fuerzas. Todos los países se estaban preparando para una gran batalla.

Luego sobrevino un retroceso. La revolución polaca fue sofocada, los insurrectos de la Romagna reducidos a la impotencia, el resurgir de Alemania ahogado. La burguesía francesa se adueñó de los republicanos de la propia Francia y traicionó a los liberales de otros países, a quienes había empujado a la acción. En Inglaterra, el Ministerio liberal solo podía dejar pasar el tiempo. Hacia el año 1840, la reacción estaba entronizada en toda Europa. Políticamente hablando, Polonia, Italia y Alemania no existían: el órgano político de Berlín, el *Wochenblatt*, yacía destronado; la Constitución demasiado sabia de herr Dahlmann fue derribada en Hannover; los acuerdos de la Conferencia de Viena (1834) se mantenían en pleno vigor. En Suiza habían triunfado los conservadores y los jesuitas. En Bélgica mandaban los católicos. Guizot tenía en sus manos a Francia. Frente al poder arrollador de Peel, el régimen liberal inglés estaba en las últimas y era en vano que los cartistas se esforzasen por reorganizar sus huestes después de la derrota de 1839. Por todas partes triunfaba la reacción; por todas partes se venían a tierra y desaparecían los partidos del progreso. El resultado total de las grandes batallas reñidas en 1830 había sido levantar una barrera contra la que se estrellaban los avances del movimiento histórico.

Y así como el año 1830 había marcado el máximo nivel de la riada revolucionaria de la burguesía, el año 1840 marca el apogeo de la reacción. A partir de ese año puede advertirse ya un espíritu de rebeldía contra el estado de cosas existente. Aunque repelido más de una vez, a la larga, el movimiento iba ganando terreno. En Inglaterra, los cartistas se reorganizaron y adquirieron más fuerza que nunca, obligando a Peel, no una vez, sino varias, a traicionar a su partido e infligiendo a este un grave golpe con la abolición de las leyes anticerealistas. Por último, Peel no tuvo más remedio que resignar sus poderes. Los radicales ganaron terreno en Suiza. En Alemania, y especialmente en Prusia, los liberales presionaban, cada vez más enérgicamente, con sus reivindicaciones. Los liberales salieron triunfantes en las elecciones belgas de 1847. En este panorama, Francia era una excepción, pues el Ministerio reaccionario francés se aseguró una mayoría victoriosa en las elecciones de 1846; Italia no daba señales de vida ante aquel magnífico resurgir, hasta que Pío IX subió al solio pontificio y concedió, en 1846, unas cuantas reformas dudosas.

Tal era la situación al comenzar el año 1847, fecha en que los partidos progresivos pudieron registrar en la palestra política toda una serie de triunfos. Y aun allí donde hubieron de sufrir derrotas, estas eran, probablemente, en aquellas circunstancias, más ventajosas de lo que un triunfo inmediato hubiera sido.

Nada decisivo se llevó a término durante el año 1847, pero durante estos doce meses los partidos se enfrentaron en todas partes, clara y reciamente, deslindados los unos de los otros; no se había resuelto ningún problema, pero todos quedaban planteados en términos que hacían posible su solución.

De todos los cambios y acontecimientos ocurridos durante el año 1847, los más importantes fueron los de Prusia, Italia y Suiza.

Federico Guillermo IV se había visto, por último, obligado a otorgar una Constitución a los prusianos. Aquel estéril Don Quijote de Sans-Souci, después de muchos trabajos y muchas quejas, veíase libre de una forma de gobierno que pretendía sancionar por toda una eternidad el triunfo de la reacción feudalista, patriarcal, absolutista, burocrática y clerical. Pero no había sabido calcular bien. La burguesía era ya, por entonces, lo bastante fuerte para aprovecharse de la nueva Constitución y esgrimirla como un arma contra el rey y contra todas las clases reaccionarias de la sociedad. En Prusia, como en otros países, la burguesía se embarcó en la política de negar al Gobierno subsidios. El rey estaba desesperado. En los primeros días de ejecución de esta política, puede decirse, sin exageración, que Prusia carecía de rey. El país vivía entre las mallas de la revolución, sin que nadie se diese cuenta de este hecho. Por un golpe de fortuna vinieron de Rusia quince millones, y Federico Guillermo volvió a ser rey. La burguesía empezó a alarmarse y las nubes de la tormenta revolucionaria se desvanecieron. Por el momento, la burguesía prusiana salía derrotada. Pero había dado un gran paso al frente, había creado un foro desde el que podía ser oída, había dado a conocer al rey su creciente poder y había colocado al país en un estado de gran efervescencia. La cuestión que está a la orden del día en Prusia es esta: ¿quién ha de gobernar? ¿Una alianza de aristócratas, burócratas y sacerdotes, con el rey a la cabeza, o la burguesía? No tiene más remedio que recaer una decisión en cualquiera de los dos sentidos. En la Dieta Unida hubiera sido posible llegar a una transacción entre las dos partes. Hoy, esta transacción es ya imposible. En adelante será una lucha a vida o muerte la que se riña entre los dos adversarios. Para complicar todavía más la cosa, las comisiones (esta desdichada invención de los fabricantes de la Constitución de Berlín) están ahora reunidas. Estos manejos complicarán hasta tal punto la situación legal, ya de suyo harto complicada, que nadie en lo sucesivo será capaz de encontrar una salida al atolladero. Lo enredarán todo, formando un nudo gordiano que solo la espada podrá cortar. Lo dejarán todo preparado para que la revolución burguesa estalle en Prusia.

Podemos, pues, esperar con la mayor calma el advenimiento de esta revolución prusiana. La Dieta Unida habrá de ser convocada en 1848, quiéralo el rey o no. Hasta que ese día amanezca ofreceremos a S.M. un armisticio, pero ni un minuto más. Ese día, su cetro y su corona «inmaculada»[126] tendrán que dejar paso a la burguesía cristiana y judía de su reino.

---

126 WR: Al abrir las sesiones de la Dieta Unida, Federico Guillermo IV había dicho en su Mensaje de la Corona: «Como heredero de una corona inmaculada, que debo y quiero preservar inmaculada para quienes hayan de ceñirla después que yo [...]».

Pese a su repliegue temporal, la burguesía prusiana hizo durante el año 1847 grandes progresos en la esfera de la política. Los burgueses, grandes y pequeños, de los otros estados prusianos advirtieron estos progresos realizados en Prusia, hacia los que mostraban su más cálida simpatía, conscientes de que el triunfo de sus hermanos de Prusia aceleraría el suyo propio.

En cuanto a Italia, nos encontramos con un espectáculo sorprendente. ¡En Italia vemos al hombre a quien se reconoce como lo más reaccionario de toda Europa, a quien se tiene por el representante petrificado de la Edad Media, al Papa, en una palabra, poniéndose a la cabeza de un movimiento nacional! El movimiento subió al Poder de la noche a la mañana, arrojando de la Toscana al archiduque austriaco y con él al traidor Carlo Alberto de Cerdeña, derribando el trono de Nápoles y extendiéndose en poderosas oleadas por todo el país a través de la Lombardía hasta las faldas de los Alpes estirios y tiroleses.

Al presente, el movimiento italiano se asemeja al que se adueñó de Prusia durante los años 1807 a 1812. Como en la Prusia de aquellos días, el pleito gira en torno a dos aspiraciones: la independencia frente al opresor extranjero y una serie de reformas en el interior. Por el momento, no se plantea el problema de una constitución; los italianos limitan sus reivindicaciones a reformas de carácter administrativo y quieren evitar todo conflicto serio con el Gobierno, para mostrar un frente lo más unido posible al invasor. ¿De qué género son las reformas reclamadas? ¿En beneficio de quién redundarán? Redundarán, ante todo, en beneficio de la burguesía. Se trata de dar facilidades a la prensa, de organizar la burocracia del modo que mejor sirva a los intereses de la burguesía (véanse las reformas de Cerdeña, la consulta romana y la reorganización de los ministerios), de asegurar a la burguesía poderes amplios en cuanto a la administración municipal, de restringir los privilegios arbitrarios de la nobleza y la burocracia, de armar a la burguesía, formando con ella una especie de milicias civiles.

Hasta aquí, todas las reformas implantadas han favorecido los intereses burgueses. Y no podía, en verdad, ser de otro modo. No tenemos más que comparar estas reformas actuales de Italia con las implantadas en Prusia, durante la era napoleónica, para convencernos de ello. Son las mismas reformas, solo que un poco más avanzadas, ya que subordinan la administración a los intereses de la burguesía, abaten los poderes arbitrarios de la nobleza y la burocracia, crean un sistema de autonomía municipal, organizan las milicias y suprimen las prestaciones. Como entonces en Prusia, la burguesía italiana de hoy es la clase de la que depende la emancipación del yugo extranjero. La burguesía ha conquistado su posición gracias al incremento de su riqueza como clase y gracias sobre todo al papel importantísimo que la industria y el comercio desempeñan en la vida colectiva del pueblo italiano.

En Italia vemos que al presente el movimiento ostenta un carácter perfectamente burgués. Todas las clases, llenas actualmente de un celo reformador, desde la aristocracia y la nobleza hasta los músicos callejeros y los mendigos, no son por el momento más que clases burguesas, y ni el propio Papa es más que el primer burgués de la nación. Pero el día en que el yugo austriaco haya sido definitivamente sacudido, todas estas clases sufrirán una gran desilusión. Limpio el país de enemigos extranjeros y arrollado el invasor por la burguesía, comenzará la separación de los corderos y los lobos, y entonces la aristocracia y la nobleza volverán los ojos a Austria pidiendo ayuda. Pero será demasiado tarde. Los obreros de Milán, de Florencia y de Nápoles llevarán a término la obra que ahora no hace más que iniciarse.

Fijémonos, por último, en Suiza. Por primera vez en el curso de su historia este país desempeña un papel claro en el sistema de los Estados europeos; por primera vez se aventura a tomar una actitud decisiva y a entrar en la palestra como una república federal y no como una aglomeración de veintidós cantones antagónicos, que es lo que hasta aquí era. En una palabra, Suiza es hoy un Estado centralizado. Y esta centralización, que tiene ya una existencia práctica concreta, será indudablemente sancionada por la reforma de la Constitución federal, sujeta actualmente a revisión.

¿Quién, preguntamos nosotros, saldrá ganando de la guerra cuando esta estalle, de la reforma federal, de la reorganización de los cantones separatistas?[127] La burguesía y los campesinos, indudablemente: el partido triunfante, el partido de los liberales y los radicales que había subido al poder, desde 1830 a 1834, en diversos cantones. El patriciado, antes árbitro de los destinos en las que fueran villas imperiales, se vio completamente desplazado durante la revolución de julio. En Berna y en Ginebra, los patricios se instauraron nuevamente por sí mismos, pero fueron arrojados una vez más de sus reductos por la revolución de 1846. En las ciudades (como, por ejemplo, en la de Basilea) donde el patriciado seguía disfrutando tranquilamente del Poder, el año 1846 vino a sacudir la dominación patricia hasta en sus cimientos.

La aristocracia feudal no ha llegado a desarrollarse considerablemente en su lucha; allí donde logro echar raíces, su principal fuerza estaba en la alianza con los pastores de las montañas. Estos montañeses eran el último enemigo que le quedaba por conquistar a la burguesía, y demostraron ser el más obstinado y rabioso de todos. Eran la sangre y el tuétano de los elementos reaccionarios albergados en los cantones liberales. Ayudados por los jesuitas y los pietistas (sirva de ejemplo el movimiento del cantón de Vaud), tendieron sobre toda Suiza una red de conspiraciones reaccionarias, frustrando todos los planes sometidos a la Asamblea federal por la burguesía e impidiendo la derrota definitiva del patriciado en las antiguas ciudades imperiales. Hasta 1846

---

127 WR: Los cantones que formaban la Sonderbund.

no consiguió la burguesía suiza reducir a la impotencia a su último enemigo.

Apenas había un solo cantón en que la burguesía suiza no gozase de la más completa libertad en relación al comercio y la industria. Allí donde existían todavía gremios, apenas entorpecían el desarrollo burgués. Los impuestos de las ciudades habían sido prácticamente abolidos. Dondequiera que la burguesía se desarrollaba, formando una clase específica, tomaba posesión del poder; pero aunque en ciertos cantones había hecho grandes progresos y encontrado firme apoyo le faltaba todavía la columna fundamental del poder: la centralización. Donde quiera que el feudalismo, el patriarcalismo, había florecido en el suelo de provincias separadas y ciudades independientes, la burguesía necesitaba para su desarrollo un campo de operaciones lo más ancho posible: necesitaba, en vez de veintidós cantones, una Suiza una e indivisa. La soberanía cantonal, acomodada a las condiciones de la vieja Suiza, se interponía ante la marcha de la burguesía. Esta necesitaba un poder centralizado, lo bastante fuerte para imponer sus derroteros especiales a todos y cada uno de los cantones, y para acabar, mediante el peso de su influencia, con las diferencias reinantes en la Constitución y en las leyes del país. Era necesario extirpar los vestigios de la antigua legislación feudal, patriarcal y parroquial de los burgos, y dar a los intereses de la burguesía suiza vigorosa expresión en la vida interna del país.

La burguesía ha conquistado por sí misma este poder centralizado. ¿Pero es que los campesinos no contribuyeron también al triunfo sobre la Liga separatista? ¡Ya lo creo que contribuyeron! Y los campesinos desempeñarán, respecto a la burguesía, el mismo papel que en el pasado desempeñó durante tanto tiempo la pequeña burguesía. Los aldeanos serán explotados ahora por la burguesía, reñirán las batallas de esta, sus manos tejerán el lienzo y harán las cintas que la burguesía venderá, y sus hijos irán a llenar, como reclutas, las filas del ejército proletario. ¿Y qué otra cosa podían hacer? Son propietarios, al igual que los burgueses, y, por el momento, sus intereses coinciden casi en un todo con los de la burguesía. Las medidas políticas que tienen fuerza bastante para imponer son casi más ventajosas para la burguesía que para los propios campesinos. Pero son débiles, pese a su fuerza, si se les compara con la burguesía, puesto que esta es rica y tiene el mando de la industria, que es la más firme columna del poder político en el siglo xix. Uniéndose a la burguesía, los campesinos pueden hacer mucho; alzándose contra ella no podrían hacer nada.

Llegará, indudablemente, el día en que el campesino, desahuciado de su terruño nativo y empobrecido, se una al proletariado, a quien su evolución llevará a ponerse a la cabeza de la clase campesina. Ese día, unidos el campesino y el proletario, declararán la guerra a la burguesía. Pero aquí no son las eventualidades del futuro las que nos interesan, sino los movimientos del presente.

La expulsión de los jesuitas y sus consortes, enemigos del régimen burgués; la secularización de la enseñanza en las escuelas, reemplazando a la educación religiosa tradicional; la expropiación por el Estado de la mayor parte de las tierras de la Iglesia, todos estos cambios han favorecido más que a nadie a la burguesía.

La nota común a los tres movimientos más notables del año 1847 es que todos ellos han servido a los intereses de la burguesía. En todas partes era el papel de la burguesía el papel del progreso. Otra característica de los sucesos de 1847 es que aquellos países que no habían participado en la rebelión de 1830 fueron precisamente los que ahora dieron un paso más firme al frente, para ponerse de este modo al nivel conquistado en 1830 por las demás naciones, coronando así, dentro de sus fronteras, el triunfo de la burguesía.

Vemos, pues, que el año 1847 registra una serie de brillantes triunfos de la clase burguesa en conjunto. Volvamos ahora la vista a otra parte.

En Inglaterra se ha reunido un nuevo Parlamento, un Parlamento que, según las palabras de John Bright, el Cuáquero, es la asamblea más burguesa que jamás se ha congregado. Y conste que John Bright es autoridad de mayor excepción en esta materia, pues no en vano es el burgués más típico y representativo de toda la Gran Bretaña. Pero John Bright no es del mismo calibre que los estadistas burgueses que gobiernan en Francia o de los que en Prusia esgrimieron tan valientes palabras contra Federico Guillermo IV. Cuando John Bright habla de burgueses quiere decir fabricantes. Desde 1688 han venido desfilando por el Gobierno de Inglaterra varios sectores de la burguesía. Pero para facilitar el proceso de la conquista del Poder, la clase burguesa ha permitido a los aristócratas, sus deudores, que siguiesen rigiendo nominalmente la máquina gubernamental. Allí donde, en realidad, la batalla se riñe entre los varios sectores de la burguesía, entre los intereses de los industriales y los intereses de los terratenientes, los industriales se las arreglan para hacer que esa batalla parezca como si se rigiese entre la aristocracia y la burguesía o, si necesario es, entre la aristocracia y el pueblo. Los fabricantes no salen ganando nada con mantener esa apariencia de gobiernos aristocráticos; pues los lores, los barones y los esquires no conceden a los industriales ni un céntimo. En cambio, tienen mucho que ganar destruyendo el poder engañoso de la aristocracia, ya que, al disiparse esa sombra, los intereses de los terratenientes se verán privados de su agarradero. El actual parlamento de burgueses o fabricantes procurará que ese gobierno mentiroso sea abolido y transformará la Inglaterra tradicionalista y feudal en un país más o menos moderno, organizado para servir a los intereses modernos de la burguesía. Pondrá la Constitución inglesa a tono con las de Francia y Bélgica y coronará el triunfo de la burguesía inglesa industrial. Otro avance más sobre el frente burgués, porque cada avance de la burguesía afirma en fuerza y en extensión el régimen burgués.

A primera vista se diría que Francia es una excepción en este movimiento de avance de la clase burguesa. Los dominios que en 1830 cayeron en manos de la gran burguesía, como solar colectivo de esta, fueron experimentando menoscabos de año en año, hasta quedar confinados a los sectores más ricos de la gran burguesía, a los ricos inactivos y a los especuladores de Bolsa. Estos últimos redujeron a merced suya a los primeros.

La parte de la burguesía que ha podido hacer frente a esta invasión, un sector de fabricantes y navieros, disminuye rápidamente. Hoy, esta minoría ha hecho causa común con la pequeña burguesía y la clase media en la campaña por la reforma electoral, y la alianza es aclamada en los llamados banquetes reformistas. Estos elementos desesperan de llegar al poder mientras se mantenga en vigor el actual sistema electoral. Tras largas vacilaciones se han decidido a prometer una parte del poder político a los sectores de la burguesía que les siguen en importancia, a los ideólogos (los más inocuos de los mortales), abogados, médicos, etc. Claro está que el día en que estas promesas hayan de convertirse en realidad está todavía muy lejano.

Vemos, pues, que en Francia se está librando una batalla ventilada ya desde hace tiempo en Inglaterra. Pero como ocurre siempre en Francia, los acontecimientos presentan aquí un carácter revolucionario más definido que en ninguna otra parte. Esta división de la burguesía en dos campos distintos y hostiles señala también un avance de la clase burguesa.

En Bélgica, la burguesía ha registrado un triunfo decisivo en las elecciones de 1847. El Ministerio católico hubo de resignar los poderes, cediendo el gobierno a la burguesía liberal.

Hemos presenciado también, con la debida satisfacción, la derrota de México por los Estados Unidos. También esto representa un avance, pues cuando un país embrollado hasta allí en sus propios negocios, perpetuamente desgarrado por guerras civiles y sin salida alguna para su desarrollo, un país cuya perspectiva mejor habría sido la sumisión industrial a Inglaterra; cuando este país se ve arrastrado forzosamente al progreso histórico, no tenemos más remedio que considerarlo como un paso dado hacia adelante. En interés de su propio desarrollo convenía que México cayese bajo la tutela de los Estados Unidos.

La evolución de todo el continente americano no saldrá perdiendo nada con que estos, tomando posesión de California, se pongan al frente del Pacífico. Y volvemos a preguntar: ¿Quién saldrá ganando con esta guerra? La respuesta es siempre la misma: la burguesía y solo la burguesía. Los Estados Unidos han adquirido las nuevas regiones de California y Nuevo México para la creación de nuevo capital. Esto significa que en esos países surgirá una nueva burguesía y que la vieja verá aumentar sus caudales. Todo el capital creado hoy día fluye a las áreas burguesas. Y en cuanto al corte transversal que se proyecta en la península de Tehuantepec, ¿quién saldrá ganando con eso? ¿Quién puede seguir ganando sino los magnates navieros de los Estados Unidos? ¿Quién puede salir ganando con el mando sobre el Pacífico sino esos magnates navieros? ¿Quién atenderá a las necesidades de los nuevos clientes conquistados allí para los productos industriales, de la nueva clientela que se formara en los nuevos territorios anexionados? ¿Quién sino los fabricantes de los Estados Unidos?

También aquí vemos, pues, que la burguesía ha hecho grandes progresos. Y, sin embargo, los representantes de esa misma burguesía se disponen a protestar contra la guerra. ¿Por qué? Porque temen que el avance pueda costarles, en varios respectos, demasiado caro.

Hasta en los países casi bárbaros vemos avanzar a la burguesía. En Rusia, la industria se está desarrollando a pasos agigantados y llega incluso a convertir a los boyardos en burgueses. La servidumbre va perdiendo rigor, lo mismo en Rusia que en Polonia. La burguesía se irá fortificando a expensas de los nobles y surgirá una clase de campesinos libres, que es precisamente lo que la burguesía necesita. Los judíos son perseguidos en interés del burgués cristiano, cuyo negocio se ve menoscabado por los buhoneros semitas. Los magnates feudales húngaros se están convirtiendo en trigueros, mercaderes de lana y tratantes en ganado. Ahora entran en la Dieta con el carácter de burgueses. ¿Y qué decir de todos esos gloriosos progresos de la «civilización» en países como Turquía, Egipto, Túnez, Persia y otras naciones bárbaras? Esos progresos no son más que otros tantos preparativos para el advenimiento de la futura burguesía. La palabra del profeta se está cumpliendo: «¡Preparad el camino para el Señor…, levantad vuestras cabezas, oh puertas, y abríos de par en par, y que el rey de la gloria tenga paso franco!» ¿Quién es el rey de la gloria? El burgués.

Adondequiera que volvamos los ojos vemos al burgués haciendo progresos gigantescos. Le vemos con la cabeza erguida y lanzando el guante a sus enemigos. Espera un triunfo definitivo, y sus esperanzas no saldrán fallidas. Se propone organizar el mundo entero ajustándose a las ideas burguesas, y en una parte considerable de la superficie del planeta su propósito será realizado.

Todo el mundo sabe que nosotros no sentimos ningún amor por la burguesía, pero no negamos sus triunfos. Devolvemos las altivas miradas que el burgués (especialmente en Alemania) se digna lanzar sobre la banda despreciable de demócratas y comunistas. Pero no tenemos nada que oponer a la resolución burguesa de extender sus métodos por todo el orbe.

Más todavía. No podemos reprimir una sonrisa irónica cuando vemos la terrible seriedad, el patético entusiasmo con que la burguesía labora. Cree real y verdaderamente que está laborando para sí misma. Es tan miope que se imagina que su triunfo imprimirá al mundo su configuración definitiva. No ve que sus esfuerzos no hacen más que allanarnos el camino a nosotros, los demócratas y comunistas; que solo podrán gozarse unos cuantos años en los frutos de su victoria y que luego serán arrollados. La burguesía lleva por todas partes al proletariado pegado a sus talones; en Italia y en Suiza, participando en sus batallas y compartiendo también, en parte, sus ilusiones; en Francia y en Alemania, silencioso y retraído, pero laborando inequívocamente por la caída de la burguesía; en Inglaterra y en los Estados Unidos, en abierta rebelión contra el gobierno de la clase burguesa.

Pero aún podemos hacer más. Podemos poner todas nuestras cartas boca arriba y decir sin cortapisas a la burguesía lo que bulle en nuestras cabezas. Podemos decirle sin miedo, para que lo sepa de antemano, que está laborando para nosotros, pues la burguesía, quiéralo o no, no puede dejar de luchar contra la monarquía absoluta, la nobleza y el clero. No tiene más remedio que conquistar o echarse a morir. En Alemania no pasarán muchos días antes de que apele en nuestra ayuda.

¡Continuad batallando valientemente y sin descanso, adorables señores del capital! Todavía tenemos necesidad de vosotros; todavía os necesitamos aquí y allá como gobernantes. Vuestra misión es borrar a vuestro paso los vestigios de la Edad Media y de la monarquía absoluta; aniquilar el patriarcalismo, centralizar la administración; convertir las clases más o menos poseedoras en verdaderos proletarios, en reclutas para vuestras filas; crear, con vuestras fábricas, vuestras relaciones y vuestros mercados comerciales, los medios materiales que el proletariado necesita para la conquista de su libertad. En pago de todo esto os permitiremos seguir gobernando una temporada. Dictad vuestras leyes, brillad en el trono de la majestad creada por vosotros mismos, celebrad vuestros banquetes en los salones de los reyes y tomad por esposa a la hermosa princesa, pero no olvidéis que «a la puerta os espera el verdugo...».

El Manifiesto Comunista
Karl Marx
Friedrich Engels

Prefacio a la edición alemana de 1872

La Liga de los Comunistas[128], asociación obrera internacional que, naturalmente, dadas las condiciones de la época, no podía existir sino en secreto, encargó a los que suscriben, en el Congreso celebrado en Londres en noviembre de 1847, que redactaran un programa detallado del partido, a la vez teórico y práctico, destinado a la publicación. Tal es el origen de este *Manifiesto*, cuyo manuscrito fue enviado a Londres, para ser impreso, algunas semanas antes de la revolución de febrero[129]. Publicado primero en alemán, se han hecho en este idioma, como mínimo, doce ediciones diferentes en Alemania, Inglaterra y Norteamérica. En inglés apareció primeramente en Londres, en 1850, en el *Red Republican*[130], traducido por Miss Helen Macfarlane, y más tarde, en 1871, se han publicado, por lo menos, tres traducciones diferentes en Norteamérica. Apareció en francés por primera vez en París, en vísperas de la insurrección de junio de 1848[131], y

---

128 *La Liga de los Comunistas*: primera organización comunista internacional del proletariado, fundada por K. Marx y F. Engels, existió de 1847 a 1852. (Véase el artículo de F. Engels *Contribución a la Historia de la Liga de los Comunistas* en la presente edición, tomo III).

129 Se trata de la revolución de febrero de 1848 en Francia.

130 *The Red Republican* (*El republicano rojo*): semanario cartista que editó en Londres J. Harney entre junio y noviembre de 1850. El *Manifiesto* se publicó resumido en los números 21-24 de noviembre de 1850.

131 *La insurrección de junio*: heroica insurrección de los obreros de París entre el 23 y el 26 de junio de 1848, aplastada con excepcional crueldad por la burguesía francesa. Fue la primera gran guerra civil de la historia entre el proletariado y la burguesía.

recientemente en *Le Socialiste*[132], de Nueva York. En la actualidad, se prepara una nueva traducción. Hízose en Londres una edición en polaco, poco tiempo después de la primera edición alemana. En Ginebra a pareció en ruso, en la década del 60[133]. Ha sido traducido también al danés, a poco de su publicación original.

Aunque las condiciones hayan cambiado mucho en los últimos veinticinco años, los principios generales expuestos en este *Manifiesto* siguen siendo hoy, en grandes rasgos, enteramente acertados. Algunos puntos deberían ser retocados. El mismo *Manifiesto* explica que la aplicación práctica de estos principios dependerá siempre y en todas partes de las circunstancias históricas existentes, y que, por tanto, no se concede importancia excepcional a las medidas revolucionarias enumeradas al final del capítulo II. Este pasaje tendría que ser redactado hoy de distinta manera, en más de un aspecto. Dado el desarrollo colosal de la gran industria en los últimos veinticinco años, y con este, el de la organización del partido de la clase obrera; dadas las experiencias prácticas primero, de la revolución de febrero, y después, en mayor grado aún, de la Comuna de París[134], que eleva

---

132 PR: *Le Socialiste* (*El Socialista*): diario que apareció en francés en Nueva York entre octubre de 1871 y mayo de 1873; era el órgano de las secciones francesas de la Federación Norteamericana de la Internacional; después del Congreso de La Haya, rompió con la Internacional.

La mencionada traducción francesa del *Manifiesto del Partido Comunista* se publicó en el periódico *Le Socialiste* en enero-marzo de 1872.

133 PR: Se trata de la primera edición rusa del *Manifiesto del Partido Comunista*, aparecida en 1869 en Ginebra, traducido por Bakunin. Al traducirlo, este tergiversó en varios lugares el contenido del *Manifiesto*. Las faltas de la primera edición fueron corregidas en la que apareció en Ginebra en 1882, traducida por Plejánov. La traducción de Plejánov puso comienzo a la vasta difusión de las ideas del *Manifiesto* en Rusia.

134 PR: *La Comuna de París* de 1871: Gobierno revolucionario de la clase obrera. Existió del 18 de marzo al 28 de mayo de 1871. En el amplio sentido, suele denominarse asimismo Comuna de París a la propia revolución del 18 de marzo de 1871 y al período de la dictadura del proletariado que la siguió. La historia de la Comuna de París y su esencia están expuestas con pormenores en el trabajo de Marx *La Guerra Civil en Francia*.

por primera vez al proletariado, durante dos meses, al poder político, este programa ha envejecido en algunos de sus puntos. La Comuna ha demostrado, sobre todo, que «la clase obrera no puede limitarse simplemente a tomar posesión de la máquina del Estado tal y como está y servirse de ella para sus propios fines». (Véase *Der Bürgerkrieg in Frankreich, Adresse des Generalrats der InterNationalen Arbeiterassaoziation*, pág. 19 de la edición alemana, donde esta idea está desarrollada más extensamente.) Además, evidentemente, la crítica de la literatura socialista es incompleta para estos momentos, pues solo llega a 1847; y al propio tiempo, si las observaciones que se hacen sobre la actitud de los comunistas ante los diferentes partidos de oposición (capítulo IV) son exactas todavía en sus trazos fundamentales, han quedado anticuadas para su aplicación práctica, ya que la situación política ha cambiado completamente y el desarrollo histórico ha borrado de la faz de la tierra a la mayoría de los partidos que allí se enumeran.

Sin embargo, el *Manifiesto* es un documento histórico que ya no tenemos derecho a modificar. Una edición posterior quizá vaya precedida de un prefacio que puede llenar la laguna existente entre 1847 y nuestros días; la actual reimpresión ha sido tan inesperada para nosotros, que no hemos tenido tiempo de escribirlo.

Karl Marx. Friedrich Engels
Londres, 24 de junio de 1872

Escrito y firmado por K. Marx y F. Engels.

Publicado en el folleto *Das Kommunistische Manifest. Neue Ausgabe mit einem. Vorwort der Verfasser*, Leipzig, 1872.

Se publica de acuerdo con el texto del folleto.

Traducido del alemán.

Prefacio a la segunda edición rusa de 1882

La primera edición rusa del *Manifiesto del Partido Comunista*, traducido por Bakunin, fue hecha a principios de la década del 60 en la imprenta del *Kólokol*[135]. En aquel tiempo, una edición rusa de esta obra podía parecer al Occidente tan solo una curiosidad literaria. Hoy, semejante concepto sería imposible.

Cuán reducido era el terreno de acción del movimiento proletario en aquel entonces (diciembre de 1847) lo demuestra mejor que nada el último capítulo del *Manifiesto: Actitud de los comunistas ante los diferentes partidos de oposición*[136] en los diversos países. Rusia y los Estados Unidos, precisamente, no fueron mencionados. Era el momento en que Rusia formaba la última gran reserva de toda la reacción europea y en que la emigración a los Estados Unidos absorbía el exceso de fuerzas del proletariado de Europa. Estos dos países proveían a Europa de materias primas y eran al propio tiempo mercados para la venta de la producción industrial de esta. Los dos eran, pues, de una u otra manera, pilares del orden vigente en Europa.

¡Cuán cambiado está todo! Precisamente la inmigración europea ha hecho posible el colosal desenvolvimiento de la agricultura en América del Norte, cuya competencia conmueve los cimientos mismos de la grande y pequeña propiedad territorial de Europa. Es ella la que ha dado, además, a los Estados Unidos, la posibilidad de emprender la explotación de sus enormes recursos industriales, con tal energía y en tales proporciones que en breve plazo ha de terminar con el monopolio industrial de la Europa occidental, y especialmente con el de Inglaterra.

---

135 PR: Se trata de la «Imprenta rusa libre», en la que se imprimió el periódico democrático-revolucionario *Kólokol* (*La Campana*), que editaban A. Herzen y N. Ogariov. La imprenta, fundada por Herzen, se encontró hasta 1865 en Londres y luego fue trasladada a Ginebra. En esta imprenta se imprimió en 1869 la mencionada edición del *Manifiesto* (véase la nota final 50).

136 Véase el presente volumen, pp. 241-243.

Estas dos circunstancias repercuten a su vez de una manera revolucionaria sobre la misma Norteamérica. La pequeña y mediana propiedad agraria de los granjeros, piedra angular de todo el régimen político de Norteamérica, sucumben gradualmente ante la competencia de granjas gigantescas, mientras que en las regiones industriales se forma, por vez primera, un numeroso proletariado junto a una fabulosa concentración de capitales.

¿Y en Rusia? Al producirse la revolución de 1848-1849, no solo los monarcas de Europa, sino también los burgueses europeos, veían en la intervención rusa el único medio de salvación contra el proletariado, que empezaba a despertar. El zar fue aclamado como jefe de la reacción europea. Ahora es, en Gátchina, el prisionero de guerra de la revolución[137], y Rusia está en la vanguardia del movimiento revolucionario de Europa.

El *Manifiesto Comunista* se propuso como tarea proclamar la desaparición próxima e inevitable de la moderna propiedad burguesa. Pero en Rusia, al lado del florecimiento febril del fraude capitalista y de la propiedad territorial burguesa en vías de formación, más de la mitad de la tierra es posesión comunal de los campesinos. Cabe, entonces, la pregunta: ¿podría la comunidad rural rusa –forma por cierto ya muy desnaturalizada de la primitiva propiedad común de la tierra– pasar directamente a la forma superior de la propiedad colectiva, a la forma comunista, o, por el contrario, deberá pasar primero por el mismo proceso de disolución que constituye el desarrollo histórico de Occidente?

La única respuesta que se puede dar hoy a esta cuestión es la siguiente: si la revolución rusa da la señal para una revolución

---

137 PR: Marx y Engels aluden a la situación que se creó después del asesinato del emperador Alejandro II por los adeptos de la «libertad del pueblo» el 1 de marzo de 1881, cuando Alejandro III, ya coronado, no salía de Gátchina por miedo a otros posibles atentados del Comité Ejecutivo secreto de la organización «Libertad del Pueblo».

proletaria en Occidente, de modo que ambas se completen, la actual propiedad común de la tierra en Rusia podrá servir de punto de partida para el desarrollo comunista.

Karl Marx. Friedrich Engels
Londres, 21 de enero de 1882

Escrito y firmado por K. Marx y F. Engels para la segunda edición rusa del *Manifiesto del Partido Comunista*, publicada en Ginebra en 1882.

Se publica de acuerdo con el manuscrito.
Traducido del alemán.

Prefacio de F. Engels a la edición alemana de 1883

Desgraciadamente, tengo que firmar solo el prefacio de esta edición. Marx, el hombre a quien la clase obrera de Europa y América debe más que a ningún otro, reposa en el cementerio de Highgate y sobre su tumba verdea ya la primera hierba. Después de su muerte ni hablar cabe de rehacer o completar el *Manifiesto*. Creo, pues, tanto más preciso recordar aquí explícitamente lo que sigue.

La idea fundamental de que está penetrado todo el *Manifiesto* –a saber: que la producción económica y la estructura social que de ella se deriva necesariamente en cada época histórica constituyen la base sobre la cual descansa la historia política e intelectual de esa época; que, por tanto, toda la historia (desde la disolución del régimen primitivo de propiedad común de la tierra) ha sido una historia de lucha de clases, de lucha entre clases explotadoras y explotadas, dominantes y dominadas, en las diferentes fases del desarrollo social; y que ahora esta lucha ha llegado a una fase en que la clase explotada y oprimida (el proletariado) no puede ya emanciparse de la clase que la explota y la oprime (la burguesía), sin emancipar, al mismo tiempo y para siempre, a la sociedad entera de la explotación, la opresión y las luchas de clases–, esta idea fundamental pertenece única y exclusivamente a Marx[138].

Lo he declarado a menudo; pero ahora justamente es preciso que esta declaración también figure a la cabeza del propio *Manifiesto*.

Friedrich Engels
Londres, 28 de junio de 1883

Escrito y firmado por F. Engels para la edición alemana del *Manifiesto del Partido Comunista*, publicada en Gotinga-Zurich en 1883.

Se publica de acuerdo con la edición de 1883.

Prefacio de F. Engels a la edición inglesa de 1888

El *Manifiesto* fue publicado como programa de la *Liga de los Comunistas*, una asociación de trabajadores, al principio exclusivamente alemana y más tarde internacional, que, dadas las condiciones políticas existentes antes de 1848 en el continente europeo, se veía obligada a permanecer en la clandestinidad. En un Congreso de la Liga, celebrado en Londres en noviembre de 1847, se encomendó a Marx y Engels que preparasen para la publicación un programa detallado del Partido, que fuese a la vez teórico y práctico. En enero de 1848, el manuscrito, en alemán, fue terminado y, unas semanas antes de la revolución del 24 de febrero en Francia, enviado al editor, a Londres. La traducción

---

138 Nota de Engels a la edición alemana de 1890: A esta idea, llamada, según creo –como dejé consignado en el prefacio de la traducción inglesa–, a ser para la Historia lo que la teoría de Darwin ha sido para la Biología, ya ambos nos habíamos ido acercando poco a poco, varios años antes de 1845. Hasta qué punto yo avancé independientemente en esta dirección, puede verse mejor en mi *Situación de la clase obrera en Inglaterra*. Pero cuando me volví a encontrar con Marx en Bruselas, en la primavera de 1845, él ya había elaborado esta tesis y me la expuso en términos casi tan claros como los que he expresado aquí.

francesa apareció en París poco antes de la insurrección de junio de 1848. En 1850 la revista *Red Republican*, editada por George Julian Harney, publicó en Londres la primera traducción inglesa, debida a la pluma de Miss Helen MacFarlane. El *Manifiesto* ha sido impreso también en danés y en polaco.

La derrota de la insurrección de junio de 1848 en París –primera gran batalla entre el proletariado y la burguesía– relegó de nuevo a segundo plano, por cierto tiempo, las aspiraciones sociales y políticas de la clase obrera europea. Desde entonces la lucha por la supremacía se desarrolla, como había ocurrido antes de la revolución de Febrero, solamente entre diferentes sectores de la clase poseedora; la clase obrera hubo de limitarse a luchar por un escenario político para su actividad y a ocupar la posición de ala extrema izquierda de la clase media radical. Todo movimiento obrero independiente era despiadadamente perseguido, en cuanto daba señales de vida. Así, la policía prusiana localizó al Comité Central de la *Liga de los Comunistas*, que se hallaba a la sazón en Colonia. Los miembros del Comité fueron detenidos y, después de dieciocho meses de reclusión, juzgados en octubre de 1852. Este célebre *Proceso de los comunistas en Colonia*[139] se prolongó del 4 de octubre al 12 de noviembre; siete de los acusados fueron condenados a penas que oscilaban entre tres y seis años de reclusión en una fortaleza. Inmediatamente después de publicada la sentencia, la Liga fue formalmente disuelta por los miembros restantes. En cuanto al *Manifiesto*, parecía desde entonces condenado al olvido.

---

139 PR: El proceso de los comunistas en Colonia (4 de octubre-12 de noviembre de 1852) fue incoado con fines provocativos por el Gobierno prusiano contra once miembros de la Liga de los Comunistas. Acusados de alta traición sin más pruebas que documentos y testimonios falsos, siete fueron condenados a reclusión en una fortaleza por plazos de 3 a 6 años. Los viles métodos provocadores a que recurrió el Estado policiaco prusiano contra el movimiento obrero internacional fueron denunciados por Marx y Engels (véase el artículo de Engels *El reciente proceso de Colonia* y el folleto de Marx *Revelaciones sobre el proceso de los comunistas en Colonia*).

Cuando la clase obrera europea hubo reunido las fuerzas suficientes para emprender un nuevo ataque contra las clases dominantes, surgió la Asociación Internacional de los Trabajadores. Pero esta asociación, formada con la finalidad concreta de agrupar en su seno a todo el proletariado militante de Europa y América no pudo proclamar inmediatamente los principios expuestos en el *Manifiesto*. La Internacional estuvo obligada a sustentar un programa bastante amplio para que pudieran aceptarlo las tradeuniones inglesas, los adeptos de Proudhon en Francia, Bélgica, Italia y España y los lassalleanos en Alemania. Marx, al escribir este programa de manera que pudiese satisfacer a todos estos partidos, confiaba enteramente en el desarrollo intelectual de la clase obrera, que debía resultar inevitablemente de la acción combinada y de la discusión mutua. Los propios acontecimientos y vicisitudes de la lucha contra el capital, las derrotas más aún que las victorias, no podían dejar de hacer ver a la gente la insuficiencia de todas sus panaceas favoritas y preparar el camino para una mejor comprensión de las verdaderas condiciones de la emancipación de la clase obrera. Y Marx tenía razón. Los obreros de 1874, en la época de la disolución de la Internacional, ya no eran, ni mucho menos, los mismos de 1864, cuando la Internacional había sido fundada. El proudhonismo en Francia y el lassalleanismo en Alemania agonizaban, e incluso las conservadoras tradeuniones inglesas, que en su mayoría habían roto todo vínculo con la Internacional mucho antes de la disolución de esta, se iban acercando poco a poco al momento en que el presidente de su Congreso[140], el año pasado en Swansea, pudo decir en su nombre: «*El socialismo continental ya no nos asusta*». En efecto, los principios del *Manifiesto* se han difundido ampliamente entre los obreros de todos los países.

---

140 PR: W. Bevan. Presidente de la junta directiva de los sindicatos de la ciudad de Swansea; en 1887 fue presidente del Congreso de sindicatos celebrado en esta ciudad.

Así, pues, el propio *Manifiesto* se situó de nuevo en primer plano. El texto alemán había sido reeditado, desde 1850, varias veces en Suiza, Inglaterra y Norteamérica. En 1872 fue traducido al inglés en Nueva York y publicado en la revista *Woodhull and Claflin's Weekly*. Esta versión inglesa fue traducida al francés y apareció en *Le Socialiste* de Nueva York. Desde entonces dos o más traducciones inglesas, más o menos deficientes, aparecieron en Norteamérica, y una de ellas fue reeditada en Inglaterra. La primera traducción rusa, hecha por Bakunin, fue publicada en la imprenta del *Kólokol* de Herzen en Ginebra, hacía 1863; la segunda, debida a la heroica Vera Zasúlich vio la luz también en Ginebra en 1882. Una nueva edición danesa se publicó en *Socialdemokratisk Bibliothek*, en Copenhague, en 1885; apareció una nueva traducción francesa en *Le Socialiste* de París en 1886. De esta última se preparó y publicó en Madrid, en 1886, una versión en español. Esto sin mencionar las reediciones alemanas, que han sido por lo menos doce. Una traducción armenia, que debía haber sido impresa hace unos meses en Constantinopla, no ha visto la luz, según tengo entendido, porque el editor temió sacar un libro con el nombre de Marx y el traductor se negó a hacer pasar el *Manifiesto* por su propia obra. Tengo noticia de traducciones posteriores en otras lenguas, pero no las he visto. Y así, la historia del *Manifiesto* refleja en medida considerable la historia del movimiento moderno de la clase obrera; actualmente es, sin duda, la obra más difundida, la más internacional de toda la literatura socialista, la plataforma común aceptada por millones de trabajadores, desde Siberia hasta California.

Sin embargo, cuando fue escrito no pudimos titularlo *Manifiesto Socialista*.

En 1847 se llamaban socialistas, por una parte, todos los adeptos de los diferentes sistemas utópicos: los owenistas en Inglaterra y los fourieristas en Francia, reducidos ya a meras sectas y en proceso de extinción paulatina; de otra parte, toda suerte de curanderos sociales que prometían suprimir, con sus diferentes emplastos, las lacras sociales sin dañar al capital ni a la ganancia. En ambos casos, gentes que se hallaban fuera del movimiento obrero y que buscaban apoyo más bien en las clases *instruidas*. En cambio, la parte de la clase obrera que había llegado al convencimiento de la insuficiencia de las simples revoluciones políticas y proclamaba la necesidad de una transformación fundamental de toda la sociedad, se llamaba entonces comunista. Era un comunismo rudimentario y tosco, puramente instintivo; sin embargo, supo percibir lo más importante y se mostró suficientemente fuerte en la clase obrera para producir el comunismo utópico de Cabet en Francia y el de Weitling en Alemania. Así, el socialismo, en 1847, era un movimiento de la clase burguesa, y el comunismo lo era de la clase obrera. El socialismo era, al menos en el continente, cosa *respetable*; el comunismo, todo lo contrario. Y como nosotros manteníamos desde un principio que «la emancipación de la clase obrera debe ser obra de la clase obrera misma», para nosotros no podía haber duda alguna sobre cuál de las dos denominaciones procedía elegir. Más aún, después no se nos ha ocurrido jamás renunciar a ella.

Aunque el *Manifiesto* es nuestra obra común, me considero obligado a señalar que la tesis fundamental, el núcleo del mismo, pertenece a Marx. Esta tesis afirma que en cada época histórica el modo predominante de producción económica y de cambio y la organización social que de él se deriva necesariamente, forman la base sobre la cual se levanta, y la única que explica, la historia política e intelectual de dicha época; que, por tanto (después de la disolución de la sociedad gentilicia primitiva con su propiedad comunal de la tierra), toda la historia de la humanidad ha sido una historia de lucha de clases, de lucha entre explotadores y explotados, entre clases dominantes y clases oprimidas; que la historia de esas luchas de clases es una serie de evoluciones, que ha alcanzado en el presente un grado tal de desarrollo en que la clase explotada y oprimida –el proletariado– no puede ya emanciparse del yugo de la clase explotadora y dominante –la burguesía– sin emancipar al mismo tiempo, y para siempre, a toda la sociedad de toda explotación, opresión, división en clases y lucha de clases.

A esta idea, llamada, según creo, a ser para la Historia lo que la teoría de Darwin ha sido para la Biología, ya ambos nos habíamos ido acercando poco a poco, varios años antes de 1845. Hasta qué punto yo avancé independientemente en esta dirección, puede verse mejor en mi *Situación de la clase obrera en Inglaterra*. Pero cuando me volví a encontrar con Marx en Bruselas, en la primavera de 1845, él ya había elaborado esta tesis y me la expuso en términos casi tan claros como los que he expresado aquí.

Cito las siguientes palabras del prefacio a la edición alemana de 1872, escrito por nosotros conjuntamente...[141]

Friedrich Engels
Londres, 30 de enero de 1888

Escrito y firmado por F. Engels parala edición inglesa del *Manifiesto del Partido Comunista*, publicada por Charles H. Kerr & Company en 1888.

Se publica de acuerdo con la edición de 1888.

Prefacio de F. Engels a la edición alemana de 1890

Ve la luz una nueva edición alemana del Manifiesto cuando han ocurrido desde la última diversos sucesos relacionados con este documento que merecen ser mencionados aquí.

---

141 El resto del prefacio no consta en esta edición por las dos siguientes razones: 1) A continuación se expone una larga cita que procede del «Prefacio a la edición alemana de 1872», que ya se incluye en esta recopilación. 2) Finalmente, se alude al hecho de que Mr. Samuel Moore haya realizado la «presente traducción» del *Manifiesto*, lo que puede inducir a error, ya que el trabajo de traducción de estas obras escogidas fue realizado por la Editorial Progreso.

En 1882 se publicó en Ginebra una segunda traducción rusa, de Vera Sasulich[142], precedida de un prólogo de Marx y mío. Desgraciadamente, se me ha extraviado el original alemán de este prólogo y no tengo más remedio que retraducirlo del ruso, con lo que el lector no saldrá ganando nada. El prólogo dice así:

«La primera edición rusa del Manifiesto del Partido Comunista, traducido por Bakunin, vió la luz poco después de 1860 en la imprenta del Kolokol. En los tiempos que corrían, esta publicación no podía tener para Rusia, a lo sumo, más que un puro valor literario de curiosidad. Hoy las cosas han cambiado. El último capítulo del Manifiesto, titulado «Actitud de los comunistas ante los otros partidos de la oposición», demuestra mejor que nada lo limitada que era la zona en que, al ver la luz por vez primera este documento (enero de 1848), tenía que actuar el movimiento proletario. En esa zona faltaban, principalmente, dos países: Rusia y los Estados Unidos. Era la época en que Rusia constituía la última reserva magna de la reacción europea y en que la emigración a los Estados Unidos absorbía las energías sobrantes del proletariado de Europa. Ambos países proveían a Europa de primeras materias, a la par que le brindaban mercados para sus productos industriales. Ambos venían a ser, pues, bajo uno u otro aspecto, pilares del orden social europeo.

Hoy las cosas han cambiado radicalmente. La emigración

---

142 Advierte Riazánov, en su edición comentada del Manifiesto, que Engels incurre aquí en un error, pues la traducción rusa publicada en Ginebra en 1882 fue obra de Plejanov y no de Vera Sasulich. La traducción de Bakunin habíase publicado en 1870. El prólogo a la edición de Plejanov fue escrito pocos meses antes de ser asesinado Alejandro II.

Por aquellos días había alcanzado el apogeo de su popularidad la organización terrorista Narodnaya Volya («Voluntad del Pueblo»). Alejandro III, hijo segundo del emperador asesinado, se encerró en su palacio de Gatchina y aplazó indefinidamente la ceremonia de su «solemne coronación». Hasta los años de 1883 y 1884 no se evidenció que aquel magno triunfo del partido terrorista abrigaba su ruina, pues la vanguardia del movimiento revolucionario de Europa resultó ser (por lo menos en lo tocante a su país nativo) un pelotón de vanguardia sin un ejército detrás, e insuficiente, como es lógico, para vencer en la heroica batalla contra el zarismo ruso.

europea sirvió precisamente para imprimir ese gigantesco desarrollo a la agricultura norteamericana, cuya concurrencia está minando los cimientos de la grande y la pequeña propiedad in- mueble de Europa. Además, ha permitido a los Estados Unidos entregarse a la explotación de sus copiosas fuentes industriales con tal energía y en proporciones tales, que dentro de poco echará por tierra el monopolio industrial de que hoy disfruta la Europa occidental. Estas dos circunstancias repercuten a su vez revolucionariamente sobre la propia América. La pequeña y mediana propiedad del granjero que trabaja su propia tierra sucumbe progresivamente ante la concurrencia de las grandes explotaciones, a la par que en las regiones industriales empieza a formarse un copioso proletariado y una fabulosa concentración de capitales.

Pasemos ahora a Rusia. Durante la sacudida revolucionaria de los años 48 y 49, los monarcas europeos, y no sólo los monarcas, sino también los burgueses, aterrados ante el empuje del proletariado, que empezaba a cobrar por aquel entonces conciencia de su fuerza, cifraban en la intervención rusa todas sus esperanzas. El zar fue proclamado cabeza de la reacción europea. Hoy, este mismo zar se ve apresado en Gatchina como rehén de la revolución y Rusia forma la avanzada del movimiento revolucionario de Europa.

El Manifiesto Comunista se proponía por misión proclamar la desaparición inminente e inevitable de la propiedad burguesa en su estado actual. Pero en Rusia nos encontramos con que, coincidiendo con el orden capitalista en febril desarrollo y lay la propiedad burguesa del suelo que empieza apenas a formarse, más de la mitad de la tierra es propiedad común de los campesinos.

Ahora bien nos preguntamos, ¿puede este régimen comunal del concejo ruso, que es ya, sin duda, una degeneración del régimen de comunidad primitiva de la tierra, trocarse di- rectamente en una forma más alta de comunismo del suelo, o tendrá que pasar necesariamente por el mismo proceso previo de descomposición que nos revela la historia del occidente de Europa?

La única contestación que, hoy por hoy, cabe dar a esa pregunta es la siguiente: Si la revolución rusa es la señal para la revolución obrera de Occidente y ambas se completan formando una unidad, podría ocurrir que ese régimen comunal ruso fuese el punto de partida para la implantación de una nueva forma comunista de la tierra.

Londres, 21 enero 1882.»

Por aquellos mismos días se publicó en Ginebra una nueva traducción polaca con este título: *Manifest Kommunistyczny*. Asimismo, ha aparecido una nueva traducción danesa, en la «Socialdemokratisk Bibliothek, Köjbenhavn 1885». Es de lamentar que esta traducción sea incompleta; el traductor se saltó, por lo visto, aquellos pasajes, importantes muchos de ellos, que le parecieron difíciles; además, la versión adolece de precipitaciones en una serie de lugares, y es una lástima, pues se ve que, con un poco más de cuidado, su autor habría realizado un trabajo excelente.

En 1886 apareció en *Le Socialiste* de París una nueva traducción francesa, la mejor de cuantas han visto la luz hasta ahora[143]. Sobre ella se hizo en el mismo año una versión española, publicada primero en El Socialista de Madrid y luego, en tirada aparte, con este título: *Manifiesto del Partido Comunista*, por Carlos Marx y F. Engels (Madrid, Administración de *El Socialista*, Hernán Cortés, 8).

Como detalle curioso contaré que en 1887 fue ofrecido a un editor de Constantinopla el original de una traducción armenia; pero el buen editor no se atrevió a lanzar un folleto con el nombre de Marx a la cabeza y propuso al traductor publicarlo como obra original suya, a lo que éste se negó.

Después de haberse reimpreso repetidas veces varias traducciones norteamericanas más o menos incorrectas, al fin, en 1888, apareció en Inglaterra la primera versión auténtica,

---

143 Esta versión francesa era obra de Laura Marx (1845-1911), hija de Karl Marx, y su marido, el dirigente socialista Paul Lafargue (1846-1911).

hecha por mi amigo Samuel Moore y revisada por él y por mí antes de darla a las prensas. He aquí el título: *Manifesto of the Communist Party, by Karl Marx and Frederick Engels. Authorised English Translation, edited and annotated by Frederick Engels.* 1888. London, William Reeves, 185 Flett St. E. C. Algunas de las notas de esta edición acompañan a la presente.

El *Manifiesto* tiene su historia propia. Recibido con entusiasmo en el momento de su aparición por la entonces aún poco numerosa vanguardia del socialismo científico (como lo prueban las traducciones citadas en el primer prefacio) fue pronto relegado a segundo plano a causa de la reacción que siguió a la derrota de los obreros parisinos, en junio de 1848, y proscrito «de derecho» a consecuencia de la condena de los comunistas en Colonia, en noviembre de 1852. Y al desaparecer de la arena pública el movimiento obrero que se inició con la revolución de febrero, el *Manifiesto* pasó también a segundo plano.

Cuando la clase obrera europea volvió a sentirse lo bastante fuerte para lanzarse de nuevo al asalto contra las clases gobernantes, nació la Asociación Obrera Internacional. El fin deesta organización era fundir todas las masas obreras militantes de Europa y América en un gran cuerpo de ejército. Por eso este movimiento no podía *arrancar* de los principios sentados en el *Manifiesto*. No había más remedio que darle un programa que no cerrase el paso a las tradeuniones inglesas, a los proudhonianos franceses, belgas, italianos y españoles ni a los partidarios de Lassalle en Alemania[144]. Este programa, con las normas directivas para los estatutos de la Internacional, fué redactado por Marx con una maestría que hasta el propio Bakunin y los

---

144 Nota de Engels: Lassalle, en sus relaciones personales con nosotros, se decía siempre «discípulo de Marx», pisando, por tanto, como es lógico, en el terreno del *Manifiesto*. Otra cosa acontecia con aquellos partidarios suyos que no hacían más que dar vueltas en torno al postulado de las cooperativas de producción con crédito del Estado y que dividían a la clase obrera en dos categorías: los que abrazaban la ayuda del Estado y "los defensores de la autoayuda.

anarquistas hubieron de reconocer. En cuanto al triunfo final de las tesis del *Manifiesto*, Marx ponía toda su confianza en el desarrollo intelectual de la clase obrera, fruto obligado de la acción conjunta y de la discusión. Los sucesos y vicisitudes de la lucha contra el capital, y más aún las derrotas que las victorias, no podían menos de revelar al proletariado militante, en toda su desnudez, la insuficiencia de los remedios milagreros que venían empleando e infundir a sus cabezas una mayor claridad de visión para penetrar en las verdaderas condiciones que habían de presidir la emancipación obrera. Marx no se equivocaba. Cuando en 1874 se disolvió la Internacional, la clase obrera difería radicalmente de aquella con que se encontrara al fundarse en 1864. En los países latinos, el proudhonianismo agonizaba, como en Alemania lo que había de específico en el partido de Lassalle, y hasta las mismas tradeuniones inglesas, conservadoras hasta la medula, cambiaban de espíritu, permitiendo al presidente de su congreso, celebrado en Swansea en 1887, decir en nombre suyo: «El socialismo continental ya no nos asusta». Y en 1887 el socialismo continental se cifraba casi en los principios proclamados por el *Manifiesto*. La historia de este documento refleja, pues, hasta cierto punto, la historia moderna del movimiento obrero desde 1848. En la actualidad es indudablemente el documento más extendido e internacional de toda la literatura socialista del mundo, el programa que une a muchos millones de trabajadores de todos los países, desde Siberia hasta California.

Y sin embargo, cuando este Manifiesto vió la luz, no pudimos bautizarlo de Manifiesto *socialista*. En 1847, el concepto de «socialista» abarcaba dos categorías de personas. Unas eran las que abrazaban diversos sistemas utópicos, y entre ellas se destacaban los. owenistas en Inglaterra, y en Francia los fourieristas, que poco a poco habían ido quedando reducidos a dos sectas agonizantes. En la otra formaban los charlatanes sociales de toda laya, los que aspiraban a remediar las injusticias de la sociedad con sus potingues mágicos y con toda serie de remiendos, sin tocar en lo más mínimo, claro está, al capital ni a la ganancia. Gentes unas y otras ajenas al movimiento obrero, que iban a buscar apoyo para sus teorías a las clases «cultas». El sector obrero que, convencido de la insuficiencia y superficialidad de las meras conmociones políticas, reclamaba una radical transformación de la sociedad, apellidábase comunista. Era un comunismo toscamente delineado, instintivo, vago, pero lo bastante pujante para engendrar dos sistemas utópicos: el del «icaro» Cabet en Francia y el de Weitling en Alemania. En 1847, el «socialismo» designaba un movimiento burgués, el «comunismo» un movimiento obrero. El socialismo era, a lo menos en el continente, una doctrina presentable en los salones; el comunismo, todo lo contrario. Y como en nosotros era ya entonces firme la convicción de que «la emancipación de los trabajadores sólo podía ser obra de la propia clase obrera», no podíamos dudar en la elección de título. Más tarde no se nos pasó nunca por las mientes tampoco el modificarlo.

¡Proletarios de todos los países, uníos! Solo unas pocas voces nos respondieron cuando lanzamos estas palabras por el mundo, hace ya cuarenta y dos años, en vísperas de la primera revolución parisiense, en la que el proletariado actuó planteando sus propias reivindicaciones. Pero, el 28 de septiembre de 1864, los proletarios de la mayoría de los países de la Europa occidental se unieron formando la Asociación Internacional de los Trabajadores, de gloriosa memoria. Bien es cierto que la Internacional vivió tan solo nueve años, pero la unión eterna que estableció entre los proletarios de todos los países vive todavía y subsiste más fuerte que nunca, y no hay mejor prueba de ello que la jornada de hoy. Pues, hoy[145], en el momento en que escribo

---

145 Este prefacio fue escrito por Engels precisamente el 1 de mayo de 1890, el día en que por acuerdo del Congreso de París de la II Internacional (julio de 1889), en varios países de Europa y América se celebraron manifestaciones masivas, huelgas y mítines obreros, reivindicando la jornada de ocho horas

estas líneas, el proletariado de Europa y América pasa revista a sus fuerzas, movilizadas por vez primera en *un solo* ejército, bajo *una sola* bandera y para *un solo* objetivo inmediato: la fijación legal de la jornada normal de ocho horas, proclamada ya en 1866 por el Congreso de la Internacional celebrado en Ginebra y de nuevo en 1889 por el Congreso obrero de París. El espectáculo de hoy demostrará a los capitalistas y a los terratenientes de todos los países que, en efecto, los proletarios de todos los países están unidos.

¡Oh, si Marx estuviese a mi lado para verlo con sus propios ojos!

Friedrich Engels
Londres, 1 de mayo de 1890

Escrito y firmado por F. Engels. Publicado en el folleto *Das Kommunistische Manifest*, Londres, 1890.	Se publica de acuerdo con el texto del folleto. Traducido del alemán.

Prefacio de F. Engels a la edición polaca de 1892

El que una nueva edición polaca del *Manifiesto Comunista* sea necesaria, invita a diferentes reflexiones.

Ante todo conviene señalar que, durante los últimos tiempos, el *Manifiesto* ha pasado a ser, en cierto modo, un índice del desarrollo de la gran industria en Europa. A medida que en un país se desarrolla la gran industria, se ve crecer entre los obreros de ese país el deseo de comprender su situación, como tal clase obrera, con respecto a la clase de los poseedores; se ve progresar entre ellos el movimiento socialista y aumentar la demanda

---

y el cumplimiento de otros acuerdos de Congreso. A partir de entonces, los obreros de todos los países celebran anualmente el 1° de mayo como jornada de revista combativa de las fuerzas revolucionarias y de solidaridad internacional del proletariado.

de ejemplares del *Manifiesto*. Así, pues, el número de estos ejemplares difundidos en un idioma permite no solo determinar, con bastante exactitud, la situación del movimiento obrero, sino también el grado de desarrollo de la gran industria en cada país.

Por eso la nueva edición polaca del *Manifiesto* indica el decisivo progreso de la industria de Polonia. No hay duda que tal desarrollo ha tenido lugar realmente en los diez años transcurridos desde la última edición. La Polonia Rusa, la del Congreso[146], ha pasado a ser una región industrial del Imperio Ruso. Mientras la gran industria rusa se halla dispersa –una parte se encuentra en la costa del Golfo de Finlandia, otra en las provincias del centro (Moscú y Vladímir), otra en los litorales del Mar Negro y del Mar de Azov, etc.–, la industria polaca está concentrada en una extensión relativamente pequeña y goza de todas las ventajas e inconvenientes de tal concentración. Las ventajas las reconocen los fabricantes rusos, sus competidores, al reclamar aranceles protectores contra Polonia, a pesar de su ferviente deseo de rusificar a los polacos. Los inconvenientes –para los fabricantes polacos y para el gobierno ruso– residen en la rápida difusión de las ideas socialistas entre los obreros polacos y en la progresiva demanda del *Manifiesto*.

Pero el rápido desarrollo de la industria polaca, que sobrepasa al de la industria rusa, constituye a su vez una nueva prueba de la inagotable energía vital del pueblo polaco y una nueva garantía de su futuro renacimiento nacional. El resurgir de una Polonia independiente y fuerte es cuestión que interesa no solo a los polacos, sino a todos nosotros. La sincera colaboración internacional de las naciones europeas solo será posible cuando cada una de ellas sea completamente dueña de su propia casa. La revolución de 1848, que, al fin y a la postre, no llevó a los combatientes proletarios que luchaban bajo la bandera del proletariado, más que a sacarle las castañas del fuego a la burguesía, ha llevado a cabo, por obra

---

146 *La Polonia del Congreso* era denominada la parte de Polonia que pasó oficialmente con el nombre de Reinado polaco a Rusia, según acuerdo del Congreso de Viena de 1814-1815.

de sus albaceas testamentarios –Luis Bonaparte y Bismarck–, la independencia de Italia, de Alemania y de Hungría. En cambio Polonia, que desde 1792 había hecho por la revolución más que esos tres países juntos, fue abandonada a su propia suerte en 1863, cuando sucumbía bajo el empuje de fuerzas rusas diez veces superiores[147]. La nobleza polaca no fue capaz de defender ni de reconquistar su independencia; hoy por hoy, a la burguesía, la independencia de Polonia le es, cuando menos, indiferente. Sin embargo, para la colaboración armónica de las naciones europeas, esta independencia es una necesidad. Y solo podrá ser conquistada por el joven proletariado polaco. En manos de él, su destino está seguro, pues para los obreros del resto de Europa la independencia de Polonia es tan necesaria como para los propios obreros polacos.

Friedrich Engels
Londres, 10 de febrero de 1892

Escrito y firmado por F. Engels. Publicado en la revista Przedswit; Nº 35, el 27 de febrero de 1892 y en el libro: K. Marx y F. Engels, *Manifest Komunistyczny, Londyn, 1892.*

Se publica de acuerdo con el manuscrito, cotejado con el texto de la edición polaca de 1892. Traducido del alemán.

Prefacio de F. Engels a la edición italiana de 1893

A los lectores italianos.

La publicación del *Manifiesto del Partido Comunista* coincidió, por decirlo así, con la jornada del 18 de marzo de 1848, con las

---

147 Se refiere a la insurrección de liberación nacional polaca de 1863 a 1864 encauzada contra la opresión de la autocracia zarista. Debido a la inconsecuencia del partido de los «rojos», pequeños nobles, que dejaron escapar la iniciativa revolucionaria, la dirección de la insurrección pasó a manos de la aristocracia agraria y de la gran burguesía, que aspiraban a una componenda ventajosa con el Gobierno zarista. Para el verano de 1864, la insurrección fue aplastada sin piedad por las tropas zaristas.

revoluciones de Milán y de Berlín que fueron las insurrecciones armadas de dos naciones que ocupan zonas centrales: la una en el continente europeo, la otra en el Mediterráneo; dos naciones que hasta entonces estaban debilitadas por el fraccionamiento de su territorio y por discordias intestinas que las hicieron caer bajo la dominación extranjera. Mientras Italia se hallaba subyugada por el emperador austríaco, el yugo que pesaba sobre Alemania –el del zar de todas las Rusias– no era menos real, si bien más indirecto. Las consecuencias del 18 de marzo de 1848 liberaron a Italia y a Alemania de este oprobio. Entre 1848 y 1871 las dos grandes naciones quedaron restablecidas y, de uno u otro modo, recobraron su independencia, y este hecho, como decía Karl Marx, se debió a que los mismos personajes que aplastaron la revolución de 1848 fueron, a pesar suyo, sus albaceas testamentarios.

La revolución de 1848 había sido, en todas partes, obra de la clase obrera: ella había levantado las barricadas y ella había expuesto su vida. Pero fueron solo los obreros de París quienes, al derribar al gobierno, tenían la intención bien precisa de acabar a la vez con todo el régimen burgués. Y aunque tenían ya conciencia del irreductible antagonismo que existe entre su propia clase y la burguesía, ni el progreso económico del país ni el desarrollo intelectual de las masas obreras francesas habían alcanzado aún el nivel que hubiese permitido llevar a cabo una reconstrucción social. He aquí por qué los frutos de la revolución fueron, al fin y a la postre, a parar a manos de la clase capitalista. En otros países, en Italia, en Alemania, en Austria, los obreros, desde el primer momento, no hicieron más que ayudar a la burguesía a conquistar el poder. Pero en ningún país la dominación de la burguesía es posible sin la independencia nacional. Por eso, la revolución de 1848 debía conducir a la unidad y a la independencia de las naciones que hasta entonces no las habían conquistado: Italia, Alemania, Hungría. Polonia les seguirá.

Así, pues, aunque la revolución de 1848 no fue una revolución socialista, desbrozó el camino y preparó el terreno para esta última. El régimen burgués, en virtud del vigoroso impulso que dio en todos los países al desenvolvimiento de la gran industria, ha creado en el curso de los últimos 45 años un proletariado numeroso, fuerte y unido y ha producido así –para emplear la expresión del *Manifiesto*– a sus propios sepultureros. Sin restituir la independencia y la unidad de cada nación, no es posible realizar la unión internacional del proletariado ni la cooperación pacífica e inteligente de esas naciones para el logro de objetivos comunes. ¿Acaso es posible concebir la acción mancomunada e internacional de los obreros italianos, húngaros, alemanes, polacos y rusos en las condiciones políticas que existieron hasta 1848?

Esto quiere decir que los combates de 1848 no han pasado en vano; tampoco han pasado en vano los 45 años que nos separan de esa época revolucionaria. Sus frutos comienzan a madurar y todo lo que yo deseo es que la publicación de esta traducción italiana sea un buen augurio para la victoria del proletariado italiano, como la publicación del original lo fue para la revolución internacional.

El *Manifiesto* rinde plena justicia a los servicios revolucionarios prestados por el capitalismo en el pasado. La primera nación capitalista fue Italia. Marca el fin del medioevo feudal y la aurora de la era capitalista contemporánea la figura gigantesca de un italiano, el Dante, que es a la vez el último poeta de la Edad Media y el primero de los tiempos modernos. Ahora, como en 1300, comienza a despuntar una nueva era histórica. ¿Nos dará Italia al nuevo Dante que marque la hora del nacimiento de esta nueva era proletaria?

Friedrich Engels
Londres, 1 de febrero de 1893

Escrito y firmado por F. Engels. Publicado en el libro: *Karl Marx e Friedrich Engels, Il Manifesto del Partito Comunista*, Milano, 1893.

Se publica de acuerdo con el texto del libro, cotejado con el borrador en francés.
Traducido del italiano.

Manifiesto del Partido Comunista[148]

Karl Marx y Friedrich Engels

Un fantasma recorre Europa: el fantasma del comunismo. Todas las fuerzas de la vieja Europa se han unido en santa cruzada para acosar a ese fantasma: el Papa y el zar, Metternich y Guizot, los radicales franceses y los polizontes alemanes.

¿Qué partido de oposición no ha sido motejado de comunista por sus adversarios en el poder? ¿Qué partido de oposición a su vez, no ha lanzado, tanto a los representantes de la oposición, más avanzados, como a sus enemigos reaccionarios, el epíteto zahiriente de comunista?

---

148 El *Manifiesto del Partido Comunista* es el primer documento programático del comunismo científico en que se exponen de forma íntegra y armoniosa los fundamentos de la gran doctrina de Marx y Engels. «Esta obra expone, con una claridad y una brillantez geniales, la nueva social, la dialéctica como la más completa y profunda doctrina del desarrollo, la teoría de la lucha de clases y del papel revolucionario histórico mundial del proletariado como creador de una sociedad nueva, comunista» (V. I. Lenin, *Karl Marx. Breve esbozo biográfico, con una exposición del marxismo*, 1915).

El *Manifiesto del Partido Comunista* pertrechó al proletariado la demostración científica de que son inevitables el hundimiento del capitalismo y la victoria de la revolución proletaria y determinó las tareas y los fines del movimiento proletario revolucionario.

Escrito por Marx y Engels como programa de la Liga de los Comunistas, el *Manifiesto* se publicó por primera vez en Londres en febrero de 1848. En esta edición se incluyen, además del propio *Manifiesto*, los prólogos a todas las ediciones.

De este hecho resulta una doble enseñanza:

Que el comunismo está ya reconocido como una fuerza por todas las potencias de Europa.

Que ya es hora de que los comunistas expongan a la faz del mundo entero sus conceptos, sus fines y sus tendencias, que opongan a la leyenda del fantasma del comunismo un manifiesto del propio partido.

Con este fin, comunistas de las más diversas nacionalidades se han reunido en Londres y han redactado el siguiente *Manifiesto*, que será publicado en inglés, francés, alemán, italiano, flamenco y danés.

I. Burgueses y proletarios[149]

La historia de todas las sociedades hasta nuestros días[150] es la historia de las luchas de clases.

---

149 Nota de Engels a la edición inglesa de 1888: Por burguesía se comprende a la clase de los capitalistas modernos, que son los propietarios de los medios de producción social y emplean trabajo asalariado. Por proletarios se comprende a la clase de los trabajadores asalariados modernos, que, privados de medios de producción propios, se ven obligados a vender su fuerza de trabajo para poder existir.

150 Nota de Engels a la edición inglesa de 1888: Es decir, la historia *escrita*. En 1847, la historia de la organización social que precedió a toda la historia escrita, la prehistoria, era casi desconocida. Posteriormente, Haxthausen ha descubierto en Rusia la propiedad comunal de la tierra; Maurer ha demostrado que esta fue la base social de la que partieron históricamente todas las tribus germanas, y se ha ido descubriendo poco a poco que la comunidad rural, con la posesión colectiva de la tierra, ha sido la forma primitiva de la sociedad, desde la India hasta Irlanda. La organización interna de esa sociedad comunista primitiva ha sido puesta en claro, en lo que tiene de típico, con el culminante descubrimiento hecho por Morgan de la verdadera naturaleza de la *gens* y de su lugar en la *tribu*. Con la desintegración de estas comunidades primitivas comenzó la diferenciación de la sociedad en clases distintas y, finalmente, antagónicas. He intentado analizar este proceso en la obra *Der Ursprung der Familie, des Privateigenthums und des staats* (*El origen de la familia, la propiedad privada y el Estado*).

Hombres libres y esclavos, patricios y plebeyos, señores y siervos, maestros[151] y oficiales, en una palabra: opresores y oprimidos se enfrentaron siempre, mantuvieron una lucha constante, velada unas veces y otras franca y abierta; lucha que terminó siempre con la transformación revolucionaria de toda la sociedad o el hundimiento de las clases en pugna.

En las anteriores épocas históricas encontramos casi por todas partes una completa diferenciación de la sociedad en diversos estamentos, una múltiple escala gradual de condiciones sociales. En la antigua Roma hallamos patricios, caballeros, plebeyos y esclavos; en la Edad Media, señores feudales, vasallos, maestros, oficiales y siervos, y, además, en casi todas estas clases todavía encontramos gradaciones especiales.

La moderna sociedad burguesa, que ha salido de entre las ruinas de la sociedad feudal, no ha abolido las contradicciones de clase. Únicamente ha sustituido las viejas clases, las viejas condiciones de opresión, las viejas formas de lucha por otras nuevas.

Nuestra época, la época de la burguesía, se distingue, sin embargo, por haber simplificado las contradicciones de clase. Toda la sociedad va dividiéndose, cada vez más, en dos grandes campos enemigos, en dos grandes clases, que se enfrentan directamente: la burguesía y el proletariado.

De los siervos de la Edad Media surgieron los vecinos libres de las primeras ciudades; de este estamento urbano salieron los primeros elementos de la burguesía.

El descubrimiento de América y la circunnavegación de África ofrecieron a la burguesía en ascenso un nuevo campo de actividad. Los mercados de la India y de China, la colonización de América, el intercambio con las colonias, la multiplicación de los medios de cambio y de las mercancías en general imprimieron al comercio, a la navegación y a la industria un impulso hasta entonces desconocido y aceleraron, con ello, el

---

151 Nota de Engels a la edición inglesa de 1888: *Zunfbürger*, esto es, miembros de un gremio con todos los derechos, maestro del mismo, y no su dirigente.

desarrollo del elemento revolucionario de la sociedad feudal en descomposición.

La antigua organización feudal o gremial de la industria ya no podía satisfacer la demanda, que crecía con la apertura de nuevos mercados. Vino a ocupar su puesto la manufactura. El estamento medio industrial suplantó a los maestros de los gremios; la división del trabajo entre las diferentes corporaciones desapareció ante la división del trabajo en el seno del mismo taller.

Pero los mercados crecían sin cesar; la demanda iba siempre en aumento. Ya no bastaba tampoco la manufactura. El vapor y la maquinaria revolucionaron entonces la producción industrial. La gran industria moderna sustituyó a la manufactura; el lugar del estamento medio industrial vinieron a ocuparlo los industriales millonarios –jefes de verdaderos ejércitos industriales–, los burgueses modernos.

La gran industria ha creado el mercado mundial, ya preparado por el descubrimiento de América. El mercado mundial aceleró prodigiosamente el desarrollo del comercio, de la navegación y de los medios de transporte por tierra. Este desarrollo influyó, a su vez, en el auge de la industria, y a medida que se iban extendiendo la industria, el comercio, la navegación y los ferrocarriles, se desarrollaba la burguesía, multiplicando sus capitales y relegando a segundo término a todas las clases legadas por la Edad Media.

La burguesía moderna, como vemos, es ya de por sí fruto de un largo proceso de desarrollo, de una serie de revoluciones en el modo de producción y de cambio.

Cada etapa de la evolución recorrida por la burguesía ha ido acompañada del correspondiente progreso político. Estamento oprimido bajo la dominación de los señores feudales; asociación armada y autónoma en la comuna[152]; en unos sitios República

---

152 Nota de Engels a la edición inglesa de 1888: *Comunas* se llamaban en Francia

urbana independiente; en otros, tercer estado tributario de la monarquía; después, durante el período de la manufactura, contrapeso de la nobleza en las monarquías estamentales o absolutas y, en general, piedra angular de las grandes monarquías, la burguesía, después del establecimiento de la gran industria y del mercado universal, conquistó finalmente la hegemonía exclusiva del poder político en el Estado representativo moderno. El Gobierno del Estado moderno no es más que una junta que administra los negocios comunes de toda la clase burguesa.

La burguesía ha desempeñado en la historia un papel altamente revolucionario.

Dondequiera que ha conquistado el poder, la burguesía ha destruido las relaciones feudales, patriarcales, idílicas. Las abigarradas ligaduras feudales que ataban al hombre a sus «superiores naturales» las ha desgarrado sin piedad para no dejar subsistir otro vínculo entre los hombres que el frío interés, el cruel «pago al contado». Ha ahogado el sagrado éxtasis del fervor religioso, el entusiasmo caballeresco y el sentimentalismo del pequeño burgués en las aguas heladas del cálculo egoísta. Ha hecho de la dignidad personal un simple valor de cambio. Ha sustituido las numerosas libertades escrituradas y adquiridas por *la única* y desalmada libertad de comercio. En una palabra, en lugar de la explotación velada por ilusiones religiosas y políticas, ha establecido una explotación abierta, descarada, directa y brutal.

La burguesía ha despojado de su aureola a todas las profesiones que hasta entonces se tenían por venerables y

---

las ciudades nacientes todavía antes de arrancar a sus amos y señores feudales la autonomía local y los derechos políticos como «tercer estado». En términos generales, se ha tomado aquí a Inglaterra como país típico del desarrollo económico de la burguesía, y a Francia como país típico de su desarrollo político.

Nota de Engels a la edición alemana de 1890: Así denominaban los habitantes de las ciudades de Italia y Francia a sus comunidades urbanas, una vez comprados o arrancados a sus señores feudales los primeros derechos de autonomía.

dignas de piadoso respeto. Al médico, al jurisconsulto, al sacerdote, al poeta, al hombre de ciencia, los ha convertido en sus servidores asalariados.

La burguesía ha desgarrado el velo de emocionante sentimentalismo que encubría las relaciones familiares, y las ha reducido a simples relaciones de dinero.

La burguesía ha revelado que la brutal manifestación de fuerza en la Edad Media, tan admirada por la reacción, tenía su complemento natural en la más relajada holgazanería. Ha sido ella la primera en demostrar lo que puede realizar la actividad humana; ha creado maravillas muy distintas a las pirámides de Egipto, a los acueductos romanos y a las catedrales góticas, y ha realizado campañas muy distintas a las migraciones de los pueblos y a las Cruzadas[153].

La burguesía no puede existir sino a condición de revolucionar incesantemente los instrumentos de producción y, por consiguiente, las relaciones de producción, y con ello todas las relaciones sociales. La conservación del antiguo modo de producción era, por el contrario, la primera condición de existencia de todas las clases industriales precedentes. Una revolución continúa en la producción, una incesante conmoción

---

153 PR: *Las Cruzadas*: campañas militares de colonización del Oriente emprendidas por los grandes señores feudales de Europa Occidental, por los caballeros y por las ciudades comerciales italianas en los siglos XI-XIII bajo la bandera religiosa de la liberación de los santuarios cristianos en Jerusalén y otros «Santos Lugares» en poder de los musulmanes. El ideólogo y el inspirador de las cruzadas fue la Iglesia católica (movida por su afán de dominación mundial), y la fuerza principal de las expediciones las integraban las órdenes de caballería. En las expediciones también tomaron parte campesinos deseosos de emanciparse del yugo feudal. Los cruzados se dedicaban al saqueo y la violencia tanto respecto de la población musulmana como de los cristianos que habitaban en los países por los que pasaban. No se planteaban solo la conquista de los Estados musulmanes de Siria, Palestina, Egipto y Túnez, sino también del Imperio Bizantino ortodoxo. Las conquistas de los cruzados en el Mediterráneo oriental eran efímeras, y sus posesiones no tardaron en volver a manos de los musulmanes.

de todas las condiciones sociales, una inquietud y un movimiento constantes distinguen la época burguesa de todas las anteriores. Todas las relaciones estancadas y enmohecidas, con su cortejo de creencias y de ideas veneradas durante siglos, quedan rotas; las nuevas se hacen añejas antes de llegar a osificarse. Todo lo estamental y estancado se esfuma; todo lo sagrado es profanado, y los hombres, al fin, se ven forzados a considerar serenamente sus condiciones de existencia y sus relaciones recíprocas.

Espoleada por la necesidad de dar cada vez mayor salida a sus productos, la burguesía recorre el mundo entero. Necesita anidar en todas partes, establecerse en todas partes, crear vínculos en todas partes.

Mediante la explotación del mercado mundial, la burguesía ha dado un carácter cosmopolita a la producción y al consumo de todos los países. Con gran sentimiento de los reaccionarios, ha quitado a la industria su base nacional. Las antiguas industrias nacionales han sido destruidas y están destruyéndose continuamente. Son suplantadas por nuevas industrias, cuya introducción se convierte en cuestión vital para todas las naciones civilizadas, por industrias que ya no emplean materias primas indígenas, sino materias primas venidas de las más lejanas regiones del mundo, y cuyos productos no solo se consumen en el propio país, sino en todas las partes del globo. En lugar de las antiguas necesidades, satisfechas con productos nacionales, surgen necesidades nuevas, que reclaman para su satisfacción productos de los países más apartados y de los climas más diversos. En lugar del antiguo aislamiento y la amargura de las regiones y naciones, se establece un intercambio universal, una interdependencia universal de las naciones. Y esto se refiere tanto a la producción material, como a la intelectual. La producción intelectual de una nación se convierte en patrimonio común de todas. La estrechez y el exclusivismo nacionales resultan de día en día más imposibles; de las numerosas literaturas nacionales y locales se forma una literatura universal.

Merced al rápido perfeccionamiento de los instrumentos de producción y al constante progreso de los medios de comunicación, la burguesía arrastra a la corriente de la civilización a todas las naciones, hasta a las más bárbaras. Los bajos precios de sus mercancías constituyen la artillería pesada que derrumba todas las murallas de China y hace capitular a los bárbaros más fanáticamente hostiles a los extranjeros. Obliga a todas las naciones, si no quieren sucumbir, a adoptar el modo burgués de producción, las constriñe a introducir la llamada civilización, es decir, a hacerse burgueses. En una palabra: se forja un mundo a su imagen y semejanza.

La burguesía ha sometido el campo al dominio de la ciudad. Ha creado urbes inmensas; ha aumentado enormemente la población de las ciudades en comparación con la del campo, substrayendo una gran parte de la población al idiotismo de la vida rural. Del mismo modo que ha subordinado el campo a la ciudad, ha subordinado los países bárbaros o semibárbaros a los países civilizados, los pueblos campesinos a los pueblos burgueses, el Oriente al Occidente.

La burguesía suprime cada vez más el fraccionamiento de los medios de producción, de la propiedad y de la población. Ha aglomerado la población, centralizado los medios de producción y concentrado la propiedad en manos de unos pocos. La consecuencia obligada de ello ha sido la centralización política. Las provincias independientes, ligadas entre sí casi únicamente por lazos federales, con intereses, leyes, gobiernos y tarifas aduaneras diferentes han sido consolidadas en *una* sola nación, bajo *un* solo Gobierno, *una* sola ley, *un* solo interés nacional de clase y *una* sola línea aduanera.

La burguesía, a lo largo de su dominio de clase, que cuenta apenas con un siglo de existencia, ha creado fuerzas productivas más abundantes y más grandiosas que todas las generaciones pasadas juntas. El sometimiento de las fuerzas de la naturaleza, el empleo de las máquinas, la aplicación de la química a la industria y a la agricultura, la navegación de vapor, el ferrocarril, el telégrafo eléctrico, la asimilación para el cultivo de continentes enteros, la apertura de los ríos a la navegación, poblaciones enteras surgiendo por encanto, como si salieran de la tierra. ¿Cuál de los siglos pasados pudo sospechar siquiera que semejantes fuerzas productivas dormitasen en el seno del trabajo social?

Hemos visto, pues, que los medios de producción y de cambio sobre cuya base se ha formado la burguesía, fueron creados en la sociedad feudal. Al alcanzar un cierto grado de desarrollo, estos medios de producción y de cambio, las condiciones en que la sociedad feudal producía y cambiaba, la organización feudal de la agricultura y de la industria manufacturera, en una palabra, las relaciones feudales de propiedad, cesaron de corresponder a las fuerzas productivas ya desarrolladas. Frenaban la producción en lugar de impulsada. Se transformaron en otras tantas trabas. Era preciso romper esas trabas, y las rompieron.

En su lugar se estableció la libre concurrencia, con una constitución social y política adecuada a ella y con la dominación económica y política de la clase burguesa.

Ante nuestros ojos se está produciendo un movimiento análogo. Las relaciones burguesas de producción y de cambio, las relaciones burguesas de propiedad, toda esta sociedad burguesa moderna, que ha hecho surgir como por encanto tan potentes medios de producción y de cambio, se asemeja al mago que ya no es capaz de dominar las potencias infernales que ha desencadenado con sus conjuros. Desde hace algunas décadas, la historia de la industria y del comercio no es más que la historia de la rebelión de las fuerzas productivas modernas contra las actuales relaciones de producción, contra las relaciones de propiedad que condicionan la existencia de la burguesía y su dominación. Basta mencionar las crisis comerciales que, con su retorno periódico, plantean, en forma cada vez más amenazante, la cuestión de la existencia de toda la sociedad burguesa. Durante cada crisis comercial, se destruye sistemáticamente, no solo una parte considerable de productos elaborados, sino incluso de las mismas fuerzas productivas ya creadas. Durante las crisis, una epidemia social, que en cualquier época anterior hubiera parecido absurda, se extiende sobre la sociedad: la epidemia de la superproducción. La sociedad se encuentra súbitamente retrotraída a un estado de súbita barbarie: diríase que el hambre, que una guerra devastadora mundial la han privado de todos sus medios de subsistencia; la industria y el comercio parecen aniquilados. Y todo eso, ¿por qué? Porque la sociedad posee demasiada civilización, demasiados medios de vida, demasiada industria, demasiado comercio. Las fuerzas productivas de que dispone no favorecen ya el régimen burgués de la propiedad; por el contrario, resultan ya demasiado poderosas para estas relaciones, que constituyen un obstáculo para su desarrollo; y cada vez que las fuerzas productivas salvan este obstáculo, precipitan en el desorden a toda la sociedad burguesa y amenazan la existencia de la propiedad burguesa. Las relaciones burguesas resultan demasiado estrechas para contener las riquezas creadas en su seno. ¿Cómo vence esta crisis la burguesía? De una parte, por la destrucción obligada de una masa de fuerzas productivas; de otra, por la conquista de nuevos mercados y la explotación más intensa de los antiguos. ¿De qué modo lo hace, pues? Preparando crisis más extensas y más violentas y disminuyendo los medios de prevenirlas.

Las armas de que se sirvió la burguesía para derribar al feudalismo se vuelven ahora contra la propia burguesía.

Pero la burguesía no ha forjado solamente las armas que deben darle muerte; ha producido también los hombres que empuñarán esas armas: los obreros modernos, *los proletarios*.

En la misma proporción en que se desarrolla la burguesía, es decir, el capital, desarróllase también el proletariado, la clase de los obreros modernos, que no viven sino a condición de encontrar trabajo, y lo encuentran únicamente mientras su trabajo acrecienta el capital. Estos obreros, obligados a venderse al detall, son una mercancía como cualquier otro artículo de comercio, sujeta, por tanto, a todas las vicisitudes de la competencia, a todas las fluctuaciones del mercado.

El creciente empleo de las máquinas y la división del trabajo quitan al trabajo del proletario todo carácter propio y le hacen perder con ello todo atractivo para el obrero. Este se convierte en un simple apéndice de la máquina, y solo se le exigen las operaciones más sencillas, más monótonas y de más fácil aprendizaje. Por tanto, lo que cuesta hoy día el obrero se reduce poco más o menos a los medios de subsistencia indispensable para vivir y para perpetuar su linaje. Pero el precio de todo trabajo[154], como el de toda mercancía, es igual a los gastos de producción. Por consiguiente, cuanto más fastidioso resulta el trabajo, más bajan los salarios. Más aún, cuanto más se desenvuelven la maquinaria y la división del trabajo, más aumenta la cantidad de trabajo bien mediante la prolongación de la jornada, bien por el aumento del trabajo exigido en un tiempo dado, la aceleración del movimiento de las máquinas, etc.

La industria moderna ha transformado el pequeño taller del maestro patriarcal en la gran fábrica del capitalista industrial. Masas de obreros, hacinados en la fábrica, son organizados en forma militar. Como soldados rasos de la industria, están colocados bajo la vigilancia de toda una jerarquía de oficiales y suboficiales. No son solamente esclavos de la clase burguesa, del Estado burgués, sino diariamente, a todas horas, esclavos de la máquina, del capataz y, sobre todo, del burgués individual,

---

154 Marx y Engels ya no emplearon en sus obras posteriores los términos de «valor del trabajo» y «precio del trabajo». En su lugar, empleaban conceptos más exactos, propuestos por Marx: «valor de la fuerza de trabajo» y «precio de la fuerza de trabajo» (véase la «Introducción» de Engels a la obra de Marx *Trabajo asalariado y capital*, en el *Obras Escogidas*, I, pp. 136-142).

patrón de la fábrica. Y este despotismo es tanto más mezquino, odioso y exasperante, cuanto mayor es la franqueza con que proclama que no tiene otro fin que el lucro.

Cuanto menos habilidad y fuerza requiere el trabajo manual, es decir, cuanto mayor es el desarrollo de la industria moderna, mayor es la proporción en que el trabajo de los hombres es suplantado por el de las mujeres y los niños. Por lo que respecta a la clase obrera, las diferencias de edad y sexo pierden toda significación social. No hay más que instrumentos de trabajo, cuyo coste varía según la edad y el sexo.

Una vez que el obrero ha sufrido la explotación del fabricante y ha recibido su salario en metálico, se convierte en víctima de otros elementos de la burguesía: el casero, el tendero, el prestamista, etc.

Pequeños industriales, pequeños comerciantes y rentistas, artesanos y campesinos, toda la escala inferior de las clases medias de otro tiempo, caen en las filas del proletariado; unos, porque sus pequeños capitales no les alcanzan para acometer grandes empresas industriales y sucumben en la competencia con los capitalistas más fuertes; otros, porque su habilidad profesional se ve depreciada ante los nuevos métodos de producción. De tal suerte, el proletariado se recluta entre todas las clases de la población.

El proletariado pasa por diferentes etapas de desarrollo. Su lucha contra la burguesía comienza con su surgimiento.

Al principio, la lucha es entablada por obreros aislados, después, por los obreros de una misma fábrica, más tarde, por los obreros del mismo oficio de la localidad contra el burgués individual que los explota directamente. No se contentan con dirigir sus ataques contra las relaciones burguesas de producción, y los dirigen contra los mismos instrumentos de producción: destruyen las mercancías extranjeras que les hacen competencia, rompen las máquinas, incendian las fábricas, intentan reconquistar por la fuerza la posición perdida del artesano de la Edad Media.

En esta etapa, los obreros forman una masa diseminada por todo el país y disgregada por la competencia. Si los obreros forman masas compactas, esta acción no es todavía consecuencia de su propia unión, sino de la unión de la burguesía, que para alcanzar sus propios fines políticos debe –y por ahora aún puede– poner en movimiento a todo el proletariado. Durante esta etapa, los proletarios no combaten, por tanto, contra sus propios enemigos, sino contra los enemigos de sus enemigos, es decir, contra los restos de la monarquía absoluta, los propietarios territoriales, los burgueses no industriales y los pequeños burgueses. Todo el movimiento histórico se concentra, de esta suerte, en manos de la burguesía; cada victoria alcanzada en estas condiciones es una victoria de la burguesía.

Pero la industria, en su desarrollo, no solo acrecienta el número de proletarios, sino que los concentra en masas considerables; su fuerza aumenta y adquieren mayor conciencia de la misma. Los intereses y las condiciones de existencia de los proletarios se igualan cada vez más a medida que la máquina va borrando las diferencias en el trabajo y reduce el salario, casi en todas partes, a un nivel igualmente bajo. Como resultado de la creciente competencia de los burgueses entre sí y de las crisis comerciales que ella ocasiona, los salarios son cada vez más fluctuantes; el constante y acelerado perfeccionamiento de la máquina coloca al obrero en situación cada vez más precaria; las colisiones entre el obrero individual y el burgués individual adquieren más y más el carácter de colisiones entre dos clases. Los obreros empiezan a formar coaliciones contra los burgueses y actúan en común para la defensa de sus salarios. Llegan hasta formar asociaciones permanentes para asegurarse los medios necesarios, en previsión de estos choques eventuales. Aquí y allá la lucha estalla en sublevación.

A veces los obreros triunfan; pero es un triunfo efímero. El verdadero resultado de sus luchas no es el éxito inmediato, sino la unión cada vez más extensa de los obreros. Esta unión es propiciada por el crecimiento de los medios de comunicación creados por la gran industria y que ponen en contacto a los obreros de diferentes localidades. Y basta ese contacto para que las numerosas luchas locales, que en todas partes revisten el mismo carácter, se centralicen en una lucha nacional, en una lucha de clases. Mas toda lucha de clases es una lucha política. Y la unión que los habitantes de las ciudades de la Edad Media, con sus caminos vecinales, tardaron siglos en establecer, los proletarios modernos, con los ferrocarriles, la llevan a cabo en unos pocos años.

Esta organización del proletariado en clase y, por tanto, en partido político, vuelve sin cesar a ser socavada por la competencia entre los propios obreros. Pero resurge, y siempre más fuerte, más firme, más potente. Aprovecha las disensiones intestinas de los burgueses para obligarles a reconocer por la ley algunos intereses de la clase obrera; por ejemplo, la ley de la jornada de diez horas en Inglaterra.

En general, las colisiones en la vieja sociedad favorecen de diversas maneras el proceso de desarrollo del proletariado. La burguesía vive en lucha permanente: al principio, contra la aristocracia; después, contra aquellas fracciones de la misma burguesía, cuyos intereses entran en contradicción con los progresos de la industria, y siempre, en fin, contra la burguesía de todos los demás países. En todas estas luchas se ve forzada a apelar al proletariado, a reclamar su ayuda y arrastradle así al movimiento político. De tal manera, la burguesía proporciona a los proletarios los elementos de su propia educación, es decir, armas contra ella misma.

Además, como acabamos de ver, el progreso de la industria precipita a las filas del proletariado a capas enteras de la clase dominante, o, al menos, las amenaza en sus condiciones de existencia. También ellas aportan al proletariado numerosos elementos de educación.

Finalmente, en los períodos en que la lucha de clases se acerca a su desenlace, el proceso de desintegración de la clase dominante, de toda la vieja sociedad, adquiere un carácter tan violento y tan agudo que una pequeña fracción de esa clase reniega de ella y se adhiere a la clase revolucionaria, a la clase en cuyas manos está el porvenir. Y así como antes una parte de la nobleza se pasó a la burguesía, en nuestros días un sector de la burguesía se pasa al proletariado, particularmente ese sector de los ideólogos burgueses que se han elevado hasta la comprensión teórica del conjunto del movimiento histórico.

De todas las clases que hoy se enfrentan con la burguesía, solo el proletariado es una clase verdaderamente revolucionaria. Las demás clases van degenerando y desaparecen con el desarrollo de la gran industria; el proletariado, en cambio, es su producto más peculiar.

Los estamentos medios –el pequeño industrial, el pequeño comerciante, el artesano, el campesino–, todos ellos luchan contra la burguesía para salvar de la ruina su existencia como tales estamentos medios. No son, pues, revolucionarios, sino conservadores. Más todavía, son reaccionarios, ya que pretenden volver atrás la rueda de la Historia. Son revolucionarios únicamente por cuanto tienen ante sí la perspectiva de su tránsito inminente al proletariado, defendiendo así no sus intereses presentes, sino sus intereses futuros, por cuanto abandonan sus propios puntos de vista para adoptar los del proletariado.

El lumpemproletariado, ese producto pasivo de la putrefacción de las capas más bajas de la vieja sociedad, puede a veces ser arrastrado al movimiento por una revolución proletaria; sin embargo, en virtud de todas sus condiciones de vida está más bien dispuesto a venderse a la reacción para servir a sus maniobras.

Las condiciones de existencia de la vieja sociedad están ya abolidas en las condiciones de existencia del proletariado. El proletariado no tiene propiedad; sus relaciones con la mujer y con los hijos no tienen nada de común con las relaciones familiares burguesas; el trabajo industrial moderno, el moderno yugo del capital, que es el mismo en Inglaterra que en Francia, en Norteamérica que en Alemania, despoja al proletariado de todo carácter nacional. Las leyes, la moral, la religión son para él meros prejuicios burgueses, detrás de los cuales se ocultan otros tantos intereses de la burguesía.

Todas las clases que en el pasado lograron hacerse dominantes trataron de consolidar la situación adquirida sometiendo a toda la sociedad a las condiciones de su modo de apropiación. Los proletarios no pueden conquistar las fuerzas productivas sociales, sino aboliendo su propio modo de apropiación en vigor, y, por tanto, todo modo de apropiación existente hasta nuestros días. Los proletarios no tienen nada que salvaguardar; tienen que destruir todo lo que hasta ahora ha venido garantizando y asegurando la propiedad privada existente.

Todos los movimientos han sido hasta ahora realizados por minorías o en provecho de minorías. El movimiento proletario es un movimiento propio de la inmensa mayoría en provecho de la inmensa mayoría. El proletariado, capa inferior de la sociedad actual, no puede levantarse, no puede enderezarse, sin hacer saltar toda la superestructura formada por las capas de la sociedad oficial.

Por su forma, aunque no por su contenido, la lucha del proletariado contra la burguesía es primeramente una lucha nacional. Es natural que el proletariado de cada país deba acabar en primer lugar con su propia burguesía.

Al esbozar las fases más generales del desarrollo del proletariado, hemos seguido el curso de la guerra civil más o menos oculta que se desarrolla en el seno de la sociedad existente, hasta el momento en que se transforma en una revolución abierta, y el proletariado, derrocando por la violencia a la burguesía, implanta su dominación.

Todas las sociedades anteriores, como hemos visto, han descansado en el antagonismo entre clases opresoras y oprimidas. Mas para poder oprimir a una clase, es preciso asegurarle unas condiciones que le permitan, por lo menos, arrastrar su existencia de esclavitud. El siervo, en pleno régimen de servidumbre, llegó a miembro de la comuna, lo mismo que el pequeño burgués llegó a elevarse a la categoría de burgués bajo el yugo del absolutismo feudal. El obrero moderno, por el contrario, lejos de elevarse con el progreso de la industria, desciende siempre más y más por debajo de las condiciones de vida de su propia clase. El trabajador cae en la miseria, y el pauperismo crece más rápidamente todavía que la población y la riqueza. Es, pues, evidente que la burguesía ya no es capaz de seguir desempeñando el papel de clase dominante de la sociedad ni de imponer a esta, como ley reguladora, las condiciones de existencia de su clase. No es capaz de dominar, porque no es capaz de asegurar a su esclavo la existencia, ni siquiera dentro del marco de la esclavitud, porque se ve obligada a dejarle decaer hasta el punto de tener que mantenerle, en lugar de ser mantenida por él. La sociedad ya no puede vivir bajo su dominación; lo que equivale a decir que la existencia de la burguesía es, en lo sucesivo, incompatible con la de la sociedad.

La condición esencial de la existencia y de la dominación de la clase burguesa es la acumulación de la riqueza en manos de particulares, la formación y el acrecentamiento del capital. La condición de existencia del capital es el trabajo asalariado. El trabajo asalariado descansa exclusivamente sobre la competencia de los obreros entre sí. El progreso de la industria, del que la burguesía, incapaz de oponérsele, es agente involuntario, sustituye el aislamiento de los obreros, resultante de la competencia, por su unión revolucionaria mediante la asociación. Así, el desarrollo de la gran industria socava bajo los pies de la burguesía las bases sobre las que esta produce y se apropia lo producido. La burguesía produce, ante todo, sus propios sepultureros. Su hundimiento y la victoria del proletariado son igualmente inevitables.

II. Proletarios y comunistas

¿Cuál es la posición de los comunistas con respecto a los proletarios en general?

Los comunistas no forman un partido aparte, opuesto a los otros partidos obreros.

No tienen intereses que los separen del conjunto del proletariado.

No proclaman principios especiales a los que quisieran amoldar el movimiento proletario.

Los comunistas solo se distinguen de los demás partidos proletarios en que, por una parte, en las diferentes luchas nacionales de los proletarios, destacan y hacen valer los intereses comunes a todo el proletariado, independientemente de la nacionalidad; y, por otra parte, en que, en las diferentes fases de desarrollo por que pasa la lucha entre el proletariado y la burguesía, representan siempre los intereses del movimiento en su conjunto.

Prácticamente, los comunistas son, pues, el sector más resuelto de los partidos obreros de todos los países, el sector que siempre impulsa adelante a los demás; teóricamente, tienen sobre el resto del proletariado la ventaja de su clara visión de las condiciones, de la marcha y de los resultados generales del movimiento proletario.

El objetivo inmediato de los comunistas es el mismo que el de todos los demás partidos proletarios: constitución de los proletarios en clase, derrocamiento de la dominación burguesa, conquista del poder político por el proletariado.

Las tesis teóricas de los comunistas no se basan en modo alguno en ideas y principios inventados o descubiertos por tal o cual reformador del mundo.

No son sino la expresión de conjunto de las condiciones reales de una lucha de clases existente, de un movimiento histórico que se está desarrollando ante nuestros ojos. La abolición de las relaciones de propiedad antes existentes no es una característica propia del comunismo.

Todas las relaciones de propiedad han sufrido constantes cambios históricos, continuas transformaciones históricas.

La revolución francesa, por ejemplo, abolió la propiedad feudal en provecho de la propiedad burguesa.

El rasgo distintivo del comunismo no es la abolición de la propiedad en general, sino la abolición de la propiedad burguesa.

Pero la propiedad privada burguesa moderna es la última y más acabada expresión del modo de producción y de apropiación de lo producido basado en los antagonismos de clase, en la explotación de los unos por los otros.

En este sentido, los comunistas pueden resumir su teoría en esta fórmula única: abolición de la propiedad privada.

Se nos ha reprochado a los comunistas el querer abolir la propiedad personalmente adquirida, fruto del trabajo propio, esa propiedad que forma la base de toda libertad, actividad e independencia individual.

¡La propiedad adquirida, fruto del trabajo, del esfuerzo personal! ¿Os referís acaso a la propiedad del pequeño burgués, del pequeño labrador, esa forma de propiedad que ha precedido a la propiedad burguesa? No tenemos que abolirla: el progreso de la industria la ha abolido y está aboliéndola a diario.

¿O tal vez os referís a la propiedad privada burguesa moderna?

¿Es que el trabajo asalariado, el trabajo del proletario, crea propiedad para el proletario? De ninguna manera. Lo que crea es capital, es decir, la propiedad que explota al trabajo asalariado y que no puede acrecentarse sino a condición de producir nuevo trabajo asalariado, para volver a explotarlo. En su forma actual la propiedad se mueve en el antagonismo entre el capital y el trabajo asalariado. Examinemos los dos términos de este antagonismo.

Ser capitalista significa ocupar no solo una posición puramente personal en la producción, sino también una posición social. El capital es un producto colectivo; no puede ser puesto en movimiento sino por la actividad conjunta de muchos miembros de la sociedad y, en última instancia, solo por la actividad conjunta de todos los miembros de la sociedad.

El capital no es, pues, una fuerza personal; es una fuerza social.

En consecuencia, si el capital es transformado en propiedad colectiva, perteneciente a todos los miembros de la sociedad, no es la propiedad personal la que se transforma en propiedad social. Solo cambia el carácter social de la propiedad. Esta pierde su carácter de clase.

Examinemos el trabajo asalariado.

El precio medio del trabajo asalariado es el mínimo del salario, es decir, la suma de los medios de subsistencia indispensables al obrero para conservar su vida como tal obrero. Por consiguiente, lo que el obrero asalariado se apropia por su actividad es estrictamente lo que necesita para la mera reproducción de su vida. No queremos de ninguna manera abolir esta apropiación personal de los productos del trabajo, indispensable para la mera reproducción de la vida humana, esa apropiación, que no deja ningún beneficio líquido que pueda dar un poder sobre el trabajo de otro. Lo que queremos suprimir es el carácter miserable de esa apropiación, que hace que el obrero no viva sino para acrecentar el capital y tan solo en la medida en que el interés de la clase dominante exige que viva.

En la sociedad burguesa, el trabajo vivo no es más que un medio de incrementar el trabajo acumulado. En la sociedad comunista, el trabajo acumulado no es más que un medio de ampliar, enriquecer y hacer más fácil la vida de los trabajadores.

De este modo, en la sociedad burguesa el pasado domina sobre el presente; en la sociedad comunista es el presente el que domina sobre el pasado. En la sociedad burguesa el capital es independiente y tiene personalidad, mientras que el individuo que trabaja carece de independencia y está despersonalizado.

¡Y la burguesía dice que la abolición de semejante estado de cosas es abolición de la personalidad y de la libertad! Y con razón. Pues se trata efectivamente de abolir la personalidad burguesa, la independencia burguesa y la libertad burguesa.

Por libertad, en las condiciones actuales de la producción burguesa, se entiende la libertad de comercio, la libertad de comprar y vender.

Desaparecida la compraventa, desaparecerá también la libertad de compraventa. Las declamaciones sobre la libertad de compraventa, lo mismo que las demás bravatas liberales de nuestra burguesía, solo tienen sentido aplicadas a la compraventa encadenada y al burgués sojuzgado de la Edad Media; pero no ante la abolición comunista de compraventa, de las relaciones de producción burguesas y de la propia burguesía.

Os horrorizáis de que queramos abolir la propiedad privada. Pero, en vuestra sociedad actual, la propiedad privada está abolida para las nueve décimas partes de sus miembros; existe precisamente porque no existe para esas nueve décimas partes. Nos reprocháis, pues, el querer abolir una forma de propiedad que no puede existir sino a condición de que la inmensa mayoría de la sociedad sea privada de propiedad.

En una palabra, nos acusáis de querer abolir vuestra propiedad. Efectivamente, eso es lo que queremos.

Según vosotros, desde el momento en que el trabajo no puede ser convertido en capital, en dinero, en renta de la tierra, en una palabra, en poder social susceptible de ser monopolizado; es decir, desde el instante en que la propiedad personal no puede transformarse en propiedad burguesa, desde ese instante la personalidad queda suprimida.

Reconocéis, pues, que por personalidad no entendéis sino al burgués, al propietario burgués. Y esta personalidad ciertamente debe ser suprimida.

El comunismo no arrebata a nadie la facultad de apropiarse de los productos sociales; no quita más que el poder de sojuzgar por medio de esta apropiación el trabajo ajeno.

Se ha objetado que con la abolición de la propiedad privada cesaría toda actividad y sobrevendría una indolencia general.

Si así fuese, hace ya mucho tiempo que la sociedad burguesa habría sucumbido a manos de la holgazanería, puesto que en ella los que trabajan no adquieren y los que adquieren no trabajan. Toda la objeción se reduce a esta tautología: no hay trabajo asalariado donde no hay capital.

Todas las objeciones dirigidas contra el modo comunista de apropiación y de producción de bienes materiales se hacen extensivas igualmente respecto a la apropiación y a la producción de los productos del trabajo intelectual. Lo mismo que para el burgués la desaparición de la propiedad de clase equivale a la desaparición de toda producción, la desaparición de la cultura de clase significa para él la desaparición de toda cultura.

La cultura, cuya pérdida deplora, no es para la inmensa mayoría de los hombres más que el adiestramiento que los transforma en máquinas.

Mas no discutáis con nosotros mientras apliquéis a la abolición de la propiedad burguesa el criterio de vuestras nociones burguesas de libertad, cultura, derecho, etc. Vuestras ideas mismas son producto de las relaciones de producción y de propiedad burguesas, como vuestro derecho no es más que la voluntad de vuestra clase erigida en ley; voluntad cuyo contenido está determinado por las condiciones materiales de existencia de vuestra clase.

La concepción interesada que os ha hecho erigir en leyes eternas de la Naturaleza y de la Razón las relaciones sociales dimanadas de vuestro modo de producción y de propiedad –relaciones históricas que surgen y desaparecen en el curso de la producción–, la compartís con todas las clases dominantes hoy desaparecidas. Lo que concebís para la propiedad antigua, lo que concebís para la propiedad feudal, no os atrevéis a admitirlo para la propiedad burguesa.

¡Querer abolir la familia! Hasta los más radicales se indignan ante este infame designio de los comunistas.

¿En qué bases descansa la familia actual, la familia burguesa? En el capital, en el lucro privado. La familia, plenamente desarrollada, no existe más que para la burguesía; pero encuentra su complemento en la supresión forzosa de toda familia para el proletariado y en la prostitución pública.

La familia burguesa desaparece naturalmente al dejar de existir ese complemento suyo, y ambos desaparecen con la desaparición del capital.

¿Nos reprocháis el querer abolir la explotación de los hijos por sus padres? Confesamos este crimen.

Pero decís que destruimos los vínculos más íntimos, sustituyendo la educación doméstica por la educación social.

Y vuestra educación, ¿no está también determinada por la sociedad, por las condiciones sociales en que educáis a vuestros hijos, por la intervención directa o indirecta de la sociedad a través de la escuela, etc.? Los comunistas no han inventado esta injerencia de la sociedad en la educación, no hacen más que cambiar su carácter y arrancar la educación a la influencia de la clase dominante.

Las declamaciones burguesas sobre la familia y la educación, sobre los dulces lazos que unen a los padres con sus hijos, resultan más repugnantes a medida que la gran industria destruye todo vínculo de familia para el proletario y transforma a los niños en simples artículos de comercio, en simples instrumentos de trabajo.

¡Pero es que vosotros, los comunistas, queréis establecer la comunidad de las mujeres!, nos grita a coro toda la burguesía.

Para el burgués, su mujer no es otra cosa que un instrumento de producción. Oye decir que los instrumentos de producción deben ser de utilización común, y, naturalmente, no puede por menos de pensar que las mujeres correrán la misma suerte de la socialización.

No sospecha que se trata precisamente de acabar con esa situación de la mujer como simple instrumento de producción.

Nada más grotesco, por otra parte, que el horror ultramoral que inspira a nuestros burgueses la pretendida comunidad oficial de las mujeres que atribuyen a los comunistas. Los comunistas no tienen necesidad de introducir la comunidad de las mujeres: casi siempre ha existido.

Nuestros burgueses, no satisfechos con tener a su disposición las mujeres y las hijas de sus obreros, sin hablar de la prostitución oficial, encuentran un placer singular en seducirse mutuamente las esposas.

El matrimonio burgués es, en realidad, la comunidad de las esposas. A lo sumo, se podría acusar a los comunistas de querer sustituir una comunidad de las mujeres hipócritamente disimulada, por una comunidad franca y oficial. Es evidente, por otra parte, que con la abolición de las relaciones de producción actuales desaparecerá la comunidad de las mujeres que de ellas se deriva, es decir, la prostitución oficial y no oficial.

Se acusa también a los comunistas de querer abolir la patria, la nacionalidad.

Los obreros no tienen patria. No se les puede arrebatar lo que no poseen. Mas, por cuanto el proletariado debe en primer lugar conquistar el poder político, elevarse a la condición de clase nacional, constituirse en nación, todavía es nacional, aunque de ninguna manera en el sentido burgués.

El aislamiento nacional y los antagonismos entre los pueblos desaparecen de día en día con el desarrollo de la burguesía, la libertad de comercio y el mercado mundial, con la uniformidad de la producción industrial y las condiciones de existencia que le corresponden.

El dominio del proletariado los hará desaparecer más deprisa todavía. La acción común, al menos de los países civilizados, es una de las primeras condiciones de su emancipación.

En la misma medida en que sea abolida la explotación de un individuo por otro, será abolida la explotación de una nación por otra.

Al mismo tiempo que el antagonismo de las clases en el interior de las naciones, desaparecerá la hostilidad de las naciones entre sí.

En cuanto a las acusaciones lanzadas contra el comunismo, partiendo del punto de vista de la religión, de la filosofía y de la ideología en general, no merecen un examen detallado.

¿Acaso se necesita una gran perspicacia para comprender que con toda modificación en las condiciones de vida, en las relaciones sociales, en la existencia social, cambian también las ideas, las nociones y las concepciones, en una palabra, la conciencia del hombre?

¿Qué demuestra la historia de las ideas sino que la producción intelectual se transforma con la producción material? Las ideas dominantes en cualquier época no han sido nunca más que las ideas de la clase dominante.

Cuando se habla de ideas que revolucionan toda una sociedad, se expresa solamente el hecho de que en el seno de la vieja sociedad se han formado los elementos de una nueva, y la disolución de las viejas ideas marcha a la par con la disolución de las antiguas condiciones de vida.

En el ocaso del mundo antiguo las viejas religiones fueron vencidas por la religión cristiana. Cuando, en el siglo XVIII, las ideas cristianas fueron vencidas por las ideas de la ilustración, la sociedad feudal libraba una lucha a muerte contra la burguesía, entonces revolucionaria. Las ideas de libertad religiosa y de libertad de conciencia no hicieron más que reflejar el reinado de la libre concurrencia en el dominio del saber.

«Sin duda –se nos dirá–, las ideas religiosas, morales, filosóficas, políticas, jurídicas, etc., se han ido modificando en el curso del desarrollo histórico. Pero la religión, la moral, la filosofía, la política, el derecho se han mantenido siempre a través de estas transformaciones.

Existen, además, verdades eternas, tales como la libertad la justicia, etc., que son comunes a todo estado de la sociedad. Pero el comunismo quiere abolir estas verdades eternas, quiere abolir la religión y la moral, en lugar de darles una forma nueva, y por eso contradice a todo el desarrollo histórico anterior».

¿A qué se reduce esta acusación? La historia de todas las sociedades que han existido hasta hoy se desenvuelve en medio de contradicciones de clase, de contradicciones que revisten formas diversas en las diferentes épocas.

Pero cualquiera que haya sido la forma de estas contradicciones, la explotación de una parte de la sociedad por la otra es un hecho común a todos los siglos anteriores. Por consiguiente, no tiene nada de asombroso que la conciencia social de todos los siglos, a despecho de toda variedad y de toda diversidad, se haya movido siempre dentro de ciertas formas comunes, dentro de unas formas –formas de conciencia–, que no desaparecerán completamente más que con la desaparición definitiva de los antagonismos de clase.

La revolución comunista es la ruptura más radical con las relaciones de propiedad tradicionales; nada de extraño tiene que en el curso de su desarrollo rompa de la manera más radical con las ideas tradicionales.

Mas, dejemos aquí las objeciones hechas por la burguesía al comunismo.

Como ya hemos visto más arriba, el primer paso de la revolución obrera es la elevación del proletariado a clase dominante, la conquista de la democracia.

El proletariado se valdrá de su dominación política para ir arrancando gradualmente a la burguesía todo el capital, para centralizar todos los instrumentos de producción en manos del Estado, es decir, del proletariado organizado como clase dominante, y para aumentar con la mayor rapidez posible la suma de las fuerzas productivas.

Esto, naturalmente, no podrá cumplirse al principio más que por una violación despótica del derecho de propiedad y de las relaciones burguesas de producción, es decir, por la adopción de medidas que desde el punto de vista económico parecerán insuficientes e insostenibles, pero que en el curso del movimiento se sobrepasarán a sí mismas y serán indispensables como medio para transformar radicalmente todo el modo de producción.

Estas medidas, naturalmente, serán diferentes en los diversos países.

Sin embargo, en los países más avanzados podrán ser puestas en práctica casi en todas partes las siguientes medidas:

1. Expropiación de la propiedad territorial y empleo de la renta de la tierra para los gastos del Estado.

2. Fuerte impuesto progresivo.

3. Abolición del derecho de herencia.

4. Confiscación de la propiedad de todos los emigrados y sediciosos.

5. Centralización del crédito en manos del Estado por medio de un Banco nacional con capital del Estado y monopolio exclusivo.

6. Centralización en manos del Estado de todos los medios de transporte.

7. Multiplicación de las empresas fabriles pertenecientes al Estado y de los instrumentos de producción, roturación de los terrenos incultos y mejoramiento de las tierras, según un plan general.

8. Obligación de trabajar para todos; organización de ejércitos industriales, particularmente para la agricultura.

9. Combinación de la agricultura y la industria; medidas encaminadas a hacer desaparecer gradualmente la diferencia entre la ciudad y el campo.

10. Educación pública y gratuita de todos los niños; abolición del trabajo de éstos en las fábricas tal como se practica hoy, régimen de educación combinado con la producción material, etc., etc.

Una vez que en el curso del desarrollo hayan desaparecido las diferencias de clase y se haya concentrado toda la producción en manos de los individuos asociados, el poder público perderá su carácter político. El poder político, hablando propiamente, es la violencia organizada de una clase para la opresión de otra. Si en la lucha contra la burguesía el proletariado se constituye indefectiblemente en clase; si mediante la revolución se convierte en clase dominante y, en cuanto clase dominante, suprime por la fuerza las viejas relaciones de producción, suprime, al mismo tiempo que estas relaciones de producción, las condiciones para la existencia del antagonismo de clase y de las clases en general, y, por tanto, su propia dominación como clase.

En sustitución de la antigua sociedad burguesa, con sus clases y sus antagonismos de clase, surgirá una asociación en que el libre desenvolvimiento de cada uno será la condición del libre desenvolvimiento de todos.

III. Literatura socialista y comunista

1. El socialismo reaccionario

a) El socialismo feudal

Por su posición histórica, la aristocracia francesa e inglesa estaba llamada a escribir libelos contra la moderna sociedad burguesa. En la revolución francesa de julio de 1830 y en el movimiento inglés por la reforma parlamentaria[155], habían

---

155 PR: Se alude al movimiento en pro de la reforma electoral que, bajo la presión de las masas, fue adoptada por la Cámara de los Comunes en 1831 y aprobada definitivamente por la Cámara de los Lores en junio de 1832. La

sucumbido una vez más bajo los golpes del odiado advenedizo. En adelante no podía hablarse siquiera de una lucha política seria. No le quedaba más que la lucha literaria. Pero, también en el terreno literario, la vieja fraseología de la época de la Restauración[156] había llegado a ser inaplicable. Para crearse simpatías era menester que la aristocracia aparentase no tener en cuenta sus propios intereses y que formulara su acta de acusación contra la burguesía solo en interés de la clase obrera explotada. Diose de esta suerte la satisfacción de componer canciones satíricas contra su nuevo amo y de musitarle al oído profecías más o menos siniestras.

Así es cómo nació el socialismo feudal, mezcla de jeremiadas y pasquines, de ecos del pasado y de amenazas sobre el porvenir. Si alguna vez su crítica amarga, mordaz e ingeniosa hirió a la burguesía en el corazón, su incapacidad absoluta para comprender la marcha de la historia moderna concluyó siempre por cubrirlo de ridículo.

A guisa de bandera, estos señores enarbolaban el saco de mendigo del proletario, a fin de atraer al pueblo. Pero cada vez que el pueblo acudía, advertía que sus posaderas estaban ornadas con el viejo blasón feudal y se dispersaba en medio de grandes e irreverentes carcajadas.

---

reforma iba dirigida contra el monopolio político de la aristocracia agraria y financiera y abría las puertas del parlamento a la burguesía industrial. El proletariado y la pequeña burguesía, que constituían la fuerza principal de la lucha por la reforma, se vieron defraudados por la burguesía liberal y no lograron el derecho al sufragio.

156 Nota de Engels a la edición inglesa de 1888:. No se trata aquí de la Restauración inglesa de 1660-1689, sino de la francesa de 1814-1830.

PR: Es decir, el texto no se refiere a *La Restauración de 1660 a 1689*, que es el período del segundo reinado de la dinastía de los Estuardo de Inglaterra, derrocado por la revolución burguesa de este país en el siglo XVII. Como apunta Engels, se trata de *La Restauración de 1814 a 1830*: período del segundo reinado de los Borbones de Francia, durante el cual el régimen reaccionario de esta dinastía, que favorecía los intereses de la nobleza y los clericales, fue derrocado por la revolución de julio de 1830.

Una parte de los legitimistas[157] franceses y la Joven Inglaterra[158] han dado al mundo este espectáculo cómico.

Cuando los campeones del feudalismo aseveran que su modo de explotación era distinto del de la burguesía, olvidan una cosa, y es que ellos explotaban en condiciones y circunstancias por completo diferentes y hoy anticuadas. Cuando advierten que bajo su dominación no existía el proletariado moderno, olvidan que la burguesía moderna es precisamente un retoño necesario del régimen social suyo.

Disfrazan tan poco, por otra parte, el carácter reaccionario de su crítica, que la principal acusación que presentan contra la burguesía es precisamente haber creado bajo su régimen una clase que hará saltar por los aires todo el antiguo orden social.

Lo que imputan a la burguesía no es tanto el haber hecho surgir un proletariado en general, sino el haber hecho surgir un proletariado revolucionario.

Por eso, en la práctica política, toman parte en todas las medidas de represión contra la clase obrera. Y en la vida diaria, a pesar de su fraseología ampulosa, se las ingenian para recoger los frutos de oro del árbol de la industria y trocar el honor, el amor y la fidelidad por el comercio en lanas, remolacha azucarera y aguardiente[159].

---

157 PR: *Legitimistas*: partidarios de la dinastía «legítima» de los Borbones, derrocada en 1830, que representaba los intereses de la gran propiedad territorial. En la lucha contra la dinastía reinante de los Orleans (1830-1848), que se apoyaba en la aristocracia financiera y en la gran burguesía, una parte de los legitimistas recurría a menudo a la demagogia social, haciéndose pasar por defensores de los trabajadores contra los explotadores burgueses.

158 PR: *La Joven Inglaterra*: grupo de políticos y literatos ingleses pertenecientes al partido de los tories; se constituyó a comienzos de los años 40 del siglo XIX. Al expresar el descontento de la aristocracia terrateniente por el crecimiento del poderío económico y político de la burguesía, los miembros del grupo de la «Joven Inglaterra» empleaban procedimientos demagógicos para someter a su influencia a la clase obrera y utilizarla en su propia lucha contra la burguesía.

159 Nota de Engels a la edición inglesa de 1888: Esto se refiere en primer término

Del mismo modo que el cura y el señor feudal han marchado siempre de la mano, el socialismo clerical marcha unido con el socialismo feudal.

Nada más fácil que recubrir con un barniz socialista el ascetismo cristiano. ¿Acaso el cristianismo no se levantó también contra la propiedad privada, el matrimonio y el Estado? ¿No predicó en su lugar la caridad y la pobreza, el celibato y la mortificación de la carne, la vida monástica y la iglesia? El socialismo cristiano no es más que el agua bendita con que el clérigo consagra el despecho de la aristocracia.

b) El socialismo pequeñoburgués

La aristocracia feudal no es la única clase derrumbada por la burguesía, y no es la única clase cuyas condiciones de existencia empeoran y van extinguiéndose en la sociedad burguesa moderna. Los habitantes de las ciudades medievales y el estamento de los pequeños agricultores de la Edad Media fueron los precursores de la burguesía moderna. En los países de una industria y un comercio menos desarrollados esta clase continúa vegetando al lado de la burguesía en auge.

En los países donde se ha desarrollado la civilización moderna, se ha formado –y, como parte complementaria de la sociedad burguesa, sigue formándose sin cesar– una nueva clase de pequeños burgueses que oscila entre el proletariado y la burguesía. Pero los individuos que la componen se ven

---

a Alemania, donde los terratenientes aristócratas y los junkers cultivan por cuenta propia gran parte de sus tierras con ayuda de administradores, y poseen, además, grandes fábricas de azúcar de remolacha y destilerías de alcohol. Los más acaudalados aristócratas británicos todavía no han llegado a tanto; pero también ellos saben cómo pueden compensar la disminución de la renta, cediendo sus nombres a los fundadores de toda clase de sociedades anónimas de reputación más o menos dudosa.

PR: Engels y Marx se refieren a los *junkers*, en el sentido estrecho de la palabra, en referencia a la clase de la aristocracia terrateniente de Prusia Oriental y, en el sentido lato, a la clase de los terratenientes alemanes.

continuamente precipitados a las filas del proletariado a causa de la competencia, y, con el desarrollo de la gran industria, ven aproximarse el momento en que desaparecerán por completo como fracción independiente de la sociedad moderna y en que serán remplazados en el comercio, en la manufactura y en la agricultura por capataces y empleados.

En países como Francia, donde los campesinos constituyen bastante más de la mitad de la población, era natural que los escritores que defendiesen la causa del proletariado contra la burguesía, aplicasen a su crítica del régimen burgués el rasero del pequeño burgués y del pequeño campesino, y defendiesen la causa obrera desde el punto de vista de la pequeña burguesía. Así se formó el socialismo pequeñoburgués. Sismondi es el más alto exponente de esta literatura, no solo en Francia, sino también en Inglaterra.

Este socialismo analizó con mucha sagacidad las contradicciones inherentes a las modernas relaciones de producción. Puso al desnudo las hipócritas apologías de los economistas. Demostró de una manera irrefutable los efectos destructores de la maquinaria y de la división del trabajo, la concentración de los capitales y de la propiedad territorial, la superproducción, las crisis, la inevitable ruina de los pequeños burgueses y de los campesinos, la miseria del proletariado, la anarquía en la producción, la escandalosa desigualdad en la distribución de las riquezas, la exterminadora guerra industrial de las naciones entre sí, la disolución de las viejas costumbres, de las antiguas relaciones familiares, de las viejas nacionalidades.

Sin embargo, el contenido positivo de ese socialismo consiste, bien en su anhelo de restablecer los antiguos medios de producción y de cambio, y con ellos las antiguas relaciones de propiedad y toda la sociedad antigua, bien en querer encajar por la fuerza los medios modernos de producción y de cambio en el marco de las antiguas relaciones de propiedad, que ya fueron rotas, que fatalmente debían ser rotas por ellos. En uno y otro caso, este socialismo es a la vez reaccionario y utópico.

Para la manufactura, el sistema gremial; para la agricultura, el régimen patriarcal; he aquí su última palabra.

En su ulterior desarrollo esta tendencia ha caído en un marasmo cobarde.

c) El socialismo alemán o socialismo «verdadero»

La literatura socialista y comunista de Francia, que nació bajo el yugo de una burguesía dominante, como expresión literaria de la lucha contra dicha dominación, fue introducida en Alemania en el momento en que la burguesía acababa de comenzar su lucha contra el absolutismo feudal.

Filósofos, semifilósofos e ingenios de salón alemanes se lanzaron ávidamente sobre esta literatura, pero olvidaron que con la importación de la literatura francesa no habían sido importadas a Alemania, al mismo tiempo, las condiciones sociales de Francia. En las condiciones alemanas, la literatura francesa perdió toda significación práctica inmediata y tomó un carácter puramente literario. Debía parecer más bien una especulación ociosa sobre la realización de la esencia humana. De este modo, para los filósofos alemanes del siglo XVIII, las reivindicaciones de la primera revolución francesa no eran más que reivindicaciones de la «razón práctica» en general, y las manifestaciones de la voluntad de la burguesía revolucionaria de Francia no expresaban a sus ojos más que las leyes de la voluntad pura, de la voluntad tal como debía ser, de la voluntad verdaderamente humana.

Toda la labor cielos literatos alemanes se redujo exclusivamente a poner de acuerdo las nuevas ideas francesas con su vieja conciencia filosófica, o, más exactamente, a asimilarse las ideas francesas partiendo de sus propias opiniones filosóficas.

Y se las asimilaron como se asimila en general una lengua extranjera: por la traducción.

Se sabe cómo los frailes superpusieron sobre los manuscritos de las obras clásicas del antiguo paganismo las absurdas descripciones de la vida de los santos católicos. Los literatos alemanes procedieron inversamente con respecto a la literatura profana francesa. Deslizaron sus absurdos filosóficos bajo el original francés. Por ejemplo: bajo la crítica francesa de las funciones del dinero, escribían: «enajenación de la esencia humana»; bajo la crítica francesa del Estado burgués, decían: «eliminación del poder de lo universal abstracto», y así sucesivamente.

A esta interpolación de su fraseología filosófica en la crítica francesa le dieron el nombre de «filosofía de la acción», «socialismo verdadero», «ciencia alemana del socialismo», «fundamentación filosófica del socialismo», etc.

De esta manera fue completamente castrada la literatura socialista-comunista francesa. Y como en manos de los alemanes dejó de ser expresión de la lucha de una clase contra otra, los alemanes se imaginaron estar muy por encima de la «estrechez francesa» y haber defendido, en lugar de las verdaderas necesidades, la necesidad de la verdad, en lugar de los intereses del proletariado, los intereses de la esencia humana, del hombre en general, del hombre que no pertenece a ninguna clase ni a ninguna realidad y que no existe más que en el cielo brumoso de la fantasía filosófica.

Este socialismo alemán, que tomaba tan solemnemente en serio sus torpes ejercicios de escolar y que con tanto estrépito charlatanesco los lanzaba a los cuatro vientos, fue perdiendo poco a poco su inocencia pedantesca.

La lucha de la burguesía alemana, y principalmente de la burguesía prusiana, contra los feudales y la monarquía absoluta, en una palabra, el movimiento liberal, adquiría un carácter más serio.

De esta suerte, ofreciósele al «verdadero» socialismo la ocasión tan deseada de contraponer al movimiento político las reivindicaciones socialistas, de fulminar los anatemas tradicionales contra el liberalismo, contra el Estado representativo, contra la concurrencia burguesa, contra la libertad burguesa de prensa, contra el derecho burgués, contra la libertad y la igualdad burguesas y de predicar a las masas populares que ellas no tenían nada que ganar, y que más bien perderían *todo* en este movimiento burgués. El socialismo alemán olvidó muy a propósito que la crítica francesa, de la cual era un simple eco insípido, presuponía la sociedad burguesa moderna, con las correspondientes condiciones materiales de vida y una constitución política adecuada, es decir, precisamente las premisas que todavía se trataba de conquistar en Alemania.

Para los gobiernos absolutos de Alemania, con su séquito de clérigos, de mentores, de hidalgos rústicos y de burócratas, este socialismo se convirtió en un espantajo propicio contra la burguesía que se levantaba amenazadora.

Formó el complemento dulzarrón de los amargos latigazos y tiros con que esos mismos gobiernos respondían a los alzamientos de los obreros alemanes.

Si el «verdadero» socialismo se convirtió de este modo en una arma en manos de los gobiernos contra la burguesía alemana, representaba además, directamente, un interés reaccionario, el interés del pequeño burgués alemán. La pequeña burguesía, legada por el siglo XVI, y desde entonces renacida sin cesar bajo diversas formas, constituye para Alemania la verdadera base social del orden establecido.

Mantenerla es conservar en Alemania el orden establecido. La supremacía industrial y política de la burguesía le amenaza con una muerte cierta: de una parte, por la concentración de los capitales, y de otra por el desarrollo de un proletariado revolucionario. A la pequeña burguesía le pareció que el «verdadero» socialismo podía matar los dos pájaros de un tiro. Y este se propagó como una epidemia.

Tejido con los hilos de araña de la especulación, bordado de flores retóricas y bañado por un rocío sentimental, ese ropaje fantástico en que los socialistas alemanes envolvieron sus tres o cuatro descarnadas «verdades eternas», no hizo sino aumentar la demanda de su mercancía entre semejante público.

Por su parte, el socialismo alemán comprendió cada vez mejor que estaba llamado a ser el representante pomposo de esta pequeña burguesía.

Proclamó que la nación alemana era la nación modelo y el mesócrata alemán el hombre modelo. A todas las infamias de este hombre modelo les dio un sentido oculto, un sentido superior y socialista, contrario a lo que era en realidad. Fue consecuente hasta el fin, manifestándose de un modo abierto contra la tendencia «brutalmente destructiva» del comunismo y declarando su imparcial elevación por encima de todas las luchas de clases. Salvo muy raras excepciones, todas las obras llamadas socialistas y comunistas que circulan en Alemania pertenecen a esta inmunda y enervante literatura[160].

2. El socialismo conservador o burgués

Una parte de la burguesía desea remediar los males sociales con el fin de consolidar la sociedad burguesa.

A esta categoría pertenecen los economistas, los filántropos, los humanitarios, los que pretenden mejorar la suerte de las clases trabajadoras, los organizadores de la beneficencia, los protectores de animales, los fundadores de las sociedades de templanza, los reformadores domésticos de toda laya. Y hasta se ha llegado a elaborar este socialismo burgués en sistemas completos.

---

160 Nota de Engels a la edición alemana de 1890: La tormenta revolucionaria de 1848 barrió esta miserable escuela y ha quitado a sus partidarios todo deseo de seguir haciendo socialismo. El principal representante y el tipo clásico de esta escuela es el señor Karl Grün.

Citemos como ejemplo la *Filosofía de la miseria*, de Proudhon.

Los burgueses socialistas quieren perpetuar las condiciones de vida de la sociedad moderna sin las luchas y los peligros que surgen fatalmente de ellas. Quieren perpetuar la sociedad actual sin los elementos que la revolucionan y descomponen. Quieren la burguesía sin el proletariado. La burguesía, como es natural, se representa el mundo en que ella domina como el mejor de los mundos. El socialismo burgués hace de esta representación consoladora un sistema más o menos completo. Cuando invita al proletariado a llevar a la práctica un sistema y a entrar en la nueva Jerusalén, no hace otra cosa, en el fondo, que inducirle a continuar en la sociedad actual, pero despojándose de la concepción odiosa que se ha formado de ella.

Otra forma de este socialismo, menos sistemática, pero más práctica, intenta apartar a los obreros de todo movimiento revolucionario, demostrándoles que no es tal o cual cambio político el que podrá beneficiarles, sino solamente una transformación de las condiciones materiales de vida, de las relaciones económicas. Pero, por transformación de las condiciones materiales de vida, este socialismo no entiende, en modo alguno, la abolición de las relaciones de producción burguesas –lo que no es posible más que por vía revolucionaria–, sino únicamente reformas administrativas realizadas sobre la base de las mismas relaciones de producción burguesas, y que, por tanto, no afectan a las relaciones entre el capital y el trabajo asalariado, sirviendo únicamente, en el mejor de los casos, para reducirle a la burguesía los gastos que requiere su dominio y para simplificarle la administración de su Estado.

El socialismo burgués no alcanza su expresión adecuada sino cuando se convierte en simple figura retórica.

¡Libre cambio, en interés de la clase obrera! ¡Aranceles protectores, en interés de la clase obrera! ¡Prisiones celulares, en interés de la clase obrera! He ahí la última palabra del socialismo burgués, la única que ha dicho seriamente.

El socialismo burgués se resume precisamente en esta afirmación: los burgueses son burgueses en interés de la clase obrera.

3. El socialismo y el comunismo crítico-utópico

No se trata aquí de la literatura que en todas las grandes revoluciones modernas ha formulado las reivindicaciones del proletariado (los escritos de Babeuf, etc.).

Las primeras tentativas directas del proletariado para hacer prevalecer sus propios intereses de clase, realizadas en tiempos de efervescencia general, en el período del derrumbamiento de la sociedad feudal, fracasaron necesariamente, tanto por el débil desarrollo del mismo proletariado como por la ausencia de las condiciones materiales de su emancipación, condiciones que surgen solo como producto de la época burguesa. La literatura revolucionaria que acompaña a estos primeros movimientos del proletariado, es forzosamente, por su contenido, reaccionaria. Preconiza un ascetismo general y un burdo igualitarismo.

Los sistemas socialistas y comunistas propiamente dichos, los sistemas de Saint-Simon, de Fourier, de Owen, etc., hacen su aparición en el período inicial y rudimentario de la lucha entre el proletariado y la burguesía, período descrito anteriormente. (Véase *Burgueses y proletarios*).

Los inventores de estos sistemas, por cierto, se dan cuenta del antagonismo de las clases, así como de la acción de los elementos destructores dentro de la misma sociedad dominante. Pero no advierten del lado del proletariado ninguna iniciativa histórica, ningún movimiento político propio.

Como el desarrollo del antagonismo de clases va a la par con el desarrollo de la industria, ellos tampoco pueden encontrar las condiciones materiales de la emancipación del proletariado, y se lanzan en busca de una ciencia social, de unas leyes sociales que permitan crear esas condiciones.

En lugar de la acción social tienen que poner la acción de su propio ingenio; en lugar de las condiciones históricas de la emancipación, condiciones fantásticas; en lugar de la organización gradual del proletariado en clase, una organización de la sociedad inventada por ellos. La futura historia del mundo se reduce para ellos a la propaganda y ejecución práctica de sus planes sociales.

En la confección de sus planes tienen conciencia, por cierto, de defender ante todo los intereses de la clase obrera, por ser la clase que más sufre. El proletariado no existe para ellos sino bajo el aspecto de la clase que más padece.

Pero la forma rudimentaria de la lucha de clases, así como su propia posición social, les lleva a considerarse muy por encima de todo antagonismo de clase. Desean mejorar las condiciones de vida de todos los miembros de la sociedad incluso de los más privilegiados. Por eso, no cesan de apelar a toda la sociedad sin distinción, e incluso se dirigen con preferencia a la clase dominante. Porque basta con comprender su sistema, para reconocer que es el mejor de todos los planes posibles de la mejor de todas las sociedades posibles.

Repudian, por eso, toda acción política, y en particular, toda acción revolucionaria; se proponen alcanzar su objetivo por medios pacíficos, intentando abrir camino al nuevo evangelio social valiéndose de la fuerza del ejemplo, por medio de pequeños experimentos, que, naturalmente, fracasan siempre.

Estas fantásticas descripciones de la sociedad futura, que surgen en una época en que el proletariado, todavía muy poco desarrollado, considera aún su propia situación de una manera también fantástica, provienen de las primeras aspiraciones de los obreros, llenas de profundo presentimiento, hacia una completa transformación de la sociedad.

Mas estas obras socialistas y comunistas encierran también elementos críticos. Atacan todas las bases de la sociedad existente. Y de este modo han proporcionado materiales de un gran valor para instruir a los obreros. Sus tesis positivas referentes a la sociedad futura, tales como la supresión del contraste entre la ciudad y el campo, la abolición de la familia, de la ganancia privada y del trabajo asalariado, la proclamación de la armonía social y la transformación del Estado en una simple administración de la producción; todas estas tesis no hacen sino enunciar la eliminación del antagonismo de clase, antagonismo que comienza solamente a perfilarse y del que los inventores de sistemas no conocen todavía sino las primeras formas indistintas y confusas. Así, estas tesis tampoco tienen más que un sentido puramente utópico.

La importancia del socialismo y del comunismo crítico-utópico está en razón inversa al desarrollo histórico. A medida que la lucha de clases se acentúa y toma formas más definidas, el fantástico afán de ponerse por encima de ella, esa fantástica oposición que se le hace, pierde todo valor práctico, toda justificación teórica. He ahí por qué si en muchos aspectos los autores de esos sistemas eran revolucionarios, las sectas formadas por sus discípulos son siempre reaccionarias, pues se aferran a las viejas concepciones de sus maestros, a pesar del ulterior desarrollo histórico del proletariado. Buscan, pues, y en eso son consecuentes, embotar la lucha de clases y conciliar los antagonismos. Continúan soñando con la experimentación de sus utopías sociales; con establecer falansterios aislados, crear *home-colonies* en sus países o fundar una pequeña Icaria[161], edición en dozavo de la nueva Jerusalén. Y para la construcción de todos estos castillos en el aire se ven forzados a apelar a la filantropía de los corazones

---

161 Nota de Engels a la edición inglesa de 1888: *Falansterios* se llamaban las colonias socialistas proyectadas por Charles Fourier. *Icaria* era el nombre dado por Cabet a su país utópico y más tarde a su colonia comunista en América.

Nota de Engels a la edición alemana de 1890: Owen llamó a sus sociedades comunistas modelo *home-colonies* (colonias interiores). El falansterio era el nombre de los palacios sociales proyectados por Fourier. Se llamaba Icaria el país fantástico-utópico, cuyas instituciones comunistas describía Cabet.

y de los bolsillos burgueses. Poco a poco van cayendo en la categoría de los socialistas reaccionarios o conservadores descritos más arriba y solo se distinguen de ellos por una pedantería más sistemática y una fe supersticiosa y fanática en la eficacia milagrosa de su ciencia social.

Por eso se oponen con encarnizamiento a todo movimiento político de la clase obrera, pues no ven en él sino el resultado de una ciega falta de fe en el nuevo evangelio.

Los owenistas, en Inglaterra, reaccionan contra los cartistas, y los fourieristas, en Francia, contra los reformistas[162].

IV. Actitud de los comunistas ante los diferentes partidos de oposición

Después de lo dicho en el capítulo II, la actitud de los comunistas respecto de los partidos obreros ya constituidos se explica por sí misma, y por tanto su actitud respecto de los cartistas de Inglaterra y los partidarios de la reforma agraria en América del Norte.

Los comunistas luchan por alcanzar los objetivos e intereses inmediatos de la clase obrera; pero, al mismo tiempo, defienden también, dentro del movimiento actual, el porvenir de ese movimiento. En Francia, los comunistas se suman al Partido Socialista Democrático[163] contra la burguesía conservadora y

---

162 PR: Se trata de los republicanos pequeñoburgueses y socialistas pequeñoburgueses, partidarios del periódico francés *La Réforme*, que se publicó en París entre 1843 y 1850, que propugnaban la instauración de la república y la realización de reformas democráticas y sociales.

163 Nota de Engels a la edición inglesa de 1888: Este partido estaba representado en el parlamento por Ledru-Rollin, en la literatura por Louis Blanc y en la prensa diaria por *La Réforme*. El nombre de Socialista Democrático significaba, en boca de sus inventores, la parte del Partido Democrático o Republicano que tenía un matiz más o menos socialista.

Nota de Engels a la edición alemana de 1890: Lo que se llamaba entonces en Francia el Partido Socialista Democrático estaba representado en política por

radical, sin renunciar, sin embargo, al derecho de criticar las ilusiones y los tópicos legados por la tradición revolucionaria.

En Suiza apoyan a los radicales, sin desconocer que este partido se compone de elementos contradictorios, en parte de socialistas demócratas al estilo francés, en parte de burgueses radicales.

Entre los polacos, los comunistas apoyan al partido que ve en una revolución agraria la condición de la liberación nacional; es decir, al partido que provocó en 1846 la insurrección de Cracovia.

En Alemania, el Partido Comunista lucha al lado de la burguesía, en tanto que esta actúa revolucionariamente contra la monarquía absoluta, la propiedad territorial feudal y la pequeña burguesía reaccionaria.

Pero jamás, en ningún momento, se olvida este partido de inculcar a los obreros la más clara conciencia del antagonismo hostil que existe entre la burguesía y el proletariado, a fin de que los obreros alemanes sepan convertir de inmediato las condiciones sociales y políticas que forzosamente ha de traer consigo la dominación burguesa en otras tantas armas contra la burguesía, a fin de que, tan pronto sean derrocadas las clases reaccionarias en Alemania, comience inmediatamente la lucha contra la misma burguesía.

Los comunistas fijan su principal atención en Alemania, porque Alemania se halla en vísperas de una revolución burguesa y porque llevará a cabo esta revolución bajo condiciones más progresivas de la civilización europea en general, y con un proletariado mucho más desarrollado que el de Inglaterra en el siglo XVII y el de Francia en el siglo XVIII, y, por lo tanto, la revolución burguesa alemana no podrá ser sino el preludio inmediato de una revolución proletaria.

En resumen, los comunistas apoyan por doquier todo movimiento revolucionario contra el régimen social y político existente.

Ledru-Rollin y en la literatura por Louis Blanc; se hallaba, pues, a cien mil leguas de la socialdemocracia alemana de nuestro tiempo.

En todos estos movimientos ponen en primer término, como cuestión fundamental del movimiento, la cuestión de la propiedad, cualquiera que sea la forma más o menos desarrollada que esta revista.

En fin, los comunistas trabajan en todas partes por la unión y el acuerdo entre los partidos democráticos de todos los países.

Los comunistas consideran indigno ocultar sus ideas y propósitos. Proclaman abiertamente que sus objetivos solo pueden ser alcanzados derrocando por la violencia todo el orden social existente. Las clases dominantes pueden temblar ante una Revolución Comunista. Los proletarios no tienen nada que perder en ella más que sus cadenas. Tienen, en cambio, un mundo que ganar.

¡PROLETARIOS DE TODOS LOS PAÍSES, UNÍOS!

Escrito por K. Marx y F. Engels en diciembre de 1847-enero de 1848. Publicado por primera vez en folleto aparte en alemán en Londres, en febrero de 1848.

Se publica de acuerdo con el tomo I de las *Obras Escogidas* de K. Marx y F. Engels, editoriales Revolución y Tinta Roja, pp. 94-131. Traducido del alemán.

Reivindicaciones del Partido Comunista de Alemania

MANIFIESTO PUBLICADO EN 1848[164]

Lema: ¡Proletarios de todos los países, uníos!

1.ª Todo el territorio alemán formará una República, una e indivisible.

2.ª Todo alemán, al llegar a los veintiún años, será elector y elegible, siempre que no esté sujeto a pena criminal.

3.ª Los representantes del pueblo serán retribuidos, para que también los obreros puedan sentarse en el Parlamento del pueblo alemán.

4.ª Armamento general del pueblo. Los ejércitos del futuro serán, al mismo tiempo, ejércitos de trabajadores, para que las tropas no se limiten, como hoy, a consumir, sino que produzcan más todavía de lo que cuesta su sostenimiento. Este será, a la vez, un medio para la organización del trabajo.

---

164 WR: Es una hoja impresa por las dos caras, sin fecha ni pie de imprenta. V.C. Grünberg, *Die Londoner Kommunistische Zeitschrift und andere Urkunden aus den Jahren 1847-48*, op. cit. Una parte de estas demandas –«de las cuales muchos podrían aprender todavía hoy»– fue transcrita por Engels en 1885 en su introducción a la obra de Marx, *Revelaciones sobre el Proceso de los comunistas de Colonia*, ed. Engels, 1885. En el extracto de Engels se omiten los puntos 2, 5, 6, 10, 12 y 13.

5.ª La administración de justicia será gratuita.

6.ª Serán abolidas, sin ningún género de indemnización, todas las cargas feudales, tributos, prestaciones, diezmos, etc., que vienen pesando sobre el pueblo campesino.

7.ª Las tierras de los príncipes y todas las demás posesiones feudales, así como las minas, canteras, etc., pasaran a ser propiedad del Estado. En estas fincas, los cultivos se organizarán, para el mayor provecho de la colectividad, en gran escala y con los recursos más modernos de la ciencia.

8.ª Las hipotecas que pesan sobre las fincas de los campesinos se declararan propiedad del Estado. Los campesinos abonarán a este los intereses de esas hipotecas.

9.ª En las regiones en que está desarrollado el régimen de colonato, la renta o canon de la tierra se pagará al Estado en concepto de impuesto.

Todas las medidas enumeradas en los puntos 6, 7, 8 y 9 se adoptarán para poder reducir las cargas públicas y otros gravámenes que pesan sobre los campesinos y pequeños colonos, sin mermar los recursos necesarios para el sostenimiento del Estado ni poner en peligro la producción.

El terrateniente en sentido estricto, aquel que no es campesino ni colono, no tiene parte activa en la producción. Su consumo es, por tanto, un puro abuso.

10.ª En vez de los bancos privados se instituirá un Banco nacional cuyo papel tendrá curso legal. Esta medida permitirá reglamentar el crédito en interés de todo el pueblo, minando con ello la hegemonía de los grandes capitalistas. Sustituyendo poco a poco el oro y la plata por papel moneda, abaratará el incremento indispensable del comercio burgués, el medio general de cambio, y permitirá hacer pesar el oro y la plata sobre el exterior. Finalmente, esta medida es necesaria para asociar sólidamente a la revolución los intereses de la burguesía conservadora.

11.ª El Estado tomará en sus manos todos los medios de transporte: ferrocarriles, canales, buques de vapor, caminos, correos, etc., convirtiéndolos en propiedad del Estado y poniéndolos gratuitamente a disposición de la clase privada de medios.

12.ª En la retribución de los funcionarios del Estado no habrá más diferencia sino que los que tengan familia y, por tanto, más necesidades, percibirán un sueldo mayor.

13.ª Separación radical de la Iglesia y el Estado. Los sacerdotes de todas las confesiones serán retribuidos voluntariamente por sus fieles.

14.ª Restricción del derecho de herencia.

15.ª Implantación de fuertes impuestos progresivos y abolición de los impuestos de consumos.

16.ª Creación de talleres nacionales. El Estado garantiza a todos los trabajadores su existencia y subviene a la de los incapacitados para trabajar.

17.ª Instrucción pública general y gratuita.

Es interés del proletariado alemán, de la pequeña burguesía y de la clase campesina, laborar con toda energía por la implantación de las medidas que quedan enumeradas, pues solo poniendo en práctica estas medidas podrán los millones de hombres que hasta hoy viven en Alemania explotados por un puñado de individuos, y a quienes se pretenderá seguir manteniendo en la opresión, conquistar sus derechos y ocupar el poder que les corresponde como creadores de toda la riqueza.

El Comité: K. Marx; H. Bauer; J. Moll; K. Schapper; F. Engels; W. Wolff.

II Nota de los editores
Consejo editorial de Tinta Roja

Como se puede observar existe un salto de alrededor de dos años entre las «Reivindicaciones del Partido Comunista de Alemania» y los textos con los que continúa este libro; para completar la visión histórica del mismo nos remitimos a la Quinta Conferencia de Riazanov, que se puede encontrar en el apéndice, pues en ella se sintetizan algunas claves de la labor de Marx y Engels en los acontecimientos revolucionarios de 1848 que ayudarán a comprender el sentido de los textos siguientes.

Dos alocuciones del Comité central de la Liga de los Comunistas a sus afiliados

(Marzo y junio de 1850)

Alocución de marzo de 1850[165]

El Comité Central a la Liga.

Hermanos: En los dos años de la revolución, 1848 y 1849, nuestra Liga se ha acreditado por dos conceptos. Uno es que sus miembros han tenido una enérgica participación en el movimiento, en todas partes, destacándose en la vanguardia de la única clase decididamente revolucionaria, el proletariado, lo mismo en la Prensa que en las barricadas y en los campos de batalla.

Pero la Liga se ha acreditado, además, al demostrarse que su concepción del movimiento, tal coma había sido expuesta en las circulares de los congresos y del Comité Central durante el año 1847 y en el *Manifiesto Comunista*, era la única acertada, y al cumplirse en toda la línea las esperanzas formuladas en esos documentos, consiguiéndose que las ideas acerca de la situación social de hoy, que en un principio solo mantenía la Liga en secreto, anden ya en labios de los pueblos y se prediquen en la plaza pública.

---

165 Reproducida en el apéndice a la obra de Marx, *Revelaciones sobre el Proceso de los comunistas de Colonia*, op. cit., pp. 75 y ss. En una carta fechada el 13 de junio de 1851 (véase *Correspondencia Marx-Engels*, op. cit., Tomo I, p. 106), Marx dice de esta alocución que no es, «en el fondo, más que un plan de operaciones contra la democracia».

Pero, al mismo tiempo, los acontecimientos vinieron a relajar considerablemente la antigua y sólida organización de la Liga. Una gran parte de sus miembros, al intervenir directamente en el movimiento revolucionario, creyó pasada la época de las sociedades secretas y suficiente la actuación pública. Los círculos y comunas dejaron languidecer y apagarse poco a poco sus relaciones con el Comité Central. Y así, mientras que el partido democrático, el partido de la pequeña burguesía alemana, se organizaba más y más, el partido obrero perdía su único asidero firme, se mantenía organizado a lo sumo en alguno que otro sitio para fines locales, y veíase, por tanto, bajo el movimiento general, arrastrado por completo a la dirección y mediatizado por el caudillaje de los demócratas pequeñoburgueses.

Urge poner fin a esta situación y restablecer la independencia del movimiento obrero. El Comité Central, consciente de esta necesidad, envió a Alemania, durante el invierno de 1848 a 1849, a un emisario, Joseph Moll, para acometer la reorganización de la Liga. Sin embargo, la misión encomendada a Moll no produjo grandes frutos, en parte porque los obreros alemanes de entonces no habían reunido todavía experiencias bastantes, y en parte porque vino a interrumpirla la insurrección del pasado mayo. El propio Moll hubo de empuñar el fusil, ocupó su puesto en las milicias de Baden y el Palatinado y cayó luchando en el encuentro junto a Murp el 19 de junio. La Liga perdió en él a uno de sus afiliados más viejos, más activos y seguros, pues Moll había intervenido activamente en todos los congresos y comités centrales y desempeñado con gran éxito toda una serie de misiones.

Después de la derrota de los partidos revolucionarios de Alemania y Francia en julio de 1849, han vuelto a congregarse en Londres casi todos los miembros del Comité Central, completándose con nuevos elementos revolucionarios y afrontando con renovado celo la obra de reorganización de la Liga.

Esta reorganización solo puede realizarse por medio de un emisario, y el Comité central cree de la mayor importancia que el emisario se ponga en viaje precisamente en estos momentos en que se avecina una nueva revolución, en que, por tanto, se hace necesario que el partido obrero actúe con la mayor organización, la mayor unanimidad y la mayor independencia posibles, si no quiere volver a ser mediatizado y enganchado nuevamente al tiro por la burguesía como en 1848.

Ya entonces, en 1848, os dijimos, hermanos, que la burguesía liberal alemana subiría pronto al Poder, volviendo inmediatamente contra los obreros este poder recién conquistado. Ya habéis visto cómo nuestros pronósticos se han cumplido. En efecto, fueron los burgueses los que, después del movimiento de marzo de 1848, se adueñaron inmediatamente del Poder público y lo esgrimieron para reducir de nuevo y sin dilación a su sojuzgamiento de siempre a los obreros, sus aliados de lucha. Y la burguesía, que no podía llevar esto a cabo sin aliarse con el partido feudal derrotado en marzo, más aún, sin acabar cediendo en definitiva a este partido feudal y absolutista el poder conquistado, ha sabido, sin embargo, asegurarse las condiciones que a la larga, gracias a las dificultades financieras del Gobierno, pondrían el Poder en sus manos y garantizarían todos sus intereses, si fuese posible que el movimiento revolucionario discurriese en adelante por los llamados cauces pacíficos. Y no solo eso, sino que la burguesía, para adueñarse del Poder, no necesitaría siquiera ganar los odios del pueblo con medidas de fuerza, pues estos actos de violencia correrían todos a cargo de la contrarrevolución feudal. Pero la marcha de las cosas no tomará estos derroteros pacíficos. Lejos de ello, la revolución que ha de acelerarlos es inminente, ya la provoque un alzamiento propio del proletariado francés o la invasión de la Santa Alianza contra la Babel revolucionaria.

Y el papel que en 1848 representaron frente al pueblo los burgueses liberales alemanes, este papel de traición, lo asumirán en la revolución que se avecina los demócratas pequeñoburgueses, que ahora ocupan en la oposición el mismo puesto que los burgueses liberales antes de 1848. Este partido, el partido democrático, harto más peligroso para los obreros que el viejo partida liberal, está integrado por tres elementos:

1. Por los elementos más avanzados de la gran burguesía, que se proponen como objetivo el derrocamiento completo e inmediato del feudalismo y el absolutismo. Esta fracción se halla representada por los antiguos pactadores de Berlín, los de la denegación de impuestos[166].

2. Por los pequeñoburgueses demócratas constitucionales, cuya mira principal en el anterior movimiento era la implantación de un Estado federal más o menos democrático, tal y como aspiraban a él sus representantes, las izquierdas de la Asamblea de Fráncfort y más tarde en el Parlamento de Stuttgart, y como ellos mismos propugnaban en su campaña constitucional de reivindicación.

3. Por los pequeños burgueses republicanos, cuyo ideal es una república federativa alemana por el estilo de la suiza, y que hoy se llaman rojos y socialdemócratas, porque abrigan el piadoso deseo de abolir la opresión del gran capital sobre el pequeño capital, del gran burgués sobre el pequeño burgués. Esta fracción tenía sus representantes en los miembros de los congresos y comités democráticos, en los directivos de las asociaciones democráticas, en los redactores de los periódicos de la democracia.

Todas estas fracciones se llaman, después de su derrota, rojos o republicanos, ni más ni menos que en la Francia de hoy los pequeños burgueses republicanos se llaman socialistas.

---

166 Véase más arriba, pp. 143 y ss.

Allí donde, como ocurre en Wurtemburgo, Baviera, etc., se les depara ocasión de perseguir sus fines por la vía constitucional, aprovechan esta ocasión para conservar las antiguas frases y demostrar con hechos que no han cambiado en lo más mínimo. Y es cierto, por lo demás, que el nuevo nombre[167] que se asigna este partido no cambia en lo más mínimo lo que representa frente a los obreros, limitándose a demostrar que se ve forzado a formar el frente contra la burguesía, aliada al absolutismo, y apoyarse para ello en el proletariado.

El partido pequeñoburgués democrático de Alemania es muy fuerte, pues no solo abarca la gran mayoría de los habitantes burgueses de las ciudades, los pequeños comerciantes, industriales y los maestros de los gremios, sino que cuenta entre sus huestes a los campesinos y al proletariado rural, en la medida en que este no ha encontrado todavía apoyo en el proletariado independiente de las ciudades.

La relación que media entre el partido revolucionario y la democracia pequeñoburguesa es esta: luchar juntas contra la fracción que aspiran a derrocar y enfrentarse con ella, con la democracia burguesa, en la medida en que aspire a instaurarse y consolidarse por sí misma.

Los demócratas pequeñoburgueses, lejos de aspirar a subvertir para los proletarios revolucionarios todo el orden social, aspiran a implantar en la sociedad aquellas modificaciones que puedan hacerles más cómodo y agradable el orden social. Por eso reclaman ante todo la reducción de los gastos públicos, poniendo coto a la burocracia, y la implantación de cuantos impuestos pesen en su parte principal sobre los grandes terratenientes y la burguesía. Por eso piden también que se ponga fin a la opresión del grande sobre el pequeño capital, por medio de institutos públicos de crédito y de leyes contra la usura, medidas que les permitirán a ellos y a los campesinos

---

167 WR: O sea el de «republicanos».

obtener anticipos del Estado en condiciones favorables, en vez de tener que solicitarlos de los capitalistas; exigen asimismo que se implante en el campo un régimen burgués de propiedad, acabando radicalmente con el feudalismo. Para poder llevar a cabo todo esto necesitan de un Estado democrático, sea constitucional o republicano, que les asegure, a ellos y a sus aliados los campesinos, la mayoría, y de un régimen democrático municipal que ponga en sus manos la fiscalización directa sobre los patrimonios comunales y toda una serie de funciones que hoy ejerce la burocracia.

Al imperio y a la acelerada incrementación del capital se pretende también poner coto sujetando a restricciones el derecho de herencia y centralizando en el Estado el mayor número posible de obras. Por lo que toca a los obreros es evidente y primordial que han de seguir siendo lo que hoy son: asalariados, si bien los demócratas pequeñoburgueses les desean salarios mejores y una existencia asegurada, confiando en poder conseguir estas mejoras mediante la contratación por el Estado y por medio de medidas de beneficencia; confiando, para decirlo pronto, en sobornar a los obreros con limosnas más o menos vergonzantes y en rendir sus energías revolucionarias con reformas que hagan un poco más soportable, de momento, su situación.

Estas aspiraciones de la democracia pequeñoburguesa que dejamos resumidas no aparecen mantenidas unánimemente por todas las fracciones ni son mayoría los demócratas pequeñoburgueses ante quienes se aparecen coma meta clara. Cuanto más individuos o fracciones aisladas se unan a ellos, tanto mayor será la tendencia a sacar de ese acervo sus reivindicaciones, y los pocos que vean en lo que queda expuesto su propio programa, creerán que con ello han formulado los resultados más extremos a que puede llegar la revolución. Sin embargo, el partido del proletariado no puede en modo alguno contentarse con esas aspiraciones. Mientras que los demócratas pequeñoburgueses aspiran a cancelar la revolución lo antes posible, implantando a lo sumo las medidas que hemos enumerado, nuestro interés y nuestra misión están en hacer la revolución permanente[168] en tanto que no se hayan desplazado del Poder todas las clases más o menos poseedoras, mientras el Poder público no esté en manos del proletariado, mientras la asociación de proletarios no esté suficientemente desarrollada, y no solo en un país, sino en todos los países principales del mundo, para que cese en estos países la concurrencia de los proletarios y se concentren en manos de estos, a lo menos, las fuerzas decisivas de la producción. Para nosotros no se trata precisamente de transformar la propiedad privada, sino de abolirla; no se trata de esfumar las diferencias de clases, sino de la destrucción de estas; no se trata de reformar la sociedad actual, sino de fundar una nueva. No existe la menor duda de que, al seguirse desarrollando la revolución, la democracia pequeñoburguesa conquistará por un momento la influencia decisiva dentro de Alemania. Conviene, pues, saber que actitud adoptara ante ella el proletariado, y especialmente nuestra Liga:

1.º Mientras perduren las actuales condiciones en que los demócratas pequeñoburgueses padecen también opresión.

2.º En la próxima lucha revolucionaria, que ha de darles a ellos el predominio.

3.º Después de esa lucha, mientras predominen sobre las clases derrocadas y el proletariado.

Actualmente, los demócratas pequeñoburgueses, oprimidos por todas partes, predican al proletariado, en general, la unión y la reconciliación, le tienden la mano y aspiran a crear

---

168 Véase Marx, *Las luchas de clases en Francia*, en Marx y Engels, *Obras Escogidas*, Tinta Roja, p. 257: «Este socialismo es la *declaración de la revolución permanente*, de la *dictadura de clase* del proletariado como punto necesario de transición para la *supresión de las diferencias de clase en general*».

un gran partido de oposición que abarque todos los matices de un partido democrático; es decir, aspiran a complicar a los obreros en un partido en el que prevalecen las frases socialdemocráticas de rigor, tras de las cuales se ocultan los intereses particulares de aquella clase y en el cual no se puede dar acogida, para no echar a perder la sagrada concordia, a ninguna de las reivindicaciones concretas del proletariado. Una alianza así concebida solo redundaría en daño del proletariado y en provecho de la democracia pequeñoburguesa. El proletariado perdería su posición independiente, a tanta costa conquistada, y volvería a convertirse, a degradarse, en un apéndice de la democracia burguesa oficial. Esta alianza debe rechazarse, pues, de la manera más decidida. Lejos de prestarse una vez más a servir de coro y de claque a los demócratas burgueses, los obreros, y sobre todo la Liga, deben esforzarse por levantar, al lado de los demócratas oficiales, una organización propia, pública y secreta, un partido obrero, convirtiendo cada comuna en eje y núcleo de asociaciones obreras, en las que se discutan, sin contaminarse con ninguna influencia burguesa, la posición y los intereses del proletariado[169].

Hasta dónde llega la sinceridad de los demócratas burgueses cuando nos proponen una alianza, a la que los proletarios irían con el mismo poder y los mismos derechos que ellos, lo demuestran, por ejemplo, los demócratas de Breslau, al perseguir rabiosamente desde las columnas de su órgano, la *Nueva Gaceta del Oder*; a los obreros organizados como poder independiente, a que ellos dan el nombre de socialistas. Para luchar contra un enemigo común no hacen falta semejantes coaliciones. Tan pronto como haya que darle directamente la batalla, coincidirán por un momento los intereses de ambos partidos y la alianza

---

169 WR: En la alocución posterior de la Liga (véase más abajo, p. 269) se dice: «El partido obrero puede perfectamente, en ciertas circunstancias, utilizar a otros partidos y fracciones de partido para sus fines, pero nunca supeditarse a ellos».

que se gestiona para un instante se producirá automáticamente, como hasta aquí ha acontecido siempre. Es evidente que en los conflictos sangrientos que se avecinan, como en cuantos los precedieron, los obreros, con su bravura, su decisión y su espíritu de sacrificio, serán el agente principal de la victoria. En cambio, la masa pequeñoburguesa, como siempre ha acontecido, se conducirá, mientras pueda, de un modo vacilante, perplejo, inactivo, para luego, una vez arrancado el triunfo, reivindicarlo para sí, como suyo propio, invitando a los obreros a reintegrarse a la paz y a su trabajo, a evitar los llamados excesos y excluyendo al proletariado de los frutos de su victoria.

No está en manos de los obreros impedir que los demócratas pequeñoburgueses procedan así, pero sí está el dificultar su exaltación frente al proletariado armado y el dictarle condiciones tales que el gobierno de la democracia burguesa albergue en su entraña, ya desde el primer momento, el germen de su ruina, facilitando de este modo notablemente, cuando ese momento llegue, su eliminación por el gobierno del proletariado. Los obreros deberán, ante todo, durante el conflicto e inmediatamente después de la lucha, contrarrestar en cuanto puedan las claudicaciones burguesas y obligar a los demócratas a llevar a la práctica sus actuales frases terroristas. Deberán laborar para que el ambiente de exaltación revolucionaria no sea reprimido inmediatamente después del triunfo. Lejos de eso, habrán de procurar mantenerlo en tensión el mayor tiempo posible. Muy lejos de oponerse a los llamados excesos, actos ejemplares de la venganza del pueblo contra individuos odiados o edificios públicos que solo albergan recuerdos ominosos, no solo deberán tolerarlos, sino incluso tomar en sus manos la dirección. Durante la lucha y terminada esta, los obreros deberán formular, aprovechando todas las ocasiones, sus demandas propias, al lado de las demandas de los demócratas burgueses. Deberán exigir garantías para los obreros, tan pronto como los demócratas burgueses se dispongan a ocupar el gobierno. Y si necesario fuere arrancaran estas garantías por la fuerza, cuidando de que los nuevos gobernantes se obliguen para con ellos a todas las concesiones y promesas posibles, pues este es el medio más seguro para comprometerlos. Procurarán reprimir en lo posible la borrachera del triunfo y el entusiasmo por el nuevo estado de cosas que se sigue a toda acción callejera triunfante, contemplando la situación serenamente y con sangre fría y desconfiando sin recato del nuevo gobierno. Al lado de los nuevos gobiernos oficiales deberán surgir gobiernos obreros revolucionarios, ya sea en forma de alcaldías o ayuntamientos o por medio de clubes y comités obreros, con lo cual los gobiernos democráticos burgueses no solo perderán el apoyo de los obreros que hasta ahora los han respaldado, sino que se verán vigilados y amenazados desde el primer momento por autoridades que tienen detrás de sí a toda la masa obrera. Resumiendo: a partir del momento del triunfo, la desconfianza no deberá enderezarse ya contra el partido reaccionario derrocado, sino contra nuestros aliados de hoy, contra el partido que aspira a explotar él solo el triunfo común.

Mas para poder enfrentarse, enérgica y amenazadoramente, con este partido, cuya traición contra los obreros comenzara al minuto siguiente del triunfo, es necesario que los obreros estén armados y organizados. Hay que proceder sin demora a equipar a todo el proletariado con fusiles, carabinas, artillería y municiones, y oponerse a que vuelvan a resucitar aquellos viejos somatenes o guardias cívicas formadas contra los obreros. Allí donde esto no pueda conseguirse, los obreros deberán procurar organizarse independientemente en guardias proletarias, con jefes y bajo mandos de su elección, poniéndose a las órdenes, no del Estado, sino de los municipios revolucionarios implantados por la clase obrera. Donde haya obreros que trabajen por cuenta del Estado, se armarán y organizarán en cuerpos especiales con jefes de su elección o como destacamentos de las guardias proletarias. No deberán desprenderse de las armas y municiones bajo pretexto alguno, y rechazarán por la fuerza, si necesario fuere, todo intento de desarme. Destrucción de la influencia de los demócratas burgueses sobre los obreros, inmediata organización independiente y armada de los trabajadores e imposición de las condiciones más gravosas y comprometedoras posibles para el gobierno, inevitable por el momento, de la democracia burguesa: tales son los puntos principales que el proletariado, y por tanto la Liga, no deberán perder de vista durante el alzamiento que se avecina ni después de él.

Tan pronto como los nuevos gobiernos se hayan consolidado un poco comenzará inmediatamente la batida contra los obreros. Para que en esta batida los obreros puedan enfrentarse eficazmente con los demócratas pequeñoburgueses es necesario, ante todo, que se organicen y centralicen por su cuenta en clubes. El Comité Central se trasladará a Alemania, si fuere posible, inmediatamente después de derrocado el actual gobierno, convocará sin demora un congreso y someterá a este las medidas encaminadas a centralizar los clubes obreros bajo una dirección que tendrá su domicilio en la sede principal del movimiento. Una rápida organización, y si otra cosa no fuere posible, la agrupación por provincias de los clubes obreros, constituirá uno de los puntos más importantes para fortalecer y desarrollar nuestro partido. El derrocamiento del actual gobierno tendrá por inmediata consecuencia la convocatoria de una Asamblea nacional. El proletariado deberá cuidarse:

1. De que ningún grupo de obreros sea excluido de estas elecciones, bajo ningún pretexto, por los manejos de las autoridades locales o de los comisarios de gobierno.

2. De proclamar en todas partes candidatos obreros junto a los candidatos de la democracia burguesa, candidaturas en las que deberán figurar, siempre que sea posible, personas afiliadas a la Liga y cuya elección deberá trabajarse con todo celo. Aun allí donde no haya probabilidad ninguna de triunfo, los obreros deberán proclamar sus candidatos propios, para salvaguardar

su independencia, hacer un balance de sus fuerzas y acreditar públicamente su posición revolucionaria y de partido. No deben dejarse seducir en modo alguno por los argumentos de los demócratas, de que con ello no hacen más que llevar la escisión a las filas democráticas y dar posibilidades de triunfo a la reacción, etc., etc. Todas esas frases no tienen, en definitiva, más finalidad que engañar al proletariado. El terreno que el partido proletario puede ganar con esa actuación independiente tiene infinitamente más importancia que el daño de la presencia de unos cuantos reaccionarios en el Parlamento. Y si la democracia se alza desde el primer momento resuelta y terrorísticamente contra la reacción, no habrá nada que temer de esta en las elecciones.

El primer punto en que los demócratas burgueses chocarán contra los obreros será la abolición del feudalismo. Al igual que en la primera revolución francesa, los pequeños burgueses pretenderán adjudicar las tierras feudales en plena propiedad a los campesinos, dejando con ello subsistir el proletariado del campo y creando una clase campesina pobre, que recorrerá el mismo ciclo de depauperación y endeudamiento de que todavía no ha salido el campesino francés de hoy.

Los obreros deberán oponerse a este plan, en interés del proletariado del campo y en su propio interés. Deberán exigir que las tierras confiscadas sean propiedad del Estado y se conviertan en colonias obreras cultivadas por los trabajadores asociados del campo, con todas las ventajas de la gran explotación, con lo cual se logrará, además, que el principio de la propiedad colectiva arraigue inmediatamente en medio del vacilante régimen burgués de propiedad. Y así como los demócratas se alían con los campesinos, los obreros deberán aliarse con el proletariado del campo[170].

Los demócratas laborarán directamente por una república federativa o, a lo menos, si no pueden esquivar una república, una e

---

170 WR: Véase Engels, *La guerra campesina en Alemania,* en *Elementarbücher des Kommunismus,* Berlín, 1930, y Marx y Engels, *Críticas programáticas,* en *Elementarbücher des Kommunismus,* op. cit., p. 137.

indivisible[171], procurarán mediatizar el gobierno central, otorgando a las provincias y a los municipios la mayor autonomía posible. Los trabajadores, oponiéndose a estos planes, no solo deberán luchar por la república alemana, una e indivisible, sino también imponer una resuelta centralización de todos los poderes en manos del Estado. No deben dejarse seducir por las frases democráticas de libertad municipal, autonomía, etc. En un país como Alemania, donde quedan todavía tantos vestigios medievales que extirpar, donde hay tantas arrogancias locales y provinciales que vencer, no puede pensarse ni por sueño en que cada pueblo, cada ciudad, cada provincia sea un obstáculo que se alce ante la actuación revolucionaria, cuya energía no podrá ser nunca completa si no arranca del centro. No puede tolerarse que perdure el actual estado de cosas, en que los alemanes tienen que batirse de nuevo en cada ciudad y en cada provincia para arrancar los mismos progresos. Ni puede tolerarse, sobre todo, que una forma de propiedad inferior todavía a la propiedad privada moderna y que por todas partes se está desmoronando forzosamente para transformarse en esta, la propiedad comunal, y los interminables principios entre municipios pobres y ricos a que da origen, se eternice por medio de una «libre» organización municipal, y con ella esa ciudadanía de los municipios coexistentes con la del Estado, llena de abusos contra los obreros. En la Alemania de hoy, como en la Francia de 1793, el partido verdaderamente revolucionario tiene el deber de implantar la más severa centralización[172].

---

171 WR: Véase Marx y Engels, *Críticas programáticas*, op. cit., p. 65.

172 Nota de Engels (1885): Conviene advertir hoy que este pasaje descansa en un equívoco. Cuando se redactó esta alocución se daba por sentado –gracias a los falsificadores bonapartistas y liberales de la historia– que el aparato de la Administración francesa centralizada había sido creado por la Gran Revolución, y principalmente por la Convención, como arma imprescindible y decisiva para dar la batalla a la reacción realista y federalista y a las potencias extranjeras. Pero hoy es ya cosa sabida que durante toda la revolución, hasta el 18 de Brumario, el gobierno de los departamentos, *arrondissements* y municipios, estuvo íntegramente en manos de autoridades elegidas por los

Hemos visto cómo los demócratas subirán al Poder en el movimiento que se avecina y cómo se verán precisados a proponer medidas socialistas más o menos marcadas. ¿Qué medidas, se preguntará, deberán oponer a estas los obreros? Es evidente que al comenzar el movimiento los trabajadores no podrán proponer todavía ninguna medida directamente comunista. Mas sí podrán:

1.º Obligar a los demócratas a invadir por el mayor número posible de lados el vigente orden social, trastornando su normal funcionamiento y poniéndose en evidencia, concentrando en manos del Estado el mayor número posible de fuerzas productivas, medios de transporte, fábricas, ferrocarriles, etc.

2.º Llevar adelante las propuestas de los demócratas, que no actuarán revolucionariamente, sino como meros reformadores, hasta convertirlas en ataques directos contra la propiedad privada; así, por ejemplo, si los pequeños burgueses proponen comprar las fábricas y ferrocarriles, los obreros deberán exigir que los ferrocarriles y las fábricas sean confiscados por el Estado, como propiedad que son de reaccionarios, sin ningún género de indemnización. Si los demócratas proponen el impuesto proporcional, los obreros reclamarán el progresivo; si los demócratas se adelantan a proponer un impuesto progresivo moderado, los obreros reclamarán un sistema de impuestos cuyos tipos sean tan altos que echen por tierra al gran capital;

propios territorios administrados y que se movían con absoluta libertad, dentro de las leyes generales del Estado; y que este gobierno autónomo local y provincial, semejante al norteamericano, fue precisamente el resorte más fuerte de la revolución, hasta tal punto que una de las cosas que primero hizo Napoleón, después de su golpe de Estado del 18 de Brumario, fue sustituir este régimen por el sistema de prefecturas, que todavía se mantiene en pie y que fue, por tanto, desde su creación, un instrumento puramente reaccionario. Pero el que la autonomía local y provincial no sea incompatible con la centralización política, nacional, no quiere decir que haya de identificarse forzosamente con ese mezquino cerrilismo cantonal o comunal que tan repelentes caracteres muestra en Suiza y que en 1849 se empeñaban en tomar por modelo todos los republicanos federales.

si los demócratas propugnan la regulación de la Deuda pública, los obreros pregonarán la bancarrota del Estado. Es decir, que las reivindicaciones de los obreros deberán acomodarse en todas partes a las concesiones y medidas de los demócratas.

Aunque los obreros alemanes no podrán conquistar el Poder y hacer triunfar sus intereses de clase sin pasar por un largo proceso revolucionario, tienen, a lo menos, la seguridad de que el primer acto de este drama revolucionario que se avecina coincide con el triunfo directo de la clase obrera francesa y recibe de él un gran impulso.

Pero ellos mismos deberán contribuir más que nadie a su triunfo final, adquiriendo la conciencia de sus intereses de clase, abrazando lo antes posible la posición de un partido independiente y no dejándose engañar ni por un momento por las frases hipócritas de la democracia pequeñoburguesa, frases con que esta quiere contener la organización independiente del partido del proletariado. La revolución permanente: ese deberá ser su grito de guerra.

Londres, marzo 1850.

ALOCUCIÓN DEL MISMO COMITÉ CENTRAL
A LA LIGA DE LOS COMUNISTAS
(Junio de 1850)[173]

El Comité Central a la Liga.

Hermanos: En nuestra última carta circular, que el emisario de la Liga os habrá entregado, exponíamos la posición que debía adoptar el partido obrero y más especialmente la Liga, tanto en los momentos actuales como para el caso de una revolución.

La finalidad principal de esta carta es informaros acerca de la situación de la Liga.

---

173 Tomada del apéndice a la obra de Marx, *Revelaciones sobre el proceso de los comunistas de Colonia*, op. cit., pp. 83 y ss.

Las derrotas sufridas por el partido revolucionario el pasado verano disolvieron por un momento casi totalmente la organización de la Liga. Los afiliados más activos se separaron de esta para tomar parte en los distintos movimientos, cesaron todos los enlaces, las direcciones se hicieron inutilizables, y esto y el peligro de que se abriesen las cartas imposibilitó por el momento toda correspondencia. Estas causas condenaron al Comité Central, hasta fines del año pasado, a la más absoluta inacción.

A medida que iban desapareciendo, poco a poco, los efectos de las derrotas sufridas, se iba sintiendo también en todas partes la necesidad de una organización fuerte y secreta del partido revolucionario que abarcase toda Alemania. Esta necesidad, que provocó en el Comité Central la decisión de enviar un emisario a Alemania y a Suiza, llevó, de otro lado, a ciertos elementos a la tentativa de crear en Suiza una nueva organización secreta y a la iniciativa, que por sí y ante sí tomó la Comuna de Colonia, de organizar la Liga en Alemania.

A comienzos de este año se congregaron en Suiza varios elementos más o menos conocidos, huidos a consecuencia de diferentes movimientos, para formar una organización que se proponía como fin contribuir, en el momento propicio, a derribar los gobiernos y ofrecer hombres capaces de asumir la dirección del movimiento y, en su caso, el gobierno vacante. Esta organización no presentaba un carácter concreto de partido, pues la heterogeneidad de los elementos que en ella se agrupaban impedían toda unidad. Estaba integrada por gentes procedentes de las fracciones de los distintos movimientos, que llegaban desde los comunistas decididos, entre los que se contaban incluso algunos antiguos afiliados a la Liga, hasta los más vacilantes demócratas pequeñoburgueses y antiguos individuos del gobierno del Palatinado.

Esta agrupación era una magnífica plataforma que aprovechaban para destacarse todos los arribistas de Baden y el Palatinado y demás ambiciosos de menor cuantía, que tanto abundaban en Suiza por aquel entonces.

Las instrucciones que esta organización cursaba a sus agentes y que han llegado a manos del Comité Central no eran tampoco las más adecuadas para infundir confianza. La ausencia de una posición concreta de partido, la tentativa de agrupar en una unión aparente a todos los elementos dispersos de la oposición, apenas sí sabían disfrazarse bajo una masa de cuestiones de detalle concernientes a las condiciones industriales, campesinas, políticas y militares de las localidades más diversas. Las fuerzas de esta organización no podían ser tampoco más insignificantes. Según la lista completa de afiliados que tenemos a la vista, la agrupación no llegó a contar en Suiza, en el momento de su apogeo, más de 30 personas. Es muy significativo que entre ellas apenas estén representados los obreros. Era, desde el primer día, un ejército de sargentos y oficiales sin soldados.

Enviaron a Alemania dos agentes, el primero de los cuales, Bruhn, de Holstein, miembro de la Liga, consiguió, pintando cosas que no existían, convencer a algunos afiliados a la Liga y a algunas comunas que se adhiriesen momentáneamente a la nueva organización, en la que ellos creían ver una restauración de nuestra Liga. A la par que informaba al Comité Central suizo sobre la Liga, nos informaba a nosotros sobre la organización suiza. No contento con esta misión de corretaje, estando todavía en correspondencia con nosotros, Bruhn se dirigió a los elementos de Fráncfort conquistados para la organización suiza, llenándolos de calumnias y ordenándoles que no mantuviesen relación alguna con Londres. Por todas estas razones hubo de ser expulsado inmediatamente de la Liga. Los asuntos de Fráncfort fueron puestos en orden por nuestro emisario. Por lo demás, los manejos de Bruhn al servicio del Comité Central suizo fueron estériles. El segundo agente, el estudiante Schurz, de Bonn, no pudo conseguir nada, pues, como hubo de escribir a Zúrich, «se encontró con que todos los elementos utilizables estaban ya en manos de la Liga». Ha salido inopinadamente de Alemania y actualmente merodea por Bruselas y París, donde la Liga le vigila. El Comité Central no podía ver en esa nueva organización peligro alguno para la Liga, tanto más cuanto que entre los vocales que componen su junta directiva se encuentra un afiliado nuestro de absoluta confianza, que tiene el encargo de vigilar y comunicar los planes de esa gente en cuanto atenten contra la Liga. Además, hemos enviado a Suiza un emisario para atraer a la Liga, de acuerdo con el dicho afiliado, a los elementos más utilizables y hacer todo lo necesario para organizar allí nuestra asociación. Todos estos datos descansan en documentos absolutamente auténticos.

Otra tentativa del mismo género, y anterior a esta, había partido ya de Struve, Sigel y otros, reunidos a la sazón en Ginebra. Estos individuos no tuvieron reparo en presentar como obra de la misma Liga su tentativa de organización, abusando para esos fines del nombre de afiliados. Naturalmente, no engañaron a nadie con esta mentira. Su tentativa fracasó tan ruidosamente, que las pocas personas afiliadas en Suiza a esa organización irrealizada acabaron por incorporarse a la otra organización de que hablábamos. Pero cuanto más impotente era esta pandilla, más se adornaba con títulos pomposos y altisonantes, como los de «Comité Central de la democracia europea» y otros por el estilo. También aquí, en Londres, continuó Struve con sus tentativas, asociado a otros grandes hombres ignorados como él. Se enviaron a todos los puntos de Alemania una serie de manifiestos y proclamas abogando por el ingreso en el «Buró Central de todos los emigrados alemanes» y en el «Comité Central de la democracia europea»; pero la propaganda no tuvo tampoco esta vez el menor éxito.

Las relaciones que esta pandilla pretende sostener con revolucionarios franceses y otros elementos no alemanes no existen. Toda su actuación se reduce a unas cuantas intriguillas entre los emigrados alemanes de esta capital, que no afectan directamente a la Liga y que esta puede vigilar fácilmente y sin peligro alguno.

Unas veces, todas estas tentativas responden a la misma finalidad que persigue la Liga, a saber: organizar revolucionariamente el partido obrero; en este caso, destruyen la centralización y la fuerza del partido, llevando a él la desunión, razón por la cual hay que oponerse a ellas resueltamente como a manejos escisionistas y perjudiciales. Pero pueden tener también por misión abusar una vez más del partido obrero, poniéndolo al servicio de fines que no le interesan nada o chocan abiertamente con su interés. El partido obrero puede perfectamente, en ciertas circunstancias, utilizar a otros partidos y fracciones de partido para sus fines, pero no debe nunca supeditarse a ninguna otra organización política. Y sobre todo, hay que tener especial cuidado en alejar de sus filas a todos aquellos elementos que, habiendo participado del Poder en el último movimiento, utilizaron su posición de gobernantes para traicionar el movimiento revolucionario y cerrar el paso al partido obrero allí donde este pugnaba por actuar por su cuenta. Acerca de la situación de la Liga, podemos comunicaros lo siguiente:

I. *Bélgica*

La organización de la Liga entre los obreros belgas, tal como existía en los años 1846 y 1847, ha cesado, naturalmente, después de detenidos en 1848 los elementos más destacados, siendo condenados a muerte, para permutárseles luego la pena por la de cadena perpetua. En Bélgica, la Liga ha perdido bastante fuerza desde la revolución de febrero y la expulsión de la mayor parte de los afiliados a la Asociación Obrera Alemana de Bruselas. El actual régimen policiaco no le ha permitido, hasta ahora, reorganizarse. Sin embargo, en Bruselas ha logrado mantenerse a flote una comuna, que sigue subsistiendo y funcionando a medida de sus fuerzas.

II. *Alemania*

Era propósito del Comité Central dar en esta circular un informe detallado acerca de la situación de la Liga en Alemania. Sin embargo, en el momento actual no podemos hacerlo, pues la policía prusiana anda precisamente en estos instantes buscando el rastro a una vasta organización del partido revolucionario. Hemos de tener, pues, cuidado de redactar esta circular –que aunque se hará entrar en Alemania por un camino seguro, al difundirse por el país se expone siempre a caer aquí o allá en manos de la policía– en términos tales que no suministre a nadie armas contra la Liga. El Comité central se limita, por tanto, de momento, a informaros de lo siguiente:

En Alemania, la Liga tiene su principal residencia en Colonia, Francfort s. M., Hanau, Maguncia, Wiesbaden, Hamburgo, Schwerin, Berlin, Breslau, Liegnitz, Glogau, Leipzig, Nuremberg, Munich, Bamberg, Würzburgo, Stuttgart, Baden.

Como círculos directivos se han designado: Hamburgo para Schleswig-Holstein, Schwerin para Meclemburgo, Breslau para Silesia, Leipzig para Sajonia y Berlín, Núremberg para Baviera, Colonia para el Rin y Westfalia.

Las comunas de Gotinga, Stuttgart y Bruselas seguirán provisionalmente en relación directa con el Comité Central, hasta que consigan extender su zona de influencia lo bastante para poder formar nuevos círculos directivos.

La situación de la Liga en Baden habrá de concretarse con los informes que nos mande el comisario enviado a aquel distrito y a Suiza.

Allí donde, como ocurre en Schleswig-Holstein y Meclemburgo, funcionan asociaciones de campesinos y jornaleros, los afiliados a la Liga han conseguido influir directamente en ellas y, en parte, dirigirlas y encauzarlas. Las asociaciones de obreros y jornaleros de Sajonia, Franconia, Hessen y Nassau, están también, en su mayor parte, bajo la dirección de la Liga. A esta pertenecen asimismo los miembros más influyentes de la Fraternidad Obrera. El Comité Central hace saber a todas las comunas y afiliados que esta influencia sobre las asociaciones obreras, gimnásticas, de campesinos y jornaleros, etc., es de la mayor importancia y debe procurar conquistarse en todas partes. E invita a los círculos directivos y a las comunas que mantienen correspondencia directa con él a que en sus próximas cartas le informen especialmente acerca de cuanto hagan en este respecto.

El emisario que enviamos a Alemania, y al que el Comité central dio un voto de gracias por su actuación, solo admitió en la Liga, en todos los sitios donde estuvo, a las personas de más confianza, dejando luego a cargo de estas, por su mejor conocimiento de la situación local, el cuidado de extender la organización. Las circunstancias locales son las que habrán de decidir si los elementos resueltamente revolucionarios pueden o no ingresar en la Liga. Allí donde eso no sea posible deberá formarse una segunda clase de afiliados, en que se recoja a los elementos que, siendo utilizables revolucionariamente y de confianza, no comprendan todavía las consecuencias comunistas del actual movimiento. Esta segunda clase de afiliados, a quienes debe presentarse la organización como puramente local o provincial, estará constantemente dirigida por los verdaderos afiliados y las autoridades de la Liga. Con ayuda de estas relaciones podrá consolidarse firmemente la influencia de la Liga, sobre todo en las asociaciones gimnásticas y de campesinos. Por lo demás, el detalle de la organización se deja a cargo de los círculos directivos, que deberán informar también de esto, sin perdida de momento, al Comité Central.

Una comuna ha instado al Comité Central a que convoque inmediatamente un congreso federal en Alemania. Las comunas y los círculos comprenderán por sí mismos que, en las actuales circunstancias, ni siquiera los congresos provinciales de los círculos directivos son aconsejables en todas partes; un congreso federal, con carácter general, sería ahora absolutamente imposible. Sin embargo, el Comité Central, en cuanto sea factible, organizará un congreso federal en el lugar más indicado. Un emisario del Círculo directivo de Colonia recorrió no hace mucho la Prusia renana y Westfalia. Hasta ahora no se ha recibido en Colonia su informe acerca de los resultados de ese viaje. Invitamos a todos los círculos directivos a que, tan pronto como les sea posible, envíen también emisarios a recorrer sus distritos, informándonos sin demora acerca de su labor. Finalmente, comunicaremos que en Schleswig-Holstein se ha encontrado contacto con el ejército, si bien estamos pendientes todavía de los informes concretos acerca de la influencia que en este punto pueda conquistar la Liga.

III. *Suiza*

Esperamos todavía el informe de nuestro emisario. En la próxima circular daremos, pues, noticias detalladas acerca de esto.

IV. *Francia*

Las relaciones con los obreros alemanes de Besançon y demás localidades del Jura han vuelto a reanudarse desde Suiza. En París, el afiliado que venía dirigiendo las comunas de aquella capital, Ewerbeck, se ha separado de la Liga, por considerar más importantes sus actividades literarias. Esto hace que el enlace esté roto, por el momento, y para reanudarlo ha de ponerse tanto más cuidado cuanto que los parisienses han dado entrada a un cierto número de elementos perfectamente inservibles, algunos de los cuales habían actuado antes, incluso, como francos enemigos de la Liga.

V. *Inglaterra*

El Círculo de Londres es el más fuerte de toda la Liga. Se ha distinguido, sobre todo, por venir costeando casi exclusivamente, desde hace varios años, los gastos de la Liga y principalmente los viajes de los emisarios. Últimamente se ha fortificado más todavía con el ingreso de nuevos elementos, y dirige continuamente la Asociación Obrera Alemana que aquí funciona y la fracción más considerable de los emigrados alemanes residentes en Londres.

El Comité Central mantiene relaciones con los partidos resueltamente revolucionarios de Francia, Inglaterra y Hungría, por medio de algunos de sus miembros delegados al efecto.

Entre los revolucionarios franceses se ha unido a nosotros, sobre todo, el verdadero partido proletario, que tiene por jefe a Blanqui. Los delegados de las sociedades secretas blanquistas mantienen relaciones constantes y oficiales con los delegados de la Liga, a quienes han confiado trabajos preliminares de importancia para la próxima revolución francesa.

Los jefes del partido cartista revolucionario mantienen asimismo relaciones regulares e íntimas con los delegados del Comité Central. Sus periódicos están a nuestra disposición. A acelerar la ruptura declarada entre este partido obrero independiente y revolucionario y la fracción de tendencias conciliatorias acaudillada por O'Connor contribuyeron notablemente los delegados de la Liga.

El Comité Central está igualmente en relaciones con el partido más avanzado de los emigrados húngaros. Este partido tiene importancia, pues en él forman muchos militares excelentes, que en un movimiento revolucionario se pondrían a disposición de la Liga.

El Comité Central invita a los círculos directivos a que difundan con la mayor rapidez posible esta circular entre sus miembros y a que nos envíen cuanto antes sus informes. E invita a todos los miembros de la Liga a que desplieguen el mayor celo, ahora en que las circunstancias son tan tirantes que ya no puede tardar mucho en estallar una nueva revolución.

Documento referente a un pacto entre marxistas y blanquistas

Introducción
Wenceslao Roces

En la segunda alocución del Comité Central de la Liga de los Comunistas a sus afiliados (junio de 1850), hacia el final, dice Marx: «Entre los revolucionarios franceses se ha unido a nosotros el verdadero partido proletario, que tiene por jefe a Blanqui. Los delegados de las sociedades secretas blanquistas mantienen relaciones constantes y oficiales con los delegados de la Liga, a quienes han confiado importantes trabajos preliminares para la próxima revolución francesa»[174].

Ya en el cuaderno de marzo de la *Nueva Gaceta del Rin* (1850) había escrito Marx:

> El proletariado francés se va agrupando cada vez más en torno al socialismo revolucionario, en torno al comunismo, para el que la propia burguesía ha inventado el nombre de "blanquismo". Este socialismo es la declaración de permanencia de la revolución, la dictadura de clase del proletariado como tránsito necesario hacia la abolición de toda diferencia de clase.[175]

---

174 Véase más arriba, p. 265.

175 Marx, *Las luchas de clases en Francia*, op. cit., p. 94.

Recientemente, el instituto Marx-Engels de Moscú ha descubierto y publicado (véase *Boletín del Instituto Marx-Engels*, 1926, núm. 1) un documento redactado probablemente en 1850 (manuscrito en francés) que abona, sin dejar lugar a duda, la existencia de un pacto sellado en su tiempo entre marxistas y blanquistas. Este documento, extraordinariamente importante, que contribuirá indudablemente a rectificar, en parte al menos, los juicios superficiales que Blanqui suscita con tanta frecuencia entre marxistas, es un proyecto de estatuto para una organización revolucionaria central titulada Sociedad Universal de Comunistas Revolucionarios (Société Universelle des Communistes Révolutionnaires.) El documento[176] dice así:

LIGA MUNDIAL DE REVOLUCIONARIOS COMUNISTAS

Art. 1. Esta Asociación se propone por finalidad el derrocamiento de todas las clases privilegiadas y su sujeción a la dictadura de los proletarios[177] en que la revolución se mantendrá permanente hasta la implantación del comunismo, que será la última forma de vida de la comunidad humana.

Art. 2. Para la consecución de este fin, la Asociación establecerá un lazo de solidaridad entre todas las fracciones del partido comunista revolucionario, prescindiendo, como lo exigen los principios de la fraternidad republicana, de todas las fronteras nacionales.

Art. 3. El comité fundador de la Asociación forma el Comité Central. Este instituirá nuevos comités mantenidos en relación con él allí donde lo exija el cumplimiento de su misión.

---

176 WR: Traducido a través del alemán, ed. H. Duncker, apéndice a la edición del *Manifiesto Comunista* publicada en los *Elementarbücher des Kommunismus*, Berlín, 1931.

177 WR: Esta consigna figura ya, a lo menos en cuanto al sentido, en los principios de la organización blanquista Sociedad de las Estaciones, 1836.

Art. 4. El número de miembros de la Asociación es ilimitado, pero nadie podrá ingresar en ella sin ser admitido unánimemente. La elección de miembros no deberá ser nunca secreta.

Art. 5. Todos los miembros de la Asociación se obligan, mediante juramento, a acatar incondicionalmente el artículo primero del presente estatuto. Cualesquiera modificaciones que en él puedan introducirse y que tengan por consecuencia atenuar la finalidad propuesta en el artículo primero, desligaran a los miembros de la Asociación de sus deberes.

Art. 6. Todos los acuerdos de la Liga serán tomados por dos tercios de mayoría de los votantes.

Adam; K. Marx; F. Engels; J. Vidil; A. Willich; G.J. Harney

Sigue Wenceslao Roces:

Por lo demás, parece que la organización mundial estatuida no llegó nunca a actuar intensamente; desde luego, solo tuvo una vida muy efímera. En el Comité Central de esta organización aparece del lado marxista, además de los nombres de Marx y Engels, el de Willich, que se separó de ellos radicalmente en septiembre de 1850, al producirse la escisión en la Liga de los Comunistas[178]. Los franceses Vidil y Adam, que firman al pie de ese documento en nombre de las blanquistas, se aliaron íntimamente a la fracción de Willich-Schapper después de la escisión de la Liga de los Comunistas[179]. Sus nombres figuran en un manifiesto del 16 de noviembre de 1850 firmado por Willich y Schapper, entre otros, como miembros del Comité de los socialdemócratas franceses proscritos en Londres[180], y parecen haberse desviado cada vez más de Blanqui, hasta el punto de que un manifiesto redactado por Blanqui para ser leído en Londres

---

178 Véase más abajo, pp. 283 y ss.

179 Véase *Correspondencia Marx-Engels*, op. cit., Tomo I, pp. 138-153; 163, 169.

180 Véase *Correspondencia Marx-Engels*, op. cit., Tomo I, p. 117.

el 24 de febrero de 1851, en una fiesta de conmemoración revolucionaria convocada por Vidil y otros, fue suprimido por el Comité directivo. En este manifiesto (reproducido más abajo), Blanqui, recluido en la cárcel, criticaba en acentos de gran dureza la conducta de los «socialistas demócratas franceses» (Louis Blanc y otros), a quienes Blanqui echa en cara –como había de hacer más adelante Marx en su *18 Brumario*– su traición contra la revolución proletaria. Marx y Blanqui siguieron manteniéndose luego en relaciones. En su *18 Brumario* (escrito en 1852), Marx llama a Blanqui y a los de su grupo los «verdaderos caudillos del partido proletario francés», los «comunistas revolucionarios». Y en una carta a Engels del año 1861 le comunica la noticia de que «Blanqui me ha dado personalmente gracias muy calurosas, a mí y al partido proletario alemán, por nuestra simpatía. A mí me parece muy conveniente que volvamos a entrar en relaciones directas con el partido decididamente revolucionario de Francia»[181].

En el estudio de D. Riazánov sobre la cuestión de las relaciones entre Marx y Blanqui[182], se estudia detenidamente este punto y se reproduce[183], traducido del francés, el manifiesto de Blanqui del 24 de febrero de 1851 al que hemos hecho referencia y que el propio Marx se esforzó en su tiempo por difundir. El manifiesto dice así:

Manifiesto de Blanqui
(1851)

¿Qué roca amenaza a la inminente revolución? La misma contra la que se ha estrellado la anterior: la deplorable popularidad de los burgueses disfrazados de tribunos del pueblo.

---

181 *Correspondencia Marx-Engels*, op. cit., Tomo III, p. 22.

182 WR: Publicado en la revista alemana *Unter dem Banner des Marxismus*, año II, cuad. 1-2, 1928, pp. 140 y ss.

183 Ibíd, pp. 245 y ss.

Los Ledru-Rollin, los Louis Blanc, los Lamartine, los Flocon, los Cremieux, los Marie, los Gamier-Pages, los Albert Dupont, los Arago, los Marrast[184].

¡Triste lista! ¡Nombres todos que están estampados con letras de sangre sobre el pavimento de las calles de la Europa democrática!

El Gobierno provisional ha estrangulado la revolución. Sobre su cabeza cae, íntegra, la responsabilidad de todos los actos funestos, de la sangre de tantos miles de víctimas.

Cuando la reacción ahoga a la democracia no hace más que cumplir con su oficio. Los criminales son los traidores que entregan maniatado a la reacción al pueblo confiado a su caudillaje.

¡Miserable gobierno! Pese a todas las advertencias, pese a todas las suplicas, implanta el impuesto de los 45 céntimos, que alza contra él a las masas campesinas presas de desesperación. ¡Traidores!

Mantiene en vigor el alto mando militar de la monarquía, los tribunales monárquicos, las leyes monárquicas. ¡Traidores!

El 6 de abril arrolla a los obreros de París, el 26 lleva a la cárcel a los de Limoges, el 27 ametralla a los de Rouen.

Lanza contra ellos a los verdugos, acosa, instiga, calumnia a los verdaderos republicanos. ¡Traidores! ¡Traidores!

Ellos, y solo ellos, son los responsables de toda esta catástrofe que ha determinado la caída de la República.

Grandes fueron sus crímenes. Pero los más criminales de todos los criminales son aquellos en quienes el pueblo, fascinado a fuerza de frases, cree ver su escudo y su espada y a quienes aclama, entusiasmado, por dueños y señores de sus destinos.

¡Ay de nosotros si el día de nuestro próximo triunfo la magnanimidad olvidadiza de las masas vuelve a encumbrar en el Poder a esas gentes que no han hecho más que abusar del

---

184 WR: Son todos nombres de caudillos del partido socialista demócrata francés, a quienes la revolución de febrero de 1848 dio el Poder, y que luego se interpusieron ante el desarrollo proletario de la revolución.

mandato que les otorgara la revolución! Otra vez la revolución volvería a estrellarse.

Que los obreros no pierdan jamás de vista esta lista de nombres malditos. Y si alguno de ellos, uno solo, vuelve a alzar cabeza con un gobierno nacido de la sublevación, todos deben gritar unánimemente: ¡Traición!

Los discursos, las promesas, los programas, volverían a ser engaño y mentira. Los mismos charlatanes volverían a lucir las mismas trampas habilidosas. Serían otra vez el primer eslabón de una nueva cadena de hechos brutalmente revolucionarios. ¡Qué la maldición y la venganza caigan sobre sus cabezas si algún día osan volver a levantarlas! ¡Y caiga también la vergüenza y el desprecio sobre la muchedumbre flaca de memoria que vuelva a prestarles oídos!

No basta arrojar de la Casa de la Villa a los charlatanes de febrero, es menester precaverse contra los nuevos traidores. Será un traidor todo gobernante que, elevado sobre el pavés por el proletariado, no proceda inmediatamente a implantar las siguientes medidas:

1. Desarme de las guardias cívicas.

2. Armamento y organización de milicias nacionales, formadas por toda clase de obreros.

Claro está que no es esta la única medida que ha de adoptarse, pero sí la primera, garantía de todas las demás y única salvaguardia para el pueblo.

Ni un solo fusil debe quedar en manos de los burgueses; de otro modo, no habrá salvación.

Las diversas doctrinas que hoy se debaten por conquistarse el favor del pueblo solo podrán realizar la mejora de su bienestar, que se proponen y prometen, si no dejan que se pierda lo conquistado por un fantasma.

Estas doctrinas darán ruidosamente en quiebra y el pueblo, llevado de su exagerada predilección por las teorías, se verá seducido a olvidar el único factor práctico del triunfo: la fuerza.

Armamento y organización: he ahí las armas decisivas del progreso, he ahí el medio más eficaz para poner fin a la miseria y a la opresión.

Quien tiene hierro, tiene pan. Ante la bayoneta no hay quien se doblegue, mas las muchedumbres desarmadas se conducen como rebaños. Una Francia henchida de obreros armados significa el triunfo del socialismo.

Ante proletarios apoyados en sus fusiles se evaporan y reducen a la nada todas las dificultades, todas las imposibilidades, todas las resistencias.

Pero si los proletarios no saben más que divertirse en manifestaciones callejeras, plantando «árboles de la libertad», escuchando discursos de abogados, ya se sabe la suerte que les espera: primero, agua bendita; luego, insultos, y, por último, un plato de judías verdes. Y siempre la miseria. ¡Que el pueblo elija!

Marx contra la fracción ultraizquierdista Willich-Schapper

WR: En sus Revelaciones sobre el proceso de los comunistas de Colonia (cap. «La fracción Willich-Schapper»), Marx define del modo siguiente la situación política y la estructura especial creada dentro de la Liga de los Comunistas al sobrevenir la escisión:

Desde la derrota de la revolución de 1848-1849, el partido proletario perdió en el continente lo único que por excepción había poseído durante ese breve periodo: prensa, libertad de palabra y derecho de asociación, es decir, los medios legales para la organización de los partidos. Los partidos liberales burgueses y los democráticos de la pequeña burguesía encontraban en la posición social de las clases por ellos representadas, y a despecho de la reacción, las condiciones necesarias para mantenerse unidos bajo una u otra forma y defender con más o menos fruto sus intereses comunes. Después de 1849, como antes de 1848, al partido proletario no le quedaba más que un camino: el camino de la asociación secreta. Por eso desde 1849 surgen en el continente toda una serie de asociaciones proletarias secretas; descubiertas por la policía, condenadas por los tribunales, deshechas por la cárcel y rehechas una y otra vez por la fuerza de las circunstancias.

Una parte de estas sociedades secretas aspiraba directamente a derribar el Poder político imperante. Era legítimo que ocurriese así en Francia, donde el proletariado había sido vencido por la burguesía y los ataques contra el gobierno dominante coincidían directamente con los ataques contra la burguesía. Otra parte de estas sociedades secretas proponíase por objetivo organizar como partido al proletariado, sin preocuparse de los gobiernos existentes. Las circunstancias lo demandaban así en países como Alemania, donde la burguesía y el proletariado se hallaban sujetos por igual a sus gobiernos semifeudales, donde, por tanto, un ataque triunfal contra estos gobiernos, lejos de derrocar el poder de la burguesía o de las llamadas clases medias, lo que haría sería ayudarlas a gobernar. Indudablemente que también en estos países los afiliados al partido proletario volverían a ocupar su puesto en una revolución contra el statu quo, pero no era misión suya preparar esta revolución, ni agitar, ni conspirar y anudar voluntades para fomentarla. Podían dejar estos preparativos al cuidado de las cosas de las clases directamente interesadas. Tenían necesariamente que hacerlo así si no querían renunciar a su propia posición de partidos y a las tareas históricas que les imponían por sí mismas las condiciones generales de Ligas del proletariado. Para ellos, los gobiernos actuales no eran más que manifestaciones efímeras y el *statu quo* un alto muy breve, en el cual bien estaba que se agotasen luchando las fuerzas de una democracia mezquina y estrecha.

La Liga de los Comunistas no era, por tanto, ninguna sociedad de conspiradores, sino simplemente una sociedad que laboraba secretamente por la organización del proletariado, puesto que al proletariado alemán se le negaba públicamente el agua y el fuego, la libertad de imprenta, de palabra y de asociación. Si a esto se le quiere llamar conspiración, habrá que decir que también el calor y la electricidad conspiran contra el *estatismo*.

Es evidente que una sociedad de esta naturaleza, que no pone su mira en formar el partido del gobierno del mañana, sino el partido de la oposición del porvenir, no podía ofrecer grandes encantos para individuos que buscan esconder su insignificancia personal bajo el manto escénico de conspiradores y que, mientras alimentan su mezquino orgullo pensando en el día próximo de la revolución, se dan, en tanto que ese día llega, gran importancia, toman parte en el botín de la demagogia y sueñan con ser aclamados por los charlatanes democráticos de feria.

Por eso se separó, o fue separada si se quiere, de la Liga de los Comunistas una fracción que exigía, ya que no verdaderas conspiraciones, que se guardase al menos la *apariencia* de conspiración y se sellase, como es lógico, una alianza directa con los héroes democráticos del día: la fracción de Willich y Schapper[185].

WR: En una sesión del Comité Central londinense de la Liga de los Comunistas, celebrada el 5 de septiembre de 1850, sobrevino, tras reñido debate, la escisión. La mayoría, acaudillada por Marx, desplazó la residencia del Comité Central a Colonia; la fracción de Willich y Schapper siguió en Londres. Pocos meses después de disolverse la Liga de los Comunistas (1852) se extinguió también (a comienzos de 1853) la Liga de Willich y Schapper.

En las *Revelaciones*[186], Engels reproduce, comentándolos brevemente, algunos pasajes del acta de la última sesión del Comité Central londinense, a que hemos hecho referencia.

Apoyando su propuesta de separación, dice Marx, entre otras cosas, literalmente:

La minoría suplanta la observación crítica por la intuición dogmática, la intuición materialista por la idealista. Para ella, la rueda motora de la revolución no son las circunstancias reales, sino la simple voluntad. Mientras que nosotros decimos a los obreros: tenéis que pasar por quince, veinte, cincuenta años de guerras

---

185 Marx, *Revelaciones sobre el Proceso de los comunistas de Colonia*, op. cit., pp. 55 y ss.

186 Véase la introducción de Engels en Marx, *Revelaciones sobre el Proceso de los comunistas de Colonia*, op. cit., pp. 20 y ss.

civiles y luchas de pueblos, y no solo para cambiar las circunstancias, sino para cambiaros a vosotros mismos, capacitándoos para el Poder, vosotros les decís todo lo contrario: «Es necesario que conquistemos inmediatamente el Poder, o si no, podemos echarnos a dormir». Y mientras que nosotros hacemos ver especialmente a los obreros alemanes que el proletariado alemán no está todavía suficientemente desarrollado, vosotros aduláis descaradamente el sentimiento nacional y los prejuicios de clase de los artesanos alemanes, lo que no dudo que os valdrá más popularidad. Hacéis con la palabra *proletariado* lo que los demócratas con la palabra *pueblo*: la convertís en objeto de adoración. Y lo mismo que los demócratas, deslizáis de contrabando en el proceso revolucionario la frase de la revolución, [...].

Schapper, contestando, dice literalmente:

He mantenido la posición que aquí se rebate porque yo, en estos asuntos, dejo hablar siempre al entusiasmo. Se trata sencillamente de saber si empezaremos decapitando nosotros o siendo decapitados (Schapper llegó hasta prometer que sería decapitado de allí a un año, o sea el 15 de septiembre de 1851). En Francia se impondrán los obreros, y por consiguiente también nosotros en Alemania. Si no fuese así, yo me tendería a dormir tranquilamente y disfrutaría de una posición material bastante mejor. Caso de triunfar podremos adoptar las medidas que aseguren el gobierno del proletariado. Yo profeso fanáticamente esta opinión, pero el Comité Central ha entendido lo contrario, [...].

Como se ve, no fueron razones personales las que produjeron la escisión en el seno del Comité central. Pero no menos falso sería hablar de diferencias de principio. El partido de Schapper-Willich no recabó jamás para sí el honor de poseer ideas propias. Todo lo que ellos aportaron fue la singular tergiversación de ideas ajenas, que creían haberse asimilado plasmándolas como artículos de fe y como frases. Igualmente falso sería estigmatizar el partido de Willich-Schapper como «partido de acción», a menos que por acción «se entienda una vagancia disfrazada entre ruido de taberna, conspiraciones de mentirijillas y alianzas aparentes y sin contenido».

WR: En un apéndice escrito en el año 1875 para la segunda edición de las Revelaciones, Marx enjuicia ya menos severamente a Willich y a Schapper, lo cual no obsta para que, en lo que toca a su fracción, siga combatiendo con la misma energía esa enfermedad de infancia que es el ultraizquierdismo. En este apéndice dice Marx:

Toda revolución sofocada violentamente deja en las cabezas de quienes tuvieron parte activa en ella, sobre todo si se ven lanzados desde su campo propio de operaciones al destierro, una conmoción que turba por más o menos tiempo hasta el juicio de las personas más capaces. No aciertan a encontrar el hilo de la historia, no se resignan a reconocer que la forma del movimiento ha cambiado. De aquí el aventurerismo conspirador y revolucionario, igualmente comprometedor para ellos que para la causa a la que sirven; de esa raíz nacían también las torpezas de Schapper y de Willich. Willich demostró en la guerra norteamericana de secesión que tiene algo más que fantasía, y Schapper, campeón durante toda la vida del movimiento obrero, reconoció y confesó, poco tiempo después del proceso de Colonia, su pasajero extravío. Muchos años después, en su lecho de muerte, un día antes de morir, todavía me hablaba con mordaz ironía de aquellos tiempos de «atolondramiento de la emigración». Mas las circunstancias en que hubieron de ser redactadas las *Revelaciones* explican, por otra parte, la crudeza de los ataques contra los que, sin saberlo, servían de cómplices al enemigo común. En momentos de crisis, la falta de serenidad se convierte en un crimen contra el partido, que reclama pública sanción[187].

---

187 Marx, *Revelaciones sobre el Proceso de los comunistas de Colonia*, op. cit., p. 720.

Apéndice

Quinta conferencia sobre Marx y Engels en la Academia Socialista (1922)
David Riazánov

Estamos en la revolución de febrero. Ya hemos establecido que el *Manifiesto Comunista* fue impreso algunos días antes de esa revolución. La organización de la Liga de los Comunistas solo fue concluida en noviembre de 1847. Esta organización englobaba los círculos extranjeros de París, Bruselas y Londres y estaba relacionada con algunos pequeños grupos alemanes. De manera que las fuerzas organizadas con las cuales podía contar la sección alemana de la Liga de los Comunistas eran pocas. La revolución estalla en París el 24 de febrero de 1848 y se extiende rápidamente a Alemania. El 3 de marzo se produce en Colonia, ciudad principal de Renania, una tentativa de levantamiento popular. Se obliga a los ediles a dirigir una petición al rey de Prusia para pedirle que tome en cuenta la efervescencia popular y haga algunas concesiones. Esta efervescencia, o, si se quiere, levantamiento del 3 de marzo en Colonia, está dirigido por dos hombres: Gottschalk, médico muy popular entre los obreros y la población pobre de Colonia, y Willich, un ex oficial. Solo diez días después de la revolución estalla en Viena, capital de Austria; el 18 de marzo se extiende a Berlín, capital de Prusia.

En ese momento Marx se halla en Bruselas. El gobierno belga, para evitar la suerte de la monarquía francesa, procede contra los emigrados residentes en Bruselas, detiene a Marx y lo expulsa de Bélgica. Marx se va a París, de donde acababan de invitarlo. Uno de los miembros del gobierno provisional, Flocon, redactor de un periódico en el que colaboraba Engels, envió inmediatamente una carta a Marx, en la cual le declaraba que en la libre tierra francesa todos los decretos del viejo gobierno eran abolidos.

El círculo directivo de Bruselas, al cual el de Londres había transmitido plenos poderes desde que la revolución estalló en el continente, los envió, a su vez, a Marx. Entre los obreros alemanes reunidos entonces en gran número en París, surgen disentimientos y se organizan distintos grupos. A uno de esos grupos se adhiere nuestro compatriota Bakunin, que, con el poeta alemán Herweg, proyecta constituir una organización armada para irrumpir en Alemania. Marx se esfuerza en hacerlos desistir de su plan y les propone trasladarse aisladamente a Alemania y participar en los sucesos revolucionarios. Bakunin y Herweg mantienen su proyecto. Este organiza una legión revolucionaria, se pone a su cabeza y se dirige a la frontera, donde es derrotado. Marx y otros camaradas logran pasar a Alemania y se radican en diferentes sitios. Marx y Engels se establecen en Renania.

El hecho de que la sección alemana de la Liga de los comunistas no poseyera ninguna organización debía ser tenido en cuenta por Marx y Engels. Existían solo simpatizantes aislados. ¿Qué debían hacer Marx, Engels y los camaradas más inmediatos? Unos cuarenta años más tarde, Engels se esfuerza por explicar la táctica que Marx y él siguieron en Alemania en 1848, y da una respuesta clara a una pregunta que le hicieron algunos jóvenes camaradas. Preguntaban por qué, en lugar de ir a Berlín, Marx y él se quedaron en Colonia, ciudad de Renania. Escogimos Renania, decía Engels, porque era la provincia de mayor desarrollo industrial; porque el código de Napoleón, herencia de la revolución francesa, estaba allí aún en vigencia, lo que nos permitía disponer de mayor libertad de acción y de agitación. Además, en Renania había un proletariado numeroso. Verdad es que Colonia no era la ciudad más desarrollada desde el punto de vista industrial, pero era la sede del poder administrativo y el centro de Renania. Por su población, Colonia se contaba entre las ciudades más importantes de Renania, aunque solo tuviera entonces 80.000 habitantes. Contenía una población obrera bastante numerosa, si bien la proporción de obreros empleados en la gran industria era ínfima. Las refinerías eran las principales fábricas. En ese tiempo Colonia era muy conocida por el agua de colonia, pero no existían grandes industrias mecánicas. El desenvolvimiento de la industria textil era menos grande que en Elberfeld y Bremen. En todo caso, Marx y Engels tenían plausibles razones para escoger Colonia como lugar de residencia. Querían realizar una agitación en toda Alemania, fundar un gran periódico que fuera una tribuna de sus ideas en todos los países, y para ello Colonia era, a su juicio, el lugar más propicio. En efecto, en Renania se había editado en 1842 el primer gran órgano político de la burguesía alemana. En el momento de su llegada se preparaba la aparición de un periódico, del que lograron apoderarse.

Pero ese periódico era el órgano de la democracia. He aquí cómo Engels se esfuerza en explicar por qué escogieron el nombre «órgano de la democracia». Declara que no existía entonces ninguna organización proletaria y que solo eran posibles dos acciones: o bien emprender desde el primer día la organización de un partido comunista, o utilizar las organizaciones democráticas existentes, agruparlas en un organismo único, realizar en este la propaganda necesaria y atraer hacia él a las diferentes sociedades obreras. Marx y Engels escogieron el segundo camino: renunciaron a constituir en Renania organizaciones proletarias especiales y entraron en la unión democrática de Colonia. Por eso, desde el comienzo se encontraron en una posición un tanto falsa con respecto a la unión obrera de Colonia, fundada inmediatamente después del 3 de marzo por Gottschalk y Willich.

Como ya hemos visto, Gottschalk era un médico muy popular entre las clases menesterosas de Colonia. Por sus teorías no era comunista. Antes de la fundación de la Liga de los comunistas se acercaba más bien a Weitling y a sus partidarios. Era un buen revolucionario, pero se dejaba influir fácilmente por corrientes contrarias. Personalmente irreprochable, carecía de un programa firme, aunque comprendía bastante bien qué era la democracia, pues en su primera intervención en el concejo municipal declara: «No es en nombre del pueblo que tomó la palabra, pues los demás concejales municipales pertenecen también al pueblo, no; me dirijo a ustedes solamente en nombre de la clase obrera». De modo que distinguía a la clase obrera, a los trabajadores, de la nación en general. Abogaba por las acciones revolucionarias pero, republicano, al mismo tiempo reclamaba una federación de repúblicas alemanas. Ese fue, como veremos, uno de los puntos esenciales de su divergencia con Marx. La sociedad por él fundada, Unión obrera de Colonia, había reunido rápidamente a casi todos los elementos proletarios de la ciudad. Contaba con 7.000 miembros, lo que es mucho en una ciudad de 80.000 habitantes.

La Unión obrera de Colonia entró en seguida en conflicto con la organización a la que pertenecían Marx y Engels. En el seno de la Unión obrera había elementos que no compartían el criterio de Gottschalk. Moll, que había sido enviado por el comité comunista de Londres ante el de Bruselas para preparar la organización del congreso, era uno de los principales miembros de la Unión obrera y, es claro, estrechamente unido a Marx y Engels. A la misma unión pertenecía también Schapper, que participaba en el movimiento obrero desde 1830. De tal suerte, no tardaron en organizarse dos fracciones en la Unión obrera, frente a la cual funcionaba la sociedad democrática, a la que pertenecían Marx y Engels.

Ello fue el resultado del plan que Engels exponía más tarde en un artículo de la *Nueva Gaceta Renana*. Marx y Engels esperaban hacer de su periódico, que comenzó a publicarse en Colonia el 19 de julio de 1848, el centro que agrupara, en el curso de la lucha revolucionaria, a todas las futuras organizaciones comunistas. Sería erróneo creer que Marx y Engels entraron en el órgano de la democracia en calidad de demócratas. Entraron en calidad de comunistas, considerándose la extrema izquierda de la democracia. Nunca cesaron de criticar de la manera más violenta no solo los errores del partido liberal alemán, sino los de la democracia, tanto que desde los primeros meses perdieron todos los accionistas. En el primer artículo publicado en la *Nueva Gaceta Renana*, Marx critica duramente a la democracia. Cuando se supo que el proletariado parisiense había sido aplastado durante las jornadas de julio; que Cavaignac, con el apoyo de todos los partidos burgueses, había provocado la masacre en la que perecieron millares de proletarios, la *Nueva Gaceta Renana*, órgano de la democracia, publicó un artículo apasionado, en el cual se injuria a los verdugos burgueses y a los satélites de la democracia. He aquí un corto pasaje de dicho artículo:

Los obreros parisienses han sido aplastados por un enemigo superior en fuerza, pero no aniquilados. Han sido derrotados, pero sus enemigos están vencidos. El triunfo efímero de la fuerza brutal ha desvanecido todas las ilusiones de la revolución de febrero; ha demostrado la disgregación del antiguo partido republicano, la división de la nación francesa en dos partes: la de los poseedores y la de los proletarios. En adelante, la república tricolor tendrá solo un color, el color de los vencidos, el color de la sangre. Se ha transformado en la república roja.

La revolución de febrero ha sido una revolución magnífica, la revolución que contó con la simpatía general porque las contradicciones que surgieron más tarde en ella estaban solo en estado latente, y la lucha social, que era la base, era únicamente verbal. La revolución de junio, por el contrario, ha sido una revolución repugnante, porque la acción ha reemplazado a la frase, porque la república misma ha descubierto la cabeza del monstruo arrancándole la corona que lo enmascaraba.

El profundo abismo que se abre ante nuestros ojos, ¿ha de desalentarnos a nosotros, demócratas, y hacernos creer que las luchas por las formas de gobierno son ilusorias y no conducen a nada? Solamente los espíritus débiles, apoltronados, pueden responderse así. Hay que luchar para vencer los conflictos que nacen de las condiciones mismas de la sociedad burguesa y que no pueden vencerse con quiméricos sueños. La mejor forma de Estado es aquella en la cual los antagonismos sociales no son apagados ni suprimidos por la fuerza, es decir, artificial y superficialmente. La mejor forma de gobierno es aquella en la cual tales antagonismos chocan libremente en la lucha y por la misma encuentran su solución.

Pero, se nos dirá, ¿no tendremos una lágrima, un suspiro, una palabra, para las víctimas del furor popular, para la guardia nacional, la guardia móvil, la guardia republicana, las tropas de línea? El Estado se ocupará de las viudas y de los huérfanos, los decretos los elevarán a las nubes, tendrán solemnes funerales, inmortales los proclamará la prensa oficial, desde oriente a occidente la reacción europea glorificará sus nombres.

Pero los plebeyos torturados por el hambre, escarnecidos por la prensa, abandonados por los médicos, tratados de ladrones, de incendiarios y de presidiarios por los ciudadanos «honrados»; sus mujeres y sus hijos reducidos a la más negra miseria; sus representantes escapados de la masacre, desterrados más allá de los mares... es el privilegio y el derecho de la prensa democrática tejer alrededor de su frente sombría una corona de laurel.[188]

Este artículo fue escrito el 29 de junio de 1848. No puede pertenecer a la pluma de un demócrata: solamente un comunista puede ser su autor y, por su táctica, Marx y Engels no podían engañar a nadie. El periódico dejó de recibir inmediatamente subsidio alguno de la burguesía democrática, y se transformó en el verdadero órgano de los obreros de Colonia, en órgano de los obreros alemanes.

---

188 Marx, «La revolución de junio», en *Neue Reinische Zeitung* (*Nueva Gaceta Renana*), núm. 29, 29 de junio de 1848.

Durante ese tiempo otros miembros de la Liga de los comunistas esparcidos por toda Alemania proseguían su obra. Creemos necesario mencionar especialmente a uno: Stephan Born, tipógrafo. Engels lo juzga desfavorablemente en el prefacio de un libro de Marx.

Born siguió una táctica distinta. Desde su llegada a Alemania se radicó en Berlín, centro obrero de importancia, y se entregó a la tarea de crear una gran organización obrera. Con la ayuda de algunos camaradas fundó un pequeño órgano, *Fraternidad Obrera*, y realizó una metódica agitación entre las distintas categorías de trabajadores. No se limitó, como habían hecho antes en Colonia Gottschalk y Willich, a la organización de una sociedad obrera puramente política. Emprendió la organización de diferentes sociedades destinadas a defender los intereses de los obreros, y se entregó con tanta energía a la obra que bien pronto su organización se extendió hasta algunas ciudades vecinas y a otras regiones de Alemania. Pero esta organización adolecía de una laguna. Era puramente obrera y, como más tarde el «economicismo» ruso, insistía demasiado sobre las tareas exclusivamente económicas de la clase trabajadora. Así, mientras algunos miembros de la Liga de los Comunistas, como Born, hombre de talento, creaban esas organizaciones puramente obreras, otros en el sur de Alemania, con Marx, empleaban toda su fuerza en la transformación del partido democrático con el objetivo de que en él la clase obrera fuera el núcleo fundamental, y hacerlo el más democrático posible. En tal dirección proseguía Marx su trabajo. La *Nueva Gaceta Renana* trataba todas las cuestiones de importancia, de suerte que todavía puede considerarse un modelo de periódico revolucionario. Ningún otro periódico ruso ni europeo llegó a la altura de la *Nueva Gaceta Renana*. Aunque escrita hará pronto setenta y cinco años, los artículos no han perdido nada de su frescura, de su ardor revolucionario, de su agudeza de análisis de los acontecimientos. Al leerlos, sobre todo los de Marx, se cree asistir a la historia de la revolución alemana, de la revolución francesa, contada por ellas mismas, tan vivo es el estilo como profundo el sentido.

¿Cuál era el punto central de la política interior y exterior de la *Nueva Gaceta Renana*? Antes de pasar a esta cuestión debemos señalar que Marx y Engels no tenían otra experiencia revolucionaria que la de la Gran Revolución Francesa. Marx había estudiado atentamente su historia y procurado extraer de ella principios tácticos para emplearlos en la época de la futura revolución, que él, contrariamente a Proudhon, predecía con justeza. Luego, ¿qué nos enseña la revolución francesa? Esta revolución, estallada en 1789, representa un largo proceso que dura diez años, de 1789 a 1799, es decir, hasta el año en que Bonaparte da el golpe de Estado. La experiencia de la revolución inglesa del siglo XVII enseñaba igualmente que la revolución futura sería probablemente de larga duración. La revolución había comenzado en medio de la alegría y del entusiasmo general; la burguesía se puso a la cabeza del pueblo oprimido, derribó al absolutismo, y solo después de su triunfo se desarrolla la lucha, y en el curso de esta lucha, de esta revolución más radical, el poder pasa cada vez más a los partidos extremos. Se desarrolla esta lucha durante tres años para terminar con la toma del poder por los jacobinos. Le parecía a Marx, que había estudiado atentamente la organización del partido político de los jacobinos, que en el curso del prolongado desarrollo de la revolución se puede organizar una fuerza que constituya progresivamente el fuerte mismo de la acción. Esta premisa teórica explica su error. Conservó algún tiempo esa opinión, hasta que una serie de acontecimientos le hicieron desecharla. El fracaso de junio del proletariado parisiense fue el primer golpe asestado a la revolución en occidente y permitió inmediatamente a la reacción levantar cabeza en Prusia y en Austria. Además, detrás de Prusia y de Austria estaba Rusia con Nicolás I, que desde el comienzo había ofrecido su ayuda al rey de Prusia. Desde el primer instante se declinó la oferta en lo concerniente a la fuerza armada, pero se aceptó el dinero. Nicolás I poseía entonces las reservas de oro más importantes de Europa. El dinero se utilizó en provecho del gobierno prusiano. Nicolás I ofreció igualmente batallones rusos al gobierno austríaco, contra el cual se había sublevado Hungría, y la proposición fue aceptada.

Apoyándose nuevamente en la experiencia de la revolución francesa, la *Nueva Gaceta Renana* sentó la táctica siguiente. La guerra contra Rusia es el único medio favorable para la revolución de Europa occidental amordazada a causa de la derrota del proletariado parisiense. La historia de la revolución francesa enseña que la ofensiva de la coalición contra Francia dio un nuevo impulso al movimiento revolucionario. Los partidos moderados han sido arrojados por la borda. La dirección del movimiento la han tomado los partidos que más enérgicamente han rechazado la agresión exterior. El ataque de la coalición contra Francia condujo, el 1º de agosto de 1792, a la proclamación de la república. Marx y Engels descontaban que la guerra de la reacción contra la nueva revolución tendría las mismas consecuencias. Por esto la *Nueva Gaceta Renana* criticaba violentamente a Rusia. Se presentaba a esta como una fuerza siempre pronta a sostener la reacción austríaca y alemana. En cada artículo se demostraba que la guerra contra Rusia era el único medio de salvar la revolución y se esforzaba en preparar a la democracia para esta guerra contra Rusia, como la única solución racional. Marx y Engels, repetimos, se dedicaban a probar que la guerra contra Rusia daría un nuevo impulso a la revolución y reforzaría las aspiraciones revolucionarias del pueblo alemán. Por esto defendían en su periódico todos los movimientos de oposición contra el régimen existente; fueron los defensores más ardientes de la revolución húngara y sostuvieron a los polacos, que poco antes habían realizado una tentativa de insurrección. Reclamaban la restauración de Polonia independiente y que Alemania y Austria le reintegraran las provincias que le habían tomado, y que igual cosa hiciera Rusia. Partidarios de la unión de Alemania en una república única, reclamaban de Dinamarca la restitución de algunas regiones alemanas, a excepción de las partes o regiones dominadas por el elemento danés. En una palabra, eran en todo fieles a la tesis fundamental del *Manifiesto Comunista* y sostenían todo movimiento revolucionario dirigido contra el orden existente. Sin embargo, no se puede ocultar (y esto se advertirá cuando se tenga la posibilidad de leer los artículos publicados por Marx y Engels en la *Nueva Gaceta Renana*) que en estos brillantes artículos prepondera el aspecto político; siempre se critica en ellos los actos políticos de la burguesía y de la burocracia.

La *Nueva Gaceta Renana* dedica relativamente un lugar pequeño a la cuestión obrera. Bajo este aspecto es interesante comparar el periódico de Marx con el de Born. El de este parecía un periódico especial de las cooperativas: otorgaba a la cuestión obrera la mayor atención. No hacía lo mismo la *Nueva Gaceta Renana*, que casi no tocaba esta cuestión. Criticaba violentamente la declaración de los derechos fundamentales del pueblo alemán y arremetía contra la legislación impregnada del espíritu de liberalismo nacional. Tomaba vigorosamente la defensa de los campesinos, demostrando a la burguesía la necesidad de su emancipación. Pero hasta fines de 1848 son escasos los artículos dedicados a las reivindicaciones de la clase obrera. Tales reivindicaciones no figuran en ninguna parte en la *Nueva Gaceta Renana*, casi enteramente absorbida por las tareas políticas fundamentales, consistentes en encender las pasiones políticas y en preconizar la creación de fuerzas revolucionarias democráticas capaces de barrer de Alemania de un solo golpe todas las supervivencias del régimen feudal.

Hacia fines de 1848 la situación cambia. La reacción, que comenzó a reforzarse después de la derrota del proletariado parisiense, asciende más aún en octubre de 1848. El aplastamiento del proletariado húngaro con la ayuda de los rusos, contribuye al fracaso del movimiento de Berlín. El gobierno prusiano cobra coraje y en diciembre de 1848 disuelve la asamblea nacional e impone al país una constitución elaborada por él mismo. En ese momento la burguesía prusiana procura concertar un acuerdo entre ella y el pueblo.

Marx, por el contrario, demuestra que el poder real ha sufrido un fracaso en marzo de 1848 y que no es cuestión de proponerse un acuerdo con él. El pueblo mismo debe elaborar una constitución sin preocuparse del poder real y proclamar en Alemania la república única e indivisible. Pero la asamblea nacional, donde predominaba la burguesía liberal demócrata, temía una ruptura definitiva con la monarquía. De modo que continuó su política de conciliación hasta el momento en que fue disuelta. Entonces aparece bien claro para Marx la imposibilidad de contar aún con la parte más radical de la burguesía alemana. La parte democrática de la burguesía, de la cual podía esperarse que obtendría libertades políticas que permitieran el desarrollo de la clase obrera, se mostró incapaz de cumplir esa tarea. He aquí la característica que hace Marx de esta burguesía en diciembre de 1848, después de la triste experiencia de las dos asambleas de Berlín y Fráncfort:

> Mientras que las revoluciones de 1648 y de 1789 pueden enorgullecerse de haber realizado una obra de creación, las de Berlín de 1848 han puesto su honor en ser un anacronismo. Su luz se parece a la de las estrellas que llega a los habitantes de la tierra diez mil años después de extinguirse el astro que la emite. La revolución prusiana de marzo es para Europa un pequeño astro de ese género. Su luz es la de un cadáver social desde hace largo tiempo descompuesto.
>
> La burguesía alemana se ha desenvuelto tan blandamente, tan perezosamente y tan lentamente, que en el momento en que se alzaba contra el feudalismo y el absolutismo se hizo hostil al proletariado y a todas las capas de la población urbana cuyos intereses e ideas se le asemejan. Vio que tenía toda la Europa por delante de ella. Contrariamente a la burguesía francesa de 1789,

la burguesía alemana no ha sido la clase que defiende a toda la sociedad contemporánea contra los representantes de la nobleza. Descendió al nivel de una categoría social opuesta a la monarquía y al pueblo, indecisa ante cada uno de sus adversarios, pues los tuvo siempre, tanto delante como detrás de ella. Desde el comienzo se inclinó a traicionar al pueblo y a concertar un compromiso con los «coronados» de la vieja sociedad, a la que ella misma pertenecía; no representaba los intereses de la nueva sociedad contra lo viejo, pero tenía intereses renovados en el seno de una sociedad envejecida; no ejerció la dirección de la revolución porque el pueblo estuviera detrás de ella, sino porque el pueblo la puso delante de él; no estuvo a la cabeza porque representara la iniciación de una nueva época social; fue una capa del viejo Estado, capa social que no se había trazado su propia ruta, pero que por la fuerza del cataclismo fue puesta a la cabeza del nuevo Estado. Sin confianza en ella misma, sin fe en el pueblo, refunfuñando contra los grandes, temblando ante los pequeños, egoísta respecto de unos y otros y, teniendo conciencia de su egoísmo, revolucionaria en lo tocante a los conservadores y conservadora respecto a los revolucionarios; sin confianza en sus propias palabras de orden, con frases en vez de ideas, asustada por la tempestad mundial y explotando esta tormenta; sin ninguna energía y recurriendo al plagio en todos los aspectos, original solamente en su bajeza; transigente con sus propios deseos, sin iniciativa, sin confianza en ella misma, sin fe en el pueblo, sin vocación histórica mundial; vieja decrépita, maldecida por todos y viéndose condenada en su caducidad a dirigir las aspiraciones juveniles de un pueblo fuerte y a desviarlas; vieja ciega, sorda y desdentada: tal era la burguesía prusiana cuando, después de la revolución de marzo, se encontró en la dirección del Estado[189].

Esta característica muestra de una manera extraordinariamente justa a la burguesía de 1848. Como se ve, se puede aplicar íntegramente a la burguesía rusa. Marx había visto a la burguesía en la acción. Las esperanzas que concibió,

---

189 Véase *Neue Rheinische Zeitungy*, núm. 169, 15 de diciembre de 1848. Se trata de un artículo de Marx sin título.

aunque con muchas reservas, en el *Manifiesto Comunista*, sobre la burguesía progresista, no se realizaron. Por eso desde el otoño de 1848 Marx y Engels modificaron la táctica usada en Colonia y en la *Nueva Gaceta Renana*. Sin rehusarse a sostener a la democracia burguesa, sin romper orgánicamente con el partido demócrata, Marx traslada el centro de gravedad de su trabajo a los medios proletarios. Con Moll y Schapper refuerza la propaganda en el seno de la sociedad obrera de Colonia, que tenía también su representante en el Comité regional de las sociedades democráticas. Después del arresto de Gottschalk, Moll fue elegido presidente de la sociedad obrera, lo que evidencia el aumento de la fuerza comunista. La corriente federalista, a cuya cabeza estaba Gottschalk, se convierte gradualmente en minoría. Al tener Moll que huir temporalmente de Colonia, se elige a Marx, a pesar de sus reiteradas negativas, para ocupar su lugar. En febrero, fecha de las elecciones al nuevo parlamento, las divergencias estallaron. Marx y su grupo insistían en que allí donde no se pudieran elegir candidatos propios, los obreros votasen por los demócratas, contra lo cual protestaba la minoría.

Pero en marzo y en abril las divergencias entre los obreros y los demócratas reunidos en el Comité regional de las sociedades democráticas revistieron tal agudeza que la escisión se hizo inevitable. Marx y sus camaradas salieron del Comité. La sociedad obrera retiró su representante y procuró relacionase con las sociedades obreras organizadas por Born en la Alemania oriental. La sociedad obrera fue reorganizada y transformada en club central con nueve secciones o clubes obreros. Marx y Schapper publicaron a fines de abril un llamamiento en el cual invitaban a todas las sociedades obreras de Renania y de Westfalia a un congreso regional, a fin de organizarse y de elegir los delegados al congreso obrero general que debía efectuarse en el mes de junio en Leipzig.

Pero en el momento en que Marx y sus camaradas se dedicaban a la organización del partido de la clase obrera, se asestó un nuevo golpe a la revolución. El gobierno de Prusia, que acababa de disolver la Asamblea nacional prusiana, resolvió hacer lo mismo con la Asamblea nacional alemana. Entonces comenzó en el sur de Alemania lo que se llama la lucha por la constitución del Imperio.

En razón de su situación, Marx debía obrar en Colonia con la mayor prudencia. Cierto es que no estaba reducido a la acción clandestina, pero podía ser expulsado de Colonia mediante una simple orden del Gobierno. En efecto, expuesto a las continuas persecuciones del gobierno prusiano, expulsado de París a instancias de este último y temiendo serlo en Bélgica, Marx decidió, a fin de cuentas, abandonar su nacionalidad prusiana, pero sin adoptar ninguna otra. De manera que cuando volvió a Colonia las autoridades lo reconocieron como ciudadano de Renania, pero exigieron la sanción de las autoridades prusianas de Berlín, las que decidieron que Marx había perdido los derechos inherentes a su condición de ciudadano de Prusia. Por esto Marx, que realizaba reiteradas gestiones para la reintegración de sus derechos de ciudadano prusiano, fue obligado, durante el segundo semestre de 1848, a renunciar a toda acción pública. Cuando la ola revolucionaria se elevaba y la situación se tornaba mejor, intervenía públicamente en la lucha, pero desde que la reacción ganó terreno y la represión se hizo en Colonia más rigurosa, redujo su acción al periodismo, es decir, a la dirección de la *Nueva Gaceta Renana*. Por esto aceptó contra sus deseos la presidencia de la sociedad obrera de Colonia.

La modificación de la táctica introduce cambios en la *Nueva Gaceta Renana*. Solo después de tal modificación aparecen los primeros artículos sobre «El trabajo asalariado y el capital». Marx precedió estos artículos de una larga introducción, en la cual explica por qué la *Nueva Gaceta Renana* no había aún tocado la cuestión del antagonismo entre el capital y el trabajo. Esta introducción tiene una gran importancia porque señala un cambio de táctica, pero este cambio se produjo demasiado tarde. Fue en febrero, y en mayo la revolución alemana ya estaba completamente aplastada. El Gobierno prusiano envió sus tropas al sureste de Alemania. La *Nueva Gaceta Renana* fue la primera, el 19 de mayo, en ser clausurada. Hemos tenido en nuestras manos el último número de este periódico, el 301, el célebre número rojo, que comienza con una poesía de Freiligrath, seguida de un nuevo llamamiento de Marx para poner en guardia a los obreros y para advertirles que no deben dejarse arrastrar a provocaciones. Marx salió en seguida de Renania. Como extranjero, fue obligado a abandonar Alemania; en cuanto a los otros redactores, se dispersaron para establecerse en diferentes lugares, Engels, Moll y Willich se fueron con los sublevados del sur.

Después de algunas semanas de resistencia heroica pero mal organizada, las tropas prusianas obligaron a los rebeldes a refugiarse en Suiza. Los viejos miembros de la redacción de la *Nueva Gaceta Renana* y de la sociedad obrera de Colonia se instalaron en París, pero después de la abortada manifestación del 31 de junio de 1849 fueron perseguidos y obligados a salir de Francia. A principios de 1850 casi toda la vieja guardia de la Liga de los Comunistas se encontraba de nuevo reunida en Londres, Moll pereció en la Alemania del sur en el curso de la insurrección. Se hallaban en Londres: Marx, Engels, Schapper, Willich y Wolf.

Al comienzo, como puede verse por sus artículos, Marx y Engels no habían perdido las esperanzas; creían que a una detención temporal del movimiento seguiría un nuevo empuje revolucionario. Para no ser cogidos de improviso trataron de reforzar su organización y de ponerla en estrecho contacto con Alemania. La vieja Liga de los Comunistas se reorganizó, agrupó a los miembros que ya habían pertenecido a ella y a nuevos elementos reclutados en Silesia, en Breslau y en Renania.

Sin embargo, después de algunos meses surgieron divergencias en la Liga entre los comunistas de izquierda y los de derecha. He aquí el motivo y la discusión. A principios de 1850, Marx y Engels creían que no se haría esperar mucho tiempo un nuevo empuje de la revolución. En esta época la Liga de los Comunistas lanza sus dos famosas circulares, escritas principalmente por Marx. Lenin se las sabía, por así decirlo, de memoria y las citaba con frecuencia.

Para orientarse bien es preciso recordar los errores cometidos por Marx y Engels durante la revolución de 1848. Las circulares muestran que es necesario criticar implacablemente no solo al liberalismo burgués sino también a la democracia; que hay que concentrar todos los esfuerzos para oponer a la organización democrática una organización obrera; que ante todo hay que crear un partido obrero. La lucha contra los demócratas no debe cesar; a cada una de sus reivindicaciones hay que responder con una más radical. Si los demócratas reclaman la jornada obrera de nueve horas, nosotros reclamamos la de ocho; si la expropiación de las grandes propiedades de tierra con indemnización, nosotros la confiscación pura y simple. Es necesario recurrir a todos los medios para hacer avanzar la revolución, para hacerla permanente, para ponerla constantemente a la orden del día. No hay que dormirse sobre los laureles, satisfechos con algún éxito conseguido. Cada conquista debe ser un escalón para llegar a la conquista siguiente. Declarar la revolución terminada es traicionarla. Hay que obrar de tal modo que el régimen social y político, minado por todas partes, se desmorone gradualmente hasta que lo hayamos librado de todas las supervivencias del antagonismo de clases.

Sobre la apreciación de la «situación social» comenzaron las divergencias. Contrariamente a sus adversarios, dirigidos por Schaper y Willich, Marx, fiel a su método, partía del hecho de que toda revolución política es la consecuencia de ciertas condiciones económicas, de una cierta revolución económica. La revolución de 1848 fue precedida de la crisis de 1844, que alcanzó casi a toda Europa, salvo las regiones extremas del oriente. Luego, analizando desde Londres la nueva situación económica, el estado del mercado mundial, Marx se persuade de que la situación no es favorable para una explosión revolucionaria, y que la ausencia de esa pujanza revolucionaria que esperaba con sus camaradas, no se explica únicamente por la falta de iniciativa y de energía de parte de los revolucionarios. A fines de 1850, el análisis detallado de la situación del momento lo lleva a la conclusión de que, dado el estado de prosperidad económica, toda tentativa para provocar la revolución, para organizar una insurrección armada, terminaría por un fracaso tan inevitable como inútil. El capital europeo se encontraba en ese momento en condiciones de desarrollo extremadamente favorables. Acababan de descubrirse minas de oro de una riqueza inmensa en California y en Australia, adonde afluían en masa los obreros. La ola de emigración europea, comenzada en el segundo semestre de 1848, se elevó notablemente en 1850.

De modo que el análisis de las condiciones hizo comprender a Marx que la revolución perdía terreno, que era necesario esperar una nueva crisis económica que creara condiciones favorables para una renovación del movimiento revolucionario. Pero este punto de vista no era compartido por todos los miembros de la Liga de los Comunistas. Era particularmente contradicho por los elementos que no poseían la formación científica, la ciencia económica de Marx, y que atribuían una importancia exagerada a la iniciativa de algunas personalidades resueltas. Willich, que con Gottschalk incitó a la revolución el 3 de mazo en Colonia y desempeñó un gran papel en la insurrección del sur de Alemania, lo mismo que Schapper y varios otros miembros de la Liga de los Comunistas afiliados a la unión obrera de Colonia y viejos partidarios de Weitling, se unieron y preconizaron la organización de una insurrección. Según ellos, bastaba conseguir la cantidad de dinero necesario y reunir algunos hombres resueltos para provocar una insurrección en Alemania. En busca de dinero, tentaron concertar un empréstito en América, a fin de levantar la revolución en Alemania. Marx, Engels y algunos de sus camaradas más allegados se negaron a participar en la campaña. A la postre se produjo una escisión; la

Liga de los Comunistas se dividió en dos fracciones: la de Marx y Engels y la de Willich y Schapper.

En este momento la sección alemana de la Liga de los Comunistas sufre un descalabro. Ya en 1850 Marx y Engels, al mismo tiempo que se efectuaba una reorganización de la Liga de los Comunistas en Londres, habían intentado reorganizar y consolidar esta misma Liga en Alemania. Se enviaron a ese país muchos agentes para que se entrevistaran con los comunistas alemanes. Uno de ellos fue arrestado y sobre él encontraron documentos que permitieron a la policía prusiana de seguridad, dirigida por el famoso Stieber, descubrir a sus camaradas. Se encarceló a numerosos comunistas. Para mostrar a la burguesía prusiana que no debía deplorar algunas de las libertades que le fueron arrebatadas en 1850, el gobierno prusiano resolvió organizar en Colonia un gran proceso contra los comunistas. Numerosos comunistas, entre ellos Lessner y Becker, fueron condenados a largos años de presidio. El proceso demostró la participación de un cierto número de agentes provocadores en el movimiento y permitió comprobar que Stieber, por medio de sus agentes, había recurrido a la falsificación de procesos verbales y a toda suerte de falsos testimonios.

Por resolución del grupo de comunistas que quedaron con él, Marx escribió un folleto a propósito del proceso a la Liga de los Comunistas, en la cual revela todas las maquinaciones de la policía prusiana. Pero los condenados no sacaron gran provecho de ello. Terminado el proceso, Marx, Engels y sus camaradas llegaron a la conclusión de que, visto que había cesado toda relación con Alemania, la Liga de los Comunistas no podía hacer nada, que era preciso esperar un momento más favorable, y a fines de 1852 decretaron su disolución. Otra parte de la Liga de los Comunistas, la fracción de Willich y Schapper, vegetó alrededor de sus miembros: Schapper comprendió que había cometido un error en 1852 y se reconcilió con Marx y Engels.

Friedrich Engels[190]
V. I. Lenin

¡Qué lumbrera intelectual se ha apagado!
¡Qué gran corazón ha dejado de latir![191]

El 5 de agosto de 1895 murió en Londres Friedrich Engels. Después de su amigo Karl Marx (fallecido en 1883), Engels fue el más destacado sabio y maestro del proletariado contemporáneo de todo el mundo civilizado. Desde que el destino hizo amigos a Karl Marx y Friedrich Engels, la labor de toda su vida se convirtió en una obra común. De ahí que, para comprender lo que Friedrich Engels ha hecho por el proletariado, sea necesario ver claramente la importancia de la doctrina y la actividad de Marx en el desarrollo del movimiento obrero contemporáneo. Marx y Engels fueron los primeros en demostrar que la clase obrera, con sus reivindicaciones,

---

190 PR: Lenin escribió el artículo necrológico Friedrich Engels en el otoño de 1895 y se publicó en *Rabótnik* (*El Trabajador*), núm. 1-2, aparecido no antes de marzo de 1896.

    Rabótnik: recopilación no periódica, editada en el extranjero de 1896 a 1899 por la Unión de Socialdemócratas Rusos, bajo la redacción del grupo Emancipación del Trabajo. El iniciador de la edición de *Rabótnik* fue Lenin.

    En total aparecieron seis números de *Rabótnik* en tres libros, así como diez números de *Listok* «*Rabótnika*» (*La hoja de* «*El Trabajador*»).

191 PR: Las líneas que sirven de epígrafe al artículo «Friedrich Engels» fueron tomadas por Lenin de la poesía de N.A. Nekrásov, *En memoria de Dobroliúbov*.

es un producto necesario del sistema económico existente, el cual, junto con la burguesía, crea y organiza inevitablemente al proletariado. Demostraron que no serán las tentativas bienintencionadas de generosos individuos aislados, sino la lucha de clase del proletariado organizado lo que liberará a la humanidad de las calamidades que la agobian. Marx y Engels fueron los primeros en dilucidar en sus obras científicas que el socialismo no es una invención de soñadores, sino la meta y el resultado ineluctable del desarrollo de las fuerzas productivas en la sociedad contemporánea. Toda la historia escrita ha sido hasta ahora la historia de la lucha de clases, la sucesión del dominio y las victorias de unas clases sociales sobre otras. Y esto continuará hasta que desaparezcan las bases de la lucha de clases y de la dominación de clase: la propiedad privada y la producción social caótica. Los intereses del proletariado exigen que estas bases sean destruidas, por lo cual la lucha de clase consciente de los obreros organizados debe dirigirse contra ellas. Y toda lucha de clases es una lucha política.

Estas ideas de Marx y Engels las ha hecho suyas en nuestros días todo el proletariado que lucha por su emancipación. Pero cuando, en la década del 40, los dos amigos colaboraban en las publicaciones socialistas y participaban en los movimientos sociales de su tiempo, estas concepciones eran completamente nuevas. Entonces había muchos hombres de talento y sin talento, honestos y deshonestos, que en el ardor de la lucha por la libertad política, de la lucha contra la autocracia de los monarcas, la policía y el clero, no veían el antagonismo existente entre los intereses de la burguesía y los del proletariado. Estos hombres no admitían siquiera la idea de que los obreros actuasen como una fuerza social independiente. Por otra parte, abundaban los soñadores, a veces geniales, que creían suficiente convencer a los gobernantes y a las clases dominantes de la injusticia del régimen social existente para que resultara fácil implantar en el mundo la paz y el bienestar general. Soñaban con un socialismo sin lucha. Por último, casi todos los socialistas de aquella época –y, en general, los amigos de la clase obrera– veían en el proletariado una plaga y contemplaban con horror cómo, a la par con el crecimiento de la industria, crecía también esta gran calamidad pública. De ahí que todos ellos pensaran en cómo detener el desarrollo de la industria y del proletariado, en cómo parar «la rueda de la historia». En contraste con el temor general al desarrollo del proletariado, Marx y Engels cifraban todas sus esperanzas en el continuo crecimiento de este. Cuantos más proletarios haya, tanto mayor será su fuerza como clase revolucionaria y tanto más próximo y posible será el socialismo. Los méritos de Marx y Engels ante la clase obrera podrían expresarse, en pocas palabras, del siguiente modo: enseñaron a la clase obrera a conocerse y a tener conciencia de sí misma y sustituyeron los ensueños con la ciencia.

De ahí que el nombre y la vida de Engels deban ser conocidos de todo obrero; de ahí que insertemos en nuestra recopilación –la cual, como todo lo que editamos, tiene por objeto despertar la conciencia de clase de los obreros rusos– un esbozo de la vida y la actividad de Friedrich Engels, uno de los dos grandes maestros del proletariado contemporáneo.

Engels nació en 1820 en Barmen, ciudad de la provincia renana del reino de Prusia. Su padre era fabricante. En 1838, motivos familiares obligaron a Engels, antes de terminar los estudios en el liceo, a colocarse como dependiente en una casa comercial de Bremen. Este trabajo no le impidió ocuparse en su capacitación científica y política. Siendo todavía alumno del liceo, odió ya la autocracia y la arbitrariedad de los funcionarios públicos. El estudio de la filosofía le llevó más lejos. En aquella época, en la filosofía alemana predominaba *la doctrina* de Hegel, de la que Engels se hizo adepto. Aunque el propio Hegel era admirador del Estado autocrático prusiano, a cuyo servicio se hallaba como catedrático de la Universidad de Berlín, la doctrina de Hegel era revolucionaria. La fe de Hegel en la razón humana y en los derechos de esta, y el postulado fundamental de la filosofía hegeliana, según el cual en el mundo se opera un proceso constante de mutación y desarrollo, llevaron a los discípulos del filósofo berlinés, que no querían resignarse con la realidad, a la idea de que también la lucha contra la realidad, la lucha contra la injusticia existente y el mal reinante, tiene sus raíces en la ley universal del desarrollo perpetuo. Si todo se desarrolla, si unas instituciones sustituyen a otras, ¿por qué han de perpetuarse la autocracia del rey prusiano o del zar ruso, el enriquecimiento de una minoría insignificante a expensas de la inmensa mayoría, el dominio de la burguesía sobre el pueblo? La filosofía de Hegel hablaba del desarrollo del espíritu y de las ideas: era una filosofía idealista. Deducía del desarrollo del espíritu el desarrollo de la naturaleza, del hombre y de las relaciones humanas, de las relaciones sociales. Marx y Engels, conservando la idea de Hegel del eterno proceso de desarrollo[192], rechazaron su preconcebida visión idealista; analizando la vida real, vieron que no es el desarrollo del espíritu lo que explica el desarrollo de la naturaleza, sino a la inversa que el espíritu tiene su explicación en la naturaleza en la materia.

A diferencia de Hegel y otros hegelianos: Marx y Engels eran materialistas. Enfocaron el mundo y la humanidad desde un punto de vista materialista y vieron que, de la misma manera que todos los fenómenos de la naturaleza se basan en causas materiales, el desarrollo de la sociedad humana está condicionado también por el desarrollo de las fuerzas materiales, de las fuerzas productivas. Del desarrollo de las fuerzas productivas dependen las relaciones que establecen

---

192 Nota de Lenin: Marx y Engels señalaron más de una vez que debían en gran parte su desarrollo intelectual a los grandes filósofos alemanes y, en particular, a Hegel. «Sin la filosofía alemana –dijo Engels– no existiría tampoco el socialismo científico». (Véase Engels, *Prefacio a «La guerra campesina en Alemania»*, en Marx y Engels, *Obras Escogidas*, Tomo II, Progreso, p. 179).

los hombres entre sí en el proceso de producción de los objetos indispensables para satisfacer las necesidades humanas. Y en estas relaciones está la explicación de todos los fenómenos de la vida social, de los anhelos del hombre, de sus ideas y sus leyes. El desarrollo de las fuerzas productivas crea las relaciones sociales que se asientan en la propiedad privada. Pero ahora vemos que este mismo desarrollo de las fuerzas productivas despoja de la propiedad a la mayoría para concentrarla en manos de una insignificante minoría; destruye la propiedad, base del régimen social actual, y tiende al mismo fin que se han señalado los socialistas. Mas los socialistas deben comprender cuál es la fuerza social que, por su situación en la sociedad contemporánea, está interesada en realizar el socialismo y hacer que esta fuerza adquiera conciencia de sus intereses y de su misión histórica. Esta fuerza es el proletariado. Engels lo conoció en Inglaterra, en Manchester, centro de la industria inglesa, adonde se trasladó en 1842 como empleado de una casa comercial de la que su padre era socio. Engels no se limitó allí a permanecer en la oficina de la fábrica, sino que anduvo por los barrios inmundos en que se albergaban los obreros y vio con sus propios ojos la miseria y las calamidades que los azotaban. No conformándose con sus propias observaciones, Engels leyó cuanto se había escrito hasta entonces sobre la situación de la clase obrera inglesa y estudió minuciosamente todos los documentos oficiales a su alcance. Fruto de dichas observaciones y estudios fue su libro *La situación de la clase obrera en Inglaterra*, aparecido en 1845.

Hemos señalado ya más arriba en qué consiste el mérito principal de Engels como autor de este libro. Cierto que también antes de Engels fueron muchos los que describieron los sufrimientos del proletariado e indicaron la necesidad de ayudarle. Pero Engels fue *el primero* en afirmar que el proletariado *no es solo* una clase que sufre; que precisamente la ignominiosa situación económica en que se encuentra lo impulsa con fuerza incontenible hacia adelante y le obliga a luchar por su emancipación definitiva. Y el proletariado en lucha *se ayudará a sí mismo*. El movimiento político de la clase obrera llevará de manera ineluctable a los trabajadores a comprender que su única salida es el socialismo. Por otra parte, el socialismo se transformará en una fuerza solo cuando se convierta en el objetivo de la lucha *política* de *la clase* obrera. Tales son las ideas fundamentales del libro de Engels sobre la situación de la clase obrera en Inglaterra, ideas asimiladas hoy por todo el proletariado que piensa y lucha, pero que entonces eran completamente nuevas. Estas ideas fueron expuestas en un libro escrito con amenidad, lleno de cuadros de lo más fidedignos y espantosos que mostraban las calamidades del proletariado inglés. Era un libro que constituía una terrible acusación contra el capitalismo y la burguesía, y que produjo una impresión grandísima. En todas partes se empezó a citar la obra de Engels como el cuadro que mejor representaba la situación del proletariado contemporáneo. Y en efecto, ni antes de 1845 ni después ha aparecido una descripción tan brillante y veraz de las calamidades de la clase obrera.

Engels se hizo socialista estando ya en Inglaterra. En la ciudad de Manchester se puso en contacto con los dirigentes del movimiento obrero inglés de entonces y empezó a colaborar en las publicaciones socialistas inglesas. En 1844, al pasar por París de regreso a Alemania, conoció personalmente a Marx, con quien mantenía ya correspondencia. En París, Marx se había hecho también socialista bajo la influencia de los socialistas franceses y de la vida en Francia. Los dos amigos escribieron allí en colaboración el libro *La sagrada familia* o *Crítica de la Crítica crítica*. Esta obra, escrita en su mayor parte por Marx y aparecida un año antes que *La situación de la clase obrera en Inglaterra*, asienta las bases del socialismo materialista revolucionario cuyas ideas principales hemos expuesto antes. *La sagrada familia* es un sobrenombre burlesco dado a los hermanos Bauer y a los adeptos de su filosofía. Estos señores predicaban una crítica situada por encima de toda realidad, por encima de los partidos y de la política, que negaba toda actuación práctica y se limitaba a contemplar con «espíritu crítico» el mundo circundante y cuanto ocurría en él. Los señores Bauer desdeñaban al proletariado, viendo en él una masa carente de sentido crítico. Marx y Engels se alzaron con energía contra esta tendencia absurda y nociva. En nombre de la verdadera personalidad humana –la del obrero pisoteado por las clases dominantes y por el Estado– Marx y Engels exigían no la contemplación, sino la lucha por un orden social mejor. Y veían, naturalmente, que la fuerza capaz de librar esta lucha e interesada en ella es el proletariado. Antes ya de que apareciese *La sagrada familia*, Engels había publicado en la revista *Deutsch-Französische Jahrbücher*[193], editada por Marx y Ruge, su *Esbozo para una crítica de la economía política*, en los que analizaba desde el punto de vista del socialismo los fenómenos básicos del régimen económico contemporáneo como consecuencias inevitables de la dominación de la propiedad privada. Su relación con Engels contribuyó, sin duda, a que Marx se decidiera a ocuparse de la economía política, ciencia en la que sus obras habrían de producir toda una revolución.

Engels vivió en Bruselas y en París desde 1845 hasta 1847, alternando los estudios científicos con las actividades prácticas entre los obreros alemanes residentes en dichas ciudades. Engels y Marx se relacionaron allí con una asociación clandestina alemana, la Liga de los Comunistas, la cual les encargó que expusiesen los principios fundamentales del socialismo concebido por ellos. Así surgió el famoso *Manifiesto del Partido Comunista* de Marx y Engels, que vio la luz en 1848. Este librito vale por tomos enteros: su espíritu viene dando vida y movimiento hasta hoy a todo el proletariado organizado y combatiente del mundo civilizado.

---

193 Lenin se refiere a los *Anales franco-alemanes*.

La revolución de 1848, que estalló primero en Francia y se extendió después a otros países de Europa Occidental, permitió a Marx y Engels regresar a su patria. Allí, en la Prusia renana, asumieron la dirección del *Neue Rheinische Zeitung*, periódico democrático que aparecía en la ciudad de Colonia. Los dos amigos fueron el alma de todas las tendencias democráticas revolucionarias de la Prusia renana. Defendieron hasta la última posibilidad los intereses del pueblo y de la libertad frente a las fuerzas reaccionarias. Como se sabe, estas últimas se impusieron. El *Neue Rheinische Zeitung* fue suspendido, y Marx, que mientras se hallaba en la emigración había perdido la ciudadanía prusiana, fue expulsado del país; en cuanto a Engels, participó en la insurrección armada del pueblo, combatió en tres batallas en pro de la libertad y huyó a Londres, a través de Suiza, una vez derrotados los insurgentes.

Marx se estableció también allí. Engels no tardó en colocarse como dependiente y luego socio de la misma casa comercial de Manchester, en que había trabajado durante la década del 40. Hasta 1870 vivió en Manchester; Marx, en Londres. Pero eso no fue óbice para que siguieran en el más íntimo contacto espiritual, manteniendo correspondencia casi a diario. En esta correspondencia, los dos amigos intercambiaron ideas y conocimientos y continuaron elaborando en común el socialismo científico. En 1870 Engels se trasladó a Londres y hasta 1883, año en que murió Marx, los dos prosiguieron su vida intelectual conjunta, llena de intensísimo trabajo. Su resultado fue, por parte de Marx, *El Capital*, la más grande obra de economía política de nuestro siglo, y, por parte de Engels, toda una serie de obras de mayor o menor volumen. Marx se dedicó a analizar los complejos fenómenos de la economía capitalista. Engels dilucidó en sus trabajos, escritos con gran fluidez y muchas veces en forma de polémica, los problemas científicos más generales y diversos fenómenos del pasado y del presente en el espíritu de la concepción materialista de la historia y de la doctrina económica de Marx. De estos trabajos de Engels mencionaremos:

la obra polémica contra Dühring (en la que analiza los problemas más importantes de la filosofía, las ciencias naturales y sociales)[194], *El origen de la familia, la propiedad privada y el Estado* (traducido al ruso y editado en San Petersburgo, 3ª ed., 1895), *Ludwig Feuerbach* (traducción al ruso y notas de G. Plejánov, Ginebra, 1892), un artículo acerca de la política exterior del Gobierno ruso (traducido al ruso y publicado en *Sotsial-Demokrat*[195], núms. 1 y 2, en Ginebra), sus magníficos artículos sobre el problema de la vivienda[196] y, finalmente, dos artículos, cortos pero muy valiosos, dedicados al desarrollo económico de Rusia (Friedrich Engels acerca de Rusia, traducido al ruso por V.I. Zasúlich, Ginebra, 1894)[197].

Marx murió sin haber logrado dar remate a su grandiosa obra sobre el capital. Sin embargo, esta obra estaba terminada en borrador, y Engels, después de haber fallecido su amigo, emprendió la difícil tarea de redactar y editar los tomos segundo y tercero de *El Capital*. En 1885 publicó el segundo y en 1894, el tercero (el cuarto no le dio tiempo a redactarlo[198]).

---

194 Nota de Lenin: Es un libro sumamente instructivo y enjundioso. Por desgracia, solo ha sido traducida al ruso una pequeña parte de él: la que esboza la historia del desarrollo del socialismo (*El desarrollo del socialismo científico*, 2ª ed., Ginebra, 1892). [PR: Con este título apareció en ruso en 1892 la obra de Engels *Del socialismo utópico al socialismo científico*, basada en tres capítulos del libro de Engels *Anti-Dühring* (véase Marx y Engels, *Obras Completas*, op. cit., Tomo XIX, pp. 185-230)].

195 PR: Lenin alude al artículo de Engels *La política exterior del zarismo ruso*, publicado en los dos primeros cuadernos de *Sotsial-Demokrat* con el título de *La política extranjera del Imperio Ruso*.

196 PR: Lenin alude a los artículos de Engels *Contribución al problema de la vivienda* (véase Marx y Engels, *Obras Completas*, op. cit., Tomo XVIII, pp. 203-284).

197 PR: Se trata del artículo de Engels *Las relaciones sociales en Rusia* y del epílogo del mismo, incluidos en el libro *Friedrich Engels acerca de Rusia*, Ginebra, 1894.

198 PR: De conformidad con la indicación de Engels, Lenin denomina el cuarto tomo de *El Capital* a la obra de Marx *Historia crítica de la teoría de la plusvalía*, escrita en 1862 y 1863. En el prefacio al segundo tomo de *El Capital*, Engels

La preparación de estos dos tomos le dio muchísimo trabajo. El socialdemócrata austríaco Adler observó con razón que, con la edición de los tomos segundo y tercero de *El Capital*, Engels erigió a su genial amigo un monumento majestuoso en el que, involuntariamente, grabó también con trazos indelebles su propio nombre. En efecto, estos dos tomos de *El Capital* son obra de ambos: de Marx y Engels. Las leyendas de la antigüedad nos ofrecen conmovedores ejemplos de amistad. El proletariado europeo puede decir que su ciencia fue creada por dos sabios y luchadores cuyas relaciones mutuas superan a todas las leyendas antiguas más emocionantes sobre la amistad humana. Engels siempre, y en general con toda justicia, se posponía a Marx. «Al lado de Marx –escribió en una ocasión a un viejo amigo suyo– me correspondió el papel de segundo violín»[199]. Su cariño a Marx, mientras este vivió, y su veneración a la memoria del amigo muerto fueron infinitos. Engels, luchador riguroso y pensador severo, era hombre de una gran ternura.

Después el movimiento de 1848-1849, Marx y Engels, en el exilio, no se dedicaron solo a la labor científica. Marx fundó en 1864 la Asociación Internacional de los Trabajadores, que dirigió durante todo un decenio. También Engels participó intensamente en sus actividades. La labor de la Asociación Internacional que, de acuerdo con las ideas de Marx, unía a los proletarios de todos los países, tuvo magna importancia para el desarrollo del movimiento obrero. Pero incluso después de disolverse la Asociación Internacional en la década del 70, el papel de Marx y de Engels como

---

decía: «Me reservo el editar como libro IV de *El Capital* la parte crítica de este manuscrito, después de eliminar de él los numerosos pasajes incluidos ya en los libros II y III». Sin embargo, Engels no tuvo tiempo de preparar para la imprenta el tomo IV de *El Capital*. Por vez primera, *Historia crítica de la teoría de la plusvalía* fue publicada en 1905, y en 1910 en alemán bajo la redacción de Kautsky. En esta edición se infringieron los requisitos fundamentales que exigía la publicación científica del texto y se tergiversaron diversos postulados del marxismo.

199 Carta de Engels a J.F. Becker del 15 de octubre de 1884.

unificadores no cesó. Por el contrario, puede afirmarse que su importancia como dirigentes espirituales del movimiento obrero creció de día en día, porque el propio movimiento continuó desarrollándose sin cesar. Después de fallecer Marx, Engels, solo, siguió siendo el consejero y dirigente de los socialistas europeos. A él acudían por igual en busca de consejos y orientaciones tanto los socialistas alemanes, cuya fuerza, a despecho de las persecuciones gubernamentales, aumentaba constante y rápidamente, como representantes de países atrasados, por ejemplo, españoles, rumanos y rusos, que debían meditar y sopesar bien sus primeros pasos. Todos ellos aprovechaban el riquísimo tesoro de conocimientos y experiencias del viejo Engels.

Marx y Engels, que sabían ruso y leían libros en esa lengua, se interesaban vivamente por Rusia, seguían con simpatía el movimiento revolucionario de nuestro país y mantenían relaciones con revolucionarios rusos. Ambos se hicieron socialistas siendo ya *demócratas* y su sentimiento democrático de odio a la arbitrariedad política era extraordinariamente vivo. Este sentimiento político natural, unido a la profunda comprensión teórica del nexo existente entre la arbitrariedad política y la opresión económica, así como su riquísima experiencia de la vida, hicieron que Marx y Engels fueran muy sensibles precisamente en el sentido *político*. Por eso, la heroica lucha que sostenía un puñado de revolucionarios rusos contra el poderoso Gobierno zarista halló la más profunda simpatía en el corazón de esos dos revolucionarios probados. Y a la inversa, era natural que el intento de volver la espalda a la tarea más inmediata e importante de los socialistas rusos –la conquista de la libertad política–, en aras de supuestas ventajas económicas, les pareciese sospechoso e incluso lo considerasen una traición a la gran causa de la revolución social. «La emancipación del proletariado debe ser obra del proletariado mismo», enseñaron siempre Marx y Engels[200]. Y para luchar por

---

200 Véase Marx, *Estatutos Provisionales de la Asociación, y Estatutos Generales de la Asociación Internacional de los Trabajadores*, en Marx y Engels, Obras

su emancipación económica, el proletariado debe conquistar ciertos derechos *políticos*.

Además, Marx y Engels vieron con toda claridad que la revolución política en Rusia tendría también una importancia gigantesca para el movimiento obrero de Europa Occidental. La Rusia autocrática ha sido siempre el baluarte de toda la reacción europea. Por supuesto, la situación internacional extraordinariamente ventajosa en que colocó a Rusia la guerra de 1870, que sembró por largo tiempo la discordia entre Alemania y Francia, no hizo sino aumentar la importancia de la Rusia autocrática como fuerza reaccionaria. Solo una Rusia libre, que no tenga necesidad de oprimir a los polacos, finlandeses, alemanes, armenios y otros pueblos pequeños, ni de azuzar continuamente una contra otra a Francia y Alemania, dará a la Europa actual la posibilidad de respirar aliviada de las penalidades de las guerras, debilitará a todos los elementos reaccionarios del continente y aumentará la fuerza de la clase obrera europea. De ahí que Engels, pensando en el progreso del movimiento obrero de Occidente, deseara calurosamente la implantación de la libertad política en Rusia. Los revolucionarios rusos han perdido en su persona al mejor de sus amigos.

¡Memoria eterna a Federico Engels, gran luchador y maestro del proletariado!

Completas, op. cit., Tomo XVI, pp. 12-15; Tomo XVII, pp. 445-460; y Engels, Prefacio a la edición alemana de 1890 del *Manifiesto del Partido Comunista*, más arriba en este libro, p. 188.

Karl Marx
(Breve esbozo biográfico con una exposición del marxismo)[201]
V. I. Lenin

Prólogo

El artículo sobre Karl Marx, que ahora aparece en separata, lo escribí (si mal no recuerdo) en 1913 para el Diccionario Granat. Al final del artículo se adjuntaba una bibliografía bastante detallada acerca de Marx, más que nada de publicaciones extranjeras. En la edición presente se ha omitido. Además, y por razones de censura, la Redacción del Diccionario suprimió, por su parte, del artículo sobre Marx, el apartado final, en que se exponía su táctica revolucionaria. Lamento no poder reproducir aquí ese final, pues el borrador se quedó con mis papeles no sé si en Cracovia o en Suiza. Solo recuerdo que allí citaba, entre otras cosas, el pasaje de la carta de Marx a Engels del 16 de abril de 1856 en que el primero escribía: «En Alemania todo dependerá de la posibilidad de respaldar la revolución proletaria con alguna segunda edición de la guerra campesina. Entonces todo saldrá a pedir de boca»[202]. Eso es lo que no han comprendido desde 1905 nuestros mencheviques, que se han hundido ahora hasta la traición completa al socialismo, hasta el paso al lado de la burguesía.

N. Lenin
Moscú, 14 de mayo de 1918.

---

201 Vladimir Lenin, *Obras Completas*, Tomo XXVI, Moscú, 1984, Progreso, pp. 43-95.

202 Véase Marx y Engels, *Obras Completas*, op. cit., Tomo XXIX, pp. 37–45.

KARL MARX

Karl Marx nació el 5 de mayo de 1818 en Tréveris (ciudad de la Prusia renana). Su padre era un abogado hebreo convertido al protestantismo en 1824. Su familia era acomodada y culta, aunque no revolucionaria. Después de cursar en Tréveris los estudios de bachillerato, Marx se matriculó en la Universidad, primero en la de Bonn y luego en la de Berlín, siguiendo la carrera de Derecho, mas estudiando sobre todo Historia y Filosofía. Terminados en 1841 los estudios universitarios, presentó unas tesis sobre la filosofía de Epicuro. Sus ideas eran todavía por entonces las de un idealista hegeliano. En Berlín se adhirió al círculo de los «hegelianos de izquierda» (Bruno Bauer y otros), que intentaban sacar de la filosofía de Hegel conclusiones ateas y revolucionarias. Cursados los estudios universitarios, Marx se trasladó a Bonn con la intención de ganar una cátedra.

Pero la política reaccionaria del Gobierno –que en 1832 había despojado a Ludwig Feuerbach de la suya, negándole nuevamente la entrada en las aulas en 1836, y que en 1841 retiró al joven profesor Bruno Bauer el derecho a enseñar desde la cátedra de Bonn–, le obligó a renunciar a la carrera académica. En esta época, las ideas de los hegelianos de izquierda hacían rápidos progresos en Alemania. Fue Ludwig Feuerbach quien, sobre todo a partir de 1836, se entregó a la crítica de la teología, comenzando a orientarse hacia el materialismo, que en 1841 (*La esencia del cristianismo*) triunfa resueltamente en sus doctrinas; en 1843 ven la luz sus *Principios de la filosofía del porvenir*. «Hay que haber vivido la influencia liberadora» de estos libros, escribe Engels años más tarde, refiriéndose a esas obras de Feuerbach. «Nosotros» (es decir, los hegelianos de izquierda, entre ellos Marx) «nos hicimos al momento feuerbachianos»[203]. Por aquel entonces, los burgueses radicales renanos, que tenían

203 Engels, *Ludwig Feuerbach y el fin de la filosofía clásica alemana*, en Marx y Engels, *Obras Completas*, op. cit., Tomo XXI, p. 281.

ciertos puntos de contacto con los hegelianos de izquierda, fundaron en Colonia un periódico de oposición, la *Gaceta del Rin* (que comenzó a publicarse el 1 de enero de 1842). Sus principales colaboradores eran Marx y Bruno Bauer; en octubre de 1842, Marx fue nombrado redactor jefe del periódico y se trasladó de Bonn a Colonia. Bajo la dirección Marx, la tendencia democrática revolucionaria del periódico fue acentuándose, y el Gobierno lo sometió primero a una doble y luego a una triple censura, para acabar ordenando su total supresión a partir del 12 de enero de 1843. Marx se vio obligado a abandonar antes de esa fecha su puesto de redactor jefe, pero su salida de la Redacción tampoco logró salvar al periódico, que dejó de publicarse en marzo de 1843. Entre los artículos más importantes, publicados por Marx en la Gaceta del Rin, Engels menciona, además de los que citamos luego (véase Bibliografía[204]), el que se refiere a la situación de los viticultores del valle del Mosela[205]. Como las actividades periodísticas le habían mostrado que no deponía de los suficientes conocimientos de economía política, se aplicó al estudio tesonero de esta ciencia.

En 1843, Marx se casó en Kreuznach con Jenny von Westphalen, amiga suya de la infancia, con quien se había prometido ya de estudiante. Pertenecía su mujer a una reaccionaria familia de la nobleza prusiana. Su hermano mayor fue ministro de la Gobernación en Prusia durante una de las épocas más reaccionarias, de 1850 a 1858. En el otoño de 1843, Marx se trasladó a París con el propósito de editar allí, desde el extranjero, una revista de tipo radical en colaboración con Arnold Ruge (1802-1880; hegeliano de izquierda, encarcelado de 1825 a 1830, emigrado después de 1848, y bismarckiano después

---

204 En la edición de Progreso sigue a este texto una extensa bibliografía sobre Marx elaborada por Lenin. Por razones de espacio no la incluimos en la presente edición pero recomendamos encarecidamente su consulta al lector.

205 PR: Se alude al artículo de Marx *La justificación del corresponsal del Mosela* (véase Marx y Engels, *Obras Completas*, op. cit., Tomo I, pp. 187–217).

de 1866-1870). De esta revista, titulada *Anales franco-alemanes*, solo llegó a ver la luz el primer cuaderno. La publicación hubo de interrumpirse a consecuencia de las dificultades con que tropezaba su difusión clandestina en Alemania y de las discrepancias de criterio surgidas entre Marx y Ruge. Los artículos de Marx en los *Anales* nos muestran ya al revolucionario que proclama la «crítica despiadada de todo lo existente», y, en especial, la «crítica de las armas»[206], apelando a las masas y al proletariado.

En septiembre de 1844 pasó unos días en París Federico Engels, que fue, a partir de este momento, el amigo más íntimo de Marx. Ambos tomaron parte activísima en la vida, febril por aquel entonces, de los grupos revolucionarios de París (especial importancia revestía la doctrina de Proudhon, a la que Marx sometió a una crítica demoledora en su obra *Miseria de la Filosofía*, publicada en 1847) y, en lucha enérgica contra las diversas doctrinas del socialismo pequeño-burgués, idearon la teoría y la táctica del socialismo proletario revolucionario o comunismo (marxismo). Véanse más adelante, en la Bibliografía, las obras de Marx correspondientes a esta época, 1844-1848. En 1845, a instancias del Gobierno prusiano, Marx fue expulsado de París como revolucionario peligroso y fijó su residencia en Bruselas. En la primavera de 1847, Marx y Engels se afiliaron a una sociedad propagandística secreta, la Liga de los Comunistas, y tomaron parte destacada en el II Congreso de esta organización (celebrado en Londres, en noviembre de 1847), donde se les confió la redacción del famoso *Manifiesto del Partido Comunista*, que vio la luz en febrero de 1848. Esta obra expone, con una claridad y una brillantez geniales, la nueva concepción del mundo, el materialismo consecuente aplicado también al campo de la vida social, la dialéctica como la más completa y profunda doctrina del desarrollo, la teoría de la lucha de las clases y del

---

206 Marx, *Contribución a la crítica de la filosofía hegeliana del derecho*, en Marx y Engels, *Obras Completas*, op. cit., Tomo I, p. 422.

papel revolucionario histórico mundial del proletariado como creador de una sociedad nueva, de la sociedad comunista.

Al estallar la revolución de febrero de 1848[207], Marx fue expulsado de Bélgica y se trasladó nuevamente a París, desde donde, después de la revolución de marzo[208], pasó a Alemania, estableciéndose en Colonia. Del 1 de junio de 1848 al 19 de mayo de 1849 se publicó en esta ciudad la *Nueva Gaceta del Rin*, que tenía a Marx de redactor jefe. El curso de los acontecimientos revolucionarios de 1848 y 1849 vino a confirmar de un modo brillante la nueva teoría, como habían de confirmarla también en lo sucesivo todos los movimientos proletarios y democráticos de todos los países del mundo. Triunfante la contrarrevolución, Marx hubo de comparecer ante los tribunales y, si bien fue absuelto (9 de febrero de 1849), posteriormente fue expulsado de Alemania (16 de mayo de 1849). Vivió en París durante algún tiempo, pero, expulsado nuevamente de esta capital después de la manifestación del 13 de junio de 1849[209], fue a instalarse a Londres, donde pasó ya el resto de su vida.

Las condiciones de emigración eran extraordinariamente penosas, como lo prueba especialmente la correspondencia entre Marx y Engels (editada en 1913)[210]. Las estrecheces

---

207 PR: Se alude a la revolución burguesa de febrero de 1848 en Francia.

208 Se trata de la revolución burguesa que comenzó en marzo de 1848 en Alemania y Austria.

209 Se trata de la manifestación popular que organizó en París el partido de la pequeña burguesía («La Montaña») en señal de protesta contra la violación, por parte del presidente y de la mayoría de la Asamblea Legislativa, del régimen constitucional establecido por la revolución de 1848. El Gobierno ordenó dispersar la manifestación.

210 PR: Lenin se refiere a la edición de la correspondencia entre Marx y Engels, publicada en Alemania en septiembre de 1913, en cuatro tomos, con el título *Der Briefwechsel zwischen Friedrich Engels und Karl Marx 1844 bis 1883*, editada por A. Bebel y E. Bernstein en cuatro volúmenes, Stuttgart, 1913.

Esta correspondencia incluye más de 1.500 cartas y es una importantísima parte del legado teórico de Marx y Engels. Contiene valiosos datos biográficos

llegaron a abrumar de un modo verdaderamente asfixiante a Marx y su familia; a no ser por la constante y altruista ayuda económica de Engels, Marx no solo no habría podido llevar a término *El Capital,* sino que habría sucumbido fatalmente bajo el peso de la miseria. Además, las doctrinas y corrientes del socialismo pequeño burgués y del socialismo no proletario en general, predominantes en aquella época, obligaban a Marx a mantener una lucha incesante y despiadada, y a veces a defenderse contra los ataques personales más rabiosos y brutales (*Herr Vogt*[211]). Apartándose de los círculos de emigrados y concentrando sus fuerzas en el estudio de la economía política, Marx desarrolló su teoría materialista en una serie de trabajos históricos. Sus obras *Contribución a la crítica de la economía política* (1859) y *El Capital* (Tomo I, 1867) significaron una revolución en la ciencia económica (véase más adelante la doctrina de Marx).

La época de reanimación de los movimientos democráticos, a fines de la década del 50 y en la década del 60, llamó de nuevo a Marx al trabajo práctico. El 28 de septiembre de 1864 se fundó en Londres la famosa Primera Internacional, la Asociación Internacional de los Trabajadores. El alma de esta organización era Marx, que fue el autor de su primer Manifiesto[212] y de un gran número de acuerdos, declaraciones

---

y documentos muy valiosos que reflejan la labor organizativa y teórica desarrollada por los fundadores del comunismo científico. Lenin estudió a fondo esa correspondencia.

El guión de la *Correspondencia* sirvió a Lenin muchos años como fuente bibliográfica y lo utilizó en varias de sus obras: *El derecho de las naciones a la autodeterminación; Karl Marx; El imperialismo, fase superior del capitalismo.*

211 PR: Lenin alude al opúsculo *El señor Vogt,* escrito por Marx como respuesta al calumnioso libelo del agente bonapartista K. Vogt, *Mi proceso contra "Allgemeine Zeitung"* (véase Marx y Engels, *Obras Completas,* op. cit., Tomo XIV, pp. 395–691).

212 PR: Se alude al *Manifiesto Inaugural de la Asociación Internacional de los Trabajadores* (véase Marx y Engels, *Obras Completas,* op. cit., Tomo XVI, pp. 3–11).

y llamamientos. Con sus esfuerzos por unificar el movimiento obrero de los diferentes países y por traer a los cauces de una actuación común las diversas formas del socialismo no proletario, premarxista (Mazzini, Proudhon, Bakunin, el tradeunionismo liberal inglés, las vacilaciones derechistas de Lassalle en Alemania, etc.), Marx, a la par que combatía las teorías de todas estas sectas y escuelitas, fue forjando una táctica única de la lucha proletaria de la clase obrera para los distintos países. Después de la caída de la Comuna de París (1871) –que Marx, en *La guerra civil en Francia* (1871), analizó de un modo profundo, certero y brillante, con un espíritu práctico y revolucionario tan grande– y de producirse la escisión provocada por los bakuninistas, la Internacional no podía subsistir en Europa. Después del Congreso de La Haya (1872), Marx consiguió que el Consejo General de la Internacional se trasladase a Nueva York. La I Internacional había cumplido su misión histórica y dio paso a una época de desarrollo incomparablemente más amplio del movimiento obrero en todos los países del mundo, época en que este movimiento había de desplegarse en extensión, propiciando el surgimiento de partidos obreros socialistas de masas dentro de cada Estado nacional.

La intensa labor en la Internacional y los estudios teóricos, más intensos todavía, de Marx, quebrantaron definitivamente su salud. Marx prosiguió su obra de transformación de la economía política y se consagró a terminar *El Capital*, reuniendo con este objeto infinidad de nuevos documentos y poniéndose a estudiar varios idiomas (entre ellos el ruso), pero la enfermedad le impidió dar cima a *El Capital*.

El 2 de diciembre de 1881 murió su mujer. El 14 de marzo de 1883, Marx se dormía dulcemente para siempre en su sillón. Yace enterrado, junto a su mujer, en el cementerio de Highgate de Londres. Varios hijos de Marx murieron en la infancia, en Londres, cuando la familia atravesaba extraordinarias dificultades económicas. Tres de sus hijas contrajeron matrimonio con socialistas de Inglaterra y Francia: Eleonora Aveling, Laura Lafargue y Jenny Longuet. Un hijo de esta última es miembro del Partido Socialista Francés.

La doctrina de Marx

El marxismo es el sistema de las ideas y la doctrina de Marx. Marx es el continuador y consumador genial de las tres corrientes ideológicas principales del siglo XIX que tuvieron por cuna a los tres países más avanzados de la humanidad: la filosofía clásica alemana, la economía política clásica inglesa y el socialismo francés, unido a las doctrinas revolucionarias francesas en general. La maravillosa consecuencia y la unidad interna que hasta los adversarios de Marx reconocen en sus ideas, las cuales dan en conjunto el materialismo moderno y el socialismo científico moderno como teoría y programa del movimiento obrero de todos los países civilizados del mundo, nos obligan a trazar, antes de exponer el contenido principal del marxismo, o sea, la doctrina económica de Marx, un breve resumen de su concepción del mundo en general.

El materialismo filosófico

Desde los años 1844 y 1845, época en que se forman sus ideas, Marx es materialista y, concretamente, sigue a L. Feuerbach, cuyo único lado débil fue para él, entonces y más tarde, la falta de consecuencia y de universalidad de que adolecía su materialismo. Para Marx, la importancia histórica universal de Feuerbach, lo que «hizo época», era precisamente la resuelta ruptura con el idealismo de Hegel y la afirmación del materialismo, que ya «en el siglo XVIII, sobre todo en Francia, no había sido solamente una lucha contra las instituciones políticas existentes y, al mismo tiempo, contra la religión y la teología, sino también [...] contra toda metafísica» (en el sentido de «especulación ebria», a diferencia de la «filosofía sobria»)[213]. «Para Hegel –escribía Marx–, el proceso del pensamiento al que convierte incluso, bajo el nombre de idea, en sujeto con vida propia, es el demiurgo (el creador) de lo real [...]. Para mí, por el contrario, lo ideal no es más que lo material traspuesto y traducido en la cabeza del hombre». Coincidiendo en un todo con la filosofía materialista de Marx, Engels expone del siguiente modo esta concepción filosófica en su *Anti-Dühring*, cuyo manuscrito había tenido Marx en sus manos:

> La unidad del mundo no consiste en su ser. La unidad real del mundo consiste en su materialidad, que tiene su prueba [...] en el largo y penoso desarrollo de la filosofía y las ciencias naturales [...]. El movimiento es la forma de existencia de la materia. Jamás ni en parte alguna ha existido ni puede existir materia sin movimiento ni movimiento sin materia [...]. Si nos preguntamos qué son, en realidad, el pensamiento y la conciencia y de dónde proceden, nos encontraremos con que son productos del cerebro humano y con que el mismo hombre no es más que un producto de la naturaleza que se ha formado y desarrollado en su ambiente y con ella; por donde llegamos a la conclusión, lógica por sí misma, de que los productos del cerebro humano, que en última instancia tampoco son más que productos naturales, no se contradicen, sino que se armonizan con la concatenación general de la naturaleza.
>
> Hegel era idealista, es decir, no tenía las ideas de su cerebro por reflejos (*Abbilder*, a veces Engels habla de «reproducciones») más o menos abstractos de los objetos y de los fenómenos reales, sino, al contrario, los objetos y su desarrollo eran para él los reflejos de la idea, existente, en alguna parte, antes de que apareciera el mundo.[214]

---

213 Véase Marx y Engels, *La Sagrada Familia*, reproducido en *Escritos varios*, op. cit., Tomo II.

214 Engels, *Anti-Dühring*, op. cit., pp. 43, 59, 34–35, 24.

En *Ludwig Feuerbach*, obra donde Engels expone sus ideas y las de Marx acerca del sistema de este filósofo y cuyo original mandó a la imprenta después de haber revisado un antiguo manuscrito suyo y de Marx, procedente de los años 1844 y 1845, acerca de Hegel, Feuerbach y la concepción materialista de la historia, Engels dice:

> El gran problema cardinal de toda filosofía, especialmente de la moderna, es el problema de la relación entre el pensar y el ser, entre el espíritu y la naturaleza [...]. ¿Qué es lo primero: el espíritu o la naturaleza? [...] Los filósofos se dividían en dos grandes campos, según la contestación que diesen a esta pregunta. Los que afirmaban la anterioridad del espíritu frente a la naturaleza y, por tanto, admitían en última instancia una creación del mundo, de cualquier forma que fuera [...], se agrupaban en el campo del idealismo. Los demás, los que tenían la naturaleza por lo primario, formaban en las diversas escuelas del materialismo.

Todo otro empleo de los conceptos de idealismo y materialismo (en sentido filosófico) no hace sino sembrar la confusión. Marx rechazaba enérgicamente no solo el idealismo –aliado siempre de un modo u otro a la religión–, sino también la doctrina de Hume y Kant, tan extendida en nuestros días, el agnosticismo, el criticismo y el positivismo en sus distintas formas; para él, esta clase de filosofía era una concesión «reaccionaria» al idealismo y, en el mejor de los casos, una «manera vergonzosa de aceptar el materialismo por debajo de cuerda y renegar de él públicamente»[215]. Acerca de esto puede consultarse, aparte de las obras ya citadas de Engels y Marx, la carta de este último a Engels del 12 de diciembre de 1866; en ella, Marx habla de una manifestación del famoso naturalista T. Huxley, en que se muestra «más materialista» que de ordinario y reconoce: «Mientras observamos y pensamos realmente,

---

215 Engels, *Ludwig Feuerbach y el fin de la filosofía clásica alemana*, op. cit., pp. 282-283, 284.

nunca podemos apartarnos del materialismo». Pero, al mismo tiempo, Marx le reprocha el haber dejado abierto un «portillo» al agnosticismo, al humismo[216]. En particular, conviene hacer presente de un modo especial la concepción de Marx acerca de la relación entre libertad y necesidad: «La necesidad solo es ciega mientras no se la comprende. La libertad no es otra cosa que el conocimiento de la necesidad»[217]. Esto equivale al reconocimiento de la lógica objetiva de la naturaleza y de la transformación dialéctica de la necesidad en libertad (a la par que de la transformación de la «cosa en sí», no conocida, pero cognoscible, en «cosa para nosotros», y de la «esencia de las cosas» en los «fenómenos»). El principal defecto del «viejo» materialismo, sin excluir el de Feuerbach (sin hablar ya del materialismo «vulgar» de Büchner-Vogt-Moleschott), consistía, según Marx y Engels, en lo siguiente:

1) en que este materialismo era «predominantemente mecanicista» y no tenía en cuenta los últimos progresos de la química y la biología (en nuestros días habría que añadir la teoría eléctrica de la materia);

2) en que el viejo materialismo no tenía un carácter histórico ni dialéctico (sino metafísico, en el sentido de antidialéctico) y no mantenía de un modo consecuente ni en todos sus aspectos el criterio de la evolución;

3) en que concebía la «esencia humana» en abstracto, y no como el «conjunto de las relaciones sociales» (concretas y determinadas en el plano histórico), razón por la cual no hacía más que «interpretar» el mundo, cuando de lo que se trata en realidad es de «transformarlo»; es decir, en que no comprendía la importancia de la «actuación revolucionaria práctica».

---

216 Véase Marx y Engels, *Obras Completas*, op. cit., Tomo XXXII, p. 182.

217 Véase Engels, *Anti-Dühring*, op. cit.

La dialéctica

La dialéctica hegeliana, como la doctrina del desarrollo más universal, rica de contenido y profunda, era, para Marx y Engels, la mayor adquisición de la filosofía clásica alemana. Toda otra fórmula del principio del desarrollo, de la evolución, les parecía unilateral y pobre de contenido, les parecía que mutilaba y desfiguraba la verdadera trayectoria del desarrollo en la naturaleza y en la sociedad (desarrollo que a menudo se efectúa a través de saltos, catástrofes y revoluciones).

Marx y yo fuimos seguramente casi los únicos que tratamos de salvar –del descalabro del idealismo, comprendido el hegelianismo– la dialéctica consciente para traerla a la concepción materialista de la naturaleza [...]. La naturaleza es la piedra de toque de la dialéctica, y hay que decir que las ciencias naturales modernas, que nos han brindado materiales extraordinariamente copiosos –¡y eso fue escrito antes de ser descubiertos el radio, los electrones, la transformación de los elementos, etc.!– y que aumentan cada día que pasa, demuestran con ello que la naturaleza se mueve, en última instancia, por cauces dialécticos, y no sobre carriles metafísicos.[218]

La gran idea cardinal de que el mundo no puede concebirse como un conjunto de objetos terminados –escribe Engels–, sino como un conjunto de procesos en el que las cosas que parecen estables, al igual que sus reflejos mentales en nuestras cabezas, los conceptos, pasan por una serie ininterrumpida de cambios, por un proceso de génesis y caducidad; esta gran idea cardinal se halla ya tan arraigada, sobre todo desde Hegel, en la conciencia habitual, que, expuesta así, en términos generales, apenas encuentra oposición. Pero una cosa es reconocerla de palabra y otra cosa es aplicarla a la realidad concreta, en todos los campos sometidos a investigación [...]. Para la filosofía dialéctica no existe nada definitivo, absoluto, consagrado; en todo pone de relieve lo que tiene de perecedero, y no deja en pie más que el proceso ininterrumpido del devenir y del perecer, un ascenso sin

---

218 Marx y Engels, *Obras Completas*, op. cit., Tomo XX, pp. 10, 22.

fin de lo inferior a lo superior, cuyo mero reflejo en el cerebro pensante es esta misma filosofía.

Así pues, según Marx, la dialéctica es «la ciencia de las leyes generales del movimiento, tanto del mundo exterior como del pensamiento humano»[219].

Este aspecto revolucionario de la filosofía hegeliana es el que Marx recogió y desarrolló. El materialismo dialéctico «no necesita de ninguna filosofía entronizada sobre las demás ciencias». Lo único que queda en pie de la filosofía anterior es «la teoría del pensamiento y sus leyes, la lógica formal y la dialéctica»[220]. Y la dialéctica, tal y como la concibe Marx, así como Hegel, engloba lo que hoy se llama teoría del conocimiento o gnoseología, que debe enfocar también históricamente su objeto, investigando y sintetizando los orígenes y el desarrollo del conocimiento y el paso del *no* conocimiento al conocimiento.

La idea del desarrollo, de la evolución, ha penetrado actualmente casi entera en la conciencia social, pero no a través de la filosofía de Hegel, sino por otros caminos. Sin embargo, esta idea, tal y como la formularon Marx y Engels, arrancando de Hegel, es mucho más vasta, más rica de contenido que la teoría de la evolución al uso. Es un desarrollo que parece repetir las etapas ya recorridas, pero de otro modo, en un terreno superior (la «negación de la negación»); un desarrollo que no discurre en línea recta, sino en espiral, por decirlo así; un desarrollo a saltos, a través de catástrofes y de revoluciones, que son otras tantas «interrupciones en el proceso gradual», otras tantas transformaciones de la cantidad en calidad; impulsos internos del desarrollo originados por la contradicción, por el choque de las diversas fuerzas y tendencias que actúan sobre un determinado cuerpo o en los límites de un fenómeno

---

219 Engels, *Ludwig Feuerbach y el fin de la filosofía clásica alemana*, op. cit., pp. 276, 302.

220 Engels, *Anti-Dühring*, op. cit., p. 25.

concreto, o en el seno de una sociedad dada; interdependencia e íntima e inseparable concatenación de todos los aspectos de cada fenómeno (con la particularidad de que la historia pone constantemente de manifiesto aspectos nuevos), concatenación que ofrece un proceso único y lógico universal del movimiento: tales son algunos rasgos de la dialéctica, doctrina del desarrollo mucho más rica de contenido que la teoría corriente. (Compárese con la carta de Marx a Engels del 8 de enero de 1868, donde se ridiculizan las «rígidas tricotomías» de Stein, que sería absurdo confundir con la dialéctica materialista[221]).

La concepción materialis de la historia

La conciencia de que el viejo materialismo era una doctrina inconsecuente, inacabada y unilateral llevó a Marx a la convicción de que era necesario «poner en armonía con la base materialista, reconstruyéndola sobre ella, la ciencia de la sociedad»[222]. Si el materialismo en general explica la conciencia por el ser, y no al contrario, entonces, aplicado a la vida social de la humanidad, exige que la conciencia social se explique por el ser social. «La tecnología –dice Marx en *El Capital*, Tomo I– nos descubre la actitud del hombre ante la naturaleza, el proceso directo de producción de su vida, y, por tanto, de las condiciones de su vida social y de las ideas y representaciones espirituales que de ellas se derivan»[223]. En el prólogo a la *Contribución a la crítica de la economía política* expone Marx una fórmula íntegra de los principios básicos del materialismo aplicado a la sociedad humana y a su historia. Dice así:

En la producción social de su vida, los hombres contraen determinadas relaciones necesarias e independientes de su

---

221 Véase Marx y Engels, *Obras Completas*, op. cit., Tomo XXXII, p. 7.

222 Engels, *Ludwig Feuerbach y el fin de la filosofía clásica alemana*, op. cit., p. 289.

223 Véase Marx y Engels, *Obras Completas*, op. cit., Tomo XXIII, p. 383.

voluntad, relaciones de producción, que corresponden a una determinada fase de desarrollo de sus fuerzas productivas materiales. El conjunto de estas relaciones de producción forma la estructura económica de la sociedad, la base real sobre la que se levanta la superestructura jurídica y política y a la que corresponden determinadas formas de conciencia social. El modo de producción de la vida material condiciona el proceso de la vida social, política y espiritual en general. No es la conciencia del hombre la que determina su ser, sino, por el contrario, el ser social es lo que determina su conciencia. Al llegar a una determinada fase de desarrollo, las fuerzas productivas materiales de la sociedad entran en contradicción con las relaciones de producción existentes, o, lo que no es más que la expresión jurídica de esto, con las relaciones de propiedad dentro de las cuales se han desenvuelto hasta allí. De formas de desarrollo de las fuerzas productivas, estas relaciones se convierten en trabas suyas. Y se abre así una época de revolución social. Al cambiar la base económica, se revoluciona, más o menos rápidamente, toda la inmensa superestructura erigida sobre ella. Cuando se estudian esas revoluciones, hay que distinguir siempre entre los cambios materiales ocurridos en las condiciones económicas de producción y que pueden apreciarse con la exactitud propia de las ciencias naturales, y las formas jurídicas, políticas, religiosas, artísticas o filosóficas, en una palabra, las formas ideológicas en que los hombres adquieren conciencia de este conflicto y luchan por resolverlo. Y del mismo modo que no podemos juzgar a un individuo por lo que él piensa de sí, no podernos juzgar tampoco a estas épocas de revolución por su conciencia, sino que, por el contrario, hay que explicarse esta conciencia por las contradicciones de la vida material, por el conflicto existente entre las fuerzas productivas sociales y las relaciones de producción.

[...] A grandes rasgos, podemos designar como épocas de progreso, en la formación económica de la sociedad, el modo de producción asiático, el antiguo, el feudal y el moderno burgués[224]. (Compárese con la concisa fórmula que Marx da en su carta a Engels del 7 de julio

---

224 Marx, *Prólogo de la «Contribución a la crítica de la Economía Política»*, en Marx y Engels, *Obras Escogidas*, Tinta Roja, pp. 449-450.

de 1866: «Nuestra teoría de la organización del trabajo determinada por los medios de producción»).[225]

El descubrimiento de la concepción materialista de la historia, o, mejor dicho, la consecuente aplicación y extensión del materialismo al campo de los fenómenos sociales, acabó con los dos defectos fundamentales de las teorías de la historia anteriores a Marx. Primero, en el mejor de los casos, estas teorías solo consideraban los móviles ideológicos de la actividad histórica de los hombres, sin investigar el origen de esos móviles, sin percibir las leyes objetivas que rigen el desarrollo del sistema de las relaciones sociales, sin advertir las raíces de estas relaciones en el grado de progreso de la producción material; segundo, las viejas teorías no abarcaban precisamente las acciones de las masas de la población, mientras que el materialismo histórico permitió por primera vez el estudio, con la exactitud del naturalista, de las condiciones sociales de vida de las masas y de los cambios experimentados por estas condiciones. La «sociología» y la historiografía anteriores a Marx acumularon, en el mejor de los casos, datos no analizados y fragmentarios, y expusieron algunos aspectos del proceso histórico. El marxismo señaló el camino para una investigación universal y completa del proceso de nacimiento, desarrollo y decadencia de las formaciones socioeconómicas, examinando *el conjunto* de todas las tendencias contradictorias y concentrándolas en las condiciones, exactamente determinables, de vida y producción de las distintas clases de la sociedad, eliminando el subjetivismo y la arbitrariedad en la elección de las diversas ideas «dominantes» o en su interpretación y poniendo al descubierto, sin excepción alguna, *las raíces* de todas las ideas y diversas tendencias en el estado de las fuerzas materiales productivas. Son los hombres los que hacen su propia historia; pero, ¿qué determina los móviles de estos hombres, y, más exactamente, de las masas humanas? ¿A qué se deben los choques

---

225 Véase Marx y Engels, *Obras Completas*, op. cit., Tomo XXXI, p. 197.

de las ideas y aspiraciones contradictorias? ¿Qué representa el conjunto de todos estos choques que se producen en la masa toda de las sociedades humanas? ¿Cuáles son las condiciones objetivas de producción de la vida material que forman la base de toda la actuación histórica de los hombres? ¿Cuál es la ley que preside el desenvolvimiento de estas condiciones? Marx se detuvo en todo esto y trazó el camino del estudio científico de la historia concebida como un proceso único y lógico, pese a toda su imponente diversidad y a todo su carácter contradictorio.

La lucha de clases

Todo el mundo sabe que, en cualquier sociedad, las aspiraciones de los unos chocan abiertamente con las aspiraciones de los otros, que la vida social está llena de contradicciones, que la historia nos muestra la lucha entre pueblos y sociedades y en su propio seno; sabe también que se produce una sucesión de períodos de revolución y reacción, de paz y de guerras, de estancamiento y de rápido progreso o decadencia. El marxismo ha dado el hilo conductor que permite descubrir la lógica en este aparente laberinto y caos: la teoría de la lucha de las clases. Solo el estudio del conjunto de las aspiraciones de todos los miembros de una sociedad determinada, o de un grupo de sociedades, permite fijar con precisión científica el resultado de estas aspiraciones. Ahora bien, el origen de esas aspiraciones contradictorias está siempre en las diferencias de situación y condiciones de vida de *las clases* en que se divide toda sociedad.

> La historia de todas las sociedades hasta nuestros –escribe Marx en el *Manifiesto Comunista* (exceptuando la historia de la comunidad primitiva, añade más tarde Engels)– días es la historia de las luchas de clases.
>
> Hombres libres y esclavos, patricios y plebeyos, señores y siervos, maestros y oficiales, en una palabra: opresores y oprimidos se

enfrentaron siempre, mantuvieron una lucha constante, velada unas veces y otras franca y abierta; lucha que terminó siempre con la transformación revolucionaria de toda la sociedad o el hundimiento de las clases en pugna.

[...] La moderna sociedad burguesa, que ha salido de entre las ruinas de la sociedad feudal, no ha abolido las contradicciones de clase. Únicamente ha sustituido las viejas clases, las viejas condiciones de opresión, las viejas formas de lucha por otras nuevas.

Nuestra época, la época de la burguesía, se distingue, sin embargo, por haber simplificado las contradicciones de clase. Toda la sociedad va dividiéndose, cada vez más, en dos grandes campos enemigos, en dos grandes clases, que se enfrentan directamente: la burguesía y el proletariado.[226]

Desde la Gran Revolución Francesa, la historia de Europa pone de manifiesto en distintos países con particular evidencia la verdadera causa de los acontecimientos, la lucha de las clases. Ya la época de la Restauración[227] dio a conocer en Francia a algunos historiadores (Thierry, Guizot, Mignet, Thiers) que, al sintetizar los acontecimientos, no pudieron menos de ver en la lucha de las clases la clave para comprender toda la historia francesa. Y la época contemporánea, la época que señala el triunfo completo de la burguesía y de las instituciones representativas, del sufragio amplio (cuando no universal), de la prensa diaria barata que llega a las masas, etc., la época de las potentes asociaciones obreras y patronales cada vez más vastas, etc., muestra de un modo todavía más patente (aunque a veces en forma muy unilateral, «pacífica», «constitucional») que la lucha de las clases es el motor de los acontecimientos. El siguiente pasaje del *Manifiesto Comunista* nos muestra lo

---

226 Marx, *Manifiesto del Partido Comunista*, véase más arriba, pp. 202-203.

227 PR: Restauración: período de la historia de Francia comprendido entre 1814 y 1830, durante el cual estuvo el poder en manos de la dinastía restaurada de los Barbones, que había sido destronada por la Revolución burguesa francesa en 1792.

que Marx exigía de la sociología para el análisis objetivo de la situación de cada clase en la sociedad moderna, en relación con el análisis de las condiciones de desarrollo de cada clase:

> De todas las clases que hoy se enfrentan con la burguesía, solo el proletariado es una clase verdaderamente revolucionaria. Las demás clases van degenerando y desaparecen con el desarrollo de la gran industria; el proletariado, en cambio, es su producto más peculiar.
>
> Los estamentos medios –el pequeño industrial, el pequeño comerciante, el artesano, el campesino–, todos ellos luchan contra la burguesía para salvar de la ruina su existencia como tales estamentos medios. No son, pues, revolucionarios, sino conservadores. Más todavía, son reaccionarios, ya que pretenden volver atrás la rueda de la Historia. Son revolucionarios únicamente por cuanto tienen ante sí la perspectiva de su tránsito inminente al proletariado, defendiendo así no sus intereses presentes, sino sus intereses futuros, por cuanto abandonan sus propios puntos de vista para adoptar los del proletariado.[228]

En bastantes obras de historia Marx nos ofrece ejemplos profundos y brillantes de historiografía materialista, de análisis de la situación de cada clase concreta y, a veces, de los diversos grupos o capas que se manifiestan dentro de ella, mostrando con toda evidencia por qué y cómo «toda lucha de clase es una lucha política»[229]. El pasaje que acabamos de citar indica lo intrincada que es la red de relaciones sociales y grados *transitorios* de una clase a otra, del pasado al porvenir, que Marx analiza para extraer la resultante de la evolución histórica.

Donde la teoría de Marx encuentra su confirmación y aplicación más profunda, más completa y más detallada es en su doctrina económica.

---

228 Marx, *Manifiesto del Partido Comunista*, véase más arriba p. 215.

229 Véase Marx y Engels, *Obras Completas*, op. cit., Tomo IV, pp. 424-425, 433, 434.

La doctrina económica de Marx

«La finalidad de esta obra –dice Marx en su prefacio a *El Capital*– es descubrir la ley económica que preside los movimientos de la sociedad moderna»[230], es decir, de la sociedad capitalista, de la sociedad burguesa. El estudio de las relaciones de producción de una sociedad históricamente determinada y concreta en su aparición, su desarrollo y su decadencia es lo que constituye el contenido de la doctrina económica de Marx. En la sociedad capitalista impera la producción de mercancías; por eso, el análisis de Marx empieza con el análisis de la mercancía.

El valor

Mercancía es, en primer lugar, un objeto que satisface una necesidad humana cualquiera. En segundo lugar, un objeto susceptible de ser cambiado por otro. La utilidad de un objeto lo convierte en *valor de uso*. El valor de cambio (o valor, sencillamente) es, ante todo, la relación o proporción en que se cambia un determinado número de valores de uso de una especie por un determinado número de valores de uso de otra especie. La experiencia diaria nos dice que, a través de millones y miles de millones de actos de cambio de esa clase, se equiparan constantemente todo género de valores de uso, aun los más diversos y menos equiparables entre sí. ¿Qué hay de común entre todos estos objetos diversos, que los hace equivalentes a cada paso, dentro de un determinado sistema de relaciones sociales? Tienen de común el ser *productos del trabajo*. Al cambiar sus productos, lo que hacen los hombres es establecer relaciones de equivalencia entre las más diversas clases de trabajo. La producción de mercancías es un sistema de relaciones sociales en que los diversos productores crean distintos productos (división social del trabajo) y en que todos

---

230 Marx, *El Capital*, Tomo I, op. cit., p. 10.

estos productos se equiparan los unos a los otros por medio del cambio. Por tanto, lo que todas las mercancías tienen de común no es el trabajo concreto de una determinada rama de producción, no es el trabajo de un género determinado, sino el trabajo humano *abstracto*, el trabajo humano en general.

En una sociedad determinada, toda la fuerza de trabajo, representada por la suma de valores de todas las mercancías, constituye siempre la misma fuerza humana de trabajo; así lo patentizan miles de millones de actos de cambio. Por consiguiente, cada mercancía por separado no representa más que una cierta parte del tiempo de trabajo *socialmente necesario*. La magnitud del valor se determina por la cantidad de trabajo socialmente necesario o por el tiempo de trabajo socialmente necesario para producir determinada mercancía o determinado valor de uso. «Al equiparar unos con otros en el cambio, como valores, sus diversos productos, lo que hacen las personas es equiparar entre sí sus diversos trabajos como trabajo humano. No lo saben, pero lo hacen»[231].

El valor es, como ha dicho un viejo economista, una relación entre dos personas. Hubiera debido simplemente añadir: relación encubierta por una envoltura material. Solo partiendo del sistema de las relaciones sociales de producción de una formación social dada en la historia, relaciones que toman cuerpo en el cambio, fenómeno generalizado que se repite miles de millones de veces, cabe llegar a comprender lo que es el valor. «Como valores, las mercancías no son más que cantidades determinadas de tiempo de trabajo materializado»[232].

Después de analizar detenidamente el doble carácter del trabajo plasmado en las mercancías, Marx pasa al análisis de la *forma del valor* y del *dinero*. En este punto, la principal tarea que Marx se asigna es buscar el origen de la forma monetaria

---

231 Marx, *El Capital*, Tomo I, op. cit., p. 84.

232 Marx, *Contribución a la crítica de la economía política*, en Marx y Engels, *Obras Completas*, op. cit., Tomo XIII, p. 16.

del valor, estudiar el *proceso histórico* del desenvolvimiento del cambio, comenzando por las operaciones sueltas y fortuitas de trueque («forma simple, suelta o casual del valor»: determinada cantidad de una mercancía se cambia por determinada cantidad de otra mercancía) hasta remontarse a la forma general del valor en que mercancías diferentes se cambian por otra mercancía determinada y concreta, siempre la misma, y a la forma monetaria, en que la función de esta mercancía, o sea, la función de equivalente general, la ejerce el oro. El dinero, producto en que culmina el desarrollo del cambio y de la producción de mercancías, disimula y encubre el carácter social de los trabajos individuales, la concatenación social existente entre los diversos productores unidos por el mercado. Marx somete las diversas funciones del dinero a un análisis extraordinariamente minucioso, debiendo advertirse, pues tiene gran importancia, que en estas páginas (como, en general, en los primeros capítulos de *El Capital*) la forma abstracta de la exposición, que a veces parece puramente deductiva, reproduce en realidad un gigantesco arsenal de datos sobre la historia del desarrollo del cambio y de la producción de mercancías. «El dinero presupone un cierto nivel de progreso en el cambio de mercancías. Las diversas formas de dinero: simple equivalente de mercancías, medio de circulación, medio de pago, atesoramiento y dinero mundial, apuntan, según el alcance y la primacía relativa de una u otra función, a fases muy diversas del proceso de producción social»[233].

La plusvalía

Al alcanzar la producción de mercancías un determinado grado de desarrollo, el dinero se convierte en capital. La fórmula de la circulación de mercancías era: M (mercancía) – D (dinero) – M (mercancía), es decir, venta de una mercancía para comprar otra. La fórmula general del capital es, por el contrario, D – M – D, es

---

233 Marx, *El Capital*, Tomo I, op. cit., pp. 180-181.

decir, compra para la venta (con ganancia). El crecimiento del valor primitivo del dinero que se lanza a la circulación es lo que Marx llama plusvalía. Ese «acrecentamiento» del dinero lanzado a la circulación capitalista es un hecho conocido de todo el mundo. Y precisamente ese «acrecentamiento» es lo que convierte el dinero en *capital*, o sea, en una relación social de producción históricamente determinada.

La plusvalía no puede provenir de la circulación de mercancías, pues esta solo conoce el intercambio de equivalentes; tampoco puede provenir de un aumento de los precios, pues las pérdidas y las ganancias recíprocas de vendedores y compradores se equilibrarían; se trata de un fenómeno social medio, generalizado, y no de un fenómeno individual. Para obtener la plusvalía, «el poseedor de dinero necesita encontrar en el mercado una mercancía cuyo valor de uso posea la singular propiedad de ser fuente de valor»[234], una mercancía cuyo proceso de consumo sea, a la par, proceso de creación de valor. Y esta mercancía existe: es la fuerza de trabajo del hombre. Su uso es el trabajo, y el trabajo crea valor. El poseedor del dinero compra la fuerza de trabajo por su valor, determinado, como el de cualquier otra mercancía, por el tiempo de trabajo socialmente necesario para su producción (es decir, por el coste del mantenimiento del obrero y su familia). Una vez ha comprado la fuerza de trabajo, el poseedor del dinero tiene el derecho de consumirla, es decir, de obligar a trabajar todo el día, supongamos, durante doce horas. Pero el obrero crea en seis horas (tiempo de trabajo «necesario») un producto que basta para su mantenimiento; durante las seis horas restantes (tiempo de trabajo «suplementario») crea un «plusproducto» no retribuido por el capitalista, que es la plusvalía. Por consiguiente, desde el punto de vista del proceso de producción, en el capital hay que distinguir dos partes: el capital constante, invertido en medios de producción (máquinas, instrumentos de trabajo,

---

234 Ibíd., p. 177.

materias primas, etc.) –y cuyo valor pasa sin cambios (de golpe o por partes) al producto elaborado– y el capital variable, que es el que se invierte en pagar la fuerza de trabajo. El valor de este capital no permanece inalterable, sino que aumenta en el proceso del trabajo, creando plusvalía. Por tanto, para expresar el grado de explotación de la fuerza de trabajo por el capital tenemos que comparar la plusvalía no con el capital total, sino con el capital variable exclusivamente. La cuota de plusvalía, que así llama Marx a esta relación, sería, pues, en nuestro ejemplo, de 6:6, es decir, del 100 %.

Es premisa histórica para la aparición del capital, primero, la acumulación de determinada suma de dinero en manos de ciertas personas, con un nivel de desarrollo relativamente alto de la producción mercantil en general; segundo, la existencia de obreros «libres» en un doble sentido –libres de todas las trabas o restricciones puestas a la venta de la fuerza de trabajo y libres por carecer de tierra y de toda clase de medios de producción–, de obreros sin hacienda alguna, de obreros «proletarios» que no pueden subsistir más que vendiendo su fuerza de trabajo.

Hay dos modos fundamentales de aumentar la plusvalía: prolongando la jornada de trabajo («plusvalía absoluta») y reduciendo el tiempo de trabajo necesario («plusvalía relativa»). Al analizar el primer modo, Marx hace desfilar ante nosotros el grandioso panorama de la lucha de la clase obrera para reducir la jornada de trabajo y de la intervención del poder público, primero para prolongarla (siglo XIV-XVII) y luego para reducirla (legislación fabril del siglo XIX). La historia del movimiento obrero en todos los países civilizados ha proporcionado, desde la aparición de *El Capital*, miles y miles de nuevos datos que ilustran este panorama.

En su análisis de la producción de la plusvalía relativa, Marx investiga las tres etapas históricas fundamentales en el proceso de intensificación de la productividad del trabajo por el capitalismo: 1) la cooperación simple; 2) la división del trabajo y la manufactura; 3) las máquinas y la gran industria. Con qué profundidad pone Marx de relieve los rasgos fundamentales y típicos del desarrollo del capitalismo nos lo dice, entre otras cosas, el hecho de que el estudio de la llamada industria de oficios rusa aporta abundantísimos materiales para ilustrar las dos primeras etapas de las tres señaladas. En cuanto a la acción revolucionaria de la gran industria maquinizada, descrita por Marx en 1867, en el medio siglo transcurrido desde entonces ha venido a revelarse en toda una serie de países «nuevos» (Rusia, el Japón, etc.).

Continuemos. Importante en el más alto grado y nuevo es el análisis que hace Marx de la *acumulación del capital*, es decir, de la transformación en capital de una parte de la plusvalía y de su empleo para volver a producir, y no para satisfacer las necesidades personales o los caprichos del capitalista. Marx hace ver el error de toda la economía política clásica anterior (desde Adam Smith) al entender que toda la plusvalía que se convertía en capital pasaba a formar parte del capital variable, cuando en realidad se descompone en *medios de producción* más capital variable. Tiene excepcional importancia en el proceso de desarrollo del capitalismo y de su transformación en socialismo el crecimiento más rápido de la parte del capital constante (en la suma total del capital) con relación a la parte del capital variable.

Al acelerar el desplazamiento de los obreros por la maquinaria, produciendo en uno de los polos riquezas y en el otro polo miseria, la acumulación del capital origina también el llamado «ejército de reserva del trabajo», el «excedente relativo» de obreros o «superpoblación capitalista», que reviste formas extraordinariamente diversas y permite al capital ampliar con singular rapidez la producción. Esta posibilidad, combinada con el crédito y la acumulación del capital en medios de producción, nos da, entre otras cosas, la clave para comprender *las crisis* de superproducción, que se suceden periódicamente en los países capitalistas, primero cada diez años, poco más o menos, y luego con intervalos mayores y menores precisos. De la acumulación del capital en el terreno del capitalismo hay que distinguir la llamada acumulación originaria, cuando se aparta violentamente al trabajador de sus medios de producción, se expulsa al campesino de su tierra, se roban los terrenos comunales y rigen los sistemas coloniales, de las deudas públicas, de los aranceles proteccionistas, etc. La «acumulación originaria» crea en un polo al proletario «libre» y, en el polo opuesto, al poseedor del dinero, al capitalista.

Marx caracteriza en los célebres términos siguientes *la «tendencia histórica de la acumulación capitalista»*:

> La expropiación de los productores directos se lleva a cabo con el más despiadado vandalismo y con el acicate de las pasiones más infames, más ruines y más mezquinas y odiosas. La propiedad privada, ganada con el trabajo personal (del campesino y del artesano) y que el individuo libre ha creado, identificándose en cierto modo con los instrumentos y las condiciones de su trabajo, da paso a la propiedad privada capitalista, que descansa en la explotación del trabajo ajeno y que no tiene más que una apariencia de libertad [...]. Ahora no se trata ya de expropiar al obrero que explota él mismo su hacienda, sino al capitalista, que explota a muchos obreros. Esa expropiación se opera por el juego de las leyes inmanentes a la propia producción capitalista, por la centralización de capitales. Un capitalista arruina a muchos otros. Y a la par con esta centralización o expropiación de muchos capitalistas por unos cuantos, se desarrolla, a escala cada vez mayor y más amplia, la forma cooperativa del proceso del trabajo, se desarrolla la aplicación consciente de la ciencia a la técnica, la explotación sistemática del suelo, la transformación de los medios de trabajo en unos medios que no pueden utilizarse más que en común, las economías de todos los medios de producción mediante su utilización como medios de producción de un trabajo social combinado, la incorporación de todos los pueblos a la red del mercado mundial, y, junto a ello, el carácter internacional del régimen capitalista. A medida que disminuye constantemente el número de magnates del capital, que usurpan y monopolizan todas

las ventajas de este proceso de transformación, aumenta en su conjunto la miseria, la opresión, la esclavitud, la degeneración, la explotación; pero también aumenta, al propio tiempo, la rebeldía de la clase obrera, que es instruida, unida y organizada por el mecanismo del propio proceso de producción capitalista. El monopolio del capital se convierte en grillete del modo de producción que se había desarrollado con él y gracias a él. La centralización de los medios de producción y la socialización del trabajo llegan a un punto en que se hacen incompatibles con su envoltura capitalista, que termina por estallar. Suena la última hora de la propiedad privada capitalista. Los expropiadores son expropiados.[235]

Otro punto de extraordinaria importancia y nuevo es el análisis que Marx hace de la reproducción del capital social en su conjunto en el segundo volumen de *El Capital*. Marx toma también en este caso un fenómeno general, y no individual; toma toda la economía social en su conjunto, y no una parte de ella. Rectificando el error de los clásicos a que nos referimos antes, Marx divide toda la producción social en dos grandes secciones: I) producción de medios de producción y II) producción de artículos de consumo. Respaldándose con cifras, estudia detalladamente la circulación del capital social en su conjunto, tanto en la reproducción simple como en la acumulación. En el tomo III de *El Capital* se resuelve el problema de la formación de la cuota media de ganancia, basándolo en la ley del valor. Es un gran progreso en la ciencia económica el que Marx parta siempre, en sus investigaciones, de fenómenos económicos generales, del conjunto de la economía social, y no de casos sueltos o de las manifestaciones superficiales de la competencia, a los que suele limitarse la economía política vulgar o la moderna «teoría de la utilidad marginal»[236]. Marx analiza primero el origen de la

---

235 Ibíd., pp. 771-773.

236 PR: Según la teoría de «la utilidad marginal», surgida en los años 70 del siglo XIX en contraposición a la teoría marxista del valor fruto del trabajo, el valor se basa no en el trabajo socialmente necesario sino en la llamada utilidad

plusvalía y luego pasa ya a su descomposición en ganancia, interés y renta del suelo. La ganancia es la relación que guarda la plusvalía con todo el capital invertido en una empresa. El capital de «alta composición orgánica» (es decir, en el que el capital constante predomina sobre el capital variable en proporciones superiores a la media social) da una cuota de ganancia inferior a la media. El capital de «baja composición orgánica» rinde una cuota de ganancia superior a la media. La competencia entre los capitales, su paso libre de unas ramas de producción a otras, reducen la cuota de ganancia en ambos casos a la media. La suma de los valores de todas las mercancías de una sociedad determinada coincide con la suma de precios de estas mercancías, pero en las distintas empresas y en las distintas ramas de producción las mercancías, bajo la presión de la competencia, no se venden por su valor, sino por el *precio de producción*, que equivale al capital invertido más la ganancia media.

Así pues, un hecho conocido de todos e indiscutible –que los precios difieren de los valores y que las ganancias se compensan unas con otras–, Marx lo explica perfectamente partiendo de la ley del valor, pues la suma de los valores de las mercancías coincide con la suma de sus precios. Pero la reducción del valor (social) a los precios (individuales) no es una operación simple y directa, sino que sigue un camino muy complicado: es muy natural que en una sociedad de productores de mercancías dispersos, ligados únicamente por el mercado, las leyes que la rigen se manifiestan forzosamente a través de resultados medios, sociales, generales, con una compensación recíproca de las desviaciones individuales en uno u otro sentido.

La elevación de la productividad del trabajo significa un crecimiento más rápido del capital constante con relación al capital variable. Pero, como la plusvalía es función privativa de este, se comprende que la cuota de ganancia (o sea, la relación

marginal de la mercancía, que refleja la estimación subjetiva de la utilidad de una mercancía que satisface la demanda menos urgente de los compradores.

que la plusvalía guarda con todo el capital, y no con su parte variable solamente) acuse una tendencia a la baja. Marx analiza detenidamente esta tendencia, así como las diversas circunstancias que la ocultan o la contrarrestan. Sin detenernos a exponer los capítulos, extraordinariamente interesantes, del tomo III, que tratan del capital usurario, comercial y en dinero, pasamos a lo esencial, a la teoría de *la renta del suelo*.

Como la superficie del suelo está limitada, ya que en los países capitalistas lo ocupan enteramente las propiedades particulares, el coste de los productos de la tierra no lo determinan los gastos de producción en los terrenos de calidad media, sino en los de calidad inferior; no lo determinan las condiciones medias en que el producto se lleva al mercado, sino las condiciones peores. La diferencia existente entre este precio y el precio de producción en terrenos mejores (o en condiciones mejores) constituye la renta *diferencial*. Marx analiza con detenimiento la renta diferencial, demostrando que proviene de la diferencia existente en el monto de fertilidad de los distintos campos, de la diferencia de los capitales invertidos en el cultivo, poniendo totalmente de relieve (véanse también las *Teorías de la plusvalía*, donde merece especial atención la crítica de Rodbertus) el error de Ricardo, de que la renta diferencial no se obtiene más que por el paso sucesivo de terrenos mejores a otros de calidad inferior. Por el contrario, se dan también casos inversos: los terrenos de una clase determinada se transforman en tierras de otra clase (gracias a los progresos de la técnica agrícola, a la expansión de las ciudades, etc.), y la decantada «ley de la fertilidad decreciente del suelo» es un profundo error que carga sobre la naturaleza los defectos, las limitaciones y las contradicciones del capitalismo. Además, la igualdad de ganancias en todas las ramas de la industria y de la economía nacional en general supone completa libertad de competencia, la libertad de transferir los capitales de una rama de la producción a otra. Pero la propiedad privada del suelo crea un monopolio, que es un obstáculo para esa transferencia libre. En virtud de este monopolio, los productos de una agricultura que se distingue por una baja composición del capital y, consiguientemente, por una cuota de ganancia individual más alta, no entran en el juego totalmente libre de igualación de las cuotas de ganancia. El propietario agrícola puede, en calidad de monopolista, mantener sus precios por encima del medio; este precio de monopolio origina la renta *absoluta*. La renta diferencial no puede ser abolida dentro del capitalismo; en cambio, la renta absoluta *puede* serlo, por ejemplo, con la nacionalización de la tierra, cuando esta se hace propiedad del Estado. Esta medida significaría el quebrantamiento del monopolio de los propietarios agrícolas, una aplicación más consecuente y más completa de la libertad de competencia en la agricultura. Por eso, advierte Marx, los burgueses radicales han formulado repetidas veces a lo largo de la historia esta reivindicación burguesa progresiva de nacionalización de la tierra, que, sin embargo, asusta a la mayoría de los burgueses, porque «toca» demasiado cerca a otro monopolio mucho más importante y «sensible» en nuestros días: el monopolio de los medios de producción en general. (Marx expone en un lenguaje extraordinariamente popular, conciso y claro su teoría de la ganancia media sobre el capital y de la renta absoluta del suelo, en su carta a Engels del 2 de agosto de 1862. Véase la carta del 9 de agosto de 1862[237]).

En la historia de la renta del suelo es también importante señalar el análisis en que Marx demuestra la transformación de la renta en trabajo (cuando el campesino crea el plusproducto trabajando en la tierra del amo) en renta natural o renta en especie (cuando el campesino crea el plusproducto en su propia tierra, entregándolo luego al amo por efecto de la «coerción extraeconómica»), después en renta en dinero (que es la

---

237 Véase Marx y Engels, *Obras Completas*, op. cit., Tomo XXX, pp. 215-220, 225-227.

misma renta en especie, solo que redimida a metálico, el pago de un censo en la antigua Rusia, en virtud del desarrollo de la producción de mercancías) y, por último, en renta capitalista, cuando el campesino deja el puesto al patrono, que cultiva la tierra con trabajo asalariado. En relación con este análisis de la «génesis de la renta capitalista del suelo» hay que señalar una serie de profundas ideas de Marx (de particular importancia para los países atrasados como Rusia) acerca de la *evolución del capitalismo en la agricultura.*

> La transformación de la renta natural en renta en dinero no solo es acompañada invariablemente por la formación de la clase de jornaleros pobres, que se contratan por dinero: esta la precede incluso. En el período de su formación, cuando esta nueva clase aparece solo esporádicamente, entre los campesinos más acomodados, obligados a pagar un censo, va extendiéndose, como es lógico, la costumbre de explotar por su cuenta a obreros asalariados rurales, del mismo modo que ya bajo el feudalismo los siervos de la gleba acomodados tenían a su vez siervos a su servicio. De esta manera se va formando en ellos, poco a poco, la posibilidad de acumular cierta fortuna y de transformarse en futuros capitalistas. Entre los cultivadores antiguos de tierra propia surge de ese modo un foco de arrendatarios capitalistas, cuyo desarrollo depende del desarrollo general de la producción capitalista fuera de la agricultura.[238]
>
> La expropiación y la expulsión de la aldea de una parte de la población campesina no solo «liberan» para el capital industrial a los obreros, sus medios de vida y sus instrumentos de trabajo, sino que le crean también el mercado interior.[239]

La depauperación y la ruina de la población campesina influyen, a su vez, en la formación del ejército de reserva del trabajo para el capital. Por eso, en todo país capitalista, «una parte de la población campesina se encuentra constantemente en

---

238 Véase Marx, *El Capital*, Tomo III, en Marx y Engels, *Obras Completas*, op. cit., Tomo XXV, p. 363.

239 Véase Marx, *El Capital*, Tomo I, op. cit., p. 757.

trance de transformarse en población urbana o manufacturera (es decir, no agrícola). Esta fuente de superpoblación relativa corre sin cesar [...]. El obrero del campo se ve, por consiguiente, reducido al salario mínimo y tiene siempre un pie en el pantano del pauperismo»[240]. La propiedad privada del campesino sobre la tierra que cultiva es la base de la pequeña producción y la condición de su florecimiento y su desarrollo en la forma clásica. Pero esa pequeña producción solo es compatible con un marco estrecho, primitivo, de la producción y de la sociedad. Bajo el capitalismo, «su explotación –la de los campesinos– se distingue de la explotación del proletariado industrial solo por la forma. El explotador es el mismo: el capital. Individualmente, los capitalistas explotan a los campesinos por medio de la hipoteca y de la usura; la clase capitalista explota a la clase campesina por medio de los impuestos del Estado»[241]. «La parcela del campesino solo es ya el pretexto que permite al capitalista sacar de la tierra ganancia, intereses y renta, dejando al agricultor que se las arregle para sacar como pueda su salario»[242]. Ordinariamente, el campesino cede incluso a la sociedad capitalista, es decir, a la clase capitalista, una parte de su salario, descendiendo «al nivel del colono irlandés, y todo bajo el pretexto de ser propietario privado»[243]. ¿Cuál es «una de las causas de que en países donde predomina la propiedad parcelaria, el precio del trigo sea más bajo que en los países donde hay modo capitalista de producción»[244]? La causa es que el campesino entrega gratuitamente a la sociedad (es decir, a la clase capitalista) una parte del plusproducto. «Estos bajos precios (del trigo y de los

240 Véase Marx, *El Capital*, Tomo II, en Marx y Engels, *Obras Completas*, op. cit., Tomo XXIV.

241 Marx, *Las luchas de clases en Francia*, op. cit., p. 252.

242 Marx, *El 18 Brumario de Luis Bonaparte*, en Marx y Engels, Obras Escogidas, op. cit., Tomo I, p. 428.

243 Marx, *Las luchas de clases en Francia*, op. cit., p. 251.

244 Véase Marx, *El Capital*, Tomo III, op. cit.

demás productos agrícolas) son, por tanto, consecuencia de la pobreza de los productores y en ningún caso resultado de la productividad de su trabajo»[245]. Con el capitalismo, la pequeña propiedad agraria, forma normal de la pequeña producción, se va degradando, es destruida y desaparece:

La propiedad parcelaria es, por naturaleza, incompatible con el desarrollo de las fuerzas productivas sociales del trabajo, con las formas sociales del trabajo, con la concentración social de los capitales, con la ganadería a gran escala y con la utilización progresiva de la ciencia. La usura y el sistema fiscal tienen necesariamente que arruinarla en todas partes. El capital invertido en la compra de la tierra es capital sustraído al cultivo. Dispersión infinita de los medios de producción y desunión de los productores mismos. (Las cooperativas, es decir, las asociaciones de pequeños campesinos, cumplen un extraordinario papel progresivo burgués, pero no pueden sino atenuar esta tendencia, sin llegar a suprimirla; además, no debe olvidarse que estas cooperativas, muy ventajosas para los campesinos acomodados, dan muy poco, casi nada, a la masa de los campesinos pobres, y que esas asociaciones terminan por explotar ellas mismas el trabajo asalariado). Inmenso derroche de energía humana. El empeoramiento progresivo de las condiciones de producción y el encarecimiento de los medios de producción son ley de la propiedad parcelaria.[246]

En la agricultura, lo mismo que en la industria, la transformación capitalista del régimen de producción se produce al precio del «calvario de los productores».

La diseminación de los obreros del campo en grandes extensiones quebranta su fuerza de resistencia, mientras que la concentración de los obreros de la ciudad la aumenta. Lo mismo que en la industria moderna, en la agricultura moderna, capitalista, el aumento de la fuerza productiva del trabajo y su mayor movilidad se consiguen a

245 Ibíd.
246 Ibíd., p. 372.

costa de destruir y agotar la propia fuerza de trabajo. Fuera de ello, todo progreso de la agricultura capitalista no es solo un progreso del arte de esquilmar al obrero, sino también del arte de esquilmar el suelo [...]. Por lo tanto, la producción capitalista no desarrolla la técnica ni la combinación del proceso social de producción más que socavando a la vez las fuentes de toda riqueza: la tierra y el obrero.[247]

El socialismo

Por lo expuesto se ve cómo Marx llega a la conclusión de que es inevitable la transformación de la sociedad capitalista en socialista, apoyándose única y exclusivamente en la ley económica del movimiento de la sociedad moderna. La socialización del trabajo, que avanza cada vez más de prisa bajo miles de formas y que, en el medio siglo transcurrido desde la muerte de Marx, se manifiesta de un modo muy tangible en el incremento de la gran producción, de los cárteles, los consorcios y los trusts capitalistas, y en el gigantesco crecimiento del volumen y la potencia del capital financiero, es la base material más importante del ineluctable advenimiento del socialismo. El motor intelectual y moral, el agente físico de esta transformación es el proletariado, educado por el propio capitalismo. Su lucha contra la burguesía, que se manifiesta en las formas más diversas y cada vez más ricas de contenido, llega a convertirse inevitablemente en lucha política para la conquista del poder político por el proletariado («dictadura del proletariado»). La socialización de la producción no puede menos de conducir a la conversión de los medios de producción en propiedad social, a la «expropiación de los expropiadores». La elevación gigantesca de la productividad del trabajo, la reducción de la jornada de trabajo y la sustitución de los vestigios, de las ruinas de la pequeña producción, primitiva y diseminada, por el trabajo colectivo perfeccionado, son las consecuencias directas de esa conversión.

---

247 Marx, *El Capital*, Tomo I, op. cit., pp. 514-515.

El capitalismo rompe definitivamente los vínculos de la agricultura con la industria, pero, al mismo tiempo, el nivel de su desarrollo, más alto, prepara nuevos elementos de esos vínculos, de la unión de la industria con la agricultura, en el terreno de la aplicación consciente de la ciencia y de la combinación del trabajo colectivo y de un nuevo reparto territorial de la población (poniendo fin al abandono del campo, a su aislamiento del mundo y al atraso de la población campesina, así como a la antinatural aglomeración de masas gigantescas en las grandes ciudades). Las formas superiores del capitalismo moderno preparan una nueva forma de familia, nuevas condiciones para la situación de la mujer y para la educación de las nuevas generaciones: el trabajo femenino e infantil y la disgregación de la familia patriarcal por el capitalismo revisten inevitablemente en la sociedad moderna las formas más horribles, más miserables y más repulsivas. No obstante,

> la gran industria, al asignar a la mujer, a los jóvenes y a los niños de ambos sexos un papel decisivo en el proceso socialmente organizado de producción, al margen de la esfera doméstica, crea la base económica para una forma más alta de familia y de relaciones entre ambos sexos. Sería igualmente absurdo, se comprende, ver el tipo absoluto de la familia en la forma germánica cristiana o en las antiguas formas romana y griega o la oriental, que, por lo demás, constituyen en su conjunto una sola línea de desarrollo histórico. Evidentemente, la combinación del personal obrero formado por individuos de ambos sexos y de todas las edades –que en su forma primaria, brutal, capitalista, en que el obrero existe para el proceso de producción, y no el proceso de producción para el obrero, es una fuente pestilente de ruina y esclavitud–, en condiciones adecuadas debe convertirse inevitablemente, al contrario, en fuente del progreso humano.[248]

El sistema fabril nos muestra «el germen de la educación del futuro en que para todos los niños, a partir de cierta edad,

---

248 Marx, *El Capital*, Tomo I, op. cit., pp. 500-501.

se unirá el trabajo productivo a la enseñanza y a la gimnasia no solo como método para el aumento de la producción social, sino también como único método capaz de producir hombres desarrollados en todos los aspectos»[249]. Sobre ese mismo terreno histórico plantea el socialismo de Marx los problemas de la nación y del Estado, no limitándose a explicar el pasado, sino en el sentido de prever sin temor el porvenir y de una atrevida actuación práctica para su realización. Las naciones son un producto inevitable y una forma inevitable de la época burguesa de desarrollo de la sociedad. La clase obrera no podía fortalecerse, madurar ni formarse sin «organizarse en los límites de la nación», sin ser «nacional» («aunque de ninguna manera en el sentido burgués»). Pero el desenvolvimiento del capitalismo va destruyendo cada vez más las barreras nacionales, acaba con el aislamiento nacional y sustituye los antagonismos nacionales por antagonismos de clase. Por eso, es una verdad innegable que en los países de capitalismo avanzado «los obreros no tienen patria» y que la «acción común» de los obreros, al menos en los países civilizados, «es una de las primeras condiciones de su emancipación»[250].

El Estado, la violencia organizada, surgió corno algo inevitable en una determinada fase de desenvolvimiento de la sociedad, cuando esta, dividida en clases irreconciliables, no hubiera podido seguir existiendo sin un «poder» colocado aparentemente por encima de ella, y, hasta cierto punto, aparte de ella. El Estado, fruto de los antagonismos de clase, se convierte en un «Estado de la clase más poderosa, de la clase económicamente dominante, que, con ayuda de él, se convierte también en la clase políticamente dominante, adquiriendo con ello nuevos medios para la represión y la explotación de la clase oprimida. Así, el Estado antiguo era, ante todo, el Estado de los esclavistas para tener sometidos a los

---

249 Ibíd., p. 496.

250 Véase Marx, *El Manifiesto del Partido Comunista*, más arriba, p. 224.

esclavos; el Estado feudal era el órgano de que se valía la nobleza para tener sujetos a los campesinos siervos, y el moderno Estado representativo es el instrumento de que se sirve el capital para explotar el trabajo asalariado»[251].

Incluso la forma más libre y más progresiva del Estado burgués, la república democrática, no elimina, ni mucho menos, este hecho; lo único que hace es variar su forma (vínculos del Gobierno con la Bolsa, corrupción –directa e indirecta– de los funcionarios y de la prensa, etc.). El socialismo, que conduce a la supresión de las clases, conduce de este modo a la supresión del Estado.

> El primer acto –escribe Engels en su *Anti-Dühring*– en que el Estado actúa efectivamente como representante de toda la sociedad –la expropiación de los medios de producción en provecho de toda la sociedad– es a la par su último acto independiente como Estado. La intervención del poder del Estado en las relaciones sociales se hará superflua en un campo tras otro de la vida, social y se adormecerá por sí misma. El gobierno sobre las personas será sustituido por la administración de las cosas y la dirección del proceso de producción. El Estado no será «abolido», se extinguirá.[252]

La sociedad, reorganizando de un modo nuevo la producción mediante una asociación libre de productores iguales, enviará toda la máquina del Estado al lugar que entonces le ha de corresponder: al museo de las antigüedades, junto a la rueca y al hacha de bronce[253].

---

251 Engels, *El origen de la familia, la propiedad privada y el Estado*, en Marx y Engels, *Obras Completas*, op. cit., Tomo XXI, pp. 171-172. Tras citar la obra, añade Lenin, entre paréntesis: «obra en que el autor expone sus ideas y las de Marx».

252 Engels, *Anti-Dühring*, op. cit., p. 292.

253 Engels, *El origen de la familia, la propiedad privada y el Estado*, op. cit., p. 173.

Finalmente, en lo que se refiere a la actitud que el socialismo de Marx adopta con los pequeños campesinos, que subsistirán en la época de la expropiación de los expropiadores, es necesario señalar un pasaje de Engels, en el que se recogen las ideas de Marx:

> Cuando estemos en posesión del poder del Estado, no podremos pensar en expropiar violentamente a los pequeños campesinos (sea con indemnización o sin ella), como nos veremos obligados a hacerlo con los grandes terratenientes. Nuestra misión respecto a los pequeños campesinos consistirá, ante todo, en encauzar su producción individual y su propiedad privada hacia un régimen cooperativo no por la fuerza, sino por el ejemplo y brindando la ayuda social para este fin. Y aquí tendremos, ciertamente, medios sobrados para presentar al pequeño campesino la perspectiva de ventajas que ya hoy tienen que serle mostradas.[254]

La táctica de la lucha de clase del proletariado

Después de poner al descubierto, ya en 1844-1845, uno de los defectos fundamentales del antiguo materialismo, consistente en que no comprendía las condiciones ni apreciaba la importancia de la acción revolucionaria práctica, Marx dedica durante toda su vida, paralelamente a los problemas teóricos, gran atención a las cuestiones de táctica de la lucha de clase del proletariado. *Todas* las obras de Marx, y en particular los cuatro volúmenes de su correspondencia con Engels, publicados en 1913, nos ofrecen a este respecto una documentación valiosísima que todavía está muy lejos de haber sido clasificada, sistematizada, estudiada y ordenada como es debido. Por eso hemos de limitarnos forzosamente aquí a observaciones de lo más generales y más breves, subrayando que, para Marx, el materialismo despojado de *este* aspecto era, y con razón, un materialismo a

---

254 Engels, *El problema campesino en Occidente*, ed. Alexéeva, p. 17. Publicado originalmente en *Die Neue Zeit*. Véase Marx y Engels, *Obras Completas*, op. cit., Tomo XXII, p. 518.

medias, unilateral, sin vida. Marx determinó la tarea esencial de la táctica del proletariado en rigurosa correspondencia con todas las premisas de su concepción materialista y dialéctica del mundo. Solo considerando objetivamente el conjunto de las relaciones mutuas de todas las clases, sin excepción, que forman una sociedad dada, y considerando, por tanto, el grado objetivo de desarrollo de esta sociedad y sus relaciones con otras sociedades, podemos tener una base que nos permita trazar la láctica acertada de la clase de vanguardia.

A este respecto, todas las clases y todos los países son estudiados de un modo dinámico y no estático, es decir, en movimiento (movimiento cuyas leyes emanan de las condiciones económicas de vida de cada clase) y no en estado de inmovilidad. El movimiento es a su vez enfocado no solo desde el punto de vista del pasado, sino también del porvenir, y, además, no con el criterio vulgar de los «evolucionistas» que no ven más que los cambios lentos, sino de llanera dialéctica: «En los grandes procesos históricos, veinte años no son sino un día –escribía Marx a Engels–, si bien luego pueden venir días en que se condensen veinte años»[255]. La táctica del proletariado debe tener en cuenta, en cada grado de su desarrollo, en cada momento, esta dialéctica objetivamente inevitable de la historia humana, por una parte, utilizando las épocas de estancamiento político o de la llamada evolución «pacífica», que marcha a paso de tortuga, para desarrollar la conciencia, la fuerza y la capacidad combativa de la clase avanzada, y, por otra parte, encauzando toda esta labor de utilización hacia la «meta final» del movimiento de esta clase, capacitándola para resolver prácticamente las grandes tareas al llegar los grandes días «en que se condensen veinte años».

Dos razonamientos de Marx tienen en este punto particular importancia: uno, de la *Miseria de la Filosofía*, se refiere a la lucha

---

255 Véase la carta de Marx a Engels del 9 de abril de 1863 en *Correspondencia Marx-Engels*, op. cit., Tomo III, p. 127.

económica y a las organizaciones económicas del proletariado; el otro pertenece al *Manifiesto Comunista* y se refiere a sus tareas políticas. El primer pasaje dice así:

> La gran industria concentra en un solo lugar una multitud de personas, desconocidas las unas de las otras. La competencia divide sus intereses. Pero la defensa de los salarios, este interés común frente a su patrono, los une en una idea común de resistencia, de coalición. Las coaliciones, al principio aisladas, se constituyen en grupos y, frente al capital siempre unido, el mantener la asociación viene a ser para ellos más importante que la defensa de los salarios [...]. En esta lucha –verdadera guerra civil– se van uniendo y desarrollando todos los elementos necesarios para la batalla futura. Al llegar a este punto, la coalición adquiere un carácter político.[256]

Ante nosotros tenemos el programa y la táctica de la lucha económica y del movimiento sindical de varios decenios, de toda la larga época durante la cual el proletariado prepara sus fuerzas «para la batalla futura». Hace falta comparar esto con los numerosos ejemplos de Marx y Engels, sacados del movimiento obrero inglés, de cómo la «prosperidad» industrial origina tentativas de «comprar a los obreros»[257] y de apartarlos de la lucha; de cómo esta prosperidad en general «desmoraliza a los obreros»; de cómo el proletariado inglés «se aburguesa»; de cómo la «nación más burguesa de todas» (la inglesa) «parece que quisiera llegar a tener junto a la burguesía una aristocracia burguesa y un proletariado burgués»[258]; de cómo desaparece en él la «energía revolucionaria»; de cómo habrá que esperar más o menos tiempo hasta que los «obreros ingleses se desembaracen de su aparente perversión burguesa»; de

---

256 Marx, *Miseria de la Filosofía*, ed. Giard-Brière, París, 1896.

257 Véase la carta de Engels a Marx del 5 de febrero de 1851, en *Correspondencia Marx-Engels*, op. cit., Tomo I, p. 136.

258 Véase la carta de Engels a Marx del 17 de diciembre de 1857 y la del 7 de octubre de 1858, en *Correspondencia Marx-Engels*, op. cit., Tomo II, pp. 218; 290.

cómo al movimiento obrero inglés le falta el «ardor de los cartistas»[259]; de cómo los líderes de los obreros ingleses se transforman en un tipo intermedio «entre el burgués radical y el obrero» (dicho refiriéndose a Holyoake); de cómo, en virtud del monopolio de Inglaterra y mientras ese monopolio subsista, «no habrá nada que hacer con el obrero inglés»[260]. La táctica de la lucha económica en relación con la marcha general (y con el resultado) del movimiento obrero se examina aquí desde un punto de vista admirablemente amplio, universal, dialéctico, verdaderamente revolucionario.

El *Manifiesto Comunista* establece el siguiente principio básico del marxismo, como postulado de táctica de la lucha política: «Los comunistas luchan por alcanzar los objetivos e intereses inmediatos de la clase obrera; al mismo tiempo, defienden también, dentro del movimiento actual, el porvenir de este movimiento»[261]. Por eso Marx apoyó en 1848 al partido de la «revolución agraria» de Polonia, «el partido que hizo en 1846 la insurrección de Cracovia»[262]. En Alemania, Marx apoyó en 1848 y 1849 a la democracia revolucionaria extrema, sin que jamás se retractara de lo que entonces dijo sobre táctica. Para él, la burguesía alemana era un elemento «propenso desde el primer instante a traicionar al pueblo» (solo la alianza con los campesinos hubiera puesto a la burguesía en condiciones de alcanzar enteramente sus objetivos) «y a pactar con los representantes

---

259 Véase *Correspondencia Marx-Engels*, op. cit., Tomo III, pp. 124; 127; 305.

260 Véase *Correspondencia Marx-Engels*, op. cit., Tomo IV, pp. 209; 433.

261 Marx y Engels, *Obras Completas*, op. cit., Tomo IV, p. 458.

262 PR: Se refiere a la insurrección democrática de liberación nacional que estalló en la República de Cracovia, sometida desde 1815 al control conjunto de Austria, Prusia y Rusia. Los insurgentes formaron durante el alzamiento un Gobierno Nacional que lanzó un manifiesto sobre la abolición de las cargas feudales y prometió entregar la tierra en propiedad y sin rescate a los campesinos. En otros llamamientos proclamó la creación de talleres nacionales, el aumento de los salarios en ellos y la institución de la igualdad cívica. Pero la insurrección fue aplastada poco después.W

coronados de la vieja sociedad»[263]. He aquí el análisis final de Marx acerca de la posición de clase de la burguesía alemana en la época de la revolución democrática burguesa. Este análisis es, entre otras cosas, un modelo de materialismo que examina la sociedad en movimiento y, por cierto, no toma solamente el lado del movimiento que mira *hacia atrás*: «Sin fe en sí misma y sin fe en el pueblo; gruñendo contra los de arriba y temblando ante los de abajo; [...] empavorecida ante la tormenta mundial; jamás con energía y siempre con plagio; [...] sin iniciativa; [...] un viejo maldito condenado, en su propio interés senil, a guiar los primeros impulsos juveniles de un pueblo joven y robusto»[264]. Unos veinte años más tarde, Marx decía en una carta a Engels[265] que la causa del fracaso de la revolución de 1848 fue que la burguesía había preferido la paz en la esclavitud a la sola perspectiva de lucha por la libertad.

Al terminar la época revolucionaria de 1848-1849, Marx se alzó contra los que se obstinaban en seguir jugando a la revolución (lucha contra Schapper y Willich), sosteniendo que era necesario saber trabajar en la época nueva, en la fase que iba a preparar, bajo una «paz» aparente, nuevas revoluciones. La siguiente apreciación de la situación de Alemania en los tiempos de la más negra reacción, en el año 1856, muestra en qué sentido exigía Marx que se encauzase esta labor: «En Alemania todo dependerá de la posibilidad de respaldar la revolución proletaria con alguna segunda edición de la guerra campesina»[266]. Mientras en Alemania no estuvo terminada la revolución democrática (burguesa), Marx concentró toda la atención, en lo que se refiere a la

---

263 Marx, *La burguesía y la contrarrevolución*, en Marx y Engels, *Obras escogidas*, Tinta Roja, Tomo I, p. 134.

264 Ibíd., p. 135.

265 Véase *Correspondencia Marx-Engels*, op. cit., Tomo III, p. 224.

266 Véase la carta de Marx a Engels del 16 de abril de 1856, en *Correspondencia Marx-Engels*, op. cit., Tomo II, p. 108.

táctica del proletariado socialista, en impulsar la energía democrática de los campesinos. Opinaba que la actitud de Lassalle era, «objetivamente, una traición al movimiento obrero en beneficio de Prusia», entre otras cosas porque se mostraba demasiado complaciente con los terratenientes y el nacionalismo prusiano. «En un país agrario –escribía Engels en 1865, en un cambio de impresiones con Marx a propósito de una proyectada declaración común para la prensa–, es una bajeza alzarse exclusivamente contra la burguesía en nombre del proletariado industrial, sin mencionar para nada la patriarcal "explotación del palo" a que los obreros rurales se ven sometidos por la nobleza feudal»[267].

En el período de 1864 a 1870, cuando tocaba a su fin la época culminante de la revolución democrática burguesa en Alemania y las clases explotadoras de Prusia y Austria disputaban en tomo a los medios para terminar esta revolución *desde arriba*, Marx no se limitó a condenar a Lassalle por sus coqueteos con Bismarck, sino que corrigió a Liebknecht, que había caído en la «austrofilia» y defendía el particularismo. Marx exigía una táctica revolucionaria que combatiese tan implacablemente a Bismarck como a los austrófilos, una táctica que no se acomodara al «vencedor», el junker prusiano, sino que reanudase sin demora la lucha revolucionaria contra él, *incluso en el terreno* despejado por las victorias militares de Prusia[268].

---

267 Véanse las cartas de Engels a Marx del 27 de enero de 1865 y del 5 de febrero de 1865, en *Correspondencia Marx-Engels*, op. cit., Tomo III, pp. 210; 217.

268 Véanse las siguientes cartas: La de Engels a Marx del 11 de junio de 1863, la de Marx a Engels del 12 de junio de 1863, la de Engels a Marx del 24 de noviembre de 1863, y la fechada el 4 de septiembre de 1864; la carta de Marx a Engels del 10 de diciembre de 1864, la de Engels a Marx del 27 de enero de 1865, la de Marx a Engels del 3 de febrero de 1865, las de Engels a Marx con fecha del 22 de octubre de 1867, y la fechada el 6 de diciembre de 1867 y la carta de Marx a Engels del 17 de diciembre de 1867; en *Correspondencia Marx-Engels*, op. cit., Tomo III, pp. 134; 136; 147; 179; 204; 210; 215; 418; 437; 440-441.

En el famoso mensaje de la Internacional del 9 de septiembre de 1870, Marx ponía en guardia al proletariado francés contra un alzamiento prematuro[269]; pero cuando, a pesar de todo, este se produjo (1871), aclamó con entusiasmo la iniciativa revolucionaria de las masas «que toman el cielo por asalto» (carta de Marx a Kugelmann). En esta situación, como en muchas otras, la derrota de la acción revolucionaria era, desde el punto de vista del materialismo dialéctico en que se situaba Marx, un mal menor en la marcha general *y en el resultado* de la lucha proletaria que el que hubiera sido el abandono de las posiciones ya conquistadas, la capitulación sin lucha: esta capitulación hubiera desmoralizado al proletariado y mermado su combatividad. Marx, que apreciaba en todo su valor el empleo de los medios legales de lucha en las épocas de estancamiento político y de dominio de la legalidad burguesa, condenó ásperamente, en 1877 y 1878, después de promulgarse la Ley de excepción contra los socialistas[270], las «frases revolucionarias» de un Most; pero combatió con la misma, si no con más energía, el oportunismo que por entonces se había adueñado temporalmente del Partido Socialdemócrata oficial, que no había sabido dar pruebas inmediatas de firmeza, tenacidad, espíritu revolucionario y disposición a pasar a la lucha ilegal en respuesta a la Ley de excepción[271].

---

269 Véase Marx y Engels, *Obras Completas*, op. cit., Tomo XVII, pp. 274-282.

270 PR: La ley de excepción contra los socialistas fue promulgada en Alemania por el Gobierno de Bismarck en 1878 para combatir el movimiento obrero y socialista. Prohibía todas las organizaciones del Partido Socialdemócrata, las organizaciones obreras de masas y la prensa obrera; se confiscaron las publicaciones socialistas y se persiguió y desterró a los socialdemócratas. En 1890, bajo la presión del creciente movimiento obrero y de masas, la Ley de excepción contra los socialistas fue derogada.

271 Véanse las siguientes cartas: de Marx a Engels el 23 de julio de 1877 y el 1 de agosto de 1877; de Engels a Marx el 20 de agosto de 1879, el 9 de septiembre de 1879 y de Marx a Engels el 10 de septiembre de 1879; en *Correspondencia Marx-Engels*, op. cit., Tomo IV, pp. 397; 404; 418; 422; 424. Véanse también las cartas a Sorge.

Notas aclaratorias sobre el
Manifiesto del Partido Comunista
David Riazánov

I. Burgueses y proletarios

1. *La batida contra los comunistas en 1847*

Al ser elevado al solio pontificio en 1846, Pío IX se consideraba a sí mismo como un «liberal». En su actitud hacia el socialismo demostró, sin embargo, la misma hostilidad que el zar Nicolás I (1796-1855), desempeñando el papel de polizonte de Europa aun antes de que estallase la revolución de 1848. Metternich (1773-1859), canciller del imperio austríaco y representante caracterizado de la reacción europea, mantenía por entonces estrechas relaciones con Guizot, el más saliente historiador de la época, que había dirigido los Negocios Extranjeros de Francia desde 1840, pasando luego a ocupar la jefatura del Ministerio. Guizot (1787-1874) era el caudillo intelectual de la alta finanza y de la burguesía industrial y un enemigo irreconciliable del proletariado. A instancias del gobierno prusiano expulsó a Marx (1818-1883) de París. La policía alemana no solo no dejaba en paz a los comunistas en su propio país, sino que los acosaba igualmente fuera de sus fronteras, en Francia, en Bélgica y hasta en Suiza, valiéndose de cuantas armas tenía a su alcance y utilizando todos los medios posibles para detener y ahogar su propaganda. Los radicales franceses Marrast (1801- 1852), Camot

(1801-1888) y Marie (1795-1870) sostuvieron batallas polémicas no solo contra los comunistas y socialistas, sino contra los socialdemócratas de su tiempo, acaudillados por Ledru-Rollin (1807-1874) y Flocon (1800-1866).

2. *Haxthausen, Maurer y Morgan*

August von Haxthausen (1792-1866) era un barón prusiano. En 1843, a petición de Nicolás I, se trasladó a Rusia con el fin de hacer investigaciones e informar acerca de las leyes rurales, las condiciones de la agricultura y la vida del campesino. Fruto de esta labor fue un libro titulado *Estudio de la vida del pueblo y en particular de las instituciones agrarias de Rusia*, cuyo primer volumen apareció en 1847, y el tercero en 1852, cerca de cinco años después de la publicación del *Manifiesto Comunista*. El tercer volumen estaba principalmente dedicado a estudiar el comunismo agrario ruso. En sus viajes por Rusia, Haxthausen había sido acompañado por Aleksandr Herzen (1812-1870), a quien sus escritos de política revolucionaria habían de elevar más tarde a lugar tan prominente. Bajo la influencia de su amigo, Haxthausen exaltó la importancia del comunismo agrario ruso, viendo en él el medio para salvar a la nación de la «plaga» que representaba el tener que pasar por un período de desarrollo proletario.

Georg Ludwig von Maurer (1790-1872) fue un gran historiador, abogado, estadista y escritor alemán, que dedicó muchas de sus obras al estudio de las primitivas instituciones de los germanos. Estas obras, publicadas en el transcurso de las décadas del 50 y del 60, están todas ellas consagradas a estudiar la historia de las instituciones comunales, rurales y urbanas de Alemania. Apartándose de la vieja perspectiva (de la cual se encuentran todavía algunos vestigios en el *Manifiesto Comunista*), Maurer demostró que el municipio de la temprana Edad Media, lejos de proceder de la servidumbre medieval de la gleba, se había desarrollado sobre la comuna rural libre (la Marca medieval).

Lewis Henry Morgan (1818-1881), norteamericano, fue un etnólogo especializado en la investigación de las organizaciones sociales primitivas. Vivió entre los indios iroqueses, dirigiendo su vida y estudiando sus costumbres. Morgan sostenía que los factores fundamentales del desarrollo histórico eran las invenciones y descubrimientos técnicos, el desenvolvimiento de las condiciones materiales de vida. Sus ideas acerca del desarrollo de la familia humana, y especialmente sus teorías sobre los sistemas de consanguinidad y afinidad, fueron analizados y discutidos por Engels en su obra sobre *Los orígenes de la familia, la propiedad privada y el Estado*, publicada por primera vez en 1884. Engels intenta trazar en este libro el cuadro evolutivo de la sociedad desde los albores de la historia, con la mira de demostrar cómo va transformándose gradualmente en una sociedad de clases.

3. *La decadencia de la economía medieval, la época de los descubrimientos geográficos y los orígenes del mercado mundial*

La sociedad medieval, basada en la producción en pequeña escala, se hallaba ya envuelta en un activo proceso de decadencia durante la segunda mitad del siglo xv. Los progresos de la economía monetaria, resultado de las crecientes facilidades del cambio, así interior como exterior, crearon condiciones favorables para el desarrollo del capital numerario y mercantil. En el campo, el pago de los tributos feudales va haciéndose cada vez más en dinero en vez de en especie; las condiciones de la pequeña producción, lo mismo la libre que la servil, son cada vez más desfavorables; los terratenientes feudales van convirtiéndose en agricultores y echan mano de todos los recursos con tal de obtener riqueza en forma de dinero. Las fastuosas cortes y las enormes comitivas de los señores feudales fueron disueltas, y sus huestes, privadas ahora de dueño, y con ellas los campesinos que habían sido despojados de las tierras que ellos y sus antepasados venían cultivando durante tantas generaciones, fueron a engrosar las filas de los «pícaros y vagabundos», que infestaban los caminos y las ciudades. A su vez, los gremios independientes, minados por las disensiones entre maestros y oficiales, cayeron bajo la férula del capital mercantil.

Los innumerables adelantos técnicos experimentados por los medios de producción metalúrgica, la manufactura textil, la navegación, los armamentos, la relojería, los instrumentos astronómicos, la invención de la imprenta y los progresos de las investigaciones científicas, especialmente los nuevos descubrimientos hechos en el mundo astronómico, todo vino a imprimir un poderoso impulso a las fuerzas productoras, alentando a los hombres de carácter emprendedor a asumir la iniciativa. La competencia desatada entre los comerciantes y manufactureros de las costas occidentales del Mediterráneo, o los de las orillas del Atlántico (sirvan de ejemplo los puertos de Génova y Lisboa), y los venecianos, que tenían el monopolio del mercado del Asia y eran dueños del Mediterráneo oriental, movió a los mercaderes aventureros portugueses, españoles y genoveses a buscar una nueva ruta hacia las Indias. El príncipe Enrique el Navegante (1394-1460), cuarto hijo del rey Juan de Portugal, y la princesa Philippa de Inglaterra, hija de John de Gante, se habían distinguido ya, a principios del siglo XV, por los servicios prestados en materia de descubrimientos geográficos. Aquel fue quien mandó barcos a algunos lugares de la costa de África hasta entonces desconocidos, y sus capitanes quienes descubrieron en 1418 y 1420 las islas de Madeira y Porto Santo. A él se debió el fletamento de una expedición para explorar las Azores, cuya colonización por los portugueses progresó rápidamente. Por el año 1460, los barcos del príncipe Enrique se habían aventurado hasta cerca del Ecuador, a unas cien leguas más allá de Cabo Verde. En 1486, Bartolomé Díaz (1455-1500) dio la vuelta al cabo de Buena Esperanza. Antes de que los portugueses pudieran organizar una nueva expedición para el descubrimiento de las Indias, el navegante genovés Cristóbal Colón (1446-1506) partió en su busca por la ruta occidental, y en 1492 descubrió las Antillas. Juan Cabot (1450-1498) y su hijo Sebastián (1474-1557) desembarcaron en las costas de Norteamérica en 1497. Pero hasta un año más tarde no coronó Vasco de Gama (1460-1524) la obra comenzada por Díaz, abriendo una ruta oceánica hacia la India. Dos años después, el navegante florentino Américo Vespucio (1451-1512), del cual se deriva el nombre de América, desembarcaba en las costas del Brasil. En 1500, el comandante portugués Pedro Álvares Cabral (muerto en 1526) emprendió, enviado por el rey, la ruta de Vasco de Gama; pero vientos adversos lo desviaron tanto de su camino, que hacia el viernes santo de aquel año arribó a las costas del Brasil. Finalmente, Fernando de Magallanes (1470-1521), primer navegante que dio la vuelta al globo, se abrió paso hacia el Pacífico a través del estrecho que lleva su nombre. Estas empresas y descubrimientos pusieron al mercado mundial en condiciones de absorber la creciente producción del siglo XVI, siglo en que comienza la era capitalista moderna.

La cruel devastación y el horrible saqueo de las poblaciones indígenas por los primeros conquistadores (Cortés, 1485-1547, en México y Pizarro, 1476-1541, en el Perú, por ejemplo) no abrieron paso hasta la segunda mitad del siglo XVI a la explotación sistemática de las tierras vírgenes con la ayuda del trabajo de los esclavos. Durante varios siglos África fue un vasto campo de caza para los negreros, que se adentraron por el continente negro en busca de esclavos para el mercado americano. De 1508 a 1860 cruzaron el Atlántico más de quince millones de negros y otros tantos murieron durante la travesía, víctimas de los «filantrópicos» esclavistas portugueses, españoles, franceses y, sobre todo, británicos. «El mercado de esclavos dio a Liverpool rango de gran ciudad; pues ese mercado era allí el método de la acumulación originaria. En Liverpool había hasta hace muy poco tiempo "respetables" ciudadanos dispuestos en todo momento a abogar con caluroso entusiasmo por el mercado esclavista. Véase, por ejemplo, la obra del doctor Aikín, escrita en 1795, en que se habla de aquel audaz espíritu aventurero que caracterizó el mercado de Liverpool, elevándolo rápidamente al presente nivel de prosperidad, dando empleo a gran número de marinos y navegantes y reforzando en grandes proporciones la demanda y el mercado para las manufacturas del país [...]»[272]. A comienzos del siglo XIX, cuando el desarrollo de la industria algodonera inglesa dio nuevo impulso a la producción del algodón en rama de los estados norteamericanos del Sur, la esclavitud había llegado a ser del otro lado del Atlántico una institución nacional y la cría de esclavos una empresa comercial muy rentable.

El descubrimiento y explotación de las minas de oro y plata de Bolivia, a partir de 1545, y las de México, a partir de 1548, contribuyó a engrosar las enormes reservas de oro y plata acumuladas por los europeos. La producción de plata, desde el año 1501 a 1544, se elevó a unos 460 millones de marcos; desde 1546 a 1600 alcanzó la cifra de 2.880 millones. La cantidad de monedas de plata puestas en circulación revela un aumento proporcional a esa alza.

La colonización sistemática de Norteamérica por los ingleses comenzó en 1620. Los franceses siguieron sus huellas. Al principio, los portugueses se hicieron dueños de las Indias Orientales; pero en 1600 los ingleses y los holandeses acometieron casi simultáneamente una campaña mediante la cual, luchando contra sus rivales de Europa (los portugueses y, más tarde, los franceses), fueron poco a poco sentando el pie en ellas. Los primeros europeos que concertaron relaciones con China fueron los portugueses, que se apoderaron de Macao en 1557. Los ingleses no se establecieron en las costas chinas hasta 1684.

---

272 Marx, *El Capital*, Tomo I, 1ª ed., Hamburg, 1867, p. 842.

4. *La manufactura*

Al hablar aquí de la manufactura, nos referimos a ella como a una fase en el desarrollo del capitalismo industrial. Históricamente hablando, la manufactura se desarrolló invadiendo la pequeña producción artesana. Cuando el capitalista industrial hubo cogido en sus redes al artesano independiente, reunió bajo el mismo techo y en la misma empresa a diferentes clases de operarios, encargados de rematar tal o cual fase de un trabajo (de sastrería, por ejemplo) o de acabar las diferentes piezas (las piezas de un carro, v. gr) para luego unirlas y formar un solo producto. La ventaja de este sistema de manufactura, en la época de su implantación, consistía en que la producción podía asumir dimensiones considerables, reduciendo los gastos superfluos. Sobre esta base se erige luego un sistema que va fomentando más y más la especialización en el trabajo, hasta que, por último, la manufactura se transforma en un mecanismo armónico, cuyos diferentes miembros corren a cargo de diferentes trabajadores, cada uno de los cuales no elabora más que una pequeña parte del artículo que sus antecesores habían tenido que elaborar completo y que ahora se convierten en meros instrumentos del proceso total de la producción. En Inglaterra, en Holanda, y más tarde en Francia, el período manufacturero de la producción capitalista comienza durante la segunda mitad del siglo XVI, alcanzando su apogeo en las primeras décadas del XVIII. (Téngase en cuenta que los autores del *Manifiesto* emplean el término «manufactura» en el sentido estricto que se le da más arriba y no en el sentido amplio que incluye, como se advierte en la siguiente nota, la «maquinofactura»).

5. *La revolución industrial y el desarrollo de la «maquinofactura»*

La revolución industrial, que representa la suplantación de la manufactura capitalista por la producción en gran escala, tiene lugar a fines del siglo XVIII, con la invención de la máquina. Fue Inglaterra quien rompió la marcha, y, hablando en términos generales, podemos decir que esta revolución no termina hasta la primera mitad del siglo XIX. Comienza con toda una serie de invenciones y descubrimientos, sobre todo en materia de ganadería, agricultura, minería, producción textil y medios de transporte. El impulso inicial partió de la creación de lo que llamamos máquinas de trabajo y su invasión de la órbita hasta entonces reservada a los instrumentos del artesano o al trabajo de la manufactura. En 1733, John Kay (que florece allá por los años de 1733 a 1764) patenta su lanzadera, que, gracias a un mecanismo especial, solo requería una mano para los movimientos de avance y retroceso. La primera etapa en la evolución del hilado mecánico se halla representada por el invento de Lewis Paul (muerto en 1759), patentado en 1738 y conseguido con la ayuda de John Wyatt (1700- 1766). De esta máquina se decía que era capaz de «hilar sin dedos»[273] James Hargreaves (muerto en 1778), tejedor y carpintero, inventa en 1767 la máquina de hilar empleada en las manufacturas de algodón. Richard Arkwright (1732-l792) construye en 1767 su célebre bastidor, cuyo mérito principal consistía en estar provisto de la urdimbre de que carecía el invento de Hargreaves. Samuel Crompton (1753-1827), labriego y tejedor, dedica cinco años a la invención de su huso mecánico, aparato que precede a los descubiertos por Hargreaves y Arkwright para hilar la hebra más fina conocida. El telar mecánico fue inventado en 1785 por Edmund Cartwright (1743-1823), pero no llegó a popularizarse hasta algunos años más tarde, gracias al industrial algodonero John Horrocks (1768-1804). Allá por la tercera y cuarta década del siglo XIX, el telar mecánico había suplantado en la industria textil a los anticuados métodos manuales.

---

273 Ibíd., p. 392.

Los progresos de la industria minera durante el siglo XVIII (la producción mundial de carbón se eleva, en el período de 1700 a 1770, de 214.800 a 7.205.400 toneladas) impusieron la introducción universal de la bomba de vapor. La fuerza motriz fue aprovechada prácticamente por primera vez para desaguar las minas. La primera máquina de Watt no sirvió más que para generalizar el empleo de las bombas de vapor introducidas por Newcom (1663-1729). La nueva bomba de Watt tenía un aparato de doble acción y fue perfeccionada más tarde por la patente de 1784. La fuerza motriz, que hasta ahora no había sido aprovechada casi más que en la industria minera, podía ya emplearse ventajosamente en mover fábricas de hilados y telares mecánicos, haciendo que el vapor reemplazase al agua como fuente de energía. En el primer cuarto del siglo XIX, el uso del vapor como generador de fuerza motriz se hizo casi universal. Luego, vinieron los transportes por medio de vapor. Robert Fulton (1765-1815) perfeccionó en 1807 el descubrimiento de la navegación a vapor, y George Stephenson (1781-1848) ideó la primera locomotora, ensayada con éxito en 1814. Cinco años más tarde se tendían los primeros carriles experimentales. El primer barco de vapor que hizo la travesía de Norteamérica a Europa, en 1819, invirtió veintiséis días en el viaje. En 1825 se abrió al servicio público en Inglaterra el primer ferrocarril. En 1830, el tendido de los ferrocarriles británicos era de unas 57 millas; en 1840, de unas 843, y en 1850 la red alcanzaba ya 6.630 millas.

En el campo de la agricultura, el antiguo sistema de cultivo a tres hojas fue suplantado por el método alternativo de rotación de cosechas. Robert Bakewill (1725-1795) descubrió nuevos métodos para la ganadería, transformándola en una nueva rama industrial y acreditando una maravillosa pericia en la producción de diferentes ejemplares que respondieran a las necesidades del mercado. Sus especialidades eran la oveja de Leicester, de lana larga, y la raza vacuna de Dishley, de asta grande, que habían de hacerse famosas. El viejo régimen rural iba sometiéndose cada vez más a las condiciones de la producción capitalista. Paralelamente con la clase media propietaria y el campesino sin tierras que se había convertido en bracero, fue desarrollándose un nuevo tipo de agricultor en gran escala, verdadero capitalista industrial, que explotaba el trabajo asalariado en su provecho personal y en provecho del terrateniente, al que había de satisfacer la renta. El giro capitalista de la agricultura cobra todavía mayor relieve en el segundo cuarto del siglo XIX.

6. *La evolución política de la burguesía*

Lo que ante todo y sobre todo tienen presente los autores del *Manifiesto* es la evolución política de la burguesía francesa. Marx escribe en otro sitio lo siguiente:

> La historia de la burguesía puede dividirse en dos fases: durante la primera, la burguesía se destaca como una clase sujeta al régimen feudal y a la monarquía absoluta; durante la segunda, organizada ya como clase independiente, derriba el orden de la sociedad feudal y la monarquía, e instaura sobre sus ruinas el nuevo sistema burgués. La primera fase necesitó un período de tiempo mayor que la segunda para desarrollarse y un caudal de energías superior para su culminación.[274]

Durante los siglos XII y XIII, los municipios franceses hubieron de sostener una lucha contra los magnates feudales, aprovechándose de sus discordias intestinas. (La palabra «comuna» fue adoptada, según explica Engels en una nota a una de las últimas ediciones del *Manifiesto*, por las comunidades municipales de Italia y Francia después de haber comprado o arrebatado a los señores feudales el derecho a gobernarse por sí mismas.) En los primeros años del siglo XIV solicitaron tener representación en los Estados Generales, asamblea en la que se reputaba representada toda la nación. De 1356 a 1358, la

---

274 Marx, *Miseria de la Filosofía*, op. cit., p. 242.

burguesía de París, acaudillada por Étienne Marcel (muerto en 1358), preboste de los comerciantes de París, trató de sustituir a los Estados Generales por una institución representativa que pudiera reunirse a deliberar en determinadas fechas fijas, sin necesidad de que el rey la convocase. El monarca absoluto, aprovechándose de las disensiones encendidas entre los distintos estamentos (el clero, la nobleza, etc.), decidió pactar un arreglo con la oposición burguesa. La burguesía se convirtió así en el *tiers état*, tercer estado, en una clase sujeta a tributación y parte integrante del estado monárquico, equipada con derechos propios, que concentraba todas sus energías en servirse del aparato gubernamental poniéndolo al servicio del desarrollo industrial y mercantil. A la cabeza de este movimiento nos encontramos con una serie de burgueses financieros que, ayudados por los nobles cortesanos que se volvían hacia esta potencia naciente en demanda de apoyo, tratan de utilizar el poder monárquico como un instrumento para sus fines. La explosión de esta política, basada en la inhumana explotación de las masas trabajadoras y en un absoluto desprecio hacia los intereses de la pequeña burguesía, condujo a la Gran Revolución francesa, que levantó su llamarada a fines del siglo XVIII. Después del intermedio napoleónico (que terminó en 1815) y de la restauración borbónica sobrevino la revolución de 1830 y la instauración de la «monarquía de julio», prototipo clásico de gobierno parlamentario basado en el derecho de sufragio de la burguesía.

En los Países Bajos, los burgueses sostuvieron una incesante lucha contra las instituciones feudales, lucha que a veces asume la forma de una verdadera guerra civil (como, por ejemplo, en la revolución de las ciudades flamencas, capitaneada por Yprés y Brujas en 1324, y que duró varios años). En la segunda mitad del siglo XVI, la burguesía de Holanda, unida a la nobleza baja y media, acaudilló el alzamiento nacional contra los Habsburgo y, tras larga y encarnizada lucha, los Países Bajos consiguieron manumitirse del yugo extranjero. Los holandeses fueron los primeros que crearon un Estado burgués, y desde el siglo XVII sirvieron de modelo a los demás estados burgueses que fueron estableciéndose poco a poco en la Europa occidental.

Las repúblicas de las ciudades autónomas de Italia, después de sacudir el yugo de la aristocracia territorial, fueron asumiendo gradualmente la forma de oligarquías industriales y mercantiles. Pero al mismo tiempo que declinaba la hegemonía comercial del norte de Italia (donde el capitalismo mercantil se había desarrollado antes que en ningún otro país de Europa), se advertía un retroceso paralelo del capitalismo en las ciudades. Estas perdieron su antiguo esplendor, y hasta el siglo XIX no se reanudó en Italia el proceso de consolidación política de la burguesía.

En Gran Bretaña, los municipios urbanos consiguieron muy pronto representación parlamentaria, pero al iniciarse el desarrollo del capitalismo industrial, la burguesía británica no se contentó ya con el papel de consejera y postulante, sino que abrazó cada vez con mayor ímpetu la lucha por el poder político. La guerra parlamentaria, que dura desde 1641 hasta 1649, termina con la ejecución de Carlos I y la instauración de la república bajo el caudillaje de Oliver Cromwell. Tras el breve período de restauración de los Estuardo, la revolución estalló nuevamente en 1688, logrando implantar esta vez una monarquía constitucional. La burguesía encuentra ahora valiosos aliados en los terratenientes de la clase media, que atraviesan por un rápido proceso de aburguesamiento. En el campo económico, el poder cayó en manos de los sectores más influyentes de la burguesía, como había de ocurrir más tarde en Francia. Hasta muy entrado el siglo XIX, después de la reforma electoral de 1832 y la derogación de las «leyes anticerealistas», el Estado británico no llegó a constituir una verdadera sociedad anónima integrada por toda la clase burguesa, unida por su política de explotación del mercado mundial, y solo a partir de este momento se convierte el gobierno británico en un comité gestor de los intereses de la burguesía.

Este proceso de centralización política, en países que apenas si habían alcanzado todavía la unidad nacional, puede seguirse aún más claramente en la historia de Italia y Alemania durante el siglo XIX. En cuanto a Francia, el proceso cobró formas sobremanera relevantes y animadas, y la burguesía impuso su centralización política entre los años 1789 y 1815, aunque los toques finales no se diesen hasta 1830, 1848-50 y 1870-75.

7. *El desarrollo del cambio y el predominio de los pagos al contado*

El cambio tiene tras de sí su historia propia y ha pasado por varias etapas en su desarrollo. Durante algún tiempo, en la Edad Media, por ejemplo, solo se cambiaba lo sobrante, es decir, aquellos productos que excedían de las necesidades de la gente. Vino luego otra fase en la cual no solo se cambiaba ya lo sobrante, sino que todos los productos de la industria pasaron a ser objeto de comercio. En este período la producción dependía enteramente del cambio. Finalmente, amaneció el día en que hasta las mismas cosas que antes se consideraban inalienables pasaron a ser artículo de tráfico mercantil. Hasta aquellas cosas que se entregaban pero que no se vendían, que se daban pero que no se cambiaban, que se adquirían pero que no se compraban (la virtud, el amor, las ideas, la ciencia, la conciencia, etc.), entraron en el comercio. Comienza, así un período de corrupción al por mayor, de venalidad universal, o, para decirlo en términos de economía política, un período en el que todo, en el orden espiritual como en el material, se convierte en valores de cambio y desciende al mercado para ser tasado en su justo precio[275]. Cuando los bienes se convierten en valores de cambio, o viceversa, estos en aquellos, despierta la codicia de dinero. A medida que la circulación de esos bienes se extiende, el poder del dinero aumenta, pues el dinero es una forma de riqueza absolutamente social, siempre presta para el uso. Colón, en una carta escrita en

---

275 Ibíd., p. 41.

Jamaica en 1503, dice lo siguiente: «¡Cosa maravillosa es el oro! Quien lo posee obtiene cuanto desea. ¡Con el oro se abren hasta las puertas del cielo a las almas!». Desde el momento en que el dinero no deja traslucir aquello que ha sido convertido en él, todo, sea valor moral o material, puede convertirse en oro. Todo puede ser objeto de compraventa. La circulación es la gran retorta social donde se vuelca todo para volver a salir cristalizado en dinero. Ni los mismos huesos de los santos escapan a esta alquimia, y menos aún cosas más delicadas, cosas sacrosantas que permanecían hasta ahora fuera del tráfico comercial de los hombres. Y así como todas las diferencias cuantitativas entre unos y otros bienes se borran en el dinero, el dinero es, a su vez, el nivelador radical en el que se esfuman todas las distinciones[276].

El régimen idílico y patriarcal imperante en Gran Bretaña en vísperas de la revolución industrial de este país aparece admirablemente descrito por Engels en su obra sobre *La situación de la clase obrera en Inglaterra* (Londres, 1892). Esta obra, escrita en 1845, traza un animado cuadro de los tejedores que todavía disfrutaban de la propiedad de pequeñas parcelas de tierra:

No hace falta un gran esfuerzo imaginativo para comprender que la vida moral e intelectual de esta clase de trabajadores tenía mucho de parecido. Aislados de las ciudades, a las que no se trasladaban nunca (puesto que el lienzo y la hebra se los compraban los viajantes que les tenían a sueldo), los tejedores se hallaban de tal modo divorciados de la vida urbana, que aun en su vejez, después de haberse pasado una larga vida en las cercanías de una ciudad, podían decir que no la habían visto nunca. Tal era su situación en el momento mismo en que la introducción de la máquina les arrebató los medios de vida, forzándolos a buscar trabajo en las ciudades. El plano moral e intelectual de los tejedores era el mismo de los propietarios rurales de su localidad, con los cuales se asociaban libremente y a los que estaban unidos por lazos de gran intimidad, gracias a las tierras que cultivaban en los ratos que les dejaba libres su

---

276 Marx. *El Capital*, Tomo I, op. cit., p. 195.

oficio. Veían en los hacendados o terratenientes principales de la vecindad sus superiores naturales. Acudían a ellos en busca de consejo, exponiéndoles sus pequeños problemas para que se los resolvieran y prestándoles la reverencia y acatamiento que este régimen patriarcal implicaba. Eran gentes «respetables», buenos padres y buenos maridos; llevaban una vida honrada y honesta, pues no estaban expuestos a tentaciones que se la torciesen, ya que en el distrito rural no había tabernas ni burdeles y el hostelero de la mina, en cuyo mesón mitigaban a veces su sed, era un hombre igualmente «respetable», tal vez un arrendatario rural, pagado de su buena cerveza, su buen orden y pendiente siempre de cerrar temprano los domingos y días de fiesta. Los hijos se criaban encerrados en su casa y educados en el principio de la obediencia y el santo temor de dios. Mientras los jóvenes permanecían solteros, persistían estas relaciones patriarcales. Los niños llegaban a la mayoría de edad en un candor idílico, manteniendo la intimidad con sus compañeros de juego hasta el matrimonio. A pesar de ser muy estrechas las relaciones que se mantenían entre los jóvenes de diferente sexo, puede afirmarse casi como regla general que estas relaciones se consideraban como mero preludio del matrimonio. Este era el corolario natural de aquellas. En una palabra, los artesanos y oficiales ingleses de aquel tiempo vivían y se sucedían unos a otros en una vida de retraimiento, en una soledad que todavía en 1845 se encuentra en ciertas partes de Alemania, sin quebraderos intelectuales de cabeza y sin ninguna sacudida violenta en su modo de vivir. Eran muy pocos los que sabían leer y muchos menos los que sabían escribir. Cumplían con gran regularidad sus deberes con la Iglesia, no hablaban nunca de política, no conspiraban contra nada, no dejaban tiempo al pensamiento, se divertían con juegos y algazaras, escuchaban la lectura de la Biblia con piadosa atención y se sometían, llenos de humildad, mansedumbre y reverencia, a sus superiores. Pero desde un punto de vista intelectual vivían muertos, entregados exclusivamente a sus pequeños intereses, a sus telares y a sus huertos, bien ajenos al pujante movimiento que, más allá de su limitado horizonte, estremecía a la humanidad. Se sentían felices con aquella existencia tranquila y vegetativa. A no ser por la revolución industrial, jamás hubieran roto con aquel género de vida, indigno de seres humanos, pese a sus románticos colores. En rigor, apenas eran seres humanos, sino simples máquinas que trabajaban al servicio de un puñado de aristócratas, en quienes hasta entonces había residido la substancia de la historia.[277]

El dinero contante, factor que preside la sociedad capitalista, es el estímulo cardinal en la vida psicológica del burgués. De aquí el grito de guerra: «¡A llenar la bolsa!». Engels traza una vívida pintura de esto en las siguientes líneas:

A la burguesía inglesa le tiene completamente sin cuidado que sus obreros se mueran de hambre o de hartura, ya que, mientras dura su vida, los obreros no cesan de llevar dinero a sus manos. Lo mide todo por el mismo rasero monetario, y lo que no produce dinero es considerado, sea lo que sea, como insensato, inútil, como una quimera ideológica. El obrero es, para el burgués, no un ser humano, sino un simple «brazo», como él le llama aun en su propia presencia. El burgués reconoce que, para decirlo con las palabras de Carlyle, «el pago al contado es el único lazo que une a los hombres». Hasta los lazos entre marido y mujer pueden traducirse, en el noventa y nueve por ciento de los casos, a términos monetarios. La lastimosa influencia que el dinero ejerce sobre el burgués ha dejado su rastro en el idioma inglés. Para decir que un individuo posee un capital de 10.000 libras esterlinas se emplea la siguiente frase: *So and so is worth* £ 10.000 (literalmente traducido: «Fulano vale 10.000 libras esterlinas»). Todo el que tiene dinero es hombre «respetable» y se le aprecia conforme a su riqueza; ocupa un puesto entre «los de arriba» y tiene influencia; cualquier cosa que haga será siempre un modelo para sus conciudadanos. El espíritu del traficante invade todo el lenguaje. No hay relación que no se exprese en términos tomados del vocabulario comercial y se resuma en categorías económicas. La oferta y la demanda: he aquí la fórmula en que se resume toda la perspectiva vital del inglés. De ahí que tenga por tan lícita la libre concurrencia en todos los campos de la actividad humana, y de ahí también el régimen del *laissez-faire, laissez-aller* en política, medicina, educación, etc.; esta actitud del no intervencionismo no tardará en

---

277 Engels, *La situación de la clase obrera en Inglaterra*, ed. alemana, 1845, Leipzig, pp. 2-4.

invadir también el campo religioso, pues el poder incuestionable de la Iglesia aliada al Estado se está derrumbando más y más conforme pasan los días.[278]

8. *Carácter revolucionario del capitalismo*

Mientras el artesanado y la manufactura forman la base general de la producción social, la especialización del productor en una sola rama de producción, rompiendo con toda la variedad de sus ocupaciones primitivas, es un paso necesario de progreso. Sobre esta base, y como fruto de la experiencia, cada rama especial de producción asume su forma técnica adecuada; poco a poco, esa técnica se va perfeccionando hasta adquirir cierto grado de desarrollo que le permite al fin plasmarse en su forma más conveniente. Además de las diferentes clases de materias primas que afluyen al mercado, conspira a este proceso de diferenciación el perfeccionamiento gradual de los instrumentos de trabajo. Tan pronto como una forma determinada alcanza el grado de perfección que la experiencia señala como más adecuado, esa forma se plasma y cristaliza, fenómeno que puede advertirse prácticamente en el modo como se trasmite con frecuencia de generación en generación durante miles de años. Para la industria moderna, la forma de un proceso de producción no es nunca definitiva. Por eso sus bases técnicas son revolucionarias, mientras que el fundamento técnico de todos los antiguos métodos de producción era esencialmente conservador. Por medio de la máquina, los procedimientos químicos y demás métodos de que dispone, la industria moderna, al cambiar la base técnica de la producción, cambia las funciones de los trabajadores y el régimen social de los procedimientos de trabajo. Al mismo tiempo, y con no menos premura, transforma la división del trabajo dentro de la sociedad, desplazando incesantemente masas de capital y masas de trabajo de una a otra rama de producción.[279]

---

278 Ibíd., pp. 279-280.

279 Marx. *El Capital*, Tomo I, op. cit., pp. 524-526. Respecto al papel histórico del capitalismo, véase Plejánov, *Nuestras diferencias*, en Obras, Tomo I, ed. rusa, pp. 230–237.

9. *Expansión del capitalismo a través del mundo*

El ímpetu del capitalismo durante el siglo XVI fue debido a la expansión del mercado mundial. Pero hasta después de la revolución industrial del siglo XVIII la burguesía no se extendió por toda la faz de la tierra, valiéndose de los misioneros y los hombres de ciencia para penetrar en los más remotos rincones del mundo. Los ingleses se adueñaron de Australia, Nueva Zelanda, el África del Sur y el Indostán entre los años 1770 y 1848. Francia, que durante las guerras napoleónicas perdió la mayor parte de sus posesiones coloniales, arrebatadas por los ingleses, se compensó de estas pérdidas apoderándose de grandes extensiones de terreno en el África del Norte. Y así otros países.

10. *Desarrollo cuantitativo y cualitativo del mercado mundial*

Antes de la invención de la maquinaria, la actividad industrial se contraía principalmente a la elaboración de materias primas producidas en el mismo suelo nativo. Así, la Gran Bretaña tejía géneros con la lana de sus ovejas; Alemania empleaba el lino para hacer géneros de lienzo; Francia producía lino y seda y transformaba estos productos en artículos acabados; en las Indias Orientales y en Levante, donde se daba el algodón, se fabricaban productos derivados de esta planta, y así sucesivamente. La introducción de la maquinaria de vapor determinó una división del trabajo tal, que la gran industria, desarraigada del suelo nativo, llegó a depender exclusivamente del mercado mundial, del cambio internacional y de la división internacional del trabajo.[280]

De no ser por el algodón, el yute, el petróleo y el caucho, la industria europea hubiera ido fatalmente a la ruina. La industria maquinista y automovilística de Italia depende enteramente de la importación de carbón y de metales. Todas las mercancías transportadas durante un año por el paso de San Gotardo en

---

280 Marx, *Miseria de la Filosofía*, op. cit., p. 194.

los tiempos más florecientes del comercio medieval podrían acomodarse hoy holgadamente en un par de trenes corrientes. Las proporciones que ha llegado a adquirir el comercio mundial pueden documentarse con ayuda de las siguientes cifras. En 1800, el comercio internacional se calcula que ascendía a 6.050 millones de marcos (1 marco = 8 onzas de plata); en 1820, la cifra es de 6.820 millones; en 1840 asciende a 11.500 millones, y en 1850 se remonta a 16.650 millones. A comienzos del siglo XX, el comercio mundial había quintuplicado el volumen de 1850, alcanzando la cifra de 88.500 millones de marcos, y en 1912 se elevaba a 169.000 millones. La variedad de las mercancías lanzadas al mercado mundial es diez veces mayor. A fines del siglo XVIII aparecieron en escena, y empezaron a circular en una escala cada vez mayor, ciertas «mercancías aristocráticas», artículos solicitados por las clases ricas. Entre el Báltico y las costas del noroeste de Europa se desarrolló un activo tráfico marítimo de granos y maderas de construcción. En 1790 se descargan en Londres, el centro más importante del comercio internacional, 580.000 toneladas de mercancías transportadas en barcos de vela. Cien años más tarde, esta cifra había aumentado a 7.709.000 toneladas. El desarrollo de la industria algodonera motivó una demanda cada día mayor de algodón en rama, que determinó la intensificación del cultivo de este producto en los estados norteamericanos del sur. En 1790, la producción arrojaba 2.000.000 de libras, en 1820 asciende a 180 millones. Esto determinó un aumento enorme de la importación de algodón en rama en Inglaterra. En 1751, la importación de este producto llegaba a 5.000.000 de libras; en 1820, la cifra aumentó a 142 millones. Durante el siglo XIX se operó una transformación completa en la naturaleza de los cargamentos que afluían al mercado mundial. De los Estados Unidos: trigo, algodón, petróleo y cobre; de Sudamérica: café, guano, nitro chileno y carne; de Asia: trigo, yute, algodón, arroz y té; de Australia: trigo, carne y lana. Toda esta variedad de productos era lanzada a los mares en barcos de vapor y abarrotaba los mercados del mundo.

11. *Desarrollo de los medios de comunicación y transporte bajo el régimen capitalista*

La revolución operada en los métodos de producción industrial y agrícola obligaba a revolucionar también las condiciones generales del progreso social de producción, esto es, los medios de comunicación y de transporte. En una sociedad cuyas columnas (para emplear la expresión de Fourier) eran, primero, la agricultura en pequeña escala, con sus industrias domésticas derivadas, y segundo, el artesanado urbano, los medios de transporte y comunicación tenían que resultar prácticamente inadecuados para las exigencias del período manufacturero, con su amplia división del trabajo social, su concentración de los instrumentos de trabajo y de los obreros y sus mercados coloniales. Por eso, los transportes y las comunicaciones tenían que ser, como de hecho lo fueron, revolucionados. Y a su vez, los medios de transporte y comunicación legados por el período manufacturero al de la gran industria no tardaron en revelarse como trabas intolerables para el nuevo régimen industrial, con su ritmo febril de producción, sus vastas gradaciones, su constante trasiego de capitales y trabajo de una a otra esfera de producción y las nuevas proporciones del mercado mundial. He ahí por qué, aparte de los adelantos conseguidos en la construcción de barcos de vela, los medios de comunicación y de transporte hubieron de irse adaptando gradualmente, por medio de una red de vapores, ferrocarriles y telégrafos, a los métodos industriales de la gran producción.[281]

En la segunda mitad del siglo XVIII, los barcos que hacían la travesía de Inglaterra a la India necesitaban de dieciocho a veinte meses para cubrir el viaje de ida y vuelta. Estos veleros transportaban un promedio de 300 a 500 toneladas de carga. El tonelaje total de la flota, a fines del siglo XVIII, se aproximaba a 1.725.000 toneladas. Con la invención del barco de vapor, impulsado al principio por ruedas de paletas y posteriormente por un sistema de hélices, el aumento de carga y velocidad en el tráfico

---

281 Marx. *El Capital*, Tomo I, op. cit., pp. 347-348.

marítimo adquirió proporciones gigantescas. Actualmente, los barcos de carga tienen un promedio de diez a doce mil toneladas, y los barcos de pasaje, con un tonelaje bruto de cuarenta a cincuenta mil, pueden navegar a una velocidad de veinte nudos por hora. Según las estadísticas noruegas, la capacidad de toda la flota marítima del mundo en el año 1821 sumaba 5.250.000 toneladas, en cuya cifra solo correspondía un 0,2 % al tonelaje de los barcos de vapor. En 1914, el tonelaje mundial alcanzaba la cifra de 31.500.000, siendo la inmensa mayoría barcos de vapor. En cuanto a los ferrocarriles, la extensión mundial cubierta por las líneas férreas, en 1840, era de 4.800 millas; en 1850 ascendía a 21.600; en 1870, a 136.000, y en 1913 era ya de 690.000 millas. El promedio de velocidad de los trenes de mercancías es de veinte a veinticinco millas por hora; el de los trenes de viajeros, de treinta y cinco. En 1812 se necesitaban cinco días para trasladarse de Berlín a Viena; en 1912, el viaje queda reducido a doce horas. La travesía de Berlín a París duraba, en 1812, nueve días; en 1912, solo dura ya diecisiete horas. En vez de los cuarenta y ocho días necesarios para hacer la travesía de Hamburgo a Nueva York, en 1812, a los cien años, en 1912, se necesitaban solamente siete días. A partir de 1840, después de las reformas introducidas por Rowland Hill (1795-1879), fueron organizados los servicios postales para responder a las demandas de la gran industria. A fines del siglo XIX este servicio abarcaba, prácticamente, el mundo entero, desde la Tierra del Fuego a los islotes helados de Spitzbergen. La Unión Postal convirtió al globo terráqueo en un solo «país postal».

El primer semáforo o telégrafo óptico, inventado por Claude Chappe (1763-1805), fue adoptado por la Asamblea Legislativa en 1792 y prestó grandes servicios a los ejércitos revolucionarios en sus luchas contra la coalición monárquica. Actualmente, el semáforo más corriente es el usado en los ferrocarriles. Antes de la invención del telégrafo eléctrico, el semáforo se utilizaba para transmitir mensajes a grandes distancias y con mucha velocidad. Hacia el año 1830 se construyó un aparato electrotelegráfico, y Morse (1791-1872), un norteamericano, inventó el método telegráfico que lleva su nombre. A partir de 1844 fue universalmente adoptado el telégrafo eléctrico como medio de comunicación acomodado a las necesidades del mercado mundial y en consonancia con el ritmo de su desarrollo. Solo por medio del telégrafo puede el mundo del comercio mantenerse al día en las alzas y bajas de los precios. En 1865, fecha en que fue tendido el primer cable submarino, el mundo entero quedó unido por una red telegráfica. El telégrafo ha permitido estrechar los lazos entre las metrópolis y sus colonias, entre las centrales comerciales y sus sucursales y agencias en el extranjero. A fines del siglo XIX, las redes de comunicación telegráfica tendidas abarcaban una extensión de cinco millones de millas. El teléfono fue introducido hacia el año 1870, y desde entonces se ha desarrollado de tal modo, que no solo nos permite comunicar con nuestros amigos dentro del país en que nos encontramos, sino también por encima de las fronteras nacionales. Se calcula que los hilos telegráficos y telefónicos tendidos en todo el mundo alcanzan actualmente una extensión aproximada de cuarenta millones de millas y que podrían dar la vuelta al planeta mil seiscientas veces. Con la innovación del telégrafo y el teléfono sin hilos se abre una nueva era en la historia de los medios de comunicación.

Los comerciantes ingleses, rebajando el precio de sus productos, especialmente de los artículos de algodón, arruinaron a la industria de las Indias Orientales. No contentos con sus fuentes de riqueza económica, echaron mano de los métodos políticos, sin el menor escrúpulo de conciencia. De este modo, encañonándolos con sus fusiles, obligaron a los chinos a aceptar la importación de opio. Por estos procedimientos logró vencerse la hostilidad de los japoneses contra el comercio extranjero. Solo que esta vez fue la marina de guerra norteamericana la que cumplió la misión. Por virtud de la convención Perry de 1854, de la convención Harris de 1857 y del tratado de Edo de 1858, los japoneses se comprometieron a abrir ciertos puertos de sus costas al mercado occidental.

12. *El divorcio entre el campo y la ciudad*

Tres siglos necesitó Alemania para instaurar la primera división del trabajo en gran escala: la separación del campo y la ciudad. Al cambiar en este respecto las relaciones entre el campo y la ciudad, fue transformada la sociedad entera. Concentrémonos en este aspecto de la división del trabajo nada más y notemos el contraste entre las repúblicas clásicas, en que regía, de una parte, la esclavitud, y de otra el feudalismo cristiano, o, sin ir tan lejos, en el contraste entre la vieja Inglaterra, con sus terratenientes blasonados, y la moderna Inglaterra, con sus lores algodoneros. Durante los siglos XIV y XV, cuando no se conocían todavía las posesiones coloniales, cuando América no existía para los europeos y el tráfico con el Asia se mantenía al través de Constantinopla, cuando el mar Mediterráneo era la clave del comercio, en esos tiempos, la división del trabajo dentro de la sociedad era completamente distinta a lo que había de ser luego, en el siglo XVII, cuando España, Portugal, Holanda, Inglaterra y Francia se hallaban empeñadas en la adquisición de posesiones coloniales en todos los rincones del planeta.[282]

En *El Capital*, Marx vuelve sobre este tema y añade: «La base fundamental de toda división del trabajo en su pleno desarrollo, tal como la implanta el cambio de productos, es el divorcio entre el campo y la ciudad. Puede decirse que toda la historia económica de la ciudad se cifra en esa separación»[283]. La gran industria asestó el golpe de gracia a los anticuados métodos de la agricultura, arrancando al campesino a las pésimas condiciones de la vida rural. «En el campo de la producción agrícola, el efecto más revolucionario de la gran industria consistió en destruir el baluarte de la vieja sociedad, el campesino, desplazado ahora por el jornalero. De este modo, la apetencia de transformaciones sociales en el campo y la oposición con que tropiezan se van asimilando a las de la ciudad. El régimen capitalista de producción corta radicalmente los viejos lazos de

---

282 Marx, *Miseria de la Filosofía*, op. cit., pp. 177–178.

283 Marx. *El Capital*, Tomo I, op. cit., pp. 371–372.

unión entre la agricultura y la manufactura, que se mantuvieron unidas mientras ambas se hallaban en la infancia»[284].

Por las cifras que damos a continuación podemos juzgar de la rapidez con que se desarrolló la población urbana a expensas del campo durante las primeras décadas del siglo XIX. En 1800, el censo de población de Londres era de 959.000 habitantes; hacia 1850 había ascendido a 2.363.000. Entre 1800 y 1850, el censo de población de París se elevó de 547.000 a 1.053.000 habitantes. En el mismo período, el censo urbano de Nueva York ascendió de 64.000 a 612.000 habitantes. El aumento de población experimentado por los nuevos centros industriales, tales como Manchester, Birmingham, Sheffield y Bradford fue todavía más rápido. Pero esto no es nada, comparado con el aumento de la población urbana durante la segunda mitad del siglo XIX. He aquí algunos datos:

	1850	1900
Viena	444.000	1.675.000
San Petersburgo	485.000	1.133.000
Berlín	419.000	1.889.000
Münich	110.000	500.000
Essen	9.000	110.000
Léipzig	63.000	456.000
Chicago	30.000	1.699.000
Nueva York	612.000	3.437.000

En el año 1851, la población urbana de Inglaterra y el país de Gales ascendía ya a 8.991.000 habitantes, lo que arroja un 50 % de la población total. Hacia 1901, el cálculo arroja

284 Ibíd., p. 546.

28.169.000 habitantes, o sea, el 88 % de la población total del país. La rapidez con que creció el censo de población en Inglaterra y Gales puede deducirse del siguiente cuadro:

Año	Población
1690	5.000.000
1801	9.000.000
1851	17.900.000
1901	32.500.000

En 1800, la densidad de población en Inglaterra y Gales es de unos 146 habitantes por milla cuadrada; en 1840, de 265, y en 1901, de 540.

13. *La acumulación de capital*

La acumulación del capital en manos de los capitalistas sigue dos caminos distintos: primero, el capital se multiplica automáticamente, incrementándose con las ganancias obtenidas del trabajo ajeno (concentración del capital), y luego se acumula por la unión de varios capitales individuales formando sociedades, monopolios, sindicatos y trusts (centralización del capital).

La renta total sujeta a tributación en el Reino Unido sumaba en 1856, 307.068.898 libras esterlinas; en 1865, 385.530.020; en 1882, 601.450.977, y en 1912, 1.111.456.413. A esto hay que agregar los ingresos no sujetos a tributación, y tendremos un total de 2.200 millones de libras esterlinas. La mitad de estas rentas corresponde a una octava parte de la población. En 1884, el número de sociedades anónimas existentes en Inglaterra era de 8.192. En 1900, la cifra había ascendido a 29.730; en 1917, a 66.094. El capital de estas sociedades aumenta en la misma proporción: de 480.000.000 de libras esterlinas, en 1884, a 1.640.000.000 en 1900 y a 2.720.000.000 en 1916.

La riqueza nacional de Francia entre los años 1909 a 1913 se calculaba en 225.000 millones de francos, repartidos entre 11.634.000 franceses. De estos, 98.243 personas poseían más de 250.000 francos cada una, sumando entre todas 106.000.000.000 de francos, o sea, cerca de la mitad de toda la riqueza nacional. Si dejamos a un lado a los grandes acaudalados, que vienen a sumar, aproximadamente, unos 18.586 individuos con un capital total de 60.500.000.000 de francos, nos quedarán menos de 9.500.000 personas con más de 10.000 francos de capital cada una y una riqueza global de 66.000 millones de francos.

En Prusia había 8.570.418 individuos cuyas rentas no llegaban a 900 marcos. Sumadas todas estas rentas nos darán una cantidad menor a la de la suma a que ascienden las rentas de 146.000 individuos de categoría superior. El siguiente cuadro se refiere a las personas que disfrutan rentas de más de 100.000 marcos cada una:

Año	Número de personas
1913	4.747
1914	5.215
1917	13.327

En 1850, la riqueza nacional de los Estados Unidos era de 7.100 millones de dólares; en 1870, de 30.000 millones, y en 1900 había ascendido a 88.500 millones. Según algunos economistas, en 1920 alcanza ya la suma de 500.000 millones de dólares. En 1917 existían 19.103 ciudadanos norteamericanos con una renta anual de más de 50.000 dólares; de estos, 141 disfrutaban ingresos de más de 1.000.000 de dólares cada uno. El capital invertido en la industria manufacturera sumaba, en 1899, 8.900 millones de dólares, y en 1914, 22.700 millones. El capital invertido en ferrocarriles ascendía en 1899 a 11.000 millones de dólares, y en 1914, a 20.200 millones.

El National City Bank, banco controlado por los grandes trusts, poseía ya en 1879 un capital de 16.700.000 dólares. Hacia 1899, el capital del Banco había ascendido a 128 millones y en la actualidad suma ya mil millones.

Los Estados Unidos no representan más que el 7 % del territorio mundial y su población hacia un 6 % del censo de población del mundo; sin embargo, esta república capitalista produce el 20 % del oro mundial, el 25 % del trigo, el 40 % del hierro y el acero, el 40 % del plomo, el 40 % de la plata, el 50 % del cinc, el 52 % del carbón, el 60 % del cobre, el 60 % del algodón, el 60 % del petróleo, el 75 % del trigo y el 85 % de los automóviles que circulan por el mundo. Pues bien, toda esta producción está en manos de unos cuantos trusts, capitaneados por una veintena de multimillonarios como Rockefeller, Morgan, Ford, McCormick y Armour.

14. *El capitalismo y la conquista de la naturaleza por el hombre*

Hasta 1848, la conquista de la naturaleza por el hombre se había ido desarrollando muy lentamente. Sin embargo, el aprovechamiento energético del aire y del agua y el empleo del vapor como fuerza motriz habían hecho progresos considerables después de adoptarse con carácter general los inventos de Watt. Desde 1820, las invenciones en el campo de la electricidad se sucedieron sin cesar, destacándose los nombres de Oersted (1777-1851), Seebeck (1770-1831) y Faraday (1791-1867). Pero, a excepción del telégrafo eléctrico y de la electrometalurgia, estos descubrimientos no habían llegado a aplicarse a la industria manufacturera hasta que en el último tercio del siglo XIX apareció una nueva rama industrial: la electrotecnia.

La aplicación de las ciencias químicas a la agricultura, la química agrícola, como se la llama algunas veces, se debe principalmente a un alemán, Justus von Liebig (1803-1873), si bien no debemos omitir aquí el nombre del inglés Humphry

Davy (1778-1829), cuyo libro acerca de los *Elementos de la química agrícola* vio la luz en 1813. La primera obra de Liebig, *La química en sus aplicaciones a la agricultura y a la fisiología*, apareció en 1840. «Uno de los servicios inmortales prestados por Liebig a la ciencia –escribe Marx[285]– consiste en haber expuesto los aspectos negativos o destructores de la agricultura moderna y en haberlo hecho enfocándolo en la perspectiva de las ciencias naturales». Un poco más arriba, en el mismo texto, nos encontramos con estas líneas: «Con el aumento cada vez mayor del censo de población concentrada en los grandes centros urbanos, la producción capitalista imprime, de un lado, mayor movilidad a la sociedad, mientras que de otro destruye el intercambio de materias entre el hombre y el suelo, es decir, impide que se restituyan a la tierra los elementos que el hombre utiliza para su alimentación y vestido, restitución que es la reserva natural indispensable para la conservación de la fertilidad del suelo»[286].

Liebig fue el primero en demostrar que la razón de que se agotase la capacidad de producción de la tierra estaba en que el régimen de intercambio entre el hombre y el suelo se veía interrumpido, pues al irse desarrollando las cosechas extraían del suelo ciertas substancias que el hombre no podía restituirle. Una de las características de la economía capitalista, con su separación de la ciudad y el campo, consiste en que roba al suelo ciertas substancias fertilizadoras, sin lograr devolvérselas en forma de abono natural. En la economía natural, cuando los frutos de la tierra se consumían casi por entero en la misma localidad donde se producían, el abono fisiológico producido por los consumidores, así hombres como animales, bastaba para devolver al suelo sus materias fertilizantes. Pero al irse formando ciudades cada día más populosas, los productos agrícolas

---

285 Marx. *El Capital*, Tomo I, op. cit., p. 548, nota a pie de página.

286 Ibíd., pp. 546-547.

pasaron a ser consumidos fuera de los lugares de cultivo, sin que, por tanto, el abono natural pudieses ser restituido al suelo. Con la pérdida del abono natural surgió la necesidad de descubrir substancias fertilizadoras artificiales que devolvieran a la tierra los elementos que le habían sido extraídos por el cultivo. Liebig sostenía que el abastecimiento de substancias minerales tenía un límite, toda vez que el suelo no podía aportarlas en cantidad ilimitada; por eso el primer deber del agricultor y la misión de los abonos consistía en restituir a la tierra aquellas materias minerales que las cosechas, al multiplicarse, le arrebataban. Con este criterio se fabricó un abono químico, integrado por las substancias minerales esenciales, tales como ácido fosfórico, potasa y nitrógeno. Desde 1840 fue generalizándose el empleo de los abonos químicos. Hoy se emplean como fertilizantes abonos artificiales nitrogenados, escoria básica y superfosfatos, huesos pulverizados y abonos sintéticos. La escoria básica es un producto obtenido de la fundición del acero, y sus propiedades fertilizantes no fueron descubiertas hasta 1878.

La aplicación de la química a la producción industrial fue descubierta hacia fines del siglo XVIII. Allá por el año 1787, Nicolas Leblanc (1742-1806) fijó su atención en el urgente problema de la fabricación de carbonato sódico, como producto derivado de la sal. Sus trabajos experimentales condujeron en 1790 a la fundación de la importantísima industria del álcali, cuyos productos se emplean para el blanqueado de diferentes artículos (de determinadas clases de papel, especialmente) y para la fabricación de cohetes, cerillas, jabón, en las industrias textiles, tintes, etc. La primera aplicación práctica del gas de carbón al alumbrado se suele atribuir a William Murdoch (1754-1839), que hizo experimentos demostrativos de sus posibilidades por los años de 1792 a 1802. En 1804, un alemán hizo una demostración de este descubrimiento en el Lyceum Theatre de Londres, en la cual la invención del gas de alumbrado había alcanzado ya un alto grado de progreso. Como resultado de todas estas experiencias, el nuevo sistema fue instalado en Pall Mall, en la ciudad de Londres, en 1807. El residuo sólido más importante obtenido por la destilación del carbón es el cok; el residuo líquido da el alquitrán y el amoníaco. Entre los productos secundarios tenemos el benzol, los tintes de anilina, una serie de desinfectantes, naftalina, sacarina, etc. Los productos empleados en la fabricación de jabón y velas de sebo fueron revolucionados a comienzos del siglo XIX por las investigaciones de Chevreuil (1786-1889) sobre las grasas y los aceites, y por Leblanc (1742-1806), que hizo descubrimientos importantes en cuanto al modo de obtener sosa cáustica de la sal. Pero la nueva era de la aplicación de las investigaciones químicas a la industria no comenzó hasta mediados del siglo XIX, pocos años después de la publicación del *Manifiesto*. Hacia el año 1848, la revolución industrial experimentada por la producción textil, que hasta entonces se había limitado principalmente a los hilados y tejidos, entró en su etapa final con los adelantos introducidos en el tinte y los procedimientos de estampación. En 1856, W.H. Perkin (1838-1907) preparó el primer tinte de anilina, o sea la materia colorante que da el tono llamado malva. No tardaron en sucederse rápidamente otros brillantes descubrimientos en la industria del tinte, procedentes de la destilación del alquitrán de hulla, y hoy día el tintorero tiene a su disposición la más compleja variedad de tintes, capaces de producir toda la gama de colores y matices, de las más diversas cualidades, poco permanentes muchos de ellos, pero otros, en cambio, en gran número, absolutamente fijos y capaces de resistir toda serie de influencias.

La roturación y cultivo de las partes distantes del planeta (proceso al que se refieren Marx y Engels en el *Manifiesto*) había recorrido ya sus primeras etapas en el año 1848. En 1815, los Estados Unidos de América empezaban a ser el centro principal del cultivo del algodón. La producción algodonera de los Estados Unidos en el año 1830 fue de 73.000 balas; en el año 1840 había ascendido ya a 1.348.000. En los años que siguen al de 1850, el aumento de la producción de cereales en los Estados Unidos adquirió todavía mayor incremento. En 1840, la producción de trigo fue de 84.800.000 bushels[287]; durante el quinquenio de 1901 a 1905, la cifra asciende a 662.000.000 de bushels anuales. La producción total de cereales fue en 1848 de 377.000.000 de bushels, mientras que en el transcurso de 1901 a 1905 el promedio de producción anual alcanza la cifra de 2.100.000.000. El Canadá, la América del Sur, Siberia, el África, etc., no entraron en competencia con Norteamérica hasta después de 1850.

La navegación fluvial se atuvo a métodos anticuados hasta el último tercio del siglo XVIII. A mediados de este siglo, Inglaterra comenzó la construcción de canales, y en Francia empezó también a construirse una red de vías artificiales de agua. Los canales abiertos en los primeros tiempos eran, en su mayoría, de los llamados de bote o de gabarra, y por su poca profundidad y anchura solo eran navegables por barcos de poco calado. El desarrollo que toma la construcción de canales se debe a las necesidades del comercio. A medida que la técnica de estas obras hidráulicas se fue perfeccionando fueron abriéndose canales mayores, hasta llegar a las grandes vías practicables por barcos de gran calado. Estos canales se abren, bien para acortar la distancia entre dos mares, rompiendo un istmo (el canal de Suez y el de Caledonia, por ejemplo), o para convertir importantes centros interiores en puertos de mar (sirvan de ejemplo el canal de Mánchester y el de Zeebrugge-Brujas en Flandes). El curso tortuoso de los ríos se salvó abriendo cauces de una curva a otra, y los declives del cauce por medio de esclusas y represas. El fondo y la desembocadura de los ríos se mantienen limpios por medio de máquinas especiales de dragado, movidas generalmente a vapor. La construcción de canales no cesó de desarrollarse hasta la introducción de los grandes ferrocarriles.

---

287 WR: El bushel norteamericano equivale a 25 litros.

15. *Algunos datos acerca de la teoría y la historia de las crisis*

En su libro acerca de la situación de la clase obrera en Inglaterra, Engels trata con alguna extensión del problema de las crisis, demostrando que tienen su origen en la concurrencia y en el mismo carácter genuino de la producción capitalista:

Las condiciones anárquicas de la moderna producción y distribución de los productos, condiciones que están gobernadas por el afán de lucro y no por la satisfacción de necesidades, y que hacen que todo el mundo trabaje con el único fin de enriquecerse, no pueden por menos de producir frecuentes colapsos. En los comienzos de la era del progreso industrial, estos colapsos se limitaban a tal o cual rama de la industria o a determinados mercados; pero tan pronto como se centralizaron las actividades de los competidores, los obreros privados de trabajo en una rama de la industria se lanzaron a otra, prefiriendo siempre, naturalmente, el oficio más fácil de aprender. De este modo, los artículos que no encuentran comprador en un mercado afluyen a otro, y así sucesivamente. En ocasiones, estas pequeñas crisis se aglutinan, formando crisis en gran escala y sucediéndose periódicamente de cinco en cinco años, tras un corto período de expansión y prosperidad general.[288]

Engels habla en otro lugar de ciclos de cinco y de seis años, y en sus *Principios de comunismo* menciona períodos de siete años:

Desde comienzos del presente siglo, en la situación de la industria se han producido continuamente oscilaciones entre períodos de prosperidad y períodos de crisis, y casi regularmente, cada cinco o siete años se ha producido tal crisis, con la particularidad de que cada vez acarreaba las mayores calamidades para los obreros, una agitación revolucionaria general y un peligro colosal para todo el régimen existente.[289]

---

288 Engels, *La situación de la clase obrera en Inglaterra*, op. cit., p. 84.

289 Véase más arriba, *Principios del comunismo*, respuesta a pregunta 12, pp. 143-144).

Bastantes años después de 1848, cuando Marx se hallaba entregado a la redacción de *El Capital*, vino Engels a reconocer que esos ciclos de fluctuación entre la prosperidad y las crisis abarcaban no cinco, seis ni siete años, sino hasta diez y once.

La primera crisis de proporciones nacionales se produjo en 1825-1826. La había precedido una explosión de fiebre especulativa, que recibió su impulso inicial con la apertura del mercado de la América del Sur. La segunda crisis general se manifestó en los años 1836-1837, precedida por un desarrollo gigantesco de la industria inglesa y una gran alza en las exportaciones, principalmente a Norteamérica. El año 1847 asistió a la tercera crisis de grandes proporciones: la depresión que siguió inmediatamente a la «fiebre ferrocarrilera» de 1845 y 1846, que hizo que el capital se volcase febrilmente en la construcción de ferrocarriles.

Este ritmo febril en la apertura de vías férreas, que al principio atrajo una masa imponente de hombres, dejó al fin en la calle a unos 50.000 obreros. Además, la crisis afectó a la industria algodonera y a las ramas minera y metalúrgica. Fue en el apogeo de esta crisis, que se extendió a la Gran Bretaña, América y a casi todo el continente europeo (a excepción de Rusia), cuando Marx, a petición de la Liga de los Comunistas, redactó su *Manifiesto*.

16. *Evolución histórica del proletariado*

Por «proletario» se entiende hoy todo el que no dispone de más medios de vida que la venta de su fuerza de trabajo. Originariamente, en su forma latina, *proletarius* no significa enteramente lo mismo. En la Roma antigua, «proletario» era el que no tenía más fortuna que su descendencia, sus vástagos, la «prole» (*proles*). En un principio, el proletariado, la clase más humilde de la población romana, estaba exenta de tributos y del servicio militar. Más tarde fue admitida en el ejército y equipada por el Estado. En la época de las guerras civiles, cuando el campesino romano se hallaba ya arruinado, y posteriormente bajo el Imperio, el proletariado formaba el verdadero núcleo del ejército. En tiempo de paz, este cuerpo de hombres se sostenía a expensas del Estado, recibiendo regularmente sus raciones de grano. Salvo el nombre, entre este proletariado y los proletarios europeos sin tierras ni hogares de nuestros días, apenas hay nada de común. Ni debemos olvidar tampoco que, como indica Marx, «en la antigua Roma, la lucha de clases solo se ventilaba entre una minoría privilegiada, entre los libres ricos y los libres pobres, mientras la gran masa productiva de la población, los esclavos, formaban un pedestal puramente pasivo para aquellos luchadores. Se olvida la importante sentencia de Sismondi: el proletariado romano vivía a costa de la sociedad, mientras que la moderna sociedad vive a costa del proletariado»[290].

La palabra «proletariado», en su acepción de «asalariado», no fue admitida en el lenguaje general hasta la primera mitad del siglo XIX. En la introducción a la edición original alemana de su libro sobre la situación de la clase trabajadora en Inglaterra, libro en el que por primera vez se traza un detallado estudio del proletariado inglés, remontándose hasta mediados del siglo XVIII, Engels advierte que emplea las palabras obrero, proletario, clase trabajadora, clase no poseedora y proletariado como expresiones sinónimas del mismo concepto. En otro lugar escribe: «El proletariado es aquella clase social cuyos medios de vida dependen por entero de la venta de su trabajo (fuerza de trabajo) y no de las ganancias obtenidas del capital; cuya suerte y cuya desventura, cuya vida y cuya muerte, cuya existencia entera dependen de la demanda de trabajo (fuerza de trabajo), de la sucesión alternativa de buenas y malas épocas, de las fluctuaciones producidas por la competencia desenfrenada. El proletariado o clase proletaria es, en una palabra, la clase trabajadora del siglo XIX». En la segunda

---

290 Marx, *El 18 Brumario de Luis Bonaparte*, Prólogo del autor a la segunda edición de 1869, en Marx y Engels. *Obras Escogidas*, op. cit., Tomo I, p. 355.

mitad del siglo XIV surgió en Inglaterra una clase de proletarios o trabajadores asalariados. A lo largo de ciento cincuenta años, esta clase formó la capa inferior de la población, logrando diferenciarse gradualmente de las filas de artesanos, oficiales y campesinos, y emancipándose de los vínculos feudales.

En lo que concierne a la condición social, el proletariado, en los primeros días de su existencia, apenas se diferenciaba de otros braceros dedicados al trabajo manual o a las labores del campo. Pero al desarrollarse el capitalismo, el proletariado adquirió características específicas. La diferencia entre el proletario, el campesino libre y el artesano estriba en el hecho de que el trabajador proletario carece de todo medio de producción, y, por tanto, no pudiendo trabajar por su cuenta (como el artesano y el campesino), se ve obligado a trabajar al servicio de otro, al servicio del dueño del capital. Se vende a sí mismo, vende su fuerza de trabajo, ni más ni menos que otra mercancía cualquiera, recibiendo a cambio un salario.

Mientras el capitalismo no había salido todavía de la infancia, mientras los poderes feudales en el campo y las corporaciones gremiales en las ciudades entorpecían la transformación del capital monetario y mercantil en capital industrial, mientras la nueva industria manufacturera solo podía echar raíces en aquellos centros urbanos que permanecían al margen de la jurisdicción corporativa, durante todo este tiempo, los proletarios, los asalariados podían, a pesar de la legislación represiva, aprovecharse de la creciente demanda de sus servicios resultante de la acumulación del capital. Pero después de la expropiación de los bienes de la Iglesia en el siglo XVI, después del reparto de las propiedades del Estado y de las extensas tierras comunales, medidas que privaron de vida a cientos de miles de campesinos, echándolos por los caminos y las veredas en busca de trabajo, la condición del asalariado empeoró notablemente. El desarrollo de la manufactura, la acumulación del capital, tan necesaria para la fundación de empresas independientes, todo contribuyó a matar en los asalariados la esperanza de volver a ser nunca más dueños de sus destinos, pues hasta los oficios independientes iban viéndose desplazados, cada día con mayor vertiginosidad, por empresas capitalistas. Es cierto que la industria manufacturera fue adueñándose poco a poco, en el transcurso de unos cien años, más o menos, desde la segunda mitad del siglo XVII a la segunda mitad del siglo XVIII, de casi toda la producción urbana y rural. Pero las filas del proletariado se veían engrosadas de continuo por la afluencia de artesanos y trabajadores domésticos rurales. Mientras tanto, a pesar del flujo de estos nuevos elementos, el proletariado se iba diferenciando más y más como clase. El artesano de la ciudad y el trabajador doméstico rural no desaparecieron hasta la implantación de la fábrica en gran escala. Esta los lanzó en masa a las filas del proletariado, despojándolos de toda posibilidad de retorno a su «estado primitivo». La introducción de la gran fábrica fue la que creó esa clase de personas que acudían al mercado a vender su propia pelleja y lanzaban sus cuerpos a la vorágine de la concurrencia en busca de trabajo.

La concurrencia –escribe Engels– es la expresión más perfecta de la lucha de todos contra todos que preside la moderna sociedad burguesa. Esta lucha, que es una lucha por la vida, por la existencia y por todo (en caso extremo, por tanto, una lucha a vida o muerte), no es solamente una batalla librada entre las diversas clases sociales, sino que enfrenta también entre sí a los individuos de estas clases. Unos se interponen en el camino de otros, y cada cual trata de derribar al vecino y ocupar su lugar. Los trabajadores se hacen la competencia, ni más ni menos que los burgueses. El tejedor fabril hace la competencia al tejedor a mano; el obrero sin trabajo o mal pagado hace la competencia al compañero que trabaja en mejores condiciones y trata de desplazarlo. Esta concurrencia de los trabajadores entre sí constituye el aspecto más deplorable de las condiciones de vida del obrero, pues pone en manos del burgués el arma más eficaz contra el proletariado.[291]

---

291 Engels, *La situación de la clase obrera en Inglaterra*, op. cit., pp. 77-78.

17. *La división del trabajo en la época de la manufactura y en la producción en gran escala (producción fabril)*

El artesano fabrica, una tras otra, todas las piezas del artículo con el que luego, una vez completo, acude al mercado. Aun en pleno apogeo del desarrollo corporativo, era limitadísimo el número de subdivisiones en el campo de la producción. Pero al surgir la manufactura, se implantó una división del trabajo puramente mecánica, que venía a convertir al trabajador en una mera pieza del proceso total. Sin embargo, durante esta etapa, la división del trabajo en el proceso de la producción no se conocía más que en ciertas ramas de la industria. Además, en la manufactura, toda la producción, obra manual, dependía de la aptitud y habilidad del obrero.

En la manufactura y en las artes mecánicas, el obrero maneja un instrumento; en la fábrica, en cambio, se pone al servicio de una máquina. En el primer caso, los movimientos del instrumento de trabajo responden a la voluntad del obrero; en el segundo, los movimientos del obrero están supeditados a los de la máquina. En la manufactura, los trabajadores forman parte de un mecanismo viviente; en la fábrica, trabaja un mecanismo inanimado, al que se les adscribe como accesorios vivientes suyos. La sorda rutina de una tarea de trabajo incesante, en la que se repite constantemente el mismo proceso mecánico, se parece bastante al tormento de Sísifo, pues lo mismo que la roca de Sísifo, el trabajo revierte perpetuamente, una y otra vez, sobre el fatigado operario. Además de ejercer una influencia depresiva sobre el sistema nervioso, el trabajo en la máquina entorpece la multiforme actividad muscular y el libre juego mental y físico. El mismo aligeramiento del trabajo se convierte en medio de tortura, pues la máquina no libera al hombre del trabajo, sino que despoja al trabajo de interés.[292]

---

292 Marx. *El Capital*, Tomo I, op. cit., p. 451. Este pasaje en que se compara al obrero con Sísifo lo toma Marx del libro de Engels, *La situación de la clase obrera en Inglaterra*, op. cit., p. 217, y Engels, a su vez, de la obra de James Phillips Kay, M.D., *The Moral and Physical Condition of the Working Classes*

La producción mecánica exige un aumento en la producción de materias primas, artículos a medio elaborar, etc., y conduce a la creación de nuevas ramas industriales, cada vez más numerosas. La elaboración de estas materias primas y artículos a medio trabajar se opera por medio de una cantidad innumerable de variedades y subvariedades de procedimientos, que originan un aumento creciente en el número de «oficios». Las estadísticas alemanas calculaban el número de oficios y ocupaciones existentes en 1882 en la cifra de 6.000, y en 1895 habían ascendido, aproximadamente, a 10.000.

Por consiguiente, bajo el régimen capitalista, la gran industria no solo acaba de raíz con la antigua división del trabajo y sus especializaciones, sino que crea un número enorme de procedimientos que son otras tantas especialidades. Hoy, las condiciones de vida del trabajador especializado son, como es lógico, peores todavía que las antiguas, ya que dependen enteramente de los azares de la realidad, los cuales atentan a cada paso contra la seguridad y solidez de su base de vida.

18. *Trabajo y fuerza de trabajo*

Marx y Engels emplean todavía en el *Manifiesto* una terminología que más tarde desecharán. El trabajo, considerado como producto, se diferencia del trabajo cuya cantidad determina el valor de un producto. En vez de hablar del trabajo como producto, Marx empleará más tarde el término de «fuerza de trabajo» para designar la capacidad de trabajo del obrero, su aptitud para crear un producto. El obrero, privado de medios de producción, no se halla en condiciones de aplicar su capacidad de trabajo a una tarea productiva hasta que no encuentra en el mercado quien le compre su fuerza de trabajo como una mercancía. Marx y Engels modifican asimismo sus puntos de vista en lo tocante a las causas que determinan el precio del trabajo como producto o el precio de la fuerza de trabajo. En su

---

employed in the Cotton Manufacture in Manchester, Ridgway, 1832, p. 8.

libro sobre la situación de la clase trabajadora en Inglaterra y en su *Esbozo para una crítica de la economía política,* Engels llega a la conclusión de que el precio del trabajo está determinado por las mismas leyes que determinan el precio de cualquier otro producto, esto es, por el coste de su producción, que en el caso del trabajador está representado por el coste de los medios de vida indispensables para mantenerse en condiciones de trabajar. El precio del «trabajo», es decir, de la fuerza de trabajo, el salario, es, por tanto, el mínimo necesario para el sostenimiento de la vida del obrero. Marx hace suya esta conclusión. En su *Miseria de la Filosofía,* como más tarde en su obra *Trabajo asalariado y el capital,* define así el salario:

> Por tanto, el coste de producción de la fuerza de trabajo simple se cifra siempre en los gastos de existencia y reproducción del obrero. El precio de este coste de existencia y reproducción es el que forma el salario. El salario así determinado es lo que se llama el salario mínimo. Al igual que la determinación del precio de las mercancías en general por el coste de producción, este salario mínimo no rige para el individuo, sino para la especie. Hay obreros, millones de obreros, que no ganan lo necesario para poder vivir y procrear; pero el salario de la clase obrera en conjunto se nivela, dentro de sus oscilaciones, sobre la base de este mínimo.[293]

Lassalle adopta esta fórmula, que desarrolla como «la ley broncínea del salario», frase que solo tiene, por lo demás, un valor de propaganda.

En *El Capital,* Marx demuestra que el precio de la fuerza de trabajo, como el de cualquier otra mercancía, se determina por el tiempo de trabajo necesario para su producción, y que el tiempo necesario para la producción de la fuerza de trabajo equivale al tiempo de trabajo necesario para producir los medios de subsistencia con que el obrero satisface sus necesidades de

---

293 Marx, *Trabajo asalariado y capital,* en Marx y Engels. *Obras Escogidas,* op. cit., Tomo I, pp. 150-151.

alimento, vestido, alojamiento, etc. Pero el volumen de estas necesidades fundamentales, la medida dentro de la cual pueden ser satisfechas y la habilidad en el modo de satisfacerlas son el resultado de una serie de condiciones históricas. Dependen, en gran parte, del desarrollo cultural del país a que se refieren, y, entre otras cosas, de las condiciones de vida en que se haya desenvuelto la clase de trabajadores libres, de los hábitos de esta clase social y del tipo medio de vida que reclame. Es decir, que, a diferencia de lo que ocurre con otras mercancías, la determinación del precio de la fuerza de trabajo obedece en parte a factores históricos y morales. El cálculo mínimo del valor de la fuerza de trabajo se basa en el coste de los elementos puramente necesarios para el sostenimiento de la vida. Si el precio de la fuerza de trabajo (el salario) desciende hasta el mínimo, cae por debajo de su valor. En estas condiciones, la fuerza de trabajo no puede sostenerse en el nivel normal. Marx demuestra, además, que en la sociedad capitalista al obrero solo se le concede el privilegio de trabajar para sostenerse, a condición de que se avenga a trabajar gratuitamente cierta fracción de tiempo, fracción de tiempo durante la cual produce plusvalía para el capitalista. Marx explica también los procedimientos de los que el capitalista puede valerse para aumentar este trabajo no retribuido, a saber: prolongando las horas de trabajo, intensificando este y redoblando su capacidad productiva. Por tanto, el capitalista dispone de medios para reducir el precio de la fuerza de trabajo, el salario, hasta un nivel inferior a su precio de coste.[294]

19. *Despotismo fabril*

La supeditación técnica del obrero a los movimientos uniformes del instrumento de trabajo y la peculiar contextura del cuerpo de trabajadores (integrado por individuos de ambos sexos y diferentes edades) engendran una disciplina cuartelaria que acaba por

---

294 Véase el estudio detallado de este –del que nos limitamos a apuntar un breve extracto– en Marx. *El Capital*, Tomo I, op. cit., pp. 158–165.

convertirse en todo un sistema interior de fábrica, con las categorías ya descritas de obreros y vigilantes, que equivale a la división de los obreros en operarios e inspectores, en soldados y sargentos del ejército industrial. La legislación fabril (en que el capital formula su poder autocrático sobre los trabajadores, en un sistema legislativo de carácter privado, sin las garantías de la autoridad ni el régimen representativo, de que tanto gusta en otros terrenos la burguesía) no es más que la caricatura capitalista de la reglamentación social de los procedimientos de trabajo que se impone cuando aparece la cooperación en gran escala y los instrumentos de trabajo se unifican en la máquina. En vez del látigo empleado por el capataz de esclavos, tenemos el reglamento del inspector que marca los castigos. No hay que decir que estos castigos se reducen todos a multas y deducciones de salario; el genio legislativo del Licurgo industrial es tan inventivo, que consigue, en la medida de lo posible, que la infracción de las reglas resulte todavía más beneficiosa para él que su estricta observancia.[295]

A este propósito, Marx cita a Engels, que había trazado veinte años antes, en su libro sobre la situación de la clase trabajadora en Inglaterra, una viva pintura del despotismo de las fábricas:

En ninguna parte se ve tan patente la esclavitud impuesta por la burguesía al proletariado como en la fábrica. Dentro de la fábrica, la libertad está, de hecho y por ley, en la agonía. El obrero se ve obligado a entrar en la fábrica a las cinco y media de la mañana. Si llega dos minutos más tarde le imponen una multa; si llega diez minutos fuera de la hora, no le admiten hasta después del almuerzo, con lo cual pierde la cuarta parte del salario del día. Se levanta y se acuesta, bebe y come a la voz de mando... El pitido despótico de la sirena le hace saltar de la cama, y le obliga a dejar el plato como esté, sin acabar de almorzar o de comer. ¿Y qué ocurre una vez dentro de la fábrica? De puertas adentro de su fábrica, el patrono es un legislador absoluto. Dicta medidas según su real antojo; reforma su código y suprime o le agrega cuanto le parece oportuno. Y aunque dicte las disposiciones más absurdas, los tribunales dicen

---

295 Ibíd., pp. 453-454.

siempre al trabajador: «Por cuanto que firmaste ese contrato por tu omnímoda voluntad, estás obligado a someterte a él con todas sus consecuencias». Así, los obreros viven sentenciados al azote (y no solo en sentido metafórico) desde la edad de los nueve años hasta el día de su muerte».[296]

La forma repulsiva que adoptaba en Rusia, antes de la revolución, el despotismo industrial, el grado de refinamiento a que había llegado el sistema de castigos impuestos por los patronos en las fábricas, fueron admirablemente descritos por Lenin en su folleto *Comentarios a la Ley de Penas,* que vio la luz por primera vez en 1897.

20. *El trabajo de la mujer y el niño*

En cuanto suprime la necesidad de gran energía muscular, la máquina se convierte en medio para dar entrada en la fábrica a obreros de menor resistencia física y a aquellos cuyos miembros, por hallarse todavía en la época del crecimiento, presentan mayor flexibilidad. Por eso el trabajo de la mujer y del niño fue el primer fruto que rindió el empleo capitalista de la máquina. Pronto este poderoso sustituto del brazo se transformó en el medio de aumentar el número de asalariados reclutando a todos los miembros de la clase obrera sin distinción de edad ni de sexo y sometiéndolos al imperio del capital. Los trabajos forzados vinieron así a sustituir no solo a los juegos infantiles, sino también al trabajo libremente realizado por la familia dentro de la esfera doméstica y en pequeñas proporciones.[297]

Bajo el capitalismo, en vez de trabajar solamente el cabeza de familia, encargado de alimentar y vestir a los demás, entra en la fábrica y se entrega a las máquinas la familia entera. Y hasta puede acontecer que las personas mayores carezcan de trabajo en esta fábrica y se vean obligadas a buscarlo en alguna otra

---

296 Ibíd., p. 453.

297 Ibíd., pp. 418-419.

industria, o bien a sostenerse a costa de los salarios de sus hijos. En la industria textil inglesa trabajaban en 1861, por cada 1.000 obreros: ramo del algodón, 567 obreras (en 1901, 628); ramo de la lana, 461 (en 1901, 582); ramo de la seda, 642 (en 1901, 702). En 1841, la proporción de obreros empleados en diez industrias diferentes, tales como la industria alfarera, química, alimenticia y textil, era de 1.030.600 hombres y 463.000 mujeres; en 1891, de 1.576.100 hombres y 1.447.500 mujeres. En la industria textil alemana trabajaban 38 mujeres por cada cien hombres, en 1882; en 1895, la proporción era de 45 y 100, y en 1907, de 50 y 100.

21. *El obrero abre crédito al capitalista*

En los países en que está instaurado el reglamento capitalista de producción, la fuerza de trabajo no se le retribuye al obrero hasta después de haber trabajado durante el período de tiempo especificado en el contrato; por ejemplo, hasta el final de la semana. Por consiguiente, el trabajador adelanta al capitalista el importe de su fuerza de trabajo; el vendedor de la fuerza de trabajo permite al comprador hacer uso de ella antes de que se le pague; en todas partes el obrero abre crédito al capitalista. Y la prueba de que este crédito no es puramente ficticio la tenemos en que cuantas veces quiebra un capitalista los obreros pierden sus salarios, argumento que aun podríamos reforzar con el estudio de otras consecuencias más viciosas.[298]

Marx pone al pie de esto una nota en la que demuestra cómo los tenderos se aprovechan de esta situación del obrero que no cobra hasta el fin de la semana, teniendo por consiguiente que comprar al fiado, para recargarle los precios de los artículos.

Todavía más desventajosa es la situación del obrero que cobra por meses o por quincenas. Tiene que pagar precios más altos y se halla de hecho sometido al tendero o comerciante que

---

298 Ibíd., p. 162.

le suministra los artículos de primera necesidad. Estos artículos son siempre de calidad inferior, cuando no adulterados. La adulteración de materias alimenticias adquirió enormes proporciones durante el siglo XIX. El obrero está asimismo a merced del casero en lo tocante a los alquileres. Cuanto más mísero es el cuarto, más trabajo cuesta mantenerlo en buen estado, y los barrios relativamente más caros son precisamente los habitados por la clase más pobre de la población. «Los especuladores de la vivienda explotan estas minas de la pobreza con tanto provecho y tan poco costo como si se tratara de las minas de un nuevo Potosí»[299].

22. *La pequeña burguesía y la clase media entran en las filas del proletariado*

Además, la clase obrera se recluta también entre capas más altas de la sociedad. Hacia ella va descendiendo una masa de pequeños industriales y pequeños rentistas, para quienes lo más urgente es ofrecer sus brazos junto a los brazos de los obreros. Y así, el bosque de brazos que se extienden y piden trabajo es cada vez más espeso, al paso que los brazos mismos que lo forman son cada vez más flacos.

De suyo se entiende que el pequeño industrial no puede hacer frente a esta lucha, una de cuyas primeras condiciones es producir en una escala cada vez mayor, es decir, ser precisamente un gran y no un pequeño industrial.

Que el interés del capital disminuye en la misma medida que aumentan la masa y el número de capitales, en la que crece el capital, y que, por tanto, el pequeño rentista no puede seguir viviendo de su renta y tiene que lanzarse a la industria, ayudando de este modo a engrosar las filas de los pequeños industriales, y, con ello, las de los candidatos a proletarios, es cosa que tampoco requiere más explicación.[300]

299 Ibíd., p. 727.

300 Marx, *Trabajo asalariado y capital*, op. cit., p. 163.

23. *Distintas formas de protesta de la clase obrera contra el capitalismo*

La sociedad capitalista degrada al obrero al nivel de un objeto inanimado. El trabajador no puede mantener los derechos de su dignidad humana si no es protestando contra esta degradación, luchando contra el capitalismo y sus mantenedores, los capitalistas, rebelándose contra la burguesía, detestando del orden social burgués. En su libro sobre la situación de la clase obrera en Inglaterra, escribe Engels:

> La rebelión de la clase obrera contra la burguesía comenzó poco después de alcanzar la industria, en el sentido moderno, sus primeras etapas de desarrollo [...]. Esta rebelión, en su forma más cruda, prematura e infructuosa de manifestarse, asumió las características del crimen. El obrero vivía en la indigencia y la miseria, viendo que otros llevaban una vida feliz. No acertaba a comprender por qué él, que había hecho por la comunidad más que el rico perezoso, había de ser el que llevara el peso del sufrimiento. La necesidad le obligaba a vencer su respeto tradicional a la propiedad, y se echó a robar. A medida que la industria progresaba, los delitos aumentaban, y el número anual de condenas correspondía sobre poco más o menos al número de balas de algodón consumidas. Sin embargo, el obrero no tardó en darse cuenta de que con el robo no salía ganando nada. El ladrón solo podía protestar individualmente, aisladamente, contra la forma social imperante, y la sociedad caía sobre él con todo su peso, aplastándolo con su abrumadora mayoría. El robo es la forma más primitiva de protesta; por eso no llegó a ser jamás reflejo general del espíritu de la clase obrera, por mucho que los trabajadores la perdonasen secretamente en el fuero interno de sus corazones.[301]

Forma semejante adoptaban otros modos de protesta con que nos encontramos en los comienzos del desarrollo capitalista: muertes de dueños de fábricas, asesinatos de vigilantes, etc.

---

301 Engels, *La situación de la clase obrera en Inglaterra*, op. cit., pp. 216-217.

La primera forma de protesta colectiva fueron los amotinamientos de obreros en las fábricas, fomentados con el fin de inferir daños a la propiedad y especialmente para destruir las máquinas. La lucha del obrero contra la máquina empieza en el mismo momento en que se inventan los nuevos artefactos. Pero la acción en masa no comienza hasta principios del siglo XIX. Bajo el nombre de «luditas», los obreros iniciaron una campaña organizada con el fin de destruir colectivamente las máquinas en los centros fabriles de Nottingham, Yorkshire y Lancashire. Estos destructores de máquinas aparecen por vez primera en Nottingham y sus alrededores a fines de 1811. Comenzaron destruyendo los telares de medias y encajes. El director de las bandas era un obrero conocido por el apodo de General Ludd, una figura mítica en cuyo nombre se perpetraban actos de violencia contra los dueños de fábricas, se destruían las propiedades industriales y se hacían pedazos las máquinas. La policía resultaba impotente para luchar contra los luditas, y el gobierno no tuvo más remedio que recurrir al ejército para sofocar la revuelta. Se dictaron leyes conminando con la pena de muerte a cualquier obrero al que se le probara haber roto una máquina. En la campaña parlamentaria de oposición a estas medidas represivas es notable un discurso de lord Byron (1788-1824) pronunciado en la Cámara de los Lores. En él traza Byron una descripción gráfica de la miseria de que son víctimas los trabajadores de Nottingham. En el drama de Ernst Toller, *Los destructores de máquinas*, puede verse un animado cuadro literario del movimiento de los luditas. Este movimiento se reprodujo en 1812, y en enero de 1813 fueron ahorcadas tres personas implicadas en él. En la semana que siguió al asalto a la fábrica de Cartwright fueron ejecutados catorce hombres. Todavía en el año 1817 se aplicó en Derby la pena de muerte a varios luditas. Por fin, el gobierno logró acabar con la organización, ayudado por agentes provocadores. Con el renacimiento de la prosperidad industrial, y gracias también en parte a la campaña de Cobbett

(1762-1835), por la cual los obreros se fueron dando cuenta de la insensatez que era destruir las máquinas (a lo que también contribuyó el desarrollo cada vez mayor de su conciencia de clase), desapareció el movimiento de los luditas. Claro está que este medio de protesta persistió en su forma más elemental y adaptado a las circunstancias, produciéndose de tiempo en tiempo, cada vez que se introducían en las fábricas nuevas máquinas. Así, allá por el año 1830, el «gallo rojo» de la revuelta dejó oír su canto por todo el campo inglés, pues capitaneados por un tal Jack Swing (figura mítica como la del General Ludd), los braceros comenzaron a quemar graneros y cosechas.

En Alemania se produjo un movimiento parecido hacia el año 1840 entre los tejedores silesianos, que describió Wilhelm Wolff, el amigo de Marx, y sirvió de tema a Gerhart Hauptmann para su famoso drama *Los tejedores*. En Rusia se produjeron también, a fines del siglo pasado, motines encaminados a la destrucción de las máquinas. «Fueron necesarios mucho tiempo y mucha experiencia para que los obreros llegasen a distinguir entre las máquinas en sí y el empleo que les daba el capital y a dirigir sus tiros no contra los instrumentos materiales de producción, sino contra la forma social en que se aplicaban»[302].

24. *Los proletarios, peones en el juego de la burguesía*

En el primer tercio del siglo XIX (1820-1840), la burguesía francesa e inglesa se arrogaron el papel de directores de la clase obrera, utilizando a los proletarios como peones en su juego. Marx escribe por esta fecha:

> Por una parte, la gran industria se hallaba todavía en la adolescencia. Advertimos esto porque el carácter cíclico que se percibe en la vida de la industria moderna no se manifestó hasta la crisis de 1825. Por

---

302 Marx. *El Capital*, Tomo I, op. cit., p. 458.

otro lado, la lucha social entre el capital y el trabajo quedó relegada a segundo término: políticamente, fue eclipsada por la lucha entre los gobiernos y los poderes feudales coaligados en la Santa Alianza y por los avances de las masas populares, acaudilladas por la burguesía; económicamente, por el feudo entre el capital industrial y el latifundio aristocrático, que en Francia se disfrazó bajo el conflicto entre la grande y la pequeña propiedad, pero que en Inglaterra estalló francamente ante la cuestión de las leyes anticerealistas.[303]

En Inglaterra, los obreros ayudaron a la burguesía en sus luchas por implantar el principio del librecambio, la ayudaron a derogar las leyes anticerealistas, a conseguir la reforma de los códigos civil y penal, a extender la franquicia, etc.

Economistas como Ricardo (1772-1823), juristas como Bentham (1748-1832) y políticos como Joseph Hume (1777-1855) ejercían gran autoridad sobre los obreros. Hasta después de 1830, cuando el ala radical de la burguesía aceptó tan a la ligera la transacción por la cual venía a adquirir influencia política sobre los industriales capitalistas, no se produjo un profundo divorcio entre la vanguardia de la clase obrera y la burguesía.

De 1815 a 1830, durante el período de la Restauración, la burguesía liberal francesa atravesó por una época de desarrollo semejante. Se puso al frente de las masas populares en su lucha contra la aristocracia feudal y el poder monárquico de los Borbones; asumió el papel de guía, filósofo y amigo de los explotados; trató de disfrazar, en la forma más hábil que pueda imaginarse, el antagonismo de intereses entre los industriales capitalistas y la aristocracia feudal, y el que existía entre ella misma y la clase obrera. Pero la revolución de julio y los alzamientos de los obreros de Lyon en 1831 y 1834 abrieron los ojos a los trabajadores y los llevaron a enfocar sus propias perspectivas políticas y a asumir el papel que hasta entonces había estado reservado al ala izquierda de los partidos burgueses.

---

303 Marx, prólogo a la segunda edición alemana de *El Capital*.

25. *Origen y desarrollo de las tradeuniones*

Engels es el primero que trata de darnos una exposición teórica del desarrollo de estas sociedades obreras. Discrepando de los economistas y socialistas de su época, demostró ya en 1845 que las tradeuniones eran el fruto obligado de la lucha entre obreros y patronos y que estas sociedades constituían la base de toda organización obrera de clase. En sus comienzos, la unión de los obreros tomó una forma fugaz, como nacida al calor de una huelga, y como toda agrupación de trabajadores estaba prohibida por la ley, como toda sociedad o asociación obrera constituía un delito (severamente penado, sobre todo, después de la Gran Revolución francesa, al dictarse medidas legislativas especiales en los años de 1799 y 1800), los obreros fundaron sociedades secretas, que fueron creciendo en número y actividad. Después de una obstinada lucha, en que la burguesía radical tomó partido por los obreros (lucha que adquirió proporciones casi revolucionarias durante los años de 1816-1817 y 1819, que llevó al Ministerio reaccionario de Sidmouth a imponer las «Seis leyes» infames), por fin, en 1824, fue aprobada una ley derogando las antiguas normas que prohibían toda clase de agrupaciones obreras, y a pesar de que esta ley, que reconocía el derecho de asociación, hubo de ser parcialmente derogada en el siguiente año, los trabajadores continuaron haciendo uso de los derechos que les reconocía.

En todas las ramas de la industria surgieron tradeuniones laborando abiertamente en defensa de los obreros contra el despotismo y la injusticia de la burguesía. Sus fines eran los siguientes: fijar los tipos de salarios mediante contratos colectivos, tratar con el patrono como potencia en nombre de todos los obreros sindicados, regular los salarios de acuerdo con las ganancias del patrono, impulsar hasta donde fuera posible el aumento de salarios, mantener el mismo nivel de salarios en todas las ramas industriales. Los representantes de estas asociaciones, fieles a su misión, se enfrentaban frecuentemente con el capitalista para tratar acerca de la fijación de un tipo de salario fijo, obligatorio para todos los patronos, y, caso de que alguno se negara a cumplir con este acuerdo, se declaraba la huelga hasta hacerle entrar en razón. Además, limitando el número de aprendices, trataban de mantener firme la demanda de trabajo y, con ello, de sostener alto el nivel de los jornales. Trataban también de contener la introducción de nuevos tipos de máquinas que provocaran la baja de salarios, refrenando la voluntad del patrono. Finalmente, las tradeuniones prestaban ayuda pecuniaria a los sindicatos sin trabajo.[304]

Engels sabía perfectamente que ya en su tiempo los obreros ingleses se hallaban empeñados en la creación de asociaciones de envergadura nacional.

En cuantos casos podían y lo estimaban conveniente, las asociaciones locales de obreros se unían formando federaciones; en fechas determinadas, estas asociaciones celebraban congresos, a los cuales enviaban sus representantes. Estas organizaciones no solo trataban de unir a todos los trabajadores de una determinada rama industrial en una sola agrupación, sino que de cuando en cuando (como, por ejemplo, en 1830) intentaban organizar a todos los trabajadores de Inglaterra en una vasta asociación, dentro de la cual los obreros de cada ramo podían agruparse independientemente.[305]

Engels nos describe también los métodos de lucha de las tradeuniones. El principal era la huelga; luego, venía la lucha contra el *scab labor* o esquirolaje, contra los rompehuelgas, y la presión sobre los que no participaban del método unionista para hacerlos ingresar en sus filas. Pero aun reconociendo que el tradeunionismo es una forma necesaria de organización obrera, Engels señala la relatividad de su importancia en una sociedad capitalista. «La historia de estas asociaciones es una cadena constante de derrotas interrumpidas por alguna que otra victoria ocasional. Es evidente que, aun con toda la fuerza de que

---

304 Engels, *La situación de la clase obrera en Inglaterra*, op. cit., p. 28.
305 Ibíd., p. 219.

dispone, el tradeunionismo no puede subvertir la ley económica según la cual los salarios se regulan por la oferta y la demanda imperantes en el mercado del trabajo»[306].

Pero por más que una huelga pueda parecer ineficaz, es evidente que los obreros tienen que protestar contra toda reducción de salarios, pues de lo contrario la codicia de los patronos no se detendría ante nada. «Las tradeuniones y las huelgas declaradas en su nombre tienen la importancia de ser el primer paso dado para la abolición de la competencia entre unos y otros obreros. Se basan en la premisa de que el régimen burgués tiene su asiento en la rivalidad desatada entre los mismos trabajadores, en su falta de solidaridad, en los conflictos de intereses que separan a los distintos grupos obreros»[307].

Engels recuerda a los socialistas y economistas que condenan las huelgas el valor educativo de estas luchas. «Puede ocurrir que una huelga no sea más que una escaramuza; pero a veces una escaramuza puede convertirse en importante batalla. No son combates decisivos, pero es evidente que algún día tiene que surgir el conflicto final entre el proletariado y la burguesía. Las huelgas son para los obreros las escuelas de adiestramiento militar, los campos donde se prepara el proletariado para la gran lucha final inevitable, las proclamas por medio de las cuales las secciones individuales de trabajadores anuncian su adhesión al movimiento social obrero. Como escuelas en el arte de la guerra contra el capitalismo, las huelgas no tienen igual»[308].

Proudhon condenaba las huelgas, sosteniendo que eran «anticonstitucionales»; pero Marx, encareciendo las conclusiones de Engels y haciéndolas más definitivas, demostró que el desarrollo de las tradeuniones iba estrechamente unido al desarrollo del proletariado como clase:

---

306 Ibíd., p. 220.

307 Ibíd., p. 222.

308 Ibíd., p. 227.

Siempre dondequiera que los obreros intentan aunar sus fuerzas, la forma que esa unión asume es la de una coalición. La gran industria concentra bajo el mismo techo a una masa de individuos, desconocidos unos de otros. La competencia los desune. Pero animados por el deseo de mantener el nivel de los salarios (interés común de todos, que está en contradicción con los intereses del patrono), los obreros se unen resistiendo a todo intento de rebaja, y forman, para organizar esta resistencia, una «coalición». La coalición tiene dos objetos: disminuir la competencia entre los propios obreros y concentrar la fuerza total de la masa obrera contra el capitalista. Parecerá que el primer objeto no tiene más fin que mantener el nivel de los salarios. Sin embargo, un examen detenido nos demuestra que a medida que los capitalistas aúnan sus fuerzas para oprimir al obrero, el obrero tiende a agruparse y organizarse, y que, ante la solidaridad mantenida por los capitalistas, el sostenimiento de estas agrupaciones cobra con el tiempo más importancia a los ojos de los obreros que las forman que la misma defensa del nivel de los salarios. Y tan verdad es esto, que por mucho que ello sorprenda a los economistas ingleses, los obreros sacrifican una parte de su salario con el fin de reunir fondos para estas agrupaciones, fundadas, según los mismos economistas, sin otro fin que defender los salarios. En el curso de esta lucha (una verdadera guerra civil) se van reuniendo todos los elementos para la batalla futura. Al llegar a este punto, las coaliciones asumen ya un carácter político.[309]

26. *Organizaciones políticas de la clase obrera: el cartismo*

La apelación a la huelga, la creación de tradeuniones, la consolidación de las agrupaciones obreras y el tránsito a las organizaciones regionales, primero, luego a las organizaciones nacionales, y, finalmente, el intento de crear una federación provisional de varias uniones, todos estos progresos fueron desarrollándose paralelamente con la lucha política de la clase obrera, que después de vencida la crisis de 1836-1837 cobró una

---

309 Marx, *Miseria de la Filosofía*, op. cit., pp. 240–241.

gran intensidad. La *National Charter Association* se formó en 1839 para hacer campaña a favor de las reivindicaciones que un año antes se habían formulado en el *People's Charter* o Cartas del Pueblo. Esta agrupación, cuya mira era aliviar la penuria de las clases obrera y artesana, puede considerarse como el primer partido político de los trabajadores. Engels nos traza una animada descripción del modo cómo las luchas parciales de asociaciones sueltas, primero, y luego su federación en la lucha de clases hasta adquirir proporciones nacionales, se fueron transformando gradualmente en una lucha política de toda la clase obrera.

> El obrero no venera la ley; lo que hace es simplemente someterse a sus mandatos, mientras no está en sus manos cambiarla. Es, pues, perfectamente natural que el obrero tratara de reformar la ley, sustituyendo la legislación burguesa por otra proletaria. Los trabajadores ingleses se decidieron, por tanto, a alzar un programa de reformas que englobaron en la Carta del Pueblo, documento puramente político que tendía, entre otras cosas, a la reorganización democrática de la Cámara de los Comunes. El cartismo es la expresión evidente de la oposición de la clase obrera contra la burguesía. Este conflicto asumía una forma esporádica y local en las huelgas y las tradeuniones; los obreros luchaban contra los burgueses individualmente o en grupos difusos. Y raras eran las veces en que esta lucha se generalizaba, pues los obreros lo evitaban con plena conciencia de lo que hacían. Pero el movimiento fue extendiéndose y adquiriendo alcance cada vez mayor, proyectándose sobre objetivos deliberados. En este movimiento es la clase trabajadora entera la que rompe el fuego contra la burguesía, atacando primeramente al poder político y pugnando por abrir una brecha en la muralla legislativa en que se atrincheraba.[310]

La Carta del Pueblo fue proclamada en 1838, en una conferencia celebrada en Londres y en la que tomaron parte seis diputados de la Cámara de los Comunes y algunos

---

310 Engels, *La situación de la clase obrera en Inglaterra*, op. cit., pp. 230-231.

representantes de la Asociación de Trabajadores de Londres. Sus reivindicaciones eran las siguientes: primera, sufragio universal para todos los varones mayores de veintiún años; segunda, reunión anual del parlamento; tercera, abolición de un mínimum de propiedad como condición para ser diputado del parlamento; cuarta, votación por papeletas; quinta, distritos electorales iguales, para que la representación fuese más equitativa; sexta, asignación de dietas a los diputados.

En su «Anti-Proudhon» (*Miseria de la Filosofía*) describe Marx el proceso a través del cual la clase obrera se convierte en clase independiente, y en los trabajadores se va desarrollando la conciencia de clase. He aquí sus palabras:

> Al comenzar la era capitalista, las condiciones económicas transformaron a la gran masa de la población en una masa de asalariados. El régimen del capital creó condiciones que afectaron del mismo modo a todos los obreros y les dieron intereses comunes. A partir de este momento se consolidan como clase frente al capitalista, aunque todavía no tengan conciencia de sí mismos como clase aparte. En el transcurso de la lucha [...] la masa obrera se consolida hasta llegar a formar conscientemente una masa distinta. Sus intereses se convierten en intereses de clase. Y la lucha de una clase contra otra es una lucha política.[311]

El proletariado, como clase, como sector diferenciado de la sociedad, como grupo de individuos que desempeñan un papel importante en el proceso de la producción, adquirió fisonomía definitiva durante el primer cuarto del siglo XIX. En esta época es cuando el proletariado se convierte en objeto de investigación científica. Su existencia era tan patente, que Ricardo, máximo exponente de la política económica de la burguesía en su aspecto teórico, consideraba deber primordial de esta doctrina económica dilucidar las leyes que, bajo el

---

311 Marx, *Miseria de la Filosofía*, op. cit., p. 241.

capitalismo, rigen la distribución de las mercancías entre tres clases sociales: terratenientes, capitalistas y obreros. Sin embargo, habían de pasar todavía muchos años antes de que la clase obrera se convirtiera en una clase aparte, consciente de su existencia como clase independiente, como una clase específica con sus intereses específicos de clase, su específica misión histórica; en una palabra, una clase existente por cuenta propia.

27. *Contradicciones internas de la sociedad burguesa. Uso que hace el proletariado de estos conflictos*

La discordia reinante en las filas de la burguesía, la contienda desatada entre esta y la clase capitalista, la lucha entre propietarios rurales y propietarios industriales, la rivalidad entre los intereses financieros y los intereses fabriles, todos estos conflictos se producen provocados por la misma naturaleza de la sociedad capitalista.

En el curso de su evolución histórica, la burguesía acentúa necesariamente los antagonismos latentes en sus filas [...]. A medida que se desarrolla la burguesía, surge en la trama del orden burgués el nuevo proletariado, un proletariado característico de los nuevos tiempos. Y entre este proletariado y la burguesía estalla la guerra, una guerra que, al principio, antes de que los dos combatientes la sientan, la perciban, la aprecien, la entiendan, la reconozcan y, por último, la proclamen abiertamente, es una serie de conflictos pasajeros que se manifiestan fugazmente en determinados casos, contrayéndose a ciertas actividades destructoras. A pesar de que todos los miembros de la burguesía moderna tienen intereses comunes en la medida en que forman una clase específica contrapuesta a otra clase, en sus relaciones interiores median intereses encontrados. Estos antagonismos tienen su origen en la estructura económica del sistema burgués.[312]

---

312 Marx, *Miseria de la Filosofía*, op. cit., p. 170.

La historia de la burguesía británica durante la primera mitad del siglo XIX ilustra admirablemente estos conflictos. En 1815, a poco de ser definitivamente derrotado Napoleón (1769-1821), los terratenientes ingleses impusieron leyes restrictivas para la importación de cereales, fijando el precio del trigo en 80 chelines como tasa mínima para que la importación de este cereal pudiera hacerse libre de derechos. Con esta ley se pretendía mantener el precio del trigo en el mercado británico por encima de 80 chelines el *quarter*. Libre de competencia continental en el mercado de cereales, el terrateniente británico tenía así garantizado un ingreso gigantesco. Pero la clase media protestó enérgicamente contra las nuevas leyes. Este cuerpo de opinión pública estaba compuesto por todos los pequeños industriales, artesanos, la pequeña burguesía y muchos representantes de la burguesía industrial, todos los cuales, al obrar así, luchaban por sus propios intereses. Al principio, la campaña tomó la forma de una protesta pacífica, pero estos recursos resultaron desoladoramente insuficientes. Las peticiones se veían todas implacablemente rechazadas.

Tampoco la reforma electoral de 1832 condujo a ninguna solución. Todos los sectores de la clase terrateniente se unieron en la lucha por la salvaguardia de sus rentas. La burguesía industrial decidió entonces llevar el asunto al terreno de la política, invitando al «pueblo» a la lucha. En 1839 se constituyó en Mánchester la *Anti-Corn Law League* (Liga contra las leyes anticerealistas), con Bright (1811-1889) y Cobden (1804-1865) a la cabeza. La lucha se fue enconando cada día más. Los dos bandos apelaron a «las clases bajas» en demanda de ayuda; comenzaron las recriminaciones. La burguesía industrial señaló la angustia en que vivía el trabajador agrícola; los terratenientes se desquitaron saliendo a la defensa de los obreros de las fábricas y haciendo una campaña a favor de la legislación industrial.

De un lado, los agitadores burgueses tenían de su parte el poder demostrar lo poco que aquella ley protegía a los agricultores; de otro lado, los industriales montaban en cólera al ver que la aristocracia de la tierra denunciaba los abusos del sistema fabril y al observar la simpatía que aquellos corrompidos, despiadados y elegantes holgazanes afectaban sentir por la miseria de los trabajadores. Los representantes de los intereses industriales consideraban esta defensa de la legislación fabril por parte de los terratenientes como resultado de un exceso de celo diplomático. Hay un proverbio inglés que encaja muy bien aquí y que dice que cuando los ladrones se pelean, los honrados se aprovechan.[313]

Por último, el 29 de junio de 1846 se puso fin a la disputa con la famosa ley Peel (1788-1850), derogando las tan discutidas leyes. La *Anti-Corn Law League* había vencido en toda la línea. Su campaña había sido apoyada por los obreros.

Los obreros ingleses demostraron a los librecambistas que no se dejaban embaucar con las ilusiones de librecambio ni con engañifas. Si, a pesar de ello, se aliaron a los librecambistas contra la aristocracia terrateniente, fue con el fin de barrer los restos del feudalismo, dejando así un solo enemigo a quien combatir. Los obreros no se equivocaron en sus cálculos. En el debate entablado acerca del proyecto de ley de diez horas, los terratenientes, deseosos de vengarse de los industriales, se unieron en defensa del obrero, que había venido demandando en vano esta reforma por espacio de treinta años. Las reivindicaciones de los obreros se incorporaron a la legislación inmediatamente de derogarse las leyes anticerealistas.[314]

Marx describe del modo siguiente los precedentes del proyecto de ley de la jornada de diez horas:

---

313 Marx. *El Capital*, Tomo I, op. cit., p. 747.

314 Marx, *Discurso sobre el librecambio*, pronunciado en la Association Démocratique de Bruxelles el 9 de enero de 1848. Véase Marx, *Miseria de la Filosofía*, op. cit., p. 275.

Las leyes anticerealistas fueron derogadas, los aranceles de importación sobre el algodón y otras materias primas abolidos, y el librecambio se erigió en la estrella polar de la legislación inglesa; en una palabra, estaba a punto de inaugurarse un nuevo milenio. Mas por aquellos mismos años llegaban a su apogeo el movimiento cartista y el proyecto de la ley sobre la jornada de diez horas, gracias al apoyo de los tories, sedientos de venganza. A pesar de la obstinada resistencia de los librecambistas (capitaneados por Cobden y Bright), el proyecto de las diez horas, que había sido discutido durante tanto tiempo, fue convertido en ley.[315]

La Liga contra las leyes anticerealistas fue para los obreros ingleses una gran escuela de agitación. Esta Liga disponía de fondos en abundancia y no escatimó los gastos de propaganda por medio de la prensa, del libro, folletos, pasquines y proclamas. En 1843, la suma de folletos que llevaba publicados la Liga ascendía a 10 millones de ejemplares. Al frente de la Liga estaba un comité ejecutivo, entre cuyos miembros se distribuían las distintas actividades de la asociación. A sus tareas se asociaron inmediatamente las organizaciones obreras de ambos sexos. Los representantes de la Liga no recelaron en apelar a la fuerza para la consecución de sus fines, expresándose en los términos más claros acerca de la ferocidad de los terratenientes, que no vacilaban en llevar a las clases productoras del país a la miseria.

Mientras que en la revolución burguesa surgieron gran número de teóricos de origen aristocrático dispuestos a abrazar el punto de vista de la burguesía y defenderlo, los teóricos burgueses capaces de abarcar en su totalidad el curso del desarrollo social y de adoptar la perspectiva proletaria fueron muy pocos. La razón primordial de esto está en que el abismo entre el proletariado y la burguesía es mucho más grande y más hondo que el que separa a la burguesía de la nobleza. En la historia del movimiento revolucionario ruso, esos teóricos

---

315 Marx. *El Capital*, Tomo I, op. cit., pp. 289-290.

(los llamados intelectuales revolucionarios, los militantes de los partidos democráticos) rara vez mostraron el deseo de entrar en fuego en las líneas del proletariado.

28. *Proletariado, «pueblo» y campesinos. Importancia de las formas de explotación*

El proletariado se diferencia de otras clases explotadas y oprimidas, no tanto en la medida en que se le explota, como en la forma que asume esa explotación. Bajo el régimen de producción de mercancías, es decir, bajo el capitalismo (la forma de producción mercantil en que el trabajo humano desciende al mercado como una mercancía), el proletariado lucha contra las bases de la explotación por la sencilla razón de que es la clase a quien más afecta este régimen de producción mercantil. El proletariado tiene que vivir de sí mismo, de su fuerza de trabajo; en cambio, los elementos pertenecientes a las demás clases oprimidas (pequeñoburgueses de todas clases, campesinos, artesanos independientes) no abrigan ninguna predisposición contra la producción de mercancías como tal, y se limitan, en cuanto constituyen clases aparte, a apetecer la supresión de las condiciones que colocan a sus mercancías en situación desfavorable en el plano de la concurrencia.

El hecho de que el proletariado viva esclavizado no es, por tanto, el hecho fundamental, pues hay también otras clases que viven igualmente esclavizadas. Lo importante es el modo en que se desarrolla esta esclavización y la forma que asume, pues cambiando la forma cambiaremos a la par el espíritu de los individuos esclavizados, los pensamientos y las ideas que brotan o pueden brotar de la mente de los oprimidos. En una época en que la perspectiva de los pequeños burgueses y los campesinos los hace aliarse involuntariamente a las clases gobernantes, a despecho de sus propios intereses; en que, para ellos, como para la mayoría de los hombres dentro de la sociedad capitalista, el régimen de la propiedad privada representa, al parecer, la última palabra en punto a la libertad humana y a la independencia personal, la perspectiva del proletariado está cada vez más en consonancia con sus intereses. Pues, como dice el *Manifiesto*, «de todas las clases que hoy se enfrentan con la burguesía, no hay más que una verdaderamente revolucionaria: el proletariado. Las demás perecen y desaparecen al surgir la gran industria; el proletariado, en cambio, es su producto genuino y peculiar».

El proletariado, en el sentido actual de la palabra, es un producto de la gran industria. Su contingente aumenta a medida que la gran industria se extiende. Pero este aumento numérico no es lo único que interesa. También en la antigüedad existieron movimientos revolucionarios de masas. Lo que importa fundamentalmente es la calidad. En efecto, el proletariado es una clase nueva de oprimidos. Al paso que, con el desarrollo del capitalismo, la importancia de otras clases de trabajadores va en descenso, el proletariado se convierte en un factor cada vez más importante y decisivo en la organización general de la producción. Mientras que las energías de otras clases oprimidas se dispersan, no pudiendo manifestarse más que en puntos distanciados del organismo social, las energías del proletariado se concentran en unos cuantos puntos capitales de vital importancia para los proletarios. El proletariado elimina una multitud de elementos de desunión, tales como los prejuicios de oficio, el fanatismo religioso, los sentimientos nacionalistas y otros por el estilo, y esto le permite organizarse más libremente dentro del gran ejército de los que luchan por un mañana mejor.

En el transcurso del desarrollo económico, el «pueblo» (palabra que nos encontramos con mucha frecuencia en boca de los «liberales» y «populistas», y de los socialrevolucionarios, que desdeñan nuestra «estrecha» fraseología marxista) no forma un todo, sino que se compone de varias partes, cada una con sus intereses específicos propios. En cambio, el proletariado, a pesar de que sus componentes proceden de varias capas de la población, se consolida, en el curso de la evolución económica, formando un todo orgánico, integrado por individuos que tienen intereses comunes que defender. Claro está que existen también otras clases explotadas con un sentido revolucionario, pero este sentido revolucionario suyo se desata únicamente «porque sus miembros temen caer en las filas del proletariado; es decir, que no defienden sus intereses actuales, sino sus intereses futuros, y abandonan sus propios puntos de vista para adoptar los del proletariado». De este modo, la ideología de clase del proletariado va convirtiéndose más y más en la ideología de todos los trabajadores oprimidos, y al frente del movimiento que lucha por la libertad humana, surge, no un pequeño grupo de intelectuales, sino el potente ejército del proletariado, consciente de su misión histórica.

No tenemos más que echar una mirada en torno nuestro para darnos cuenta de las enormes dificultades que tiene que vencer el pequeñoburgués para abrazar las perspectivas del proletariado. Obsérvense los diferentes partidos nacionalistas, antisemitas y clericales, el partido alemán del centro o el partido popular italiano, y se verá cuán difícil es para el artesano y el campesino, que forman el principal contingente de sus aliados, desnudarse de la esperanza de mejorar de situación reforzando su propiedad privada, y a qué grado de madurez tienen que llegar antes de aceptar por entero la perspectiva del proletariado.

Ya hemos visto cómo se formó la clase obrera moderna, cómo el desarrollo de la gran industria crea las condiciones que precipitan el proceso de su formación como clase bien deslindada. El régimen del capital determina la creación de condiciones e intereses comunes entre los obreros. Los pequeños propietarios agrícolas viven en circunstancias completamente distintas. Marx nos habla de esto, tomando como ejemplo el campesino francés:

Los campesinos parcelarios forman una masa inmensa, cuyos individuos viven en idéntica situación, pero sin que entre ellos existan muchas relaciones. Su modo de producción los aísla a unos de otros, en vez de establecer relaciones mutuas entre ellos. Este aislamiento es fomentado por los malos medios de comunicación de Francia y por la pobreza de los campesinos. Su campo de producción, la parcela, no admite en su cultivo división alguna del trabajo ni aplicación ninguna de la ciencia; no admite, por tanto, multiplicidad de desarrollo, ni diversidad de talentos, ni riqueza de relaciones sociales. Cada familia campesina se basta, sobre poco más o menos, a sí misma, produce directamente ella misma la mayor parte de lo que consume y obtiene así sus materiales de existencia más bien en intercambio con la naturaleza que en contacto con la sociedad. La parcela, el campesino y su familia; y al lado, otra parcela, otro campesino y otra familia. Unas cuantas unidades de estas forman una aldea, y unas cuantas aldeas, un departamento. Así se forma la gran masa de la nación francesa, por la simple suma de unidades del mismo nombre, al modo como, por ejemplo, las patatas de un saco forman un saco de patatas. En la medida en que millones de familias viven bajo condiciones económicas de existencia que las distinguen por su modo de vivir, por sus intereses y por su cultura de otras clases y las oponen a estas de un modo hostil, aquellas forman una clase. Por cuanto existe entre los campesinos parcelarios una articulación puramente local y la identidad de sus intereses no engendra entre ellos ninguna comunidad, ninguna unión nacional y ninguna organización política, no forman una clase. Son, por tanto, incapaces de hacer valer su interés de clase en su propio nombre, ya sea por medio de un parlamento o por medio de una Convención. No pueden representarse, sino que tienen que ser representados. Su representante tiene que aparecer al mismo tiempo como su señor, como una autoridad por encima de ellos, como un poder ilimitado de gobierno que los proteja de las demás clases y les envíe desde lo alto la lluvia y el sol. Por consiguiente, la influencia política de los campesinos parcelarios encuentra su última expresión en el hecho de que el poder ejecutivo somete bajo su mando a la sociedad.[316]

---

316 Marx, *El 18 Brumario de Luis Bonaparte*, op. cit., p. 426.

Por sus mismas condiciones de vida, el campesino es un elemento incompatible con una política colectiva. El movimiento de los labriegos que estalló en Inglaterra durante el año 1381, acaudillado por Wat Tyler (asesinado en el mismo año); el de Francia en 1358, la gran guerra de los campesinos alemanes en 1525, todas estas llamadas guerras campesinas solo adquirieron una significación política a partir del momento en que el labriego unió temporalmente sus fuerzas a las de las ciudades que luchaban por sus libertades. Como sector social aparte de la población de un país, puede decirse que los campesinos tienen intereses comunes; pero esto no significa que sus intereses sean siempre idénticos. Por eso no se levantan todos como un solo hombre, a no ser que se hallen agobiados por una pobreza extrema; y cuando, a poco, bajo el régimen de la sociedad vigente, las causas de esa pobreza se repiten, el campesino vuelve a apurar la copa amarga de su miseria. Los intereses locales continúan mandando y, tarde o temprano, por muchas ganas que tenga de seguir resistiendo, el campesino acaba por sucumbir fácilmente al señuelo de las llamadas reformas, dejándose engañar por un plato de lentejas. El fuego de los primeros momentos se apaga en seguida y las aldeas desertan una tras otra de la «causa común», ateniéndose a las pequeñas mejoras conquistadas. La actuación política, la capacidad para perseverar en la persecución de un fin, no ha sido jamás virtud campesina, ni aun en los viejos tiempos, antes de que existiera una clase campesina con sus características diferenciales.

Pero aún es menor la capacidad de acción del campesino mediatizado por la influencia de la economía monetaria. Estas influencias no sólo diferencian a la masa campesina dentro del municipio y de la aldea, sino que la desintegran en grupos territoriales, cada uno con sus propios intereses específicos. En tiempos de revolución, el campesino casi nunca lucha directamente en las filas revolucionarias. La efervescencia en el campo solo comienza después que la revolución ha estallado en la ciudad, contribuyendo, cuando más, a prolongarla. Esta fue la marcha que siguieron las cosas en la Gran Revolución francesa, y otro tanto ocurrió en Alemania y en Austria.

Los filósofos burgueses, especialmente los del continente europeo, suelen identificar con el proletariado a todo el cúmulo de personas que Marx bautizó con el término de *lumpenproletariat* («proletariado andrajoso»). Para estos señores, todo proletario es un «pobre», un «indigente», un «vagabundo», etc. En su polémica contra Stirner (uno de los maestros de Bakunin), Marx demuestra que «el pauperismo es un estado en que solo se halla el proletario arruinado, el último escalón a que desciende el proletario que ha perdido su fuerza de resistencia ante la presión burguesa. Solo el proletario desangrado de toda su energía se convierte en pobre»[317].

En *El Capital*, donde se analizan las distintas formas del exceso de población, leemos que el poso del exceso relativo de población se deposita en el mundo del pauperismo[318]. El «proletariado andrajoso», en el que Marx incluye a los vagabundos, los criminales, las prostitutas y otros elementos dañinos de la sociedad, ocupa un plano aparte. El pauperismo[319] es la enfermería del ejército activo del trabajo y la carga muerta que tiene que llevar a cuestas el ejército industrial de reserva. Estos despojos de la producción industrial se concentran en las grandes ciudades, y así surgen los apaches, los pícaros, los matones, etc.; no intervienen en el proceso de la producción y están siempre dispuestos a venderse a cualquier caudillo reaccionario, yendo de ese modo a engrosar las filas del fascismo y otros movimientos por el estilo.

En *El 18 Brumario*, donde se traza un brillante análisis histórico de las condiciones sociales que permitieron a Napoleón III (1808-1873) dar su golpe de estado, demuestra

---

317 Marx, *Der heilige Max (San Max)*, en *Documentos de socialismo*, ed. Bernstein, Tomo III, p. 175.

318 Marx. *El Capital*, Tomo I, op. cit., p. 711.

319 Marx. *El Capital*, Tomo I, op. cit., p. 712.

Marx el importante papel que el «proletariado andrajoso» desempeñó en el triunfo de la revolución que consolidó bajo el tercer Napoleón el poder de la burguesía. La Sociedad del Diez de Diciembre databa del año 1849.

> Bajo el pretexto de crear una sociedad de beneficencia, se organizó al lumpemproletariado de París en secciones secretas, cada una de ellas dirigida por agentes bonapartistas y un general bonapartista a la cabeza de todas. Junto a *roués* arruinados, con equívocos medios de vida y de equívoca procedencia, junto a vástagos degenerados y aventureros de la burguesía, vagabundos, licenciados de tropa, licenciados de presidio, huidos de galeras, timadores, saltimbanquis, *lazzaroni*, carteristas y rateros, jugadores, alcahuetes, dueños de burdeles, mozos de cuerda, escritorzuelos, organilleros, traperos, afiladores, caldereros, mendigos; en una palabra, toda esa masa informe, difusa y errante que los franceses llaman *la bohème*; con estos elementos, tan afines a él, formó Bonaparte la solera de la Sociedad del 10 de Diciembre.[320]

29. *El proletariado y el respeto a la ley*

La propiedad privada forma la base de la sociedad capitalista. En nombre de la justicia y de la igualdad, la burguesía la liberó de las mallas del feudalismo, del monopolio y del privilegio. Bajo la acción de las leyes que rigen el desarrollo del capitalismo, esta propiedad privada fue transformándose gradualmente en propiedad privada capitalista, es decir, en una clase de propiedad privada cuya existencia dependía del número, cada vez mayor, de personas que se iban quedando desnudas de toda propiedad privada. Cuantos más aspavientos hacen los burgueses hablando del carácter sagrado e inviolable de la propiedad privada, más vorazmente despojan de ella al pequeño comerciante, al artesano y al campesino, transformándolos así en una masa de población carente de

---

320 Marx, *El 18 de Brumario de Luis Bonaparte*, op. cit., p. 394.

toda propiedad, es decir, en proletarios. Al pedir la abolición de la propiedad privada, el proletario no hace más que pedir la abolición de algo que a él le ha sido arrebatado ya, de algo cuya carencia es su característica esencial. El proletariado es la masa de individuos que se forma al deshacerse la vieja sociedad, con la decadencia de la clase media, y sobre todo de las últimas capas de esta clase. Al formular por primera vez su idea de la misión histórica del proletariado, escribe Marx:

> Cuando el proletariado pregona la disolución del orden social preexistente no hace más que expresar el misterio de su propia existencia, ya que él mismo representa, de hecho, la disolución de ese orden social. Cuando el proletariado pide la supresión de la propiedad privada no hace más que elevar a principio social aquello de que la sociedad ha hecho ya su propio principio, aquello que en el mismo proletariado, y sin intervención suya, se ha incorporado ya a la sociedad como un producto negativo.[321]

Las leyes de protección de la propiedad privada fueron creadas por el sistema capitalista. En el curso del desarrollo capitalista se puso cada vez más de manifiesto que, a no estar tan cuidadosamente redactadas, esas leyes serían insuficientes para defender la propiedad. En lo que a los obreros se refiere, las tales leyes no tienen más razón de ser que impedir sus ataques contra la propiedad privada. Solo a costa de una lucha perseverante y del sacrificio de muchas vidas ha conseguido el proletariado arrancar alguna protección para su propia, para su única propiedad: su fuerza de trabajo. Ha sido necesario que los trabajadores batallasen incansablemente para lograr la concesión de algunas leyes de defensa de esta fuerza de trabajo contra la cruel expoliación de los capitalistas. En su libro sobre la situación de la clase trabajadora en Inglaterra, Engels traza

---

321 Véase la *Contribución a la crítica de la filosofía hegeliana del derecho*, op. cit. También en *Obras de Marx y Engels*, Volumen 5, Editorial Crítica, 1978, pp. 209 y ss.

una admirable descripción de la actitud de los obreros ante las leyes burguesas: su falta de respeto hacia ellas, etc.

Es natural que la ley sea sagrada a los ojos de la burguesía, pues no en vano fue confeccionada por ella, aprobada con su beneplácito; no en vano sirve para proteger y salvaguardar el orden social burgués. La clase burguesa sabe perfectamente que, si bien tal o cual ley específica puede perjudicar a tal o cual miembro de la burguesía, los códigos protegen en conjunto los intereses de la clase burguesa en general. Es más: la santidad de la ley, la inviolabilidad de las instituciones establecidas y consagradas por la afanosa actividad de una parte de la sociedad y aceptadas pasivamente por el resto de los hombres, son otras tantas abstracciones que constituyen el más firme sostén de la posición burguesa dentro de la sociedad de hoy. Para el burgués de Inglaterra, la ley es sagrada, pues ve en ella su propia imagen y semejanza, del mismo modo que ve su imagen y semejanza en Dios. ¡Por eso la porra del policía (que es en rigor su propia porra) se le representa con una virtud tan confortadora! Pero el obrero no ve esa santidad. La experiencia le ha enseñado, harto implacablemente, que la ley es un flagelo que el burgués ha trenzado para servirse de él. Por eso, a menos que las circunstancias le obliguen, el obrero no apela nunca a la ley.[322]

Un poco antes, en el mismo texto, dice Engels:

¿Cuál es la razón fundamental de que el obrero se abstenga de robar? No hay duda de que la frase «santidad de la propiedad» está bien construida y suena agradablemente a los oídos del burgués; pero es bastante difícil que la propiedad sea sagrada para quien no tiene nada propio. El dinero es el dios de la tierra. El burgués priva al proletariado de dinero, es decir, le priva de dios, en beneficio suyo. ¿Ha de sorprendernos, pues, que el proletariado confiese su ateísmo, que pierda todo respeto a la santidad y al poder del dios de este mundo? Cuando la pobreza del proletariado se agudiza hasta el extremo de carecer de lo más indispensable para cubrir

---

322 Engels, *La situación de la clase obrera en Inglaterra*, op. cit., p. 230.

sus necesidades más perentorias, cuando el hambre y el desamparo le aguijonean como espuelas, es natural que se agudice también el estímulo por el desprecio hacia el orden social existente y sus cánones legales.[323]

La psicología del obrero cambia radicalmente bajo la acción de las condiciones creadas al desarrollarse la gran industria y concentrarse en las ciudades las grandes masas de población. Asociándose para la consecución de fines comunes, los obreros empezaron a considerarse una clase, empezaron a advertir que, luchando individualmente, su poder era escaso, pero que la unión les daba una fuerza considerable; se dieron exacta cuenta de su diferenciación de la burguesía; comenzaron a pensar por cuenta propia, a tener sus puntos de vista propios, a ajustar sus ideas y sus perspectivas a su situación especial de obreros; comprendieron la relativa esclavitud en que vivían y, poco a poco, fueron cobrando conciencia de los acontecimientos políticos y sociales. El viejo régimen patriarcal velaba astutamente la esclavitud del obrero. Espiritualmente hablando, el obrero no era más que un cadáver; vegetaba en la más completa ignorancia de sus propios intereses y sin el menor conocimiento general. Solo cuando el amo se hubo convertido en un extraño; solo cuando se patentizó a los ojos de todo el mundo que el único lazo que unía al esclavo y el señor era el interés personal de este por sacar partido de su posición; solo cuando hubo desaparecido todo vínculo de simpatía, sin dejar detrás de sí el menor rastro, solo entonces empezó el obrero a cobrar conciencia de su posición y de sus intereses, solo entonces comenzó a revivir espiritualmente, dejando de ser, en sentimiento, en pensamiento y en esfuerzo, el esclavo de su señor.

La burguesía tiene más afinidad con las naciones atrasadas del planeta que con los obreros que viven en su propio seno. Los obreros hablan un idioma diferente, tienen ideas y creencias

---

323 Ibíd., p. 118.

antagónicas a las suyas, hábitos y principios morales distintos, puntos de vista políticos y religiosos que no coinciden con los de los burgueses. La burguesía y el proletariado son, en realidad, dos naciones distintas, tan marcadamente diferenciadas una de otra, que podemos decir que constituyen más bien dos razas. Disraeli escribió su novela *Sybil or the Two Nations* (Sibila o las dos naciones) en 1845, coincidiendo en el tiempo con la gestación del libro de Engels sobre la situación de la clase obrera en Inglaterra, y menos de tres años antes de que viese la luz el *Manifiesto Comunista*. Empleando la vieja terminología, Disraeli dice a sus lectores que las «dos naciones» son «el rico» y «el pobre». Hoy sabemos claramente que el joven estadista conservador escribió su libro hondamente impresionado por el abismo cada día mayor que, así en lo físico como en lo mental, se abría entre la burguesía y el proletariado.

30. *Evolución y revolución. Carácter internacional del movimiento proletario*

La existencia de una clase oprimida es esencial en esta sociedad basada en antagonismos de clase. Emancipar a la clase oprimida equivale, por consiguiente, a crear una nueva sociedad. Mas para que la clase oprimida pueda emanciparse es menester que las fuerzas de la producción y las relaciones sociales vigentes dejen de ser incompatibles entre sí. La clase revolucionaria es, de todos los instrumentos de producción, la fuerza productiva más poderosa. La organización de los elementos revolucionarios en una clase única presupone que todas las fuerzas productivas susceptibles de ser creadas dentro de la armazón de la vieja sociedad lo hayan sido ya. ¿Pero ha de argüirse de aquí que al derrumbamiento de la sociedad preexistente deba seguir el triunfo de otra clase y que este nuevo triunfo haya de culminar en un nuevo régimen político? De ningún modo. La condición esencial de la emancipación de la clase obrera consiste precisamente en la desaparición de todas las clases. El precedente histórico de la emancipación del tercer estado, es decir, de la clase burguesa, en que la condición esencial para su libertad era la abolición de todos los estados del reino, nos brinda un paralelo exacto de lo que decimos.[324]

En la nota número 42 trataremos con más amplitud lo que se refiere al carácter internacional del movimiento proletario. Aquí nos limitamos a recordar al lector que los autores del *Manifiesto* emplean la palabra «nacional» en un sentido puramente geográfico y como sinónimo de «Estado». Cuando hablan de la lucha de clases como movimiento «nacional», quieren significar que esa lucha se libra dentro de las fronteras de un Estado, dentro de Francia, Inglaterra, Bélgica, etc. Para poder hacer frente a la burguesía internacional es indispensable que el proletariado luche en una escala internacional, agrupando a los proletarios de todos los países del mundo en una alianza combativa. Pero antes, el proletariado de cada país tiene que entendérselas con la burguesía de su propio Estado. La Segunda Internacional llegó adonde llegó porque sus dirigentes, abrazando como grito de guerra la «defensa de la patria», se aplicaron con gran ahínco a la destrucción de la burguesía extranjera, lo que llevaba aparejada la matanza consiguiente, no solo de sus hermanos proletarios de otros países, sino de los propios camaradas de su nación. Jamás, ni en la más fiera de las guerras civiles, en la más cruenta revolución, en la época más fanática de contiendas entre naciones, jamás en todo el transcurso de la historia se derramó tanta sangre ni se sacrificaron tantas vidas como en la última guerra mundial, en una matanza santificada con las bendiciones de los mismos que vuelven la cara horrorizados ante la idea de derrocar por la fuerza a la burguesía de su propio país, pues esto puede traer consigo, a no dudarlo, efusión de sangre.

Cuando se haya desarrollado, la clase obrera desplazará a la vieja sociedad burguesa, sustituyéndola por una asociación que no sabrá nada de clases ni de antagonismos de clase. Ese día no existirá ya

---

324 Marx, *Miseria de la Filosofía*, op. cit., pp. 242–243.

un poder político, en el sentido usual de esta palabra, pues el poder político no es más que la expresión oficial de los antagonismos imperantes en la sociedad burguesa. Pero mientras ese día llega, el conflicto entre proletariado y burguesía es la lucha entre dos clases; una lucha que, llevada a su límite, constituye una revolución. ¿Ha de sorprendernos, pues, que una sociedad basada en los antagonismos de clase acabe en una colisión de dos bandos armados y dividida por una lucha cuerpo a cuerpo? El movimiento social no excluye el político, antes, al contrario. No ha habido nunca un movimiento político que no fuera al mismo tiempo social. Solo cuando se haya implantado un sistema del que desaparezcan las clases y los antagonismos de clase dejarán las evoluciones sociales de ser a la par revoluciones políticas. Entretanto que eso ocurre no se podrá hacer una revisión general de la sociedad sin que la última palabra de la ciencia social sea, para decirlo con las palabras de George Sand (1804-1876), «la guerra o la muerte, la lucha encarnizada o la extinción; he ahí el dilema inexorable».[325]

31. *La acumulación del capital conduce al empobrecimiento y degradación de la clase obrera. La expropiación de los expropiadores*

Aun cuando logre vender su fuerza de trabajo al mejor postor y perciba el salario máximo, el obrero se halla siempre sujeto a las perturbaciones de los ciclos industriales, expuesto siempre a ser víctima de una crisis. Lo precario de su existencia, el alza y baja de los salarios, la perpetua amenaza del despido, todo contribuye a hacer que la situación del proletariado sea fundamentalmente distinta a la del siervo o el esclavo.

El proletario, que no tiene más fortuna que sus brazos, que gasta hoy lo que ganó ayer, que depende de toda clase de azares, que no tiene la menor garantía de si podrá ganar lo indispensable para cubrir sus necesidades más perentorias, que puede verse privado del pan de un momento a otro por una crisis comercial o por el capricho de su

––––––
325 Ibíd., pp. 243–244.

patrono, ocupa la más desdichada situación, una situación tal, que no se puede concebir peor. El esclavo tiene, a lo menos, asegurados sus medios de vida, pues de otro modo no sería útil a su propietario; el siervo de la gleba disfruta siquiera de un pedazo de tierra donde puede cosechar los frutos necesarios para su sostenimiento; tanto uno como otro tienen asegurados sus medios mínimos de vida. El proletario, no; el proletario depende exclusivamente de sí mismo, sin que pueda tener nunca la seguridad de poder ganarse el pan. Por mucho que mejore de condición, todo lo que consiga no será más que una gota de agua en el mar de azares a que está expuesto.[326]

El desarrollo de la gran industria viene a agravar la inseguridad en la situación del obrero, y, al precipitar el proceso de la acumulación del capital, crea las fuerzas de reserva del ejército industrial, que ejerce una presión constante sobre el ejército proletario en activo y no permite a los obreros empleados obtener el aumento de salario adecuado a sus necesidades. Fruto típico de la vida cíclica en que se desenvuelve la industria moderna (en la que una fase de intensidad regular en la producción va seguida siempre de un ascenso repentino, y este, a su vez, por una crisis, un colapso, un período de estancamiento) es el aumento del exceso de población y son las fluctuaciones del censo de hombres que forman el ejército industrial de reserva. Cuanto mayores son estos contingentes de la reserva, más en peligro están los obreros de verse arrastrados a las filas del pauperismo. Y este proceso puede llegar hasta tal punto, que la sociedad se vea obligada a alimentarlos y a alojarlos en talleres, a socorrerlos materialmente como obra de beneficencia.

El resultado es que, proporcionalmente a la acumulación del capital, las condiciones de vida del obrero, sean altos o bajos sus salarios, tienen necesariamente que empeorar. Finalmente, la ley por imperio de la cual el exceso relativo de población o ejército industrial de reserva contrarresta siempre la energía y alcance de la

---

326 Engels, *La situación de la clase obrera en Inglaterra*, op. cit., p. 119.

acumulación, encadena al obrero al capital con la misma fuerza con que Prometeo vivía encadenado a la roca con los grilletes forjados por Vulcano. Según esta ley, la propiedad aumenta a medida que aumenta la acumulación del capital. La acumulación de riqueza en uno de los polos de la sociedad lleva aparejada la acumulación simultánea de pobreza, de los tormentos de trabajo, la esclavitud, la ignorancia, el embrutecimiento y la degradación moral en el polo opuesto, donde reside la clase productora de ese capital.[327]

El párrafo con que termina el capítulo primero del *Manifiesto*, con su visión profética del destino que aguarda a la sociedad capitalista, aparece repetido y glosado en el primer volumen de *El Capital*, fruto de la experiencia ulterior y del profundo análisis del autor. Reproduciremos un fragmento, tomado del penúltimo capítulo de esta obra:

Tan pronto como este proceso de transformación haya desintegrado bastante, en profundidad y en extensión, la vieja sociedad; tan pronto como los trabajadores se hayan convertido en proletarios y sus condiciones de trabajo en capital; tan pronto como el régimen capitalista de producción se afirme sobre sus pies, la socialización del trabajo y la transformación de la tierra y demás medios de producción en medios de producción socializados, es decir, comunes, y por tanto la expropiación de los propietarios privados, no podrán seguir progresando sin asumir una nueva forma. Ahora, la expropiación no recae ya sobre el obrero que trabaja por su cuenta, sino sobre el capitalista que explota a muchos obreros.

Este proceso de expropiación se desarrolla bajo la acción de las leyes inmanentes de la propia producción capitalista, por la centralización de los capitales. Cada capitalista devora a otros muchos, y a la par, con la expropiación de muchos capitalistas por unos pocos, se desarrolla, en grado cada vez mayor, la forma cooperativa del proceso del trabajo, la aplicación técnica y consciente de la ciencia, la tierra se cultiva más metódicamente, los instrumentos de trabajo tienden a asumir formas únicamente

---

327 Marx. *El Capital*, Tomo I, op. cit., p. 714.

manejables por el esfuerzo combinado de muchos, los medios de producción se economizan todos al ser aplicados por la colectividad, por medio del trabajo social, el mundo entero se ve preso en la red del mercado mundial, y con ello el régimen capitalista presenta un carácter internacional cada vez más marcado, y mientras de este modo va disminuyendo progresivamente el número de los magnates del capital, que usurpan y monopolizan todas las ventajas de este proceso de transformación, en el polo opuesto crece proporcionalmente la masa de la pobreza, crecen la opresión, la esclavitud, la degeneración y la explotación; pero al mismo tiempo crece la ira de la clase obrera y esta se hace cada día más numerosa, disciplinada, unida y organizada por el propio método capitalista de producción. El monopolio capitalista se convierte en grillete del régimen de producción que ha florecido con él y bajo él. La centralización de los medios de producción y la socialización del trabajo llegan a un punto en que se hacen incompatibles con su envoltura capitalista. Y la envoltura se desgarra. La hora de la propiedad privada capitalista ha sonado. Los expropiadores son expropiados.[328]

II. Proletarios y comunistas

32. *Los comunistas y los partidos obreros*

Las palabras «los comunistas no forman un partido aparte de los demás partidos obreros» pudieran dar hoy origen a equívocos. Pudiera creerse, juzgando por ellas, y, en efecto, así las han interpretado algunos, erróneamente, que Marx y Engels eran fundamentalmente reacios a la creación de un partido comunista enfrentado con los demás partidos de la clase obrera. Sin embargo, estas palabras pueden interpretarse sin extravío a la luz de las circunstancias históricas en que la Liga de los Comunistas vivió. Por aquellos años no había más que un partido en que la organización de los trabajadores tuviese proporciones nacionales: este partido era el cartismo inglés.

---

328 Marx. *El Capital*, Tomo I, op. cit., pp. 845–846.

En Francia, aparte de los socialistas demócratas acaudillados por Ledru-Rollin y Flocon, no existían más que grupos diseminados, adscritos a las viejas organizaciones blanquistas, y los seguidores del viejo Barbès (1809-1870), que habían sufrido un grave descalabro con la derrota de 1839. Existían, además, algunas «células» de «comunistas materialistas» y «obreros igualitarios». A pesar de estar compuestos por proletarios, esos grupos, a diferencia del de los socialistas demócratas, que eran un partido pequeñoburgués, no habían pasado de ser, hasta el año de 1848, más que agrupaciones de poca monta, sin adquirir en ningún caso contornos nacionales.

Desde el momento mismo de formarse, la Liga de los Comunistas se erigió en una organización internacional, viéndose obligada a entrar en relaciones con las secciones nacionales, con el fin de evitar interferencias inútiles entre ella y los partidos nacionales que pudieran existir. Estas precauciones eran muy necesarias, sobre todo en lo tocante a Inglaterra, donde el cartismo se había convertido en la organización política genuina de la clase trabajadora. Los comunistas ingleses, entre los que mencionaremos a George Julian Harney (1817-1899) y Ernest Jones (1819-1869), no formaron un nuevo partido. Se aplicaron a la empresa de fundir el cartismo y el comunismo, asumiendo la dirección del movimiento y poniendo sobre el tapete la cuestión de la propiedad.

El *Manifiesto* señala los deberes que los comunistas han de imponerse. En lo que se refiere a las relaciones entre el Partido Comunista y la clase obrera en general, la fórmula del *Manifiesto* tiene todavía perfecta actualidad. El programa del Partido Comunista ruso está en consonancia con ella, como del siguiente fragmento puede colegirse: «Con el fin de capacitar al proletariado para el cumplimiento de su gran misión histórica, el Partido Comunista Internacional organiza al proletariado en partido político independiente frente a todos los partidos burgueses; acaudilla a los trabajadores en todas las manifestaciones de la lucha de clases, muestra a los explotados el antagonismo irreconciliable de intereses que se alza entre ellos y los explotadores, y señala al proletario la significación y las condiciones ineludibles de la revolución social inminente»[329].

33. *Propiedad feudal y propiedad burguesa*

«La propiedad ha asumido formas diferentes y se ha desarrollado bajo condiciones distintas en todas las épocas de la historia. Por consiguiente, para dar una definición de lo que es la propiedad burguesa, nos basta con describir las condiciones sociales de la producción capitalista. La pretensión de definir la propiedad independientemente de las condiciones reinantes, como una categoría aparte, como una idea abstracta y eterna, puede llevarnos a ilusiones metafísicas o legalistas»[330]. La cuestión de la propiedad presenta, según las épocas, formas distintas, que corresponden a las diversas fases del desarrollo industrial y a las peculiaridades que ofrece el desarrollo de la industria en los distintos países.

En los tiempos de la revolución inglesa, lo mismo que en los de la revolución francesa, la cuestión de la propiedad giraba en torno a la creación de condiciones que facilitaran la libre concurrencia y la abolición de todas las instituciones de la propiedad feudal (privilegios feudales, gremios, monopolios, etcétera), que fueron otras tantas trabas para el desarrollo de la industria desde el siglo XVI al XVIII. La cuestión de la propiedad es siempre una cuestión vital para una clase determinada, en relación con las varias fases recorridas en el desarrollo de la industria. En los siglos XVII y XVIII, al abolirse las condiciones de la propiedad feudal, la cuestión de la propiedad adquirió una importancia vital para la burguesía. En el siglo XIX, cuando el problema gira en torno a la destrucción de

---

329 Preobrazhensky y Bujarin, *El ABC del comunismo*.

330 Marx, *Miseria de la Filosofía*, op. cit., p. 214.

la propiedad burguesa, el tema de la propiedad se convierte en cuestión vital para el proletariado.[331]

La burguesía destruyó todas las viejas formas de la economía, y con ellas todos los tipos de propiedad adecuados a esas formas. Asimismo, fue abolida la organización política que formaba la expresión oficial del viejo Estado. Sobre las ruinas del sistema feudal de propiedad, la burguesía implantó su propio sistema. La justicia y la igualdad eran postulados sobre los que la burguesía aspiraba a construir el nuevo edificio social, aprovechando los restos del régimen feudal de la propiedad. Dentro de la sociedad burguesa, todos los hombres habían de ser iguales y libres, todos habían de ser propietarios y producir artículos para ser cambiados por otros, pertenecientes todos ellos a estos propietarios libres e iguales, que no los cobrarían nunca más que por su justo precio. Estas eran las intenciones. Pero el hecho fue que la burguesía fundó una sociedad basada en el privilegio, en la desigualdad, en la injusticia; una sociedad en que los conflictos y los antagonismos son todavía más agudos que eran en la sociedad feudal.

> Cada día que pasa se hace más evidente el hecho de que las condiciones de producción en que vive y se apoya la burguesía no tienen una forma única ni un carácter igual. Presentan, por el contrario, dos aspectos diferentes. Las condiciones que producen la riqueza, producen al mismo tiempo la pobreza; las condiciones que determinan el desarrollo de la fuerza de producción, determinan simultáneamente la fuerza de la opresión; las condiciones que levantan la riqueza de la burguesía, es decir, de la clase burguesa, lo hacen a costa de sacrificar la riqueza de otros miembros de la misma clase y de engrosar más y más las filas del proletariado.[332]

---

331 Marx y Engels, *La Sagrada Familia*, op. cit.

332 Marx, *Miseria de la Filosofía*, op. cit., pp. 171-172.

Marx nos enseña cómo, bajo las condiciones de la producción y circulación de mercancías, la ley de apropiación, o sea la ley de la propiedad privada, «se torna, por obra de su inmanente e inexorable dialéctica, en todo lo contrario de lo que es»[333]. Al aparecer en el mercado la fuerza de trabajo, los capitalistas, dueños de los medios de producción, adquieren la posibilidad de privar sistemáticamente, pero sin faltar a la más estricta observancia de la ley y sin infringir en lo más mínimo los derechos de la propiedad, a otros propietarios, los asalariados, de una parte de los productos que ellos mismos crean.

> Las relaciones de cambio entre el capitalista y el obrero se convierten así en meros reflejos del proceso de circulación, en una mera forma que se tiende por encima de la esencia de las verdaderas relaciones y que solo sirve para mixtificarlas. La compraventa perpetua de la fuerza de trabajo es la forma externa. El verdadero contenido esencial está en que el capitalista se adueña, sin equivalente, de una porción de trabajo ajeno previamente materializado y lo cambia por una cantidad mayor de trabajo vivo [...]. Hoy día, la propiedad parece significar, en lo que concierne al capitalista, el derecho a apropiarse de trabajo ajeno no retribuido, o de su producto; en lo que concierne al obrero, la imposibilidad de apropiarse el producto de su propio trabajo. El divorcio entre la propiedad y el trabajo ha acabado siendo el fruto obligado de una ley nacida originariamente de su identidad.[334]

Dicho en otros términos:

> La transformación primaria del dinero en capital se lleva a cabo en perfecto acatamiento de las leyes económicas de la producción de mercancías y ejerciendo el derecho de propiedad que esas leyes reconocen. Y, sin embargo, nos encontramos con lo siguiente:
> 1.º Con que el producto pertenece al capitalista y no al obrero.

---

333 Marx. *El Capital*, Tomo I, op. cit., p. 641.

334 Marx. *El Capital*, Tomo I, op. cit., pp. 641-642.

2.º Con que el valor intrínseco de este producto encierra, además del valor del capital aportado, un exceso de valor, una plusvalía, que al obrero le ha costado su trabajo, pero que al capitalista no le ha costado nada y que, no obstante, es de su legítima propiedad.

3.º Con que la fuerza de trabajo del obrero permanece intacta y por entero a su disposición, para venderla de nuevo si encuentra quién se la compre.[335]

Mientras tanto, el llamado derecho de propiedad subsiste bajo el régimen capitalista de producción, aunque sus efectos hayan variado radicalmente, en relación con lo que eran antes del capitalismo:

> Continúa vigente el mismo derecho, aunque las cosas hayan dejado de ser lo que eran antiguamente, cuando el producto pertenecía a su creador y este, cambiando un equivalente por otro equivalente, no tenía más medio de enriquecerse que su propio trabajo, para asumir la forma propia de la época capitalista, en que la riqueza social, en proporciones cada día mayores, se torna en monopolio de aquellas personas cuya posición les permite adueñarse constantemente del trabajo de los demás.[336]

En tanto la propiedad privada no desaparezca persistirán sus efectos, y la clase obrera será explotada por la clase capitalista. Por eso toda la teoría del comunismo puede resumirse en esta tesis: abolición de la propiedad sobre los medios de producción e implantación de la propiedad común. Mas de aquí no debe deducirse que los comunistas sean enemigos de la propiedad privada en todas sus formas y manifestaciones, que su designio sea abolir todas las modalidades de propiedad privada. No, este tipo de propiedad reviste formas muy diversas: hay propiedad privada y propiedad privada.

---

335 Ibíd., p. 643.

336 Ibíd., p. 645

La propiedad privada, a diferencia de la propiedad social o colectiva, solo existe allí donde los medios de trabajo y las condiciones externas en que este se desarrolla pertenecen a unos cuantos particulares. Pero el carácter de esta propiedad varía según que sus propietarios sean o no trabajadores. Las innumerables modalidades que presenta a primera vista la propiedad privada no son más que otros tantos reflejos de las condiciones intermedias que fluctúan entre los dos extremos. La posesión de los medios de producción por el obrero es la base de la pequeña industria, y esta una condición indispensable para el desarrollo de la producción social y para la independencia del obrero. Es evidente que con este régimen de producción nos encontramos también en el sistema de participación del obrero en la industria, en el sistema de la servidumbre de la gleba y en otros sistemas de vasallaje. Pero solo florece, solo se manifiesta en todo su esplendor, solo reviste su forma clásica adecuada allí donde el obrero es el propietario de sus medios de trabajo, allí donde el campesino es dueño de la tierra que cultiva y el artesano de las herramientas con que trabaja.[337]

Esta clase de propiedad privada es fruto del trabajo propio de quien la adquiere. Pero al llegar a cierto grado de evolución social se ve desplazada por la forma de propiedad privada capitalista, basada en la explotación del trabajo ajeno, por muy «libre» y muy «independiente» que, formalmente, sea este trabajo.

Por consiguiente, aunque los comunistas luchan por la abolición de la propiedad privada de los medios de producción, su actitud es muy distinta cuando se trata de la propiedad privada a que hemos aludido. Ante la propiedad privada adquirida por el trabajo personal del propietario, los comunistas adoptan una actitud amistosa de acercamiento, tratando de demostrar a estos poseedores que la situación del pequeño productor es extraordinariamente precaria en un régimen en que prevalece la producción comercial y que la propiedad privada es actualmente un medio que le convierte en víctima de la explotación. En

---

337 Ibíd., p. 844.

cambio, tratándose de la propiedad privada capitalista, la actitud que adoptan los comunistas es muy diferente. A esta le declaran la guerra sin cuartel y se esfuerzan por precipitar la hora de la muerte de la clase poseedora. El acto en que culmina la revolución social no es precisamente la expropiación de los expropiados, sino la expropiación de los expropiadores; no es la expropiación de la propiedad privada fruto del esfuerzo personal, sino la expropiación de la propiedad privada capitalista fruto del trabajo ajeno.

34. *El capitalismo, producto de una fase específica y transitoria de la evolución social*

Los economistas burgueses ven en el capital un régimen perenne de producción social, y, como perenne, indispensable para el rendimiento del trabajo. Olvidan que los medios de producción solo se transforman en capital y el trabajador en asalariado, en proletario, bajo ciertas y determinadas condiciones históricas.

> [...] *el capital presupone el trabajo asalariado, y este el capital. Ambos se condicionan y se engendran recíprocamente.*
>
> ¿Un obrero de una fábrica algodonera produce solamente tejidos de algodón? No, produce capital. Produce valores que sirven de nuevo para mandar sobre su trabajo y crear, por medio de este, nuevos valores.
>
> El capital solo puede aumentar cambiándose por fuerza de trabajo, engendrando el trabajo asalariado. Y la fuerza de trabajo del obrero asalariado solo puede cambiarse por capital acrecentándolo, fortaleciendo la potencia de que es esclava. *El aumento del capital es, por tanto, aumento del proletariado, es decir, de la clase obrera.*[338]

Colocados fuera de ciertas condiciones sociales, fuera de tal o cual período histórico en el desarrollo de la sociedad, los medios

---

338 Marx, *Trabajo asalariado y capital*, op. cit., p. 153.

de producción no pueden constituir jamás capital. El capital es la fuerza, no de un individuo, sino de toda la sociedad.

> Un negro es un negro. Solo en determinadas condiciones se convierte en esclavo. Una máquina de hilar algodón es una máquina para hilar algodón. Solo en determinadas condiciones se convierte en *capital*. Arrancada a estas condiciones, no tiene nada de capital, del mismo modo que el oro no es de por sí dinero, ni el azúcar el precio del azúcar.
> [...] También el capital es una relación social de producción. Es una relación burguesa de producción, una relación de producción de la sociedad burguesa. Los medios de vida, los instrumentos de trabajo, las materias primas que componen el capital, ¿no han sido producidos y acumulados bajo condiciones sociales dadas, en determinadas relaciones sociales? ¿No se emplean para un nuevo proceso de producción bajo condiciones sociales dadas, en determinadas relaciones sociales? ¿Y no es precisamente este carácter social determinado el que convierte en capital los productos destinados a la nueva producción?[339]

Mas adviértase que ese poder social es un poder privado, patrimonio privativo de una persona individual, el capitalista, que tiene el derecho, omnímodo e irrefrenable de hacer de él el uso que le dicte su voluntad. Cuanto más rápidamente se desarrollan los medios de producción capitalista, con más pujanza se desarrollan también las distintas ramas de la industria y más aguda se hace la contradicción entre la apropiación capitalista y la producción social. No hay más que cancelar en los medios sociales de producción el carácter capitalista, y ya los tenemos convertidos en propiedad social. «El proletariado se adueña del poder público, e inmediatamente transforma los medios de producción en propiedad social»[340]. De este modo arranca las fuerzas de producción a las uñas capitalistas y abre

---

339 Ibíd., pp. 151; 152.

340 Véase Engels, *Del socialismo utópico al socialismo científico*, op. cit.

el camino para el desarrollo pleno de su aplicación social. Esto hace posible la regulación de la producción social de acuerdo con un plan preconcebido. El desenvolvimiento de la producción convierte así la existencia de clases diferentes en un anacronismo.

35. *Propiedad individual y propiedad privada. El principio de distribución de la sociedad comunista*

Hemos visto cómo el régimen capitalista de apropiación crea la propiedad privada capitalista, que se diferencia bastante claramente de la propiedad privada individual, basada en el trabajo del propietario. Hemos visto, además, que la única propiedad que los comunistas intentan expropiar es la propiedad privada capitalista. Dejando la propiedad de los pequeños productores en manos de estos obreros, ya que no se trata de una clase de propiedad empleada como medio de explotación del trabajo ajeno, los comunistas respetan el patrimonio personal de todos los miembros de la sociedad; no ponen fin a la apropiación personal de los productos indispensables para el sustento de la vida. Sin embargo, para curarla de los vicios de que hoy adolece, los comunistas basan esta nueva propiedad individual en las adquisiciones provenientes de la época capitalista, es decir, en la cooperación de los trabajadores independientes y en la posesión conjunta de los medios de producción, incluyendo la tierra.

La forma que esta propiedad personal, esta propiedad individual, haya de asumir, el principio por el cual haya de regirse la distribución de lo producido entre los trabajadores, dependerá de las condiciones históricas de los tiempos y del grado de desarrollo a que hayan llegado las fuerzas productivas de la sociedad en el momento en que el proletariado se adueñe del poder. Deducida del producto colectivo la parte indispensable para la marcha normal del proceso social de la producción, para la reposición y reparación de los medios de trabajo, para la formación de un fondo social de reserva; para los gastos administrativos de toda clase, para las necesidades sociales y culturales, para la asistencia que ha de prestarse a los desvalidos, las utilidades del producto social se distribuirán entre los productores. Durante el período de transición del viejo al nuevo régimen, en que los vestigios de la vieja sociedad permanecen todavía adheridos a la nueva, el productor percibirá estrictamente la parte del producto proporcional a la cantidad del trabajo rendido; pero, aunque las distinciones de clase habrán desaparecido, permanecerán los privilegios naturales del talento individual, y la remuneración del trabajo será regulada en consonancia con su cantidad, calidad e intensidad.

> Cuando la sociedad comunista haya alcanzado un grado considerable de desarrollo, cuando la sumisión esclavizadora al yugo de la división del trabajo haya desaparecido, y cuando, con ella, hayan dejado también de existir la distinción entre el trabajo físico y el trabajo intelectual; cuando el trabajo no sea ya un medio de vida, sino la primera de las necesidades vitales del hombre; cuando las fuerzas productivas de la sociedad se hayan desarrollado en proporción al desarrollo multiforme de los individuos que componen esa sociedad, entonces los estrechos horizontes burgueses serán enterrados y la sociedad podrá escribir en su bandera: «Cada cual según su capacidad, a cada cual según sus necesidades».[341]

36. *El imperio del capital sobre el trabajo*

Según los economistas burgueses, el capital es trabajo acumulado, empleado como medio de nueva producción. Llegan a esta conclusión porque ven el capital como un conjunto de materias primas, instrumentos de trabajo y medios de sustento, indispensables para continuar produciendo. Pero todos estos elementos del capital son artículos comerciales, es

---

341 Marx, *El Programa socialista*, (*Crítica del Programa de Gotha*), en *Elementarbücher des Kommunismus*, op. cit., p. 9.

decir, productos dotados ya de un carácter social definitivo, que únicamente pueden adquirir cuando las relaciones económicas han alcanzado ya un determinado grado de desarrollo. Según esto, el capital no es una simple suma de productos materiales, sino un conjunto de productos que constituyen mercancías, valores de cambio, objetos dotados de una significación social. Toda suma de mercancías es una suma de valores de cambio. ¿Cómo, entonces, se opera su conversión en capital?

> Ahora bien, ¿cómo se convierte en capital una suma de mercancías, de valores de cambio?
> Por el hecho de que, en cuanto *fuerza* social independiente, es decir, en cuanto fuerza en poder de *una parte de la sociedad*, se conserva y aumenta por medio *del intercambio con la fuerza de trabajo inmediata, viva*. La existencia de una clase que no posee nada más que su capacidad de trabajo es una premisa necesaria para que exista el capital.
> Solo el dominio del trabajo acumulado, pretérito, materializado sobre el trabajo inmediato, vivo, convierte el trabajo acumulado en capital.
> El capital no consiste en que el trabajo acumulado sirva al trabajo vivo como medio para nueva producción. Consiste en que el trabajo vivo sirva al trabajo acumulado como medio para conservar y aumentar su valor de cambio.[342]

En *El Capital*, todavía traza Marx una exposición más clara de cómo el trabajo muerto, acumulado, gobierna al trabajo vivo, de cómo el trabajo pretérito rige al trabajo actual:

> Todas las modalidades de producción capitalista, en cuanto no sean meros procedimientos de trabajo, sino también medio de incremento y expansión del capital, tienen de común el hecho de que en ellas no es el obrero el que emplea los instrumentos de trabajo, sino estos, los instrumentos de trabajo, los que le emplean a él. Sin embargo, hasta llegar a la producción por medio de máquinas, esta inversión de las cosas no adquiere una realidad técnica y tangible.

---

342 Marx, *Trabajo asalariado y capital*, op. cit., pp. 152-153.

Al convertirse en autómata, el instrumento de trabajo se alza frente al obrero, en el proceso del trabajo, como capital, como trabajo muerto que gobierna el trabajo vivo y le chupa la savia.[343]

¡Y este sistema social, en que la inmensa mayoría de la población se ve obligada a venderse por un mezquino salario, es lo que los economistas burgueses describen como un régimen de «libertad»! «No os dejéis embaucar por el concepto abstracto de "libertad" –exclama Marx en su discurso sobre el librecambio, citado más arriba–. Libertad, ¿de quién? Esta palabra no indica la libertad de una persona respecto a otra, no, sino la libertad del capital para oprimir al obrero. ¿A qué ir a buscar apoyo y sanción para la "libre" concurrencia en esa idea de libertad, cuando la idea de la libertad no es en sí más que el fruto de un régimen basado en la libre concurrencia?».[344]

37. *Personalidad burguesa y personalidad humana*

En su polémica contra Max Stirner, Marx hace algunas observaciones de gran interés acerca de la relación que existe entre la personalidad burguesa y la personalidad humana. Los pensadores burgueses como Destutt de Tracy, filósofo francés (1754-1836), ven en la propiedad un atributo inseparable de la personalidad humana, consubstanciado con ella por lazos naturales. Para ellos, propiedad, individualidad y personalidad son una y la misma cosa. La idea de «yo» lleva ya inherente la idea de «mío». «La naturaleza ha dotado al hombre de una propiedad, es decir, de una individualidad, inalienable e inseparable. Dondequiera que existe, si no ya un ente individual, sí al menos un individuo con voluntad propia, existe propiedad»[345]. El propio Stirner se acercaba bastante a este modo de pensar.

---

343 Marx. *El Capital*, Tomo I, op. cit., pp. 455-456.

344 Marx, *Miseria de la Filosofía*, op. cit., pp. 287-288.

345 Destutt de Tracy, citado por Marx, *San Max*, op. cit., p. 361.

Si el burgués, con su limitado horizonte mental, se vuelve hacia el comunista y exclama: «suprimiendo la propiedad, que vale tanto como privarme a mí de mi existencia como capitalista, como terrateniente, como industrial, y como privarte a ti propio de tu existencia como trabajador, suprimes a la vez mi individualidad y la tuya propia, imposibilitándome para seguir explotándoos a vosotros, los trabajadores, para seguir acumulando utilidades, dividendos y rentas, destruyendo mi existencia individual»; si el burgués dice al comunista: «destruyendo mi existencia como burgués, destruyes mi existencia como individuo», tendremos que darle las gracias por su franqueza, por no decir por su cinismo. En efecto, eso y no otra cosa es lo que el burgués piensa, pues él no acierta a concebirse como individuo si no es concibiéndose como burgués. Pero en cuanto se ponen de por medio los teóricos burgueses, procediendo por vía general y teóricamente a identificar la propiedad burguesa con la personalidad humana, y pugnan por reforzar su tesis por medio de la lógica, entonces lo que se defiende y santifica ya no es más que la necedad.

[...] Para el burgués es facilísimo, empleando su lenguaje vernacular, demostrar que las relaciones mercantiles se confunden con las relaciones individuales y aun con las relaciones humanas en general, pues ese lenguaje vernacular es por sí mismo un producto burgués, que hace del regateo, tanto en el mundo tangible como en el mundo del lenguaje, el eje sobre el cual giran todas las cosas.[346]

Los comunistas solo pretenden destruir la propiedad privada con el fin de curarla de las taras que le impuso su modo adquirido de ser; en cambio, los pensadores burgueses (y entre ellos tenemos que incluir a los idealistas de la pequeña burguesía, como Proudhon y Stirner, los voceros más radicales de esta clase) tratan de tergiversar a toda costa este principio haciendo creer que equivale a la destrucción de la propiedad en general. Así lo hace Stirner, con su característica y perversa ingenuidad.

La propiedad privada (que no debemos confundir con la propiedad individual o personal, con la propiedad de «mi»

---

346 Marx, *Comentario sobre Stirner*, en *Documentos de socialismo*, op. cit., pp. 362–363.

camisa, de «mi» chaqueta, que no confiere a su dueño el menor poder de absorción de trabajo ajeno), la propiedad capitalista o de explotación, es la única que brinda las condiciones que permiten al individuo monopolizar las fuerzas sociales, las condiciones mediante las cuales los «propietarios» pueden mediatizar para su exclusivo provecho las cualidades naturales e individuales, no solo de las personas, sino también de las cosas.

> Respecto al terrateniente, el único interés que tiene en el suelo es la renta que puede extraer de él. Pero la renta es una propiedad de la tierra que esta puede perder sin perder ninguna de sus cualidades inalienables, sin perder ni una sola gota de su fertilidad. Es decir, que la renta es una cualidad cuyo volumen y hasta cuya existencia dependen de una serie de relaciones sociales que se crean y desaparecen sin que en ello tenga arte ni parte el propietario. Otro tanto podemos decir de la máquina. El dinero (la forma de propiedad más generalizada) tiene muy poco que ver con las características personales, y hasta puede ocurrir que sea directamente opuesto a ellas. Shakespeare sabía de esto mucho más que nuestros teorizantes pequeño burgueses cuando escribió: «*Gold? yellow, glittering, precious gold?... Thus much of this will make black, white; foul, fair; Wrong, right; base, noble; old, young; coward, valiant*». (¿Oro? ¿Oro amarillo, brillante, precioso? Con él se torna el negro blanco; hermoso el feo; el cobarde, valiente; el viejo, mozo; noble el villano, y el malvado justo).
>
> En una palabra, la renta de la tierra, las ganancias y demás atributos inherentes a la propiedad privada, no son más que otras tantas relaciones sociales en que se refleja una fase determinada de la producción.[347]

38. *La laboriosidad burguesa y la pereza proletaria*

En su tiempo se dijo que si se abolía la esclavitud o la servidumbre de la gleba los siervos o los esclavos huirían del

---

347 Marx, *Comentario sobre Stirner*, op. cit., p. 363.

trabajo y se darían a la ociosidad. A no ser por la vara o por el látigo, la «indolente pereza del pueblo bajo» sería invencible. La realidad demostró que estos augurios eran completamente falsos. El trabajo libre resultó ser más productivo que el servil. Pero este trabajo «libre» corre a cargo de un obrero «libre», cuya libertad se parece mucho a la del pájaro en el aire: el pájaro es «libre» de seguir volando o de parar el vuelo... hasta que cae. El obrero es también «libre», libre y desembarazado de todo medio de producción, y esta «libertad» le obliga a venderse a sí mismo, a vender su fuerza de trabajo. Hoy, en vez de ser el látigo o la vara, son las punzadas del hambre las que lo arrean hacia la fábrica. Trabaja acosado, pues ya no le vigila como antes la presencia del dueño de vez en cuando, sino el ojo siempre avizor del capataz y la ley hecha por el patrono, que está allí para castigar el menor descuido. La división del trabajo (cuyas funestas consecuencias, lejos de disminuir con el progreso de la máquina, se acentúan al desarrollarse el maquinismo) despoja al trabajo del obrero casi siempre de sentido y razón de ser. Los comunistas luchan por crear condiciones que garanticen la «libertad» de trabajo del obrero, dando rienda suelta a sus fuerzas físicas e intelectuales, sin hacer de su trabajo una faena insoportablemente monótona y pesada. La réplica burguesa a esta aspiración es la versión moderna del viejo refrán de la «haraganería del pueblo bajo».

Cuando el proletariado suba al poder tendrá que hacer frente (ya tiene que hacer frente hoy en Rusia) a una complicada serie de problemas. La revolución lleva consigo toda una serie de desórdenes y perturbaciones en el proceso de la producción. Para que la paz interior se restablezca hace falta tiempo. Durante el período de transición se produce inevitablemente una baja en el suministro de artículos manufacturados. Esta depresión es inevitable, aun dentro de las condiciones más propicias y aun cuando el proletariado consiga reorganizar satisfactoriamente las empresas industriales. Si, además, se hace imposible pertrechar las fábricas con los medios de producción necesarios o abastecer a los obreros de víveres, si los instrumentos están deteriorados, la resistencia de los obreros agotada y las reservas de materias primas exhaustas, entonces, los problemas a que tiene que hacer frente el proletariado parecen superiores a toda fuerza.

A la par que impone la obligación de trabajar a todos los ciudadanos, el proletariado tiene que cuidarse de eludir todo aquello que recuerde el trabajo de los cuarteles y las cárceles. Para fortalecer la disciplina entre los propios trabajadores, para difundir en todos los sentidos la idea de esta disciplina consciente y demostrar su importancia a tono con el carácter social de los instrumentos de trabajo, para mantener la necesidad de imponer esa disciplina en una sociedad recién salida del cascarón capitalista y que conserva todavía vestigios de su antigua matriz, que se halla aún bajo el peso de los residuos del sistema capitalista, para todo esto es indispensable, en los comienzos de una sociedad comunista, echar mano de una serie de recursos que levanten y fomenten el estímulo del trabajo. Pero estas medidas deben aplicarse ya desde el primer instante, no con el designio de hacer que se destaquen los obreros más eficientes, presentándolos como modelos a los demás, sino con la mira de incrementar la producción total de la colectividad obrera a la que pertenecen individualmente todos y cada uno de los trabajadores.

39. *Producción material y producción intelectual*

La producción y distribución de los productos del trabajo intelectual están estrechamente relacionadas con los cambios y el desarrollo de los medios materiales de producción, y corresponden al grado de progreso de las fuerzas productivas. Las formas de producción intelectual presentan diferentes características en las distintas etapas de desarrollo histórico de la sociedad humana.

Para estudiar las relaciones entre la producción material e intelectual es preciso fijarse ante todo en la producción material, no considerándola bajo el aspecto de una categoría universal, sino como una forma histórica concreta de producción. Así, por ejemplo, la producción intelectual no es la misma bajo el régimen capitalista que durante la Edad Media. Solo enfocando la producción material en una fase histórica determinada alcanzaremos a comprender las peculiaridades de la forma de producción intelectual correspondiente y la reciprocidad que media entre esta y la producción material.[348]

Una forma determinada de producción material exige un determinado régimen de división del trabajo, y este, a su vez, constituye la base de la división del trabajo intelectual. El estudio de la historia social nos demuestra que, una vez vencidas las etapas de la sociedad primitiva, comenzó la división del trabajo, dando origen a un gran número de especialidades y subespecialidades en el trabajo social, con la correspondiente clasificación en el campo técnico intelectual.

En toda sociedad en que la producción se desarrolla como un proceso regido por leyes naturales (y en la sociedad moderna ocurre así) no son los productores los que gobiernan los medios de producción, sino estos los que gobiernan a los productores. En esta sociedad, cada nueva palanca de producción se torna forzosamente en un nuevo yugo que encadena al productor a los medios de producción. Tal acontece, sobre todo, con esa palanca poderosísima de la producción, la más poderosa antes de que surgiese la gran industria, a saber: la división del trabajo. Ya al instaurarse la primera división del trabajo en gran escala, la que trajo consigo la separación del campo y la ciudad, la población rural se vio condenada a varios siglos de letargo mental, mientras los trabajadores de la ciudad quedaban entregados a la esclavitud, encadenado cada cual a su trabajo específico. Este estado de cosas se interpuso ante el desarrollo intelectual de los trabajadores del campo, a la par que entorpecía el desarrollo físico de los habitantes de la ciudad. Es cierto que el campesino es dueño, en esta época, de la tierra que cultiva y el artesano dueño del oficio que

---

348 Marx, *Teorías sobre la plusvalía*, Tomo I, ed. Kautsky, Stuttgart, p. 381.

ejerce; pero en la realidad acontece al revés: que la tierra es la dueña del labrador y el oficio del artesano. Con la división del trabajo quedó segmentado el propio hombre. Hubo que sacrificar sus facultades físicas y mentales en holocausto de una sola. Esta mutilación de las capacidades humanas aumenta conforme avanza la división del trabajo, para llegar a su grado máximo en la manufactura. El régimen de la manufactura desintegra el oficio en toda una variedad de operaciones, a cada una de las cuales se adscribe un obrero como al trabajo de toda su vida; este trabajo esclaviza al obrero durante toda la vida, sometiéndole a una operación determinada y parcial, y obligándole a manejar mientras vive un instrumento de trabajo especializado. Pero esta esclavitud no se limita al obrero. También los individuos de las otras clases que, directa o indirectamente, explotan al trabajador están sometidos, por el yugo de la división del trabajo, a los instrumentos de su actividad: el burgués a su capital y a su codicia de lucro, el abogado a sus tercos conceptos legalistas, que le subyugan como si tuviesen vida propia; la «clase culta» a toda una trama de prejuicios y afectos localistas, a su propia incapacidad física y a su miopía intelectual, a las taras de una lamentable educación y a la repetición constante y de por vida de fútiles actividades.[349]

La individualización de una serie de especialidades: conocimientos técnicos, enseñanza, instrucción militar, ejercicio del comercio, acaba por concentrar los estudios y la experiencia en manos de la clase dominante, empobreciendo intelectualmente a la masa trabajadora. Esta división del trabajo social, gracias a la cual todos los aserradores de madera y achicadores de agua, por ejemplo, pertenecen a una clase aparte, es ya bastante grave; pero todavía es más desastrosa, en muchos respectos, la torpe especialización, la separación cada día más acentuada entre el trabajo físico y el intelectual que sigue al desarrollo del régimen de la manufactura.

El campesino independiente o el artesano desarrollan, aunque sea en pequeña escala, sus conocimientos, su perspicacia y su voluntad.

---

349 Engels, *Anti-Dühring*, ed. alemana, Berlín, 1928, pp. 314–315.

El salvaje se ejercita en las artes bélicas, dando rienda suelta en ellas a su astucia personal. Bajo el régimen de la manufactura, estas aptitudes ya solo las necesita el taller en su totalidad. La producción acusa la inteligencia en un sentido a costa de sacrificarla en todos los demás. Lo que el obrero especializado pierde individualmente se concentra en el capital al que sirve. Como resultado de la división del trabajo fabril, el obrero se enfrenta con las fuerzas intelectuales del proceso material de la producción, de las que es esclavo, objeto de su propiedad. Este proceso comienza con la simple cooperación, en la que el capitalista representa la unidad y la voluntad del organismo de trabajo frente al trabajador individual. En la manufactura va más allá, pues mutila al obrero sometiéndolo a un trabajo determinado. Y triunfa, por fin, en la gran industria al separar el trabajo de la técnica, haciendo de esta una fuerza independiente de producción y sometiéndola al servicio del capital.[350]

En la sociedad capitalista, la enseñanza popular está toda ella encaminada a perpetuar el despojo intelectual de las masas. Sin embargo, al avanzar el movimiento de la clase obrera, la clase dominante se ve obligada a introducir ciertas reformas, siquiera sean mezquinas, en el sistema de educación. Claro está que, en los países capitalistas, estas reformas no menoscaban en lo más mínimo el carácter de clase de la educación ni la emancipan de los intereses de la burguesía.

Lo mismo que hacen los burgueses idealistas de hoy, los defensores filosóficos del régimen de la servidumbre en la época feudal se empeñaban en sostener que el destruir el sistema feudal de producción, y con él su producción intelectual, llevaría aparejadas grandes pérdidas para la sociedad. En aquellos tiempos los burgueses criticaban sin recato el carácter corporativo del viejo sistema de educación y se burlaban mordazmente de todos aquellos trabajos intelectuales respetados por sus antecesores. Economistas como Adam Smith y Ricardo demostraban la esterilidad de gran número de oficios,

---

350 Marx. *El Capital*, Tomo I, op. cit., p. 382.

por estar sometidos todavía, en mayor o menor medida, a las viejas condiciones feudales de producción, como fruto que eran del régimen feudal y creados a la medida de sus necesidades.

El trabajo de algunas de las clases más respetadas de la sociedad no es menos estéril que el trabajo de los criados. Tomemos por ejemplo un soberano territorial, con toda su cohorte de jueces y oficiales de graduación, con todo su ejército y su marina; todos son obreros improductivos. Son los criados del público y se les sostiene con una parte del producto anual del trabajo de otras personas... Entre ellos se cuentan asimismo los curas, los abogados, los literatos, los médicos, los cómicos, los juglares, los músicos, los tenores, los bailarines, etc.[351]

Y más adelante:

Tal era el lenguaje empleado por la burguesía en sus tiempos revolucionarios, antes de haberse impuesto a toda la sociedad, antes de adueñarse de todos los poderes del estado. Estas ocupaciones transcendentales, venerables y antiquísimas; el oficio de rey, de juez, de oficial, de cura, etcétera; todas las viejas y rancias jerarquías de que proceden, y con ellos sus criados, sus maestros, sus sastres, todos ocupan la misma categoría económica que el enjambre de lacayos y bufones que pululan a su alrededor y alrededor de los ricos ociosos (la nobleza territorial y los capitalistas, que son como los socios financieros y no toman parte activa en el negocio). Los intelectuales, los consagrados a «profesiones transcendentales», no son, para decirlo con la expresión burguesa de la época revolucionaria, más que los servidores del público, del mismo modo que los otros son, a su vez, sus servidores. Viven del producto del trabajo ajeno; por eso hay que reducirlos a la mínima expresión. El estado, la Iglesia, etc., solo tienen razón de ser como comités administrativos o gestores de los intereses colectivos de la burguesía productora; y su coste, que entra en el capítulo de gastos incidentales de la producción, debe reducirse al mínimum estrictamente indispensable. Este modo de

---

351 Marx, *Teorías sobre la plusvalía*, op. cit., p. 263.

ver tiene el interés histórico de patentizar, de una parte, el contraste con la antigüedad clásica, en que el trabajo material llevaba el sello degradante de la esclavitud y solo se le reconocía como el pedestal del ciudadano libre; y de otra parte, con la idea que prevalece bajo el régimen de la monarquía absoluta o aristocrática erigida sobre las ruinas de la sociedad medieval. Este último punto de vista aparece ingenuamente expresado por Montesquieu, que no había podido llegar a emanciparse de su absurdo. En *El espíritu de las leyes* escribe lo siguiente: «Si los ricos no gastasen con liberalidad, los pobres se morirían de hambre». Mas cuando hubo triunfado la burguesía (en parte al adueñarse del estado y en parte pactando con las antiguas clases dirigentes); cuando hubo reconocido las clases intelectuales como carne de su carne y sangre de su sangre, sacando de ellas a sus funcionarios, gente de su propia estirpe; cuando hubo dejado de erigirse a sí misma en representante del trabajo productivo frente a las clases improductivas; cuando los verdaderos trabajadores productivos se volvieron a su vez contra la burguesía, declarando que sus componentes vivían a costa del trabajo ajeno; tan pronto como la burguesía llegó a ser lo suficientemente «culta» para no dedicarse por entero a la producción y aspiró también a consumir «de un modo ilustrado»; a medida que los trabajadores intelectuales se fueron inclinando cada vez más abiertamente al servicio de la burguesía, de la producción capitalista, cambió la decoración, y la burguesía se esforzó por encontrar una razón «económica» para justificar, desde su propio punto de vista, las mismas cosas que antes había criticado y atacado con tanta dureza.[352]

La burguesía y su cortejo de servidores (maestros, técnicos de todas clases, filósofos, etc.) se han olvidado ya de esto, hasta el punto de ver en todo ataque a la cultura burguesa un ataque dirigido a la cultura general. Todo el sistema actual de educación secundaria y superior se encamina a formar los nuevos servidores y apologistas del orden social burgués. La burguesía se aprovecha de la experiencia de sus antiguos enemigos y pugna por atraer a las filas de sus criados, todavía con más tesón que sus

---

352 Ibíd., pp. 405-406.

predecesores de la época feudal, a los hombres excepcionales de las «clases inferiores», garantizándoles una posición privilegiada y un cubierto en su propia mesa; exactamente lo mismo que la vieja aristocracia hacía con el burgués advenedizo.

Entre tanto, la producción capitalista va echando los cimientos para el alumbramiento de nuevas formas de producción intelectual aptas para asimilarse las actividades de una gran parte de la población trabajadora. La fábrica necesita obreros que sepan leer y escribir; la gran industria necesita nuevos y mejores medios de transporte y comunicación. Por eso la legislación industrial insiste tanto en dotar a los obreros de la educación elemental.

Como podemos ver en la obra de Robert Owen, los gérmenes de la educación del mañana se encuentran en el sistema fabril. En la nueva educación se combinarán, para los niños de cierta edad, el trabajo productivo, la instrucción y la cultura física, no solo como medio de incrementar la producción social, sino como el único procedimiento que hay para conseguir seres humanos en plenitud de desarrollo.

[...] Y si, de un lado, el cambio incesante de trabajo parece venir impuesto por una ley natural superior, que obra con la ciega energía de las leyes naturales cuando algo se interpone en su camino, la gran industria, con sus catástrofes, impone, de otro lado, la necesidad de que esos cambios y la mayor versatilidad posible en punto a los obreros se reconozcan como otras tantas leyes generales de la producción social, como cuestión de vida o muerte, a cuyo normal funcionamiento debe plegarse la producción. Bajo la gran industria es también cuestión de vida o muerte que la monstruosidad del desdichado ejército de reserva del trabajo, puesto al servicio del capital para sus varias necesidades de explotación, sea relevado por la perfecta adaptabilidad del ser humano para la versátil demanda de diferentes clases de trabajo; de esta suerte, el obrero educado solo para un trabajo social específico será sustituido por otro con aptitudes varias, para quien los distintos trabajos sociales no sean más que otros tantos modos alternativos de ejercer su actividad. Las escuelas agrícolas y politécnicas son los factores de esta metamorfosis, factores que son un brote natural de la gran industria; otro factor de la misma índole son las escuelas industriales, donde los hijos de los obreros reciben una instrucción especializada en tecnología y en manejo de los instrumentos de trabajo. Aunque hoy las leyes de fábrica, como fruto que son de las concesiones elementales del capital, se contenten con una combinación de instrucción primaria y prácticas de taller, es evidente que a la conquista del poder político por la clase obrera seguirá un movimiento en que la instrucción técnica, teórica y práctica será obligatoria en las escuelas de trabajadores. Ni cabe tampoco la menor duda de que la forma capitalista de producción y el régimen político-económico adecuado a esa forma de producción son diametralmente opuestos a estos fermentos revolucionarios y a su designio: la abolición de la vieja división del trabajo.[353]

Solo destruyendo el carácter de clase de la sociedad, redimiendo al proletariado de la maldición de un trabajo exclusivamente físico y mecánico, podrán crearse las condiciones para la producción intelectual del comunismo. Solo emancipando a la ciencia del yugo de la clase dominante y explotadora, de su degradación en manos de un munífico Rockefeller que «sacrifica» millones de dólares en beneficio de la ciencia, para luego, pertrechado con «la última palabra en materia de descubrimientos científicos», proceder a extraer millones de dólares de las minas del proletariado; solo redimiendo la ciencia y el arte del régimen capitalista, conseguiremos transformar toda la sociedad en una libre asociación de personas que puedan desarrollar desembarazadamente todos sus talentos y actividades. Dotada de los conocimientos científicos necesarios, la humanidad podrá entonces reanudar la lucha con la naturaleza, libre ya de los prejuicios inseparables de un sistema en el que el hombre es el explotador del hombre.

---

353 Marx. *El Capital*, Tomo I, op. cit., pp. 522; 525-527.

40. *La presunta inmutabilidad del tipo de sociedad burguesa*

Los pensadores burgueses suelen considerar las condiciones de su sociedad como sempiternas. Pero Marx nos demuestra lo contrario:

> Los economistas son unas criaturas raras. Para ellos solo existen dos clases de instituciones: obras de arte y obras de la naturaleza. Las instituciones del feudalismo son artificiales, las de la burguesía son naturales. En esto, los economistas se parecen a los teólogos, para quienes solo existen dos clases de religión. Toda religión que no sea la que ellos profesan es invención del hombre: solo la suya es la revelación de Dios. Cuando los economistas declaran que el régimen existente (el régimen que impera en la producción burguesa) es «natural», quieren decir que ese régimen es obra de la riqueza y del desarrollo de las fuerzas de producción en consonancia con las leyes de la naturaleza. Es, según ellos, una trama de leyes naturales, sustraídas a los cambios del tiempo. Es un conjunto de leyes eternas e inmutables por las que se regirá perennemente la sociedad. ¡La historia ha concluido! Y, sin embargo, debió de existir, puesto que sabemos que existieron instituciones feudales, y bajo ellas descubrimos condiciones de producción radicalmente distintas a las que en la sociedad burguesa inspiran estas condiciones de producción que nuestros economistas se empeñan en hacer pasar por naturales y eternas.[354]

Para la burguesía tiene una gran importancia el hacemos creer que las leyes que rigen la sociedad actual son leyes eternas, inculcándonos la idea de que la más leve infracción de esas leyes es un crimen atroz. De aquí los esfuerzos de la burguesía por atrincherarse tras el concepto de la legalidad. Aun en los casos en que la clase burguesa se ve complicada en manejos revolucionarios, hay que guardar a todo trance las apariencias de legalidad. Procesado en 1849 por excitar a la resistencia armada

---

354 Marx, *Miseria de la Filosofía,* op. cit., pp. 167–168.

contra el recaudador de contribuciones del gobierno prusiano, Marx se defendió en los términos siguientes:

> Pero veamos, señores, ¿a qué llaman ustedes mantener el «principio de legalidad»? A mantener unas leyes procedentes de una época social desaparecida, hechas por los representantes de intereses sociales caducos o que están a punto de caducar y que, por tanto, se limitan a elevar a ley estos intereses, pugnantes con las necesidades generales de la sociedad.
>
> Pero la sociedad no descansa en la ley. Eso es una quimera jurídica. No, es lo contrario; la ley es la que tiene que descansar en la sociedad, la que tiene que ser expresión de intereses y necesidades comunes, derivados del régimen material de producción existente en cada época, contra el despotismo individual. Este Código de Napoleón[355] que tengo en la mano no engendró la moderna sociedad burguesa. Es, por el contrario, la sociedad burguesa nacida en el siglo XVIII la que encuentra en este código mera expresión legal. Tan pronto como deje de ajustarse a las relaciones sociales se convertirá en un simple pedazo de papel. Ustedes no pueden hacer de una ley vieja la base de un nuevo desarrollo social, del mismo modo que esa ley no creó la vieja situación legal.
>
> Las viejas leyes son fruto de las viejas condiciones, y con ellas perecen. Cambian al cambiar las nuevas condiciones de vida. Querer mantener las leyes viejas desafiando a las nuevas necesidades y exigencias del progreso social, equivale, en rigor, a tomar la defensa de intereses privados y trasnochados, sacrificando a ellos el interés actual y general.
>
> Esa afirmación del «principio de legalidad» pretende hacer pasar por vigentes intereses particulares que han dejado de regir; pretende imponer a la sociedad leyes condenadas ya a ser letra muerta por las condiciones de vida de esa sociedad, por su modo de vivir, por su comercio, por su régimen material de producción; pretende mantener en sus funciones a un legislador que se limita a defender los intereses privados de unos cuantos; pretende abusar del poder público para supeditar por la fuerza los intereses de la mayoría a los intereses de una minoría.

---

355 WR: El Código Civil decretado por Napoleón y que regía en la provincia del Rin.

Y esto le lleva a chocar a cada paso con las necesidades reales del país, entorpeciendo la marcha del comercio y de la industria y atizando las crisis sociales, que son el combustible que en las revoluciones políticas hace explosión.[356]

41. *La familia en la sociedad burguesa*

Antes de redactar el *Manifiesto Comunista*, Marx y Engels habían reflexionado ya más de una vez acerca del problema de la familia. Marx estudió con más detalle la familia burguesa, mientras que Engels se especializó en las relaciones de la familia proletaria.

La burguesía está hablando a todas horas de la santidad de los vínculos familiares. Para disfrazar el cuadro poco halagüeño de la realidad se vale de una hipócrita fraseología. Hace ya mucho tiempo que el matrimonio burgués se convirtió en una transacción de índole comercial, hace ya mucho tiempo que perdió aquellos encantos de ternura y sinceridad que los idealistas burgueses gustan de ensalzar en él.

La actitud de los burgueses para con las instituciones de la burguesía se parece mucho a la actitud de los judíos para con la Ley mosaica. Individualmente, el burgués se olvida de las instituciones para atender a su propio provecho; pero no quiere que los demás las ataquen. Si los burgueses en masa volvieran la espalda a sus instituciones dejarían de ser burgueses, y esto, naturalmente, está muy lejos de su intención; por eso no sueñan jamás con semejante cosa. El burgués de temperamento sensual olvida la santidad del matrimonio para convertirse en un adúltero a cencerros tapados; el comerciante olvida la santidad de la propiedad, a partir del momento en que priva a otros de la suya por medio de la especulación, la quiebra, etc.; el joven burgués se emancipa de su familia en cuanto puede, quebrantando así prácticamente la ley familiar; pero no importa; teóricamente, el matrimonio, la propiedad y la familia siguen siendo instituciones

---

356 Marx, *Revelaciones sobre el Proceso de los comunistas de Colonia*, op. cit., pp. 15-16.

sacrosantas, porque en la práctica son las bases sobre las cuales se ha fundado el régimen burgués, porque, bajo su forma burguesa, constituyen las condiciones que hacen del burgués un burgués, del mismo modo que la Ley mosaica, perpetuamente burlada, hace del piadoso judío un judío piadoso. Este entronque entre el burgués y las condiciones que rigen la vida de la burguesía asume una de sus formas de generalidad en la moral burguesa.

No debemos hablar de «la» familia sin distinguir. Históricamente, el burgués imprime a la familia las características de la familia burguesa, cuyos lazos son el hastío y el dinero, y una de cuyas peculiaridades es su constante violación por el propio burgués. Su viciosa existencia se disfraza, en parlamentos oficiales y locuciones hipócritas, con la santidad de la idea de la familia. Allí donde la familia no existe ya de hecho, en el proletariado, las condiciones con que nos encontramos son precisamente las contrarias a las que Stirner se imagina. Entre el proletariado, la idea de la familia se ha borrado en absoluto, por más que no sea raro encontrarse aquí con verdaderos sentimientos familiares, basados en condiciones extremadamente concretas. En el siglo XVIII, la idea de la familia fue propagada por los filósofos porque, al llegar al apogeo de la civilización, la verdadera familia estaba ya en vías de disolverse. Los lazos íntimos de la familia, los elementos individuales de que se compone la vida familiar: la obediencia, el afecto, la fidelidad conyugal, etc., habían ido desapareciendo; solo persistía, si bien considerablemente modificado, el cuerpo de la familia: las relaciones de propiedad, la actitud de retraimiento hacia las familias ajenas, la convivencia forzada, el régimen de familia impuesto por la existencia de hijos, por la estructura de las ciudades modernas, por el desarrollo del capital, etc. Y persistía porque la existencia de la familia es inevitable por su entronque con el régimen burgués de producción, independiente, a su vez, de la voluntad de la sociedad burguesa. Estudiando la Revolución francesa, que, en lo que a la ley se refiere, abolió virtualmente, durante un corto espacio de tiempo, la familia, podemos comprobar cuán indispensable es esta institución para la sociedad de la burguesía. La familia continúa en pie en el transcurso del siglo XIX, con la diferencia de que su disolución se va haciendo cada vez más general, y no teóricamente, sino conforme crece el desarrollo de la industria y de la concurrencia.[357]

La disolución de la familia burguesa es un tema tratado con peculiar lucidez en las obras de los grandes utopistas, y sobre todo en las de Fourier. En *La Sagrada Familia*, Marx y Engels citan «el magistral tratado de la familia» de Fourier, y lo comentan en términos que denotan la misma orientación ideológica que luego se había de revelar en los pasajes correspondientes del *Manifiesto*:

El adulterio, la seducción, son timbre de prestigio para el seductor, se consideran actos de buen tono [...]. En ella (¡pobre muchacha!) no piensa nadie. El infanticidio, en cambio, ¡qué crimen más atroz! Para conservar el honor, la sociedad obliga a la mujer a destruir la evidencia de la deshonra; y sin embargo, cuando sacrifica el hijo a los prejuicios de la sociedad es cuando se la considera más culpable y se la sacrifica a ella misma a los prejuicios de la ley [...]. Y en este círculo vicioso se mueve todo el mecanismo de la civilización [...]. ¿Qué es la mujer joven más que una mercancía puesta en venta, esperando al primer postor que le haga una oferta para entrar, como dueño exclusivo, en su posesión? Así como en gramática dos negaciones constituyen una afirmación, podría decirse que en el matrimonio dos prostituciones constituyen una virtud [...]. Los cambios operados en la historia se acusan siempre en la relativa libertad conquistada por la mujer en alguno de los aspectos de su vida, pues en cuanto analizamos las relaciones entre hombre y mujer, entre el fuerte y el débil, vemos triunfar con toda claridad la naturaleza humana sobre la naturaleza del bruto. El grado de emancipación de la mujer es el exponente natural de la emancipación de la sociedad [...]. El envilecimiento del sexo femenino es un rasgo esencial así de la civilización como de la barbarie, con la diferencia de que los vicios que los bárbaros practican sencilla y derechamente, sin disfraz, en la civilización se

---

357 Marx, *Polémica contra Stirner*, en *Documentos de socialismo*, ed. Bernstein, Tomo II, p. 126–127.

conservan bajo una apariencia complicada, hipócrita y ambigua [...]. La mujer permanece esclavizada, y el hombre sufre con ello más que la mujer misma.[358]

Durante el siglo XIX, la prostitución, la alcahuetería, el tráfico de carne humana (la trata de blancas) se convirtieron en ramos especiales de especulación comercial, con ramificaciones en todas partes, irradiando las enfermedades venéreas por todo el orbe. He ahí los frutos de las instituciones familiares burguesas y del matrimonio burgués.

En su libro sobre la situación de la clase trabajadora en Inglaterra, Engels nos presenta el cuadro de la familia proletaria y demuestra que la borrachera y la glotonería son los vicios más salientes de los obreros que no han adquirido aún conciencia de clase como miembros del ejército del trabajo y que aceptan, por consiguiente, sin rebelarse, el orden social burgués.

> Cuando el pueblo se ve condenado a vegetar en unas condiciones que no hacen más que despertar sus peores instintos no le queda sino rebelarse o dejarse resbalar a un estado de degradación peor todavía que el del bruto. Por su parte, la burguesía contribuye a este envilecimiento fomentando directamente la prostitución. De las cuarenta mil prostitutas que merodean por los barrios de Londres, ¿cuántas no viven del virtuoso burgués? ¿Y cuántas no fueron seducidas por honestos burgueses viéndose luego obligadas a vender sus cuerpos al primero que acertó a pasar?[359]

Aun cuando la burguesía cuente con las condiciones materiales necesarias para crear una vida familiar feliz, el régimen capitalista emponzoña inmediatamente el hogar con las irradiaciones de su espíritu mercantil. El obrero, agobiado por la penuria, es también incapaz de sostener un hogar para él y su familia:

---

358 Marx y Engels, *La Sagrada Familia*, op. cit., cap. VII, pp. 308-309. Es una cita de Fourier, *Obras Completas*, Tomo I, París, 1846.

359 Engels, *La situación de la clase obrera en Inglaterra*, op. cit., p. 131.

Para el obrero es casi imposible sostener un hogar, bajo el régimen social vigente. La casa en que vive es incómoda y sucia, apenas si sirve para refugio de dormir, le falta calor, está desmantelada y con frecuencia llueve dentro; en los cuartos, en que se hacinan los inquilinos, se respira un aire maloliente; allí es imposible que reine la amenidad doméstica. El marido se pasa el día en su trabajo, como la mujer y los hijos, casi siempre, en el suyo. Lo más frecuente es que trabajen todos en distintas fábricas, cargos o talleres. Solo se ven por las noches y por las mañanas, expuestos constantemente a la tentación de ahogar su miseria en el alcohol. ¿Se concibe vida familiar en estas condiciones?[360]

El empleo de las mujeres en las fábricas contribuye poderosamente a quebrantar la familia. En las casas en que marido y mujer se pasan trabajando fuera todo el día, los niños se crían sin cuidado de nadie, como los hierbajos a la vera del camino, o son recluidos en algún asilo. Pero el trabajo de la mujer en la fábrica ejerce todavía una influencia más perniciosa sobre la moral. En el confinado local de un taller se aglomeran personas de ambos sexos, dotadas de una educación meramente elemental y sin una moral de voluntad suficientemente desarrollada. ¿Cuáles son las consecuencias de esto? Las mismas exactamente que resultan de los cuchitriles en que se hacinan los pobres, tan distintos de los espaciosos salones de los ricos. Añádase a eso la hegemonía que el dueño de la fábrica o el director ejerce sobre las operarias y aprendizas, que hasta los mismos investigadores burgueses reconocen que llega a extremos imperdonables.

La gran industria, al empujar al niño y a la mujer a la fábrica, destruye el régimen familiar existente y trastorna de raíz las relaciones entre padres e hijos, entre marido y mujer. El cabeza de familia, que ganaba el pan para todos, se convierte ahora en explotador de su propia prole, con la que trafica por necesidad en el mercado de trabajo, hasta que la

360 Ibíd., p. 132.

legislación industrial viene a poner coto a estas transacciones. La mujer, que antes regentaba el hogar, se transforma ahora en el objeto más lucrativo de la explotación capitalista. Los niños y los muchachos, por su parte, se convierten en trabajadores independientes, libres de la tutela paterna; sus relaciones con sus padres son ahora radicalmente distintas de las que regían bajo el régimen patriarcal de antaño. Mientras la familia siga basada en el régimen de propiedad, mientras se halle regida por intereses privados, mientras determinados miembros de la familia puedan basar sus prerrogativas en la cantidad con que contribuyen al sostenimiento del presupuesto familiar, mientras persista todo eso, persistirá también el trastrocado reparto de papeles de la sociedad actual, y la familia proletaria será un mito.

No obstante, la gran industria crea los elementos necesarios para el desarrollo de un nuevo tipo de familia.

> Por muy horrible, por repulsiva que se nos antoje la disolución de la familia dentro del régimen de la sociedad capitalista, la gran industria, asignando a las mujeres y a los niños de ambos sexos un papel importantísimo en el proceso organizado de la producción, papel que tiene que ser desempeñado forzosamente fuera del hogar, echa las bases económicas para una forma superior de familia y de relaciones entre los sexos. Tan estúpido sería considerar la forma teutónicocristiana de la familia como absoluta, como aplicar este punto de vista a la familia clásica romana, al tipo clásico de familia griega o a la forma oriental, en las que se reflejan sucesivamente distintas series eslabonadas del progreso histórico. Y asimismo es evidente que la estructura del trabajo combinado de obreros de ambos sexos y diferentes edades (aunque en su desarrollo espontáneo y en su forma capitalista brutal –donde el obrero existe para el proceso de producción, en vez de existir este para el obrero– sea un foco pestilente de corrupción y esclavitud) habrá de transformarse, bajo condiciones propicias, en una fuente de progreso humano.[361]

---

361 Marx. *El Capital*, Tomo I, op. cit., p. 529.

El lector que desee desarrollar la concepción del matrimonio y de las relaciones familiares desde el punto de vista del socialismo científico, debe consultar el libro de Engels, *Los orígenes de la familia, de la propiedad privada y el Estado*. Aunque algunas de las conclusiones a que llega Engels respecto a los resultados históricos de las diversas formas de matrimonio han sido ya sobrepasadas, la descripción que hace de las relaciones familiares en el período de la civilización burguesa (dominada como lo está por el interés privado, el dinero contante, etc.) sigue sin superar. En ella, Engels une los rasgos críticos de un Fourier al maravilloso método analítico empleado por Marx en *El Capital*.

No es este lugar adecuado para estudiar los puntos de vista que acerca de la familia y del matrimonio mantienen los diversos autores socialistas y comunistas anteriores a Marx y Engels, aunque el estudio sería, sin duda alguna, sobremanera sugestivo. Muy especialmente el de las ideas de los discípulos de Saint-Simon y las de los comunistas materialistas, que sostienen que el matrimonio burgués y las relaciones familiares de la burguesía deben desaparecer de raíz.

42. *Los obreros y «su» patria*

Los trabajadores no tienen patria. Esta idea aparece expresada en todas las obras comunistas, así francesas como alemanas, anteriores a la publicación del *Manifiesto*. Este no hace más que subrayar la afirmación, haciendo resaltar el hecho de que esa «patria» que tanto gustan de ensalzar los voceros de la burguesía no existe para el obrero.

A medida que el proletariado va cobrando conciencia de clase, las luchas parciales libradas por sus distintos sectores se organizan y toman los contornos de una lucha general y nacional de la clase trabajadora. El área en que dan estas batallas cae dentro de las fronteras de cada Estado nacional gobernado por la burguesía. He aquí por qué (si no de hecho, por lo menos en apariencia) las luchas del proletariado son primariamente luchas nacionales, es decir, planteadas dentro de las fronteras de cada nación. Es una parte nada más de la nación, la burguesía, la que crea para sus intereses dentro del territorio nacional eso que se llama la «patria». Allí donde el proletariado no forme una clase por cuenta propia, fundida por su propia conciencia de clase; allí donde esa conciencia de clase no exista aún o no se haya consolidado, el Estado nacional de clase seguirá siendo, será todavía, también, la «patria» de los obreros. Además, cuando el proletariado, consciente ya de su existencia como clase, trata de apoderarse del poder político, sigue siendo una unidad nacional dispuesta a erigirse en la clase dirigente dentro de las fronteras de su país. En este sentido es evidente que el proletariado tiene un cierto carácter nacional. Pero a medida que decaiga y se debilite el individualismo nacional y se fortifiquen los lazos de solidaridad entre los diversos países, las características nacionales se irán desvaneciendo. La lucha del proletariado en los diversos países irá haciéndose más homogénea, el programa de todos los trabajadores del mundo tenderá a ser el mismo y la lucha asumirá proporciones internacionales. Sin embargo, solo el triunfo de la revolución social en todos los países y el advenimiento mundial del régimen del proletariado podrá echar los cimientos sobre los cuales cobrará enorme incremento el proceso de internacionalización (visible ya bajo el régimen capitalista) y cesarán los actuales antagonismos y las luchas de clases actuales. Si los obreros, a lo menos los de los principales países civilizados, no se hallan en condiciones de unir sus fuerzas, su emancipación nacional, de fronteras adentro, tropezará con formidables dificultades.

La idea burguesa de «patria» lleva aparejados los conflictos entre naciones, conflictos que a veces estallan abiertamente y otras veces se mantienen ocultos; equivale a exclusivismo nacional, equivale a opresión de unos países por otros. Las relaciones entre los capitalistas de una nación se reproducen entre los de distintas nacionalidades, y así como unos capitalistas compiten con otros dentro de su propio país, venciéndolos en la lucha y absorbiendo sus capitales o colocándolos bajo su sujeción personal, en la órbita internacional unos gobiernos capitalistas pugnan por arrollar a otros, por anexionarse el país enemigo y convertir a la nación vencida en tributaria suya: la reciente guerra imperialista ha dejado bien patentizado que entre los obreros de Europa perdura todavía el espíritu de sumisión al régimen burgués. Esto quiere decir que el proletariado no forma todavía un todo homogéneo ni siquiera dentro de las fronteras nacionales de cada país; que se halla todavía dividido en grupos; que no es aún una clase unida por la solidaridad de sus intereses y que no reconoce más que un fin, a saber: la organización de los trabajadores en clase dirigente, la implantación del Estado proletario.

Cuanto más estrechos y apretados sean los lazos que unan a los partidos obreros de los distintos países, más pronto se convertirá la lucha contra la burguesía nacional, de una guerra individual, en una lucha generalizada; más se extenderá la lucha de clases del área nacional a la órbita internacional; mayor realidad y evidencia adquirirá la fraternidad internacional de los obreros; más se precipitará la hora de la revolución social y más vastas serán sus perspectivas. Desde los comienzos de su carrera revolucionaria, Marx y Engels hicieron del internacionalismo la piedra angular de sus actividades. Su «patria» era el sitio donde se avecinaba, donde era inminente, la batalla de los obreros contra los capitalistas; sus energías se concentraban todas en reforzar los lazos internacionales del proletariado; todo su afán era crear una organización internacional de tipo comunista. Ya antes de que existiese la Liga de los Comunistas, Marx y Engels tomaron parte en todas las tentativas que se hicieron en Bélgica y en Inglaterra por elevar las organizaciones democráticas a un nivel internacional. En 1846 subrayaron la necesidad de cambiar el viejo grito de combate de «la fraternidad entre las naciones» por el de «la fraternidad del proletariado de todos los países». Después de asistir en Londres a un mitin internacional, Engels escribió:

> Diré, para concluir, que hoy solo la fraternidad entre las naciones, interpretada en un sentido socialista, puede significar algo. Dentro del régimen político actual, la quimera de una república europea, la ilusión de la paz perpetua, no dice nada, es algo tan ridículo como toda esa fraseología acerca de una unión de los pueblos bajo la égida del librecambio universal. Y a la par que este quimérico sentimentalismo se pasa de moda, los proletarios de todos los países, firmemente y sin ostentación, comienzan a confraternizar bajo la bandera de la democracia comunista. Y no solo eso, sino que los proletarios son hoy los únicos elementos capaces de confraternizar de este modo. La burguesía de cada país tiene intereses propios y específicos que defender, y los burgueses, para quienes el interés es el todo, no podrán sobreponerse jamás a las fronteras del nacionalismo. Y cuanto un puñado de teorizantes pretenda hacer en este punto será en vano, pese a todos sus bellos «principios», pues los conflictos de intereses y la inercia del fenómeno pueden más que toda la fraseología. Los proletarios, por el contrario, tienen unos y los mismos intereses en todos los países, uno y el mismo enemigo, una y la misma guerra que sostener. La inmensa mayoría de los proletarios está, gracias a su situación, limpia de prejuicios nacionales, y toda su cultura y su acción son esencialmente humanistas y antinacionales. Los proletarios son los únicos que pueden acabar con el nacionalismo; el proletariado naciente es el único que puede llevar a efecto la fraternidad de las naciones.[362]

43. *La lucha de clases y el proceso histórico*

El *Manifiesto* es una aplicación viva de la nueva filosofía de la historia: traza el cuadro del proceso histórico que lleva al nacimiento y desarrollo de la lucha de clases entre el proletariado y la burguesía. En la primera parte coloca el elemento dramático, la lucha de clases. El *Manifiesto* demuestra

---

362 Véase Marx y Engels, *Escritos varios*, op. cit., Tomo II, p. 460.

cómo la lucha de clases está informada siempre por los factores sociales y las condiciones económicas; cómo la pugna del proletariado por conquistar su emancipación es un fenómeno obligado en el transcurso de la historia, del mismo modo que lo fue en otro tiempo la lucha de la burguesía por su libertad; cómo el desarrollo de la gran industria crea los elementos necesarios para la restauración de un nuevo sistema económico. Marx y Engels no pretendieron jamás haber «descubierto» la lucha de clases en la historia. Por el contrario, tuvieron muy buen cuidado de demostrar que ya había obras del período de la Restauración inglesa (es decir, de mucho antes de su tiempo) referentes a la historia de la burguesía, en las que se pintaba el desarrollo histórico de la lucha de clases.

Además, los economistas burgueses ponen al descubierto la estructura económica de estas clases. Marx se limita a generalizar el conocimiento de estos hechos, borrando del campo de la historia, de una vez para siempre, el romanticismo de los héroes, caudillos, etcétera, a quienes se venía reconociendo tradicionalmente como sus «autores». Marx demostró que la existencia de las clases está estrechamente relacionada con el grado de desarrollo de la producción en una época histórica determinada y que la lucha de clases, en su fase más moderna, tiene que conducir necesariamente a la toma del poder político por el proletariado. La lucha de clases como fuerza motriz de la historia, el origen de las clases sociales, la transformación de grupos homogéneos de individuos unidos por intereses comunes en una clase coherente con vida propia, el desarrollo de la conciencia de clase entre los obreros, la creación de una mentalidad de clase, la formación de una perspectiva de clase que abarque el mundo entero (actitud mental cimentada en las condiciones materiales vigentes en el seno de la clase), todos estos puntos de vista fueron trasladados poco a poco por Marx al laboratorio de su interpretación materialista de la historia. Uno de los problemas más urgentes era desarraigar las ideas corrientes y generalizadas en materia de religión. Feuerbach, filósofo alemán (1804-1872), había proclamado ya que, en el mundo religioso, el conocimiento estaba determinado por la existencia, el pensamiento por el ser, afirmando que no era la religión la que creaba al hombre, sino este el que creaba la religión. Marx fue más allá. Sostuvo que no era el hombre individual el que se enfrentaba con la naturaleza, sino la humanidad en conjunto; que, la conciencia no estaba determinada por la existencia individual, sino por el conjunto de existencias humanas. La religión (dice Marx) se explica, no por la «autoconciencia» y otras sutilezas por el estilo, sino por el régimen general de producción e intercambio, que es tan independiente del conocimiento puro como la invención del telar mecánico y la introducción del ferrocarril de la filosofía de Hegel. Marx estudió también otras formas ideológicas:

> Las relaciones sociales están íntimamente relacionadas con las fuerzas de la producción. Al disponer de nuevas fuerzas productivas, las gentes cambian el régimen de producción, y paralelamente con el cambio sobrevenido en el régimen de producción, en el modo de ganarse la vida, cambian todas las relaciones sociales. El molino movido a mano nos lega una sociedad de señores feudales; el taller mecánico, una sociedad de capitalistas industriales. Y esas mismas personas que amoldan las relaciones sociales al régimen material de producción, modelan igualmente las ideas, los principios, las categorías a las condiciones sociales en general. Por eso esas ideas, esas categorías, sólo duran lo que las condiciones, las relaciones de las cuales son expresión. Son productos históricos, fugaces, transitorios.[363]

A los que sostienen que las ideas, los principios, etc., crean la historia, contesta Marx con la siguiente definición de los problemas que se le plantean al historiador:

---

363 Marx, *Miseria de la Filosofía*, op. cit., pp. 151-152.

Si nos preguntamos por qué un principio dado aparece en el siglo XI o en el siglo XVIII y no en otro cualquiera, necesariamente tendremos que estudiar de cerca la condición de la gente que vivió en aquel siglo, indagar las necesidades especiales que regían en ese siglo, las fuerzas productivas que imperaban en esa época, los métodos de producción y las materias primas de uso general; cerciorarnos, en fin, de cuáles eran las relaciones sociales resultantes de las condiciones de vida a que aludimos. ¿Y qué es estudiar todas estas cuestiones sino escribir la historia real y cotidiana de las gentes que vivieron en cada siglo, describiéndolas como los autores y actores a la par de su propio drama dentro de los límites comunes de su tiempo?[364]

Y ¿qué decir de la idea revolucionaria enderezada contra la sociedad existente? ¿No existe y se extiende cada vez más la convicción de que la explotación del hombre por el hombre es inmoral y de que debe ponerse fin a este régimen, destruirlo? ¿Y no demuestra la difusión de esas convicciones que la idea es capaz de crear una mentalidad revolucionaria? Siguiendo a Engels podemos señalar que: «Cuando la conciencia moral de las masas señala como injusto tal o cual fenómeno económico, como sucedió primero con la esclavitud y luego con la servidumbre, ello indica que ese fenómeno ha sobrevivido ya a su tiempo, que han surgido ya nuevas condiciones económicas junto a las cuales las viejas se han hecho insoportables y tienen que ser barridas»[365].

La idea revolucionaria indica sencillamente que en el seno de la vieja sociedad se forman siempre los elementos que han de formar la sociedad nueva. El carácter de clase de la sociedad determina el carácter también de clase de las ideas que en ella prevalecen:

---

364 Ibíd., p. 159.

365 V. Bystryansky, *El marxismo sobre la moral*, "Universidad comunista en casa", n° 7, 1925. El autor sigue las ideas de Engels al respecto. Riazánov cita esta frase atribuyéndosela al propio Engels.

Sobre las diversas formas de propiedad y sobre las condiciones sociales de existencia se levanta toda una superestructura de sentimientos, ilusiones, modos de pensar y concepciones de vida diversos y plasmados de un modo peculiar. La clase entera los crea y los forma derivándolos de sus bases materiales y de las relaciones sociales correspondientes. El individuo suelto, a quien se le imbuye la tradición y la educación, podrá creer que son los verdaderos móviles y el punto de partida de su conducta.

Siempre que varias clases estén eslabonadas en un destino histórico común y confinadas dentro del mismo sistema social, sus perspectivas presentan ciertos rasgos comunes. Pero estos rasgos tienen una importancia puramente secundaria comparados con las características específicas que acusan la psicología de cada clase de por sí. A la lucha de clases en el mundo político y económico corresponde la lucha en el mundo de las ideas. La psicología de la clase dirigente imprime su sello a la época histórica en que esa clase impera y desarrolla sus atributos especiales. Es una psicología de clase dirigente. O para decirlo con la paráfrasis que hace el *Manifiesto* de la sentencia de Goethe: «Las ideas dominantes en cualquier época no han sido nunca más que las ideas de la clase dominante»[366].

44. *La evolución de la ética, de la sociología y de las ciencias naturales*

La fluctuación incesante de las ideas populares en torno al «bien» y al «mal» basta para demostrarnos que la «moral» no es algo inalterable en el curso de las mutaciones generales del proceso histórico. La «moralidad» de unas épocas se convierte para otras en «inmoralidad». En 1878 escribía Engels lo siguiente:

¿Qué clase de moral es la que se inculca a la gente hoy? Es, ante todo, la moral cristiana de la época feudal, que nos ha sido transmitida

---

366 Véase más arriba, p. 225.

por el pasado. Esta moral se divide entre un código de lógica protestante y un código de ética católica. Cada uno de estos códigos se subdivide, a su vez, en toda otra serie de ramas, que van desde el código jesuita-católico y el ortodoxo-protestante hasta las ideas, relativamente tolerantes, de los apóstoles de la civilización. Al lado de estos códigos tenemos, además, la ética burguesa moderna y la ética proletaria del futuro. He aquí, pues, que, sin salirnos de las naciones más adelantadas de Europa, nos encontramos con tres grupos de teorías morales que conviven en esta sociedad: las teorías morales del pasado, las del presente y las del futuro. ¿Cuál de ellas es la verdadera? Entendida la verdad como ley absoluta para todos los tiempos, no lo es ninguna. Pero, desde luego, la moral que cuenta con mayor número de elementos perdurables tiene que ser la que refleja la revolución de cada época, y, por tanto, la moral que representa el futuro; en una palabra, si nos referimos a la época de hoy, la moral proletaria.

Vemos, por consiguiente, que de las tres clases que forman la sociedad actual (la aristocracia feudal, la burguesía y el proletariado), cada una tiene su código de moral. De esto podemos colegir que los hombres, consciente o inconscientemente, se crean en último término sus perspectivas morales sobre las condiciones de cada día, sobre la experiencia práctica, sobre las condiciones en que viven formando clase, o lo que es lo mismo, sobre las condiciones económicas de intercambio y producción.

Pero existe una nota común a esos tres códigos de moral. ¿No podría constituir ese factor común, por lo menos, parte de un código de moral perdurable? Las diversas teorías morales representan tres planos dentro del mismo proceso de desarrollo histórico. Tienen, por consiguiente, un fondo histórico común, que los acerca mucho entre sí. Más aún. En planos idénticos, o casi idénticos, de desarrollo económico, tiene que haber necesariamente una correlación más o menos estrecha entre las teorías morales profundas en las épocas respectivas. En cuanto la propiedad privada se pone de moda en cualquier sociedad fomentadora de este régimen, se hace necesario reforzar el código de moral con este mandamiento: «No robarás». ¿Es este mandamiento aplicable por igual a todos los tiempos? En modo alguno. En una sociedad en que faltase el móvil del robo, en que, a la larga, solo pudiesen sentirse tentadas a robar las personas anormales, se reirían del hombre que se pusiera a predicar esa «verdad eterna» del «no robarás».[367]

Por las fechas en que vio la luz por vez primera el *Manifiesto*, la idea de la evolución como ley del cambio no había conquistado todavía carta oficial de naturaleza. Hacia los primeros años del segundo tercio del siglo XIX, Jakob Schleiden (1804-1881) y Theodor Schwann (1810-1882), dos científicos alemanes, fundaron la teoría celular de la estructura animal y vegetal, demostrando que las células eran las unidades elementales de toda materia viviente. La ciencia del desarrollo orgánico adquirió gran impulso con la obra de Karl Ernst von Baer (1792-1876), con lo cual dio un avance la teoría general sobre la evolución de las formas vivientes.

En el campo de la geología, la teoría de los cataclismos, debida principalmente al naturalista francés Cuvier (1769-1832), cedió el puesto a otras teorías más modernas. James Hutton (1726-1797), geólogo escocés, había descubierto ya antes de la época de Cuvier que las épocas geológicas se sucedían, no por erupciones, revoluciones y cataclismos repentinos, sino en virtud de una suma de cambios graduales. Pero el dar al traste con la teoría de los cataclismos estaba reservado a Charles Lyell (1797-1875).

La laguna entre la materia orgánica y la materia inorgánica había sido salvada ya. La aportación de Justus von Liebig (1803-1873) en los dominios de la química obtuvo el reconocimiento de Engels y Marx antes de mediados del siglo. Liebig y otros químicos demostraron que el carbono, el elemento más importante que se había logrado eliminar, lo extraen las plantas de la atmósfera, y que los vegetales transforman la materia inorgánica en orgánica. De este modo, la ley de la indestructibilidad de la materia, descubierta respecto de la materia inorgánica por el químico francés Lavoisier (1743-1794), se hizo igualmente aplicable a la

---

367 Engels, *Anti-Dühring*, op. cit., pp. 88–89.

materia orgánica. En 1828, el químico alemán Friedrich Wohler (1800-1882) alcanzó un gran triunfo derribando la barrera que se suponía existente entre la química orgánica y la inorgánica, al obtener en su laboratorio, por procedimientos artificiales, urea, una de las substancias que hasta entonces se suponían producto exclusivo de «fuerzas vitales». Robert Mayer (1814-1878) y Helmholtz (1821-1894), científicos alemanes ambos, sentaron la teoría de la conservación de la energía, y la publicación de sus obras sobre este tema coincidió casi con la primera edición del *Manifiesto*. La teoría de la conservación de la energía desahució del estudio de los organismos aquella misteriosa «fuerza vital» que se suponía albergada en la materia. El fantasma de la fuerza vital se desvaneció con el reconocimiento científico de que las fuerzas materiales de la naturaleza eran permutables; de que, así como perdura la materia, se conserva, sin pérdida, la energía, cualesquiera que sean las formas en que una o la otra se manifiesten temporalmente.

Once años después de la publicación del *Manifiesto* apareció el libro de Darwin (1809-1882) sobre el origen de las especies, que sienta época. Por entonces (1859), ya Marx había formulado su teoría sobre la evolución de la sociedad capitalista (considerando este régimen como una fase específica de un proceso histórico). El libro de Marx sobre la *Crítica de la Economía política* y *El origen de las especies* se publicaron casi simultáneamente. La obra de Darwin estudia la teoría de la evolución de los seres vivientes, o, como él dice, el origen de las especies, por la selección natural. Darwin viene, pues, a representar en biología lo que Marx en sociología. El desarrollo de las ciencias etnológicas y antropológicas, un conocimiento más profundo de las instituciones históricas, la aplicación del método histórico al estudio de los fenómenos de la vida social, tales como la religión, la moral, la literatura, el arte, el derecho, la política, todos estos temas comenzaron a adquirir actualidad allá por los años de 1860 y siguientes, bajo el influjo de las teorías marxista y darwiniana. La enorme cantidad de materiales recopilados desde entonces no han sido todavía suficientemente trabajados ni convenientemente coordinados de modo que nos permitan trazar un cuadro constructivo del desarrollo de la sociedad humana en sus evoluciones. Mas con todo, hay evidencias que respaldan la exactitud del criterio mantenido por Marx (en el prefacio de la obra mencionada más arriba), según el cual «las condiciones productivas corresponden a una determinada fase evolutiva de las fuerzas materiales de producción. La totalidad de estas relaciones productivas forma la estructura económica de la sociedad, la verdadera base sobre la cual se asienta el edificio legal y político, y a la que corresponden determinadas formas de conciencia social. El régimen de producción de la vida material determina el carácter general del proceso de la vida política social e intelectual».

45. *La dictadura del proletariado*

Marx y Engels hacen en el *Manifiesto* repetidas alusiones a la conquista del poder político por el proletariado y a la instauración de un régimen proletario. En el lugar correspondiente leemos que el primer paso que habrá de darse en la revolución obrera será «organizar al proletariado como clase dirigente», efecto de lo cual será la transformación del Estado en una organización proletaria, que empuñará las riendas del gobierno.

El *Manifiesto* no emplea la expresión actual de «dictadura del proletariado», por más que los elementos básicos de esta idea se contengan ya aquí. Ya he dicho yo en otra parte que la expresión «dictadura del proletariado» fue acuñada después de la revolución parisiense de febrero de 1848 y que Marx y Engels solo empezaron a emplearla después de la derrota del proletariado francés en las jornadas de junio (1848), cuando comenzaron a darse cuenta de que el proletariado no podía limitarse a conquistar el poder político, sino que, una vez logrado esto, tendría que proseguir su obra hasta desmontar todo el aparato de gobierno de la burguesía, sustituyéndolo por otro nuevo. Y todavía iban más allá, pues declaraban que sería imprescindible, como medida pasajera, instaurar la dictadura del proletariado como clase, dictadura que sería el único medio de poner fin a la resistencia de los explotadores. Solo de ese modo podría el proletariado transformar el Estado burgués en un Estado proletario, exterminar a la burguesía como clase dominante y sustituirla por el proletariado, que a su vez se convertiría en clase dirigente.

El socialismo revolucionario, el comunismo, que la burguesía bautizó con el nombre de «blanquismo», nombre derivado de Auguste Blanqui, el escritor revolucionario francés, se contrapone, según Marx, al «socialismo doctrinario, que supedita el movimiento total a uno de sus aspectos, que suplanta la producción colectiva, social, por la actividad cerebral de un pedante suelto y que, sobre todo, mediante pequeños trucos o grandes sentimentalismos, elimina en su fantasía la lucha revolucionaria de las clases y sus necesidades»[368]. El socialismo revolucionario, dice Marx en el mismo pasaje, «es la declaración de la revolución permanente, de la dictadura de clase del proletariado como punto necesario de transición para la supresión de las diferencias de clase en general, para la supresión de todas las relaciones de producción en que estas descansan, para la supresión de todas las relaciones sociales que corresponden a esas relaciones de producción, para la subversión de todas las ideas que brotan de estas relaciones sociales»[369].

Y luego, en *El Programa socialista* (*Crítica del Programa de Gotha*): «Entre la sociedad capitalista y la sociedad comunista se abre el período revolucionario de transformación que sirve de puente entre una y otra. Paralelamente tiene que existir un período de

---

368 Marx, *Las luchas de clases en Francia*, op. cit., p. 256.
369 Ibíd., p. 257.

transición política, durante el cual el Estado no puede asumir más forma que la dictadura revolucionaria del proletariado»[370]. Y Marx prosigue criticando que el programa socialista de Gotha no hable de la dictadura revolucionaria del proletariado ni del futuro sistema de estado de la sociedad comunista, limitándose a servir de medio de propaganda, a expresar las necesidades políticas. El partido alemán, dice Marx, ha de laborar, según ese programa, dentro del aparato del Estado nacional existente, es decir, de su propio Estado: el Imperio prusiano-alemán. Y concluye que ese programa no es aplicable en modo alguno al período revolucionario de transición.

El *Manifiesto* enfoca el problema de un modo radicalmente distinto, pues nos ofrece un programa articulado para hacer frente al período durante el cual el proletariado se erige en clase gobernante. Antes de estudiar más a fondo este programa conviene decir unas palabras de aclaración sobre otro punto. El *Manifiesto* advierte que el primer paso que ha de darse en la revolución obrera tenderá a hacer del proletariado la clase dirigente. Y agrega: «y la conquista de la democracia». Se refiere, naturalmente, a una democracia proletaria, por oposición a la democracia burguesa; se refiere a la conquista del poder político que garantice la independencia y la libertad política de la clase obrera. La democracia proletaria dista tanto de la democracia burguesa como el Estado proletario del Estado burgués. La democracia de la clase obrera es la democracia de los hombres que carecen de propiedad; la democracia burguesa es la democracia de los propietarios. En el transcurso de la Revolución francesa, los burgueses liberales dividieron la nación en dos bandos: ciudadanos activos y pasivos; luego, bajo la presión del proletariado parisiense, los burgueses demócratas no tuvieron más remedio que hacer extensivo el sufragio a todas las categorías de ciudadanos (con la excepción

---

370 Marx, *El Programa socialista* (*Crítica del Programa de Gotha*), op. cit., p. 13.

de los criados y los jornaleros). La característica fundamental de la democracia es la soberanía y el gobierno del pueblo. La democracia, en su sentido más genuino, solo puede instaurarse cuando haya desaparecido la burocracia. Por eso es deber de la democracia proletaria destruir la burocracia, proclamando el principio de elección para todos los cargos y la amovilidad para todas las instituciones, lo mismo las sociales que las políticas. Los rasgos característicos de un sistema soviético ideal están en que los sóviets funcionen como órganos del gobierno de clase del proletariado.

> Una república burguesa, no obstante ser democrática, santificada por la consigna de la voluntad del pueblo, de la voluntad de toda la nación, de la voluntad de todas las clases, tiene necesariamente que significar (por el mismo hecho de tener su cimiento en la propiedad privada de la tierra y demás medios de producción) la dictadura de la burguesía, tiene necesariamente que representar una máquina creada para la explotación y la opresión de la inmensa mayoría de los trabajadores por la pandilla capitalista. Por el contrario, la democracia proletaria, la democracia soviética, transforma las organizaciones de los oprimidos por la clase capitalista, de los proletarios y semiproletarios (los campesinos pobres), es decir, la inmensa mayoría de la población, en la base homogénea y permanente del aparato todo del Estado, así local como central, desde los cimientos hasta el remate. El Estado soviético realiza, por consiguiente, entre otras cosas, y en proporciones mucho mayores que todas las demás formas hasta hoy conocidas, el gobierno local del pueblo, sin ningún género de autoridad impuesta desde arriba.[371]

46. *El programa comunista para el período de transición*

Para la cabal comprensión del programa comunista que ha de regir durante el período de transición, tenemos que hacernos cargo de que estamos tratando de una época en la

---

371 *Programa del Partido Comunista ruso,* reproducido en Preobrazhensky y Bujarin, *El ABC del comunismo.*

cual el proletariado, erigido en clase dirigente, no tendrá más remedio que hacer «incursiones despóticas en los derechos de la propiedad». No debemos olvidar tampoco que las medidas enumeradas en el *Manifiesto* se redactaron pensando en los países más adelantados. Y aun en lo que a estos países se refiere, tenemos que preguntarnos si las medidas en cuestión serán o no aplicables con alcance universal. ¿Tiene el programa aquí esbozado un carácter genuinamente internacional? ¿Es igualmente aplicable a Francia y a Inglaterra, a Bélgica y Alemania? ¿O deja a los comunistas un margen para proponer medidas de interés especial a las masas obreras dentro de las fronteras de cada país?

Como ya dijimos, los puntos del programa de transición no fueron redactados exclusivamente por Marx y Engels. Fueron formulados en un congreso comunista y acordados colectivamente. Para ello se creyó conveniente tener en cuenta la situación política y social de los distintos países, así como el grado de desarrollo del movimiento de la clase obrera. Este programa contiene puntos que habían sido previamente destacados por los comunistas hacía tiempo y que apenas habían encontrado entre ellos oposición.

1. El primer punto fue apasionadamente discutido por los cartistas. Los partidarios de O'Connor (1794-1855) abrazaron el plan defendido por Liga de la Tierra. Su propósito era crear un nuevo contingente de pequeños propietarios, comprando grandes porciones de tierra y parcelándolas entre los trabajadores municipales. Por su parte, los secuaces de O'Brien (1803-1864) mantenían la idea de convertir la tierra en propiedad nacional, es decir, de nacionalizarla. En este respecto, los «obrienistas» se limitaban a resucitar las viejas ideas de Thomas Spencer (1750-1814), inventor de un sistema de nacionalización de la tierra, según el cual se formarían comunidades parroquiales independientes, sin más tributación que la renta que los agricultores vendrían obligados a pagar a la corporación que se

hiciera cargo de la propiedad. En la *Miseria de la Filosofía*, Marx pone de manifiesto el carácter capitalista de la renta:

> La degradación del agricultor independiente al nivel de un obrero, de un bracero del campo, de un asalariado, de un hombre que trabaja para el capitalista industrial; la invasión del campo por el capitalista industrial, que explota la tierra del mismo modo que explotaría cualquier taller; la conversión del terrateniente, de pequeño soberano en vulgar usurero: he ahí otras tantas expresiones en que la renta del suelo se traduce [...]. Explotada en esta forma, la propiedad del suelo se convierte en un artículo de comercio. La renta del suelo no puede darse más que cuando el desarrollo de la industria urbana y la organización social resultante de ella obligan al terrateniente a buscar en sus propiedades agrícolas una utilidad exclusivamente monetaria, más que cuando el terrateniente llega a considerar sus vastos terrenos como una máquina de acuñar moneda [...]. Nos explicamos perfectamente que algunos economistas, como Mili, Cherbuliez, Hilditch, etc., propusieran que la renta del suelo fuese abonada al estado y aplicada a la reducción de las contribuciones. Esta proposición nace del odio de los capitalistas industriales contra los propietarios de tierras. A los capitalistas, estos les parecen excrecencias superfluas e inútiles dentro del régimen armonioso de la producción burguesa.[372]

Como vemos, ya hacia el año 1840 abogaban los economistas burgueses por la absorción de la renta del suelo por el estado, adelantándose a las reivindicaciones del «impuesto único», que habían de brotar de una generación posterior de partidarios de la nacionalización de la tierra. Marx y Engels abogaban por la idea de la expropiación de los grandes terratenientes y la conversión de la tierra así adquirida en propiedad del estado proletario, contraponiendo esta reivindicación a la de la democracia burguesa.

> La abolición del feudalismo será la primera manzana de la discordia entre los burgueses y los obreros. Como ocurrió en la Gran Revolución

---

372 Marx, *Miseria de la Filosofía*, op. cit., pp. 221-225.

francesa, la pequeña burguesía querrá dividir las propiedades feudales entre los campesinos, con lo cual el proletariado rural quedará como estaba y se formará una clase de pequeños burgueses rurales, una clase que irá empobreciéndose y empeñándose hasta descender al nivel del campesino francés de hoy día. Defendiendo los intereses del proletariado rural y los suyos propios, el obrero debe oponerse a este plan e insistir en que las propiedades confiscadas pasen a ser propiedad del Estado para aplicarse a la creación de colonias obreras, que el proletariado rural cultivará en forma cooperativa, con todas las ventajas inherentes a la agricultura en gran escala. De este modo, el principio de la propiedad colectiva encontrará una sólida base dentro de las inestables condiciones de la propiedad burguesa. Y del mismo modo que los demócratas unen sus fuerzas a las de los propietarios rurales, los obreros deben unir las suyas a las del proletariado rural.[373]

2. El segundo punto, «un fuerte impuesto progresivo» sobre la renta, surgió de las condiciones reinantes por aquel entonces en la vida política inglesa. Surgió de la lucha entablada entre los varios sectores de la burguesía británica y fue viéndose apoyado poco a poco por las masas, en cuyo nombre abogaban los radicales por su implantación como una necesidad fundamental. El enorme aumento de la Deuda pública, con su consiguiente carga de intereses, condujo a la radical revisión de todo el sistema de impuestos.

Desde el momento en que la Deuda pública está respaldada por las entradas del erario, que rendirán lo necesario para el pago anual de intereses, etc., el moderno sistema de impuestos es un complemento necesario del sistema de empréstitos nacionales. Los empréstitos permiten al gobierno sufragar los gastos extraordinarios sin imponer, por el momento, nuevas cargas al contribuyente, pero, a la larga, los impuestos tienen forzosamente que aumentar en proporción con esta ventaja. Por otro lado, el aumento de las contribuciones, por efecto de la acumulación de deudas contraídas sucesivamente,

---

373 Marx, *Revelaciones sobre el Proceso de los comunistas de Colonia*, op. cit., pp. 134-135.

obliga al gobierno a empeñarse cada vez más para poder sufragar los nuevos gastos extraordinarios. El moderno sistema fiscal, cuyo eje son los impuestos sobre los productos indispensables para la vida (con su consiguiente encarecimiento), abriga en sí mismo los gérmenes de una progresión automática. En Holanda, donde se implantó por primera vez este sistema, el notable patriota De Witt lo ensalzó en sus *Máximas* como el más adecuado para hacer al trabajador humilde, diligente, frugal y oprimido por el trabajo. Sin embargo, lo que aquí nos interesa no es tanto la desastrosa influencia que los excesivos impuestos ejercen sobre el trabajador como la forma en que conducen a la expropiación forzosa de los campesinos, los artesanos y, en una palabra, de todos los miembros de la clase media inferior. Sobre este punto no existe aún entre los economistas burgueses más que una opinión. La eficacia de los impuestos excesivos en el proceso de expropiación se intensifica todavía más por el sistema de protección arancelaria, que es parte integrante de aquéllos. El hecho indudable de que la Deuda pública y el sistema fiscal, que es su nodriza, desempeñan un papel importante en la capitalización de la riqueza y la expropiación de las masas, hizo suponer a muchos escritores, como Cobbett, Doubleday (1790-1870) y otros, aunque equivocadamente, que ésta era la causa principal de la pobreza del pueblo en nuestros tiempos.[374]

La campaña de Cobbett acerca de la Deuda pública y el sistema de impuestos tuvo una gran importancia. El impuesto sobre la renta, implantado por William Pitt (1759-1806) como «medida temporal», había sido arrancado a la burguesía inglesa para poder rivalizar con la competencia francesa. Después de concertada la paz de 1815, la ley del impuesto sobre la renta fue derogada, y para borrar de la memoria del pueblo inglés hasta el último rastro de aquella «odiosa» disposición, por indicación de Henry Brougham (más tarde lord Brougham, 1778-1868) se quemaron todos los documentos referentes a ella. Esta campaña de agitación de Cobbett y otros radicales ingleses asumió entonces mayores proporciones y fue de triunfo en triunfo,

---

374 Marx. *El Capital*, Tomo I, op. cit., pp. 838–839.

conquistándose no solamente las simpatías de los pequeños burgueses, sino también las de la clase obrera. Los cartistas se negaron a dar a este problema de la reforma del sistema de impuestos una importancia primordial, importancia que tampoco concedían a la derogación de las «leyes anticerealistas». No obstante, continuaron la campaña de Cobbett y reforzaron sus críticas. Bronterre O'Brien, por ejemplo, hacía resaltar el carácter de clase del sistema de impuestos. En los años de 1830 a 1840 elevó al parlamento una petición encareciendo la necesidad de implantar el sistema progresivo del impuesto sobre utilidades. Finalmente, en 1842, exigencias fiscales obligaron a Peel a resucitar el impuesto sobre la renta. Ya no quedaba más que hacer de este impuesto una institución permanente, convertirlo en progresivo y darle el alcance necesario.

Que el impuesto progresivo sobre la renta no tiene nada de específicamente comunista o proletario y no es más que una de esas armas inadecuadas que los obreros tomaron del arsenal de la pequeña burguesía, lo demuestra Marx en su polémica contra el radical francés Emilio de Girardin (1806-1881):

La reforma fiscal es el simulacro de todos los burgueses de filiación radical, es el remedio específico defendido por todos los economistas burgueses. Desde la Edad Media hasta nuestros días, lo mismo entre los antiguos ciudadanos que entre los modernos librecambistas ingleses, el hueso más duro de la disputa ha sido siempre el impuesto. El principal fin de la reforma fiscal es desembarazarse del sistema tradicional de impuestos, que entorpece el desarrollo de la industria, abaratar el consumo del Estado o garantizar una distribución más equitativa en las contribuciones. Y cuanto más él les huye, más se afanan los burgueses en dar caza al fuego fatuo de la «distribución equitativa». En cuanto a las condiciones de la distribución, basadas directamente en la producción burguesa (la proporción entre el salario y la ganancia, la ganancia y el interés, la renta y la utilidad), lo más que una reforma fiscal puede conseguir es modificarlas en detalle, jamás transformarlas fundamentalmente. Todos los debates reñidos en torno a la reforma fiscal, todos los esfuerzos desplegados por rectificar el régimen de impuestos, arrancan del supuesto de que el sistema burgués es imperecedero. La abolición total de los impuestos no serviría más que para acelerar el incremento de la propiedad burguesa y acentuar las contradicciones que ya existen dentro del sistema. Los impuestos pueden ser beneficiosos para ciertas clases y ser, al mismo tiempo, sobremanera lesivos para otras. Esto salta a la vista dondequiera que la aristocracia de la finanza ejerce su influencia... Los impuestos solo arruinan a ese sector social que fluctúa entre la burguesía y el proletariado, ya que los contribuyentes que lo forman no pueden traspasar la carga de los impuestos que pesan sobre ellos a los hombros de otra clase. Cada nuevo impuesto que se crea sobre el proletariado obliga a esa clase a descender un grado más en la escala social; la abolición de un impuesto no determina ningún aumento en el salario del obrero, sino solo en las utilidades del patrono. Durante la revolución, el aumento de impuestos puede servir como recurso para atacar a la propiedad privada; pero, aun así, la tributación ha de ser nada más que un peldaño hacia nuevas medidas revolucionarias, pues de otro modo se retrocedería a las condiciones burguesas preexistentes. La rebaja de impuestos, su distribución equitativa, etc., no son más que otras tantas triviales reformas burguesas. Plantear una campaña pidiendo la abolición de los impuestos es incurrir en lo que se llama «socialismo burgués». Ese socialismo burgués está bien para los industriales, para la clase media comercial y para el campesino. La alta burguesía, viviendo, como vive, en el mejor de los mundos, tiene por fuerza que despreciar el utópico sueño de un mundo mejor... El impuesto sobre el capital tiene sus méritos. Todos los economistas, y especialmente Ricardo, señalaron las ventajas de un impuesto único. Si fuera el único, el impuesto sobre el capital disolvería por lo menos el nutrido y costoso ejército de recaudadores y opondría el mínimo de obstáculos al proceso de producción, de circulación y de consumo, ya que es el único impuesto que afecta a la riqueza.[375]

Para Marx, esas reivindicaciones referentes a la tributación eran meros expedientes de táctica. Medía su valor por el grado

---

375 Véase Marx y Engels, *Escritos varios*, op. cit., Tomo. III, pp. 435-439.

en que constituían un ataque directo contra la propiedad privada. «Cuando los demócratas abogan por el impuesto proporcional, los obreros deben reclamar el impuesto gradual; cuando los demócratas proponen una graduación moderada de los impuestos, los obreros deben insistir en que los tributos sean tan altos que hagan imposible la posesión de capitales en gran escala; cuando los demócratas piden la reorganización de la Deuda pública, los obreros deben precipitar la bancarrota del Estado»[376].

3. Pasando al tercer punto del programa esbozado por el *Manifiesto*, nos encontramos con que la abolición del derecho de herencia era una de las reivindicaciones básicas de los sansimonianos, de quienes la tomaron ciertos comunistas. El sistema sansimoniano, que deja intactas las bases fundamentales del capitalismo, hace resaltar como norma directiva la abolición del derecho de herencia a modo de correctivo contra las injusticias de este régimen, como el primer antídoto contra los privilegios de nacimiento. En una sociedad comunista, donde los medios de producción son de propiedad colectiva, donde la propiedad privada no existe, a excepción de los artículos de consumo; en semejante sociedad, no cabe pensar en la acumulación de bienes para transmitirlos a la posteridad. La abolición del derecho de herencia puede, indudablemente, tener gran importancia durante el período de transición, como medio para minar el régimen de propiedad capitalista. Pero todas estas medidas son, sin duda alguna, meros arbitrios provisionales, por funestas que las consecuencias de su implantación puedan ser para la existencia de la propiedad privada. Por lo demás, la creación de un impuesto progresivo sobre las herencias y la supresión del derecho hereditario entre colaterales puede constituir una buena fuente de ingresos para el erario, aun dentro del régimen burgués.

---

376 Marx, *Revelaciones sobre el Proceso de los comunistas de Colonia*, op. cit., p. 137.

En el período de la Primera Internacional fue Bakunin el primero que abogó por la abolición del derecho de herencia. Para él era esta una medida fundamental. El Consejo General, cuya voz llevaba Marx, declaró que el derecho de herencia no era una categoría productiva, que las leyes de la herencia no constituían una causa, sino un efecto, un reflejo legal de la organización económica imperante en la sociedad; que, al convertirse los medios de producción en propiedad común, el derecho de herencia quedaría definitivamente desterrado. La meta debía ser, por consiguiente, la abolición de las instituciones que dotaban a unos individuos con el poder de explotar a otros. La abolición o reducción de los derechos de herencia podía ser, a lo sumo, el punto de partida para emprender la reforma social. Esa invasión en los dominios del derecho de propiedad y de la herencia sería un buen recurso durante el período de transición, cuando, sin estar barridas todavía las viejas instituciones económicas, la clase obrera se hallara ya capacitada para introducir cambios radicales en el orden jurídico. Entre las medidas propias del período de transición pueden, por consiguiente, señalarse el aumento de impuestos sobre la propiedad hereditaria y las limitaciones del derecho de donación.

4. El cuarto punto, la confiscación de los bienes de todos los emigrados y rebeldes, tomado de las tradiciones de la Gran Revolución francesa, aparece ya entre los preceptos e instituciones de Babeuf (1760-1797), notable precursor del moderno comunismo. Figuraba asimismo en los programas de las sociedades revolucionarias que funcionaron en la primera mitad del siglo pasado.

5. El quinto punto recuerda una de las principales proposiciones de los sansimonianos. Los partidarios de esta doctrina subrayaron siempre la importancia de los bancos e instituciones de crédito. Sin embargo, entre la reivindicación del *Manifiesto* y la de los discípulos de Saint-Simon solo existe una semejanza formal. Marx, que en 1847 criticó despiadadamente

las ideas de Proudhon acerca del crédito gratuito y los bancos populares, se mostraba todavía más severo con las ilusiones bancarias de los sansimonianos. Del mismo modo que los bancos populares de Proudhon serían impotentes para vencer las leyes que rigen la producción de mercancías, el banco centralizado de los sansimonianos sería incapaz de regular la producción para evitar la reiteración de las crisis. Tanto en un caso como en otro, la persistencia de la propiedad privada sobre los medios de producción dejaría intactas las leyes de la sociedad capitalista.

Pero, aunque el banco nacional de crédito centralizado fuese incapaz de regular en conjunto el movimiento de la producción nacional –función que le asignaba Pecqueur (1801-1887)–, podía ser, indudablemente, de gran utilidad durante el período de transición, contribuyendo a poner todo el sistema nacional de crédito bajo el control del Estado proletario.

6. La centralización de los medios de transporte en manos del Estado, sexto punto del *Manifiesto*, es corolario lógico del primero y del segundo. Aun cuando los ferrocarriles no sean de construcción del estado, sino de alguna compañía particular, es evidente que estas compañías ferroviarias se enriquecen a expensas del Estado, que les concede créditos y subsidios. En Norteamérica, el Estado concedió a las compañías de ferrocarriles grandes extensiones de terreno a lo largo de la vía, convirtiéndolas en los primeros terratenientes de la nación. Pecqueur dedicó un libro a estudiar el tema de los ferrocarriles, formulando ya por aquellas fechas (1840) un programa que coincide casi literalmente con el que Marx y Engels redactaron años más tarde para Alemania.

7. Las «fábricas nacionales» a las que se refiere el séptimo punto no deben confundirse con los «talleres nacionales», creación de Luis Blanc (1811-1882), socialista, historiador y estadista francés, que formó parte del gobierno provisional de 1848. El *Manifiesto* no tiende precisamente a organizar la producción cooperativa con la ayuda del Estado, sino a

nacionalizar todas las empresas privadas, convirtiéndolas en empresas nacionales. En la doctrina de Luis Blanc, los talleres nacionales se proponían dar realidad al derecho al trabajo; los comunistas, por el contrario, interpretan la organización de las fábricas del Estado como medio para convertir en un hecho la obligación que toda persona físicamente capacitada tiene de trabajar.

8. Esta idea [obligación del trabajo] se halla ya mantenida en los decretos de Babeuf, y el octavo punto del *Manifiesto* la recoge explícitamente. Está íntimamente relacionada con otra reivindicación sostenida por escritores como Weitling (1808-1871), comunista alemán, y Dézamy (muerto en 1850), miembro de los círculos comunistas franceses. Carlos Fourier (1772-1837) fue, sin embargo, el primero que habló de la necesidad de organizar un ejército del trabajo. El primer deber de este ejército sería, como se indica en el *Manifiesto*, cultivar y mejorar la tierra de acuerdo con un plan preestablecido, otra de las ideas favoritas de Fourier.

9. Ya hemos visto la gran importancia que Marx concede a la división del trabajo, lo mismo en el seno de la sociedad que dentro de la fábrica, y hasta qué punto la separación entre el campo y la ciudad influyó en el curso de la historia. De aquí el punto noveno del *Manifiesto*, encaminado a que la industria agrícola y la urbana funcionen al unísono, a fin de ir borrando gradualmente las distinciones entre la ciudad y el campo.

Ya los utopistas comprendieron perfectamente los efectos de la división del trabajo. Sabían hasta qué punto el propio trabajo cae en una especie de atrofia y cómo la capacidad de trabajo disminuye cuando el obrero se limita a la repetición mecánica del mismo acto monótono durante toda la vida. Fourier y Owen están de acuerdo en pedir que desaparezca el divorcio entre la ciudad y el campo, como primer requisito para la abolición de la vieja división del trabajo. Los dos creían conveniente que la población se distribuyese por el campo en grupos que fluctuarían entre mil seiscientas a tres mil personas.

Los habitantes de cada uno de estos grupos vivirían en el centro de la región que cultivaran, llevando allí una vida comunal. De vez en cuando, Fourier habla de ciudades, pero estas ciudades no serían, según su concepción, más que aglutinaciones de cuatro o cinco grupos adyacentes. Lo mismo en los planes de Fourier que en los de Owen, cada miembro de la comunidad se dedicaría alternativamente a las ocupaciones agrícolas e industriales. Pero, al paso que, en lo tocante a estas, Fourier concedía primordial importancia a las artes mecánicas y a la manufactura, en el sentido primitivo de la palabra, Owen vislumbra ya la industria en gran escala y apunta a la introducción de la máquina y la fuerza motriz en la economía doméstica. Lo mismo en la agricultura que en la industria manufacturera, ambos, Fourier y Owen, encarecen la necesidad de encomendar al individuo la mayor variedad posible de ocupaciones, proponiendo, como medida preliminar que los jóvenes reciban una educación técnica sumamente diferenciada. La abolición del divorcio entre el campo y la ciudad no solo es posible, sino fundamental. Se ha hecho igualmente necesaria para la industria manufacturera que para la producción agrícola y las exigencias de la higiene. Solo unificando la ciudad y el campo será posible acabar con el envenenamiento de la atmósfera, del suelo y del agua; solo así podrán distribuirse las masas que hoy se aglomeran en ciudades pestilentes, de modo que sus excrementos se empleen beneficiosamente como abono en vez de ser fuente de enfermedades. La abolición de la línea fronteriza que separa la ciudad y el campo no es, por consiguiente, una aspiración utópica. Al contrario, tiende a dar una distribución más uniforme a la gran industria por todo el país. Es cierto que las grandes ciudades de hoy día, que son uno de los legados de la civilización, solo pueden disolverse a costa de mucho tiempo y mucho trabajo. Pero este trabajo no habrá más remedio que afrontarlo, por muy agobiador y costoso que sea.[377]

10. En el décimo punto se señala la necesidad de borrar las perniciosas consecuencias de la división del trabajo manual e intelectual. Babeuf y sus partidarios abogaban ya por la educación universal y gratuita. Todos los grandes utopistas

---

377 Engels, *Anti-Dühring*, op. cit., p. 315.

subrayaron esta necesidad. Según Fourier y Owen, la educación debe consistir en la instrucción técnica diferenciada de la juventud, a fin de que puedan desarrollarse los diversos talentos del individuo, devolviendo al trabajo los atractivos que le han sido arrebatados por el régimen de división.

En el congreso de la Asociación Internacional de Trabajadores celebrado en Ginebra en 1866 se tomó un acuerdo que ilustra y desarrolla esta idea de combinar el trabajo manual con el intelectual. Este acuerdo, redactado por Marx, dice así:

> Por educación entendemos tres cosas: primero, la educación mental; segundo, la educación física, al modo de la que se da en las escuelas de gimnasia y en los centros militares; tercero, la instrucción técnica, que comprende los principios generales de todos los procesos de producción, iniciando simultáneamente al niño y al joven en el uso y manejo práctico de los instrumentos elementales de todos los oficios. El curso progresivo y gradual de la educación técnica, mental y física, debe corresponder a la clasificación de los obreros jóvenes. El sostenimiento de las escuelas técnicas deberá ser sufragado, en parte al menos, por la venta de sus productos. La combinación del trabajo productivo, la educación mental, el ejercicio físico y la instrucción politécnica, elevará a la clase obrera muy por encima del nivel de las clases media y superior.[378]

Resumiendo: el programa expuesto en el *Manifiesto* es un programa internacional, aplicable a los países más adelantados; sin embargo, los comunistas de los distintos países pueden agregar a las apuntadas aquellas medidas que crean especialmente aplicables dentro de las fronteras de su nación y, sobre todo, aquellas que más radicalmente afecten al poder de su burguesía. Como ejemplo nos bastará recordar al lector el programa adoptado por los comunistas alemanes a raíz de estallar la revolución de 1848 y en el transcurso de las

---

378 Marx, *Instrucción sobre diversos problemas a los delegados del Consejo Central Provisional*, en Marx y Engels, *Obras Escogidas*, Tomo II, Progreso, pp. 77-86.

dos semanas siguientes a la publicación del *Manifiesto*[379]. Este programa, redactado por Marx y Engels, difiere en varios puntos del programa esbozado en el Manifiesto. Al glosar el último capítulo volveremos sobre este punto.

47. *La centralización y el Estado*

En el prólogo a la edición alemana de 1872, Marx y Engels reconocen que en algunos de sus puntos el Manifiesto se hallaba ya anticuado. Y apuntan principalmente a la parte que trata de la actitud que deben seguir los obreros revolucionarios con el aparato del Estado burgués. Íntimamente relacionado con este punto está el problema de la centralización política, problema acerca del cual Marx y Engels rectificaron también su posición desde los primeros años de la década del 50.

La táctica mantenida en el Manifiesto se basaba en el estudio de los acontecimientos de la Gran Revolución francesa, en la idea de que la conquista del poder político por el proletariado seguiría derroteros análogos a los de las jornadas de la Convención. Por eso insistían tanto en la centralización del Estado, que, en opinión suya, había sido obra de los jacobinos. La conquista del Estado allanaría los obstáculos que se oponían al triunfo de la revolución en todos los países. De ahí que en los días que preceden a la revolución de 1848, en el curso de esta y en los años primeros que la siguieron, Marx y Engels atacasen tan denodadamente todo movimiento encaminado hacia el federalismo o la descentralización por parte de los demócratas franceses y alemanes.

> Los demócratas intentarán instaurar una república federal, o bien (caso de que no consigan la implantación de una república, una e indivisible) procurarán coartar los atributos del gobierno central, ofreciendo la mayor suma posible de libertades a los gobiernos

---

379 Véase más arriba «Reivindicaciones del Partido Comunista en Alemania», p. 245.

locales. Los obreros deberán tratar, por su parte, de impedir el logro de estos planes, no solo contribuyendo con todas sus fuerzas a la instauración de una república alemana, una e indivisible, sino pugnando porque en esa república la autoridad se halle fuertemente centralizada. No deben dejarse engañar por las frases hueras de los demócratas respecto a la libertad de las autoridades locales, la autonomía del gobierno local, etc., etc. En un país como Alemania, donde tantas supervivencias medievales oprimen todavía el suelo, donde hay que dar todavía la batalla a todo linaje de soberbias y arrogancias locales, no podemos pensar, ni por sueño, en permitir que cada aldea, cada ciudad, cada provincia se interponga como una traba en el camino de la obra revolucionaria, obra que solo puede desarrollar toda su fuerza irradiando del centro. En la Alemania de hoy (1850), lo mismo que en la Francia de 1793, la instauración del más rígido centralismo deberá ser el fin primordial de todo partido genuinamente revolucionario.[380]

Marx escribía esto en marzo de 1850. Hacia febrero de 1852 había llegado ya a la conclusión de que en Francia las sucesivas revoluciones, lejos de desmontar la máquina administrativa creada bajo el antiguo régimen, la habían perpetuado. He aquí lo que escribe a este propósito en *El 18 Brumario*: «Los partidos que luchaban alternativamente por la dominación, consideraban la toma de posesión de este inmenso edificio del Estado como el botín principal del vencedor»[381].

Luego entra a analizar el tema de la necesidad de destruir esa máquina de gobierno, siempre y cuando que no se atente a la centralización: «La centralización del Estado, que la sociedad moderna necesita, solo se levanta sobre las ruinas de la máquina burocrático-militar de gobierno, forjada por oposición al feudalismo»[382].

---

380 Marx, *Revelaciones sobre el Proceso de los comunistas de Colonia*, op. cit., pp. 135-136.

381 Marx, *El 18 de Brumario de Luis Bonaparte*, op. cit., p. 425.

382 Ibíd., p. 430.

Marx subraya el hecho de que «la primera revolución francesa, con su misión de romper todos los poderes particulares locales, territoriales, municipales y provinciales, para crear la unidad civil de la nación, tenía necesariamente que desarrollar lo que la monarquía absoluta había iniciado: la centralización; pero al mismo tiempo amplió el volumen, las atribuciones y el número de servidores del poder del Gobierno. Napoleón perfeccionó esta máquina del Estado»[383].

Marx no había penetrado todavía en el verdadero carácter de esta obra de centralización. Era un fruto de la Convención y se apoyaba en las organizaciones jacobinas. La centralización francesa de esta época era la expresión de la soberanía indisoluble del pueblo revolucionario, el reconocimiento del poder central del Estado, perfectamente compatible con el gobierno autónomo de las comunas, departamentos, distritos, etc., es decir, con el gobierno local.

Previo estudio más profundo de las instituciones políticas, acometido durante la primera década de la segunda mitad de siglo, Marx y Engels cambiaron de punto de vista. No solo abrazaron otras ideas respecto a la propiedad común de la tierra, sino que adoptaron también nuevos criterios en lo concerniente a la centralización política y a las formas en que esta centralización había de realizarse. Engels escribía en 1885:

> Todo el mundo sabe hoy que durante la revolución y hasta el 18 de Brumario el gobierno de los departamentos, distritos y comunas estaba formado [en Francia] por autoridades de elección local, que gozaban de gran libertad de movimientos dentro de la legislación nacional. Todo el mundo sabe, además, que estas autoridades locales, encarnaciones de un sistema semejante al del gobierno provincial y local de los Estados Unidos de América, se contaban entre los factores principales de la revolución. Por eso fue por lo que Napoleón, inmediatamente después de dar el golpe de Estado del

---

383 Ibíd., p. 425.

18 de Brumario (9 de noviembre de 1799), se apresuró a desmontar el sistema vigente, reemplazándolo por el sistema prefectural, que todavía permanece en vigor y que fue siempre, desde sus orígenes, un instrumento reaccionario. Pero, así como el gobierno local y provincial no es absolutamente incompatible, ni mucho menos, con la centralización nacional del país, no debe tampoco equiparársele a aquella forma estrecha, cantonal y comunal, que informa los caracteres poco recomendables de la vida política suiza y del sistema que todos los republicanos federales del sur de Alemania tomaron como modelo para su país en 1849.[384]

La experiencia de la Comuna de París convenció a Marx y a Engels definitivamente de que «la clase obrera no puede limitarse a tomar posesión de la máquina del estado, aplicándola a sus propios fines». Y lo primero que, según ellos, tenía que haber hecho la comuna era aplastar los órganos principales del Estado burgués: abolir, por ejemplo, instituciones como la del ejército permanente, sustituyéndolo por «la nación en armas»; convertir la policía en un instrumento responsable de la comuna, sujeto siempre a destitución y sin el menor poder político; barrer la burocracia para que los altos puestos del Estado dejasen de ser un privilegio de la clase dominante y se transformasen en una función social, retribuida con sueldos corrientes y desempeñada por individuos elegidos y removibles en todo momento de sus cargos.

La comuna, según Marx y Engels, no debió limitarse a las funciones parlamentarias, sino constituirse en una corporación activa y eficaz, compartiendo el poder legislativo y el poder ejecutivo. A la vieja organización centralizada debió sustituir una red de organismos igualmente autónomos en todos los distritos provinciales. Estas instituciones comunales descentralizadas, lejos de mediatizar la unidad de la nación, la hubieran reforzado.

---

384 Véase el prólogo de Engels en Marx, *Revelaciones sobre el Proceso de los comunistas de Colonia*, op. cit.

La abolición del Estado burgués, que solo sirve de careta para disfrazar la ausencia de una unidad nacional, hubiera hecho de esta una realidad tangible. El Estado anterior había querido sobreponerse a esa unidad, hacerse independiente de ella, aunque de hecho no era más que una excrecencia parasitaria enquistada en el organismo de la nación. La verdadera importancia histórica de la comuna consiste en esto: en haber sido un gobierno de la clase obrera, un gobierno que brotó como fruto de la lucha entre la clase explotada y la clase dominante. La comuna debió haber servido de palanca para derribar los fundamentos de la sociedad existente, con las instituciones económicas que habían hecho posible la transformación de la clase propietaria en clase gobernante. Y esa palanca no podía ser otra que la dictadura del proletariado.

Pero la dictadura del proletariado solo será un gobierno transitorio. Responderá a una necesidad durante el período de transición, mientras la forma capitalista de la sociedad no ceda el puesto a una sociedad comunista, mientras las instituciones capitalistas no se sustituyan por instituciones revolucionarias, mientras no se borren los antagonismos, mientras el Estado de clase no se desvanezca como una forma del pasado. Al destruir las bases económicas sobre las que descansa el edificio capitalista, y de las que depende la integridad del Estado de clase, la dictadura del proletariado pondrá fin a la forma absorbente del poder público y transformará el Estado en mero órgano administrativo de la producción.

Esta última idea, que encontramos mantenida ya en las obras de los sansimonianos, se ha incorporado definitivamente al acervo de todo movimiento comunista. Marx, sin embargo, agrega algo nuevo a la teoría de sus predecesores. Este algo consiste en demostrar que la lucha de clases librada bajo las condiciones de la producción capitalista tiene forzosamente que conducir a la implantación de la dictadura del proletariado y que esta dictadura no es más que una forma transitoria, una etapa necesaria en la ruta hacia la abolición de las distinciones de clase y la instauración de la sociedad sin clases. «En el transcurso de su desarrollo, la clase trabajadora irá sustituyendo la sociedad burguesa por una asociación de la que se borrarán en absoluto las clases y los conflictos de clase. Y con ellos desaparecerá el poder político, en el sentido estricto de esta palabra, ya que el poder político no es más que una expresión oficial de esos conflictos de la sociedad burguesa»[385].

Los anarquistas, incapaces de comprender el sentido de este proceso histórico, incapaces de penetrar en la necesidad de la dictadura del proletariado como forma de gobierno para el período de transición, preferirían trastornar todo ese proceso y arrancar de la radical extirpación del poder del Estado. Antes de la revolución de 1848, las teorías anarquistas no podían exponerse todavía en un programa de partido, por la sencilla razón de que este partido no existía. Los precursores del anarquismo iban a buscar las bases principales de su doctrina al campo económico. Hasta después del año de 1860, en vida de la Asociación Internacional de Trabajadores, el anarquismo no se convirtió en un sistema filosófico coordinado y completo, en que se declaraba la guerra a dios y al estado. Caudillo de este movimiento era el ruso Mijail Bakunin (1814-1876).

Aquí, en el *Manifiesto*, Marx y Engels formulan su idea (que hoy ha pasado a ser del dominio común de todos los socialistas y comunistas), idea que se cifra substancialmente en la tesis de que en una sociedad comunista no existe Estado. Las polémicas que hubieron de mantener con Bakunin y los anarquistas suizos, y más tarde con Dühring, dieron a Marx y Engels ocasión para deslindar sus puntos de vista de los profesados por los anarquistas en lo tocante a la función del Estado y a los medios más eficaces para socavarlo.

---

385 Marx, *Miseria de la Filosofía*, op. cit., p. 159.

Los antagonismos de clase, inseparables de todas las saciedades pasadas y presentes, hicieron surgir el Estado. Por Estado entendemos aquí la organización de la clase explotadora para la defensa de las condiciones materiales de producción existentes, y más especialmente para el sojuzgamiento por la fuerza de la clase explotada, dentro de las condiciones de opresión características del régimen de producción vigente (esclavitud, servidumbre, trabajo asalariado, según los casos). El Estado es el representante oficial de la sociedad, la encarnación de esta en una corporación tangible; pero solo lo es en cuanto Estado de una clase especial que, durante esa época, se halla en condiciones de representar de hecho a la sociedad toda: en la antigüedad clásica es el Estado de los esclavistas; en la Edad Media, el Estado de la nobleza feudal; actualmente, el Estado de la burguesía. A partir del momento en que el Estado se convierta en representante de la sociedad en general, dejará de tener una razón de ser. Desde el momento en que no haya clases a quienes mantener sometidas, tan pronto como el régimen de clase desaparezca, y con él la lucha por el pan y los conflictos y abusos subsiguientes a la actual anarquía de la producción, no habrá ya nada que castigar y perseguir, nada, por consiguiente, que reclame la existencia de un organismo especial de represión, el Estado. La función primordial del Estado como representante de la sociedad en general: adueñarse de los medios de producción en nombre de toda la sociedad, será al mismo tiempo su última función como Estado. Poco a poco irá haciéndose innecesaria y dejará, por tanto, de manifestarse espontáneamente la intervención del Estado en las relaciones sociales. El poder sobre las personas se convertirá en la administración de las cosas y en la gestión directiva del proceso de producción. El Estado no se «suprime», agoniza, muere. Todo esto que dejamos dicho basta para juzgar el valor de la frase de «un estado de hombres libres», demostrándonos que ese tópico, si bien puede tener un valor pasajero y propagandista, carece de aplicación científica adecuada. Y con estos mismos criterios tenemos la vara que necesitamos para medir las ideas de los que, llamándose anarquistas, quieren poner fin al Estado de la noche a la mañana».[386]

---

386 Engels, *Anti-Dühring*, op. cit., pp. 102-103.

III. Literatura socialista y comunista

48. *El romanticismo reaccionario*

Englobamos bajo este epígrafe a los representantes más destacados de la reacción desatada contra la Revolución francesa. Los enemigos venían de las filas de la aristocracia feudal, y contra ellos asestaban los jacobinos sus dardos más afilados. Entre los literatos franceses, esta reacción se vio representada por escritores como Louis Bonald (1754-1840) y Joseph de Maistre (1753-1821), que creían posible la restauración del antiguo régimen, con sus tres figuras principales: Dios, el Rey y el Verdugo. Bonald se oponía ferozmente a toda innovación.

Cuanto fuera producto de la nueva industria, cuanto recordara los aborrecidos «principios del siglo XVIII», era al punto condenado. El crédito, las grandes ciudades, la banca: tales eran, para él las raíces satánicas del mal. A Bonald le irritaban especialmente los triunfos de la industria y de la técnica, que creía, y con razón, absolutamente incompatibles con un régimen social primitivo, con las relaciones patriarcales y (hablando en general) con el espíritu localista y el exclusivismo medieval. En un Estado normal (sostenía este autor) deben ocupar el primer plano los intereses de la clase terrateniente, ya que esta clase es más estable y más amante del orden que ninguna otra. La primacía del comercio, la industria y el capitalismo inoculan en la nación el «morbo revolucionario», socavan los cimientos de la estratificación social ennoblecida por los siglos, subvierten las relaciones sociales y provocan constantemente la infracción de las leyes. Del carbón habla Bonald con lágrimas en los ojos: «Llena el aire de humo, despide un hedor pestilente, abate el ánimo y, con el tiempo, puede hasta cambiar el carácter entero de una nación».

Cuando Marx y Engels describen el papel revolucionario desempeñado por la burguesía en sus luchas contra el feudalismo, cuando hablan del modo en que el nacimiento del sistema industrial moderno acabó con el régimen idílico de la sociedad medieval, piensan evidentemente en las lamentaciones y anatemas fulminados contra el nuevo orden de cosas por los campeones católicos y feudales del orden social de la Edad Media. Además de los nombres de Bonald y de Maistre, podríamos mencionar aquí los desbordamientos literarios de un Chateau-Briand (1768-1848) en Francia y de un Adam Müller (1779-1829) en Alemania, y las elegías de Samuel Taylor Coleridge (1772-1834) y Robert Southey (1774-1843) en Inglaterra. Todos ellos acusan a la gran industria de haber destruido el viejo régimen patriarcal, donde todo ocupaba su debido lugar, donde las mesnadas feudales acudían dócilmente a la llamada de cualquier barón o sacerdote y se prestaban con dulzura y mansedumbre a dejarse trasquilar, para la mayor honra y gloria del Altar y del Trono.

49. *El socialismo feudal*

En una de las últimas ediciones del *Manifiesto* aparece una nota de Engels llamando la atención del lector hacia el hecho de que estas irónicas censuras se refieren «especialmente a Alemania, donde la aristocracia terrateniente y gobernante tiene grandes extensiones de terreno dedicadas al lucro y cultivadas por bailíos; estas gentes poseen, además, importantes fábricas de azúcar de remolacha y destiladeros para la fabricación de licor de patatas. Los personajes más acaudalados de la aristocracia inglesa se han mantenido, por lo menos hasta ahora, alejados de estos métodos. Claro está que piensan resarcirse de la pérdida que eso supone para sus rentas vendiendo sus nombres a los promotores de compañías anónimas dedicadas a negocios más o menos turbios».

Marx y Engels escogen dos organizaciones entre las que mejor representan las teorías del socialismo feudal: «una parte de los legitimistas franceses y la Joven Inglaterra». En su comentario a *Le Manifeste Communiste*[387], Charles Andler cita algunos nombres. Pero sus datos carecen de fundamento. Marx y Engels quieren referirse a los legitimistas franceses, que, siguiendo distinto camino que sus colegas, trataban de ganarse las simpatías del «pueblo bajo» acusando a los tenderos y manufactureros de la monarquía de julio, a la cabeza de los cuales figuraba el propio rey Luis Felipe (1773-1850), tendero máximo del reino. Heinrich Reine, el gran poeta alemán, nacido hacia 1800 y muerto en 1856, expuso deliciosamente las cabriolas de estos legitimistas franceses que se abrazaban a la causa del pueblo. «Es verdaderamente divertido –escribe Reine– oír a estos curas enmascarados vociferar en el lenguaje de los sans-culottes y ver con qué aire coquetón de fiereza lucen el gorro rojo de los jacobinos, y el pánico que a veces se adueña de ellos, temerosos de que en un momento de descuido se hayan encasquetado en su lugar la mitra del obispo. Para cerciorarse de que no han cometido tal desliz, se quitan un momento el tocado, y entonces todo el mundo puede verles la tonsura».

La campaña en pro del trono y del altar, disfrazada ahora bajo el manto de la defensa de los intereses del pobre, es el rasgo más característico de este gobierno. Lamennais (1782-1854), teólogo y filósofo francés, figuraba entre los caudillos de este movimiento y continuó defendiéndolo hasta su ruptura con la Iglesia. Pero la figura más destacada en ese campo era, sin duda alguna, la del conde de Montalembert (1810-1870), político y publicista, y uno de los corifeos más brillantes del catolicismo liberal. Montalembert se erigió, con Villeneuve-Bargemont (1784-1855), en el campeón de los obreros industriales.

Mientras se discutía el proyecto de ley de protección de la infancia, Montalembert tronaba contra el orden social burgués, atacando a los fabricantes algodoneros que empujaban al pobre y a su mujer a la fábrica, destruían el hogar y arrancaban al

---

387 Véase la edición francesa de *Le Manifeste Communiste*, Bibliothèque Socialiste, pp. 170 y ss.

pueblo a la bienaventuranza de la vida rural, para lanzarlo a barracas insalubres, verdaderas mazmorras, donde los seres de ambos sexos y diferente edad se veían condenados a una lenta, pero sistemática degradación.

En su *Miseria de la Filosofía*, Marx recomienda a Proudhon el estudio de las obras de monsieur de Villeneuve-Bargemont, diciéndole que debe tomarle por mentor en materias de política económica, pues este escritor persigue como él fines providenciales, aunque su meta sea, no la igualdad, sino el catolicismo. Efectivamente, este economista, que amalgamaba las doctrinas políticas de Bonald con la crítica económica de Sismondi (1773-1884), amasó todo un sistema de economía legitimista y cristiana. Los economistas liberales se oponían tenazmente a toda «intromisión del Estado entre el patrono y el obrero dentro de la fábrica». Pero Villeneuve-Bargemont proponía toda una serie de medidas de legislación obrera: prohibición del trabajo infantil, inspección sanitaria, instrucción técnica obligatoria para los obreros de las fábricas, creación de cajas de ahorro, etc. A su debido tiempo, todas estas medidas acabaron por formar el sistema del llamado socialismo católico. Ahora, todas las esperanzas se cifraban en encontrar los guías de la masa oprimida, no entre los aristócratas feudales, sino entre los magnates de la gran industria.

En su obra sobre la situación de la clase trabajadora en Inglaterra, Engels se expresa en términos de simpatía respecto a la organización conocida por el nombre de Joven Inglaterra. Apunta que no puede entrar en detalles en lo tocante a las diferencias que median entre los varios sectores de la burguesía, si bien reconoce algunas «respetables excepciones». Entre estas se contaban, según él, los filantrópicos tories, que acababan de fundar la Joven Inglaterra. Figuraban en esta organización algunos miembros del parlamento, como Disraeli (1804-1881), Borthwick (1804-1852), Ferrand (1829-1870), lord John Manners (1818-1906), etc. Lord Ashley –más tarde lord Shaftesbury (1801-1885)– estaba íntimamente unido a Manners. La Joven Inglaterra se proponía como fin restaurar las condiciones que habían reinado antaño en la «*merry England*» con todos sus esplendores y sus románticas galas feudalistas. Fin tan absurdo e irrealizable no podía ser más que una sátira, en el curso real de la historia. Sin embargo, sería injusto desconocer las sanas intenciones y la valentía de los miembros de la Joven Inglaterra, que alzaron su voz de protesta contra el orden social de su tiempo, contra los prejuicios de la época, y que supieron comprender el carácter fundamental del orden social vigente[388].

La Joven Inglaterra atrajo a sus filas a la juventud aristocrática de Inglaterra e Irlanda, que tenía por espíritu rector a George Smythe (más tarde vizconde de Strangford, 1789-1846). Estos elementos se oponían tenazmente al capitalismo industrial y al librecambio, y soñaban con restaurar la supremacía política de la aristocracia, supremacía que había de enraizarse hondamente en la estructura social de la época y asentarse sólidamente en los principios democráticos.

Disraeli (más tarde lord Beaconsfield), hijo de una acaudalada familia judía, se hallaba íntimamente ligado a este grupo. Ya en 1839 comenzó a llamar la atención de la cámara con sus discursos acerca de las peticiones de los cartistas, en cuya defensa salió, a pesar de no estar conforme con el movimiento. En sus novelas, en Coningsby, por ejemplo, y principalmente en *Sibila o las dos naciones*, popularizó las ideas socialistas de los *tories*. En Sibila traza una pintura muy interesante del movimiento cartista, retratando con vívidos colores el estado de la Inglaterra contemporánea, que, bajo la acción de la gran industria, se estaba dividiendo en «dos naciones, entre las cuales no existe afinidad ni simpatía y que ignoran mutuamente sus ideas, sus sentimientos, como si vivieran en zonas distintas o habitaran planetas diferentes»[389].

---

388 Véase Engels, *La situación de la clase obrera en Inglaterra*, op. cit., p. 295, nota a pie de página.

389 Disraeli, Benjamin, *Sibila o las dos naciones*.

Como grupo político, la Joven Inglaterra comenzó a decaer ya hacia 1845. Disraeli no tardó en romper con los *tories* de sangre azul y pasó a ser jefe del moderantismo británico. Ferrand, Borthwick (cuyo discurso en defensa de los trabajadores aparece citado tres veces por Marx en *El Capital*[390], y lord Ashley desempeñaron un papel importante en la historia de la legislación fabril de Inglaterra. Lord Ashley, a pesar de haber apoyado generalmente a los conservadores, modificó su actitud parlamentaria, en su interés por mejorar las condiciones de vida del trabajador, y mientras vivió, su nombre sonaba familiarmente en los hogares obreros. Era especialista en materia de utilidades industriales, y sus estadísticas prestaron grandes servicios a los cartistas y a los librecambistas en sus ataques contra aquellos hipócritas cristianos que criticaban los vicios ajenos y cerraban los ojos cuando estos vicios redundaban en su propio provecho.

Este lord Ashley, más generalmente conocido por su último título de lord Shaftesbury, acaudillaba a los filántropos aristócratas que luchaban contra el régimen fabril. Durante los años de 1844 y 1845, su personalidad era el blanco favorito de los ataques en las columnas del órgano liberal más importante de la época, el *Morning Chronicle,* cuando este periódico se hallaba empeñado en revelar las terribles condiciones en que vivían los trabajadores del campo. Las cifras publicadas por Marx[391] demuestran lo mezquinos que eran los jornales abonados a los braceros en las explotaciones de aquel honorable y humanitario lord. Y por si esto era poco, nuestro digno aristócrata no tenía escrúpulo en embolsarse una buena parte de aquellos jornales por el alquiler de las casas en que albergaba a sus obreros.[392]

Otro representante del socialismo feudal digno de mención es el gran historiador y literato Thomas Carlyle (1795-1881). Engels

---

390 Marx. *El Capital*, Tomo I, op. cit., pp. 271, 444 y 631.

391 Ibíd., p. 748.

392 Ibíd., p. 749.

se mostraba aun más indulgente con él que con el partido de la Joven Inglaterra. «Thomas Carlyle forma una categoría aparte. Al principio formaba en la organización de los *tories*, pero pronto hubo de dejar atrás a sus compañeros. Carlyle comprende mejor que ningún otro burgués británico la anarquía social reinante y aboga por la organización del trabajo. Confío en que tan pronto como se ponga en el camino recto lo seguirá hasta el final. Como tantos otros alemanes, le deseo buena suerte»[393].

En 1892, Engels completa esta referencia sobre Carlyle en los términos siguientes: «La revolución de febrero transformó a Carlyle en un completo reaccionario. Su sana indignación contra los filisteos se convirtió ahora en un despechado y filisteo desprecio contra la oleada histórica que lo arrastró a la orilla, dejándolo abandonado en la costa desierta».

El libro de Carlyle, *Past and Present* (1843), era, con su obra *Chartism* (1839), lo mejor que se había escrito, desde el punto de vista del socialismo aristocrático, acerca de la situación de los obreros ingleses. En los *Anales franco-alemanes* (1844) figura un artículo de Engels titulado «La situación de Inglaterra», en el que hace un análisis detallado y encomiástico del primer libro (*Past and Present*). Estos dos libros de Carlyle impresionaron profundamente a Engels. Esto puede explicarnos el motivo de que Engels mostrase preferencia por los *tories* sobre los *whigs*. En el mencionado artículo escribe lo siguiente:

En las condiciones sociales reinantes en Inglaterra, el propio interés obliga a los whigs a rechazar toda idea contraria a la industria, que es la firme columna de la sociedad inglesa y que está en manos de los *whigs*, que se enriquecen a costa de ella. A ellos, la industria les parece intachable, su legislación no tiene más objetivo que la expansión industrial. ¿Por qué? Porque la industria les ha proporcionado poder y riqueza. Por su parte, los *tories* (cuya

---

393 Engels, *La situación de la clase obrera en Inglaterra*, op. cit., l. c. (véase nota 347).

aristocracia y cuyo poder fueron arrollados por la industria, cuyos principios perecieron bajo el avance industrial) odian la industria o, en el mejor de los casos, la consideran un mal inevitable. Así se explica que algunos *tories* filantrópicos, acaudillados por lord Ashley, Ferrand, Walter, Oastler, etc., se impusieran el deber de defender a los obreros contra la explotación de los industriales. Carlyle empezó siendo *tory*, y toda su vida simpatizó más por este partido que por el de los *whigs*.[394]

La gran analogía existente entre la condición de los siervos ingleses de 1145 y la de los obreros ingleses de 1845 (paralelo que traza Engels en su libro sobre la situación de la clase obrera en Inglaterra) había sido señalada ya por Carlyle. De él procede también la idea del «vínculo de los pagos al contado» y de los cálculos pecuniarios en que se basa toda la autocracia burguesa. En el *Manifiesto* aparecen reflejadas las palabras de Carlyle sobre este punto. Carlyle protestó en su tiempo contra el culto de Mammon y llegó hasta ver en «la organización del trabajo» (impuesta desde arriba, por supuesto, por obra de los «héroes») un remedio a ese mal. Pero ya en 1844 declaraba Engels que Carlyle no podría sacudir su sentido religioso del universo y que su panteísmo no era más que el culto de la humanidad como tal.

De aquí su ideal de una «genuina» aristocracia, su ideal «heroico», como si los héroes pudieran ser otra cosa que hombres. Si Carlyle hubiera sabido comprender al hombre como tal hombre, en toda su infinitud, jamás habría pensado en dividir a la humanidad en lobos y ovejas, en gobernantes y gobernados, en aristócratas y chusma, en caballeros y mesnadas; hubiera llegado a la conclusión de que la verdadera aplicación social del talento no está en ejercitar el dominio de la fuerza, sino en servir de estímulo y de guía. Es cierto que la democracia no constituye más que una fase transitoria, pero no hacia la implantación de una nueva aristocracia mejor precisamente, sino hacia la instauración de la verdadera libertad humana, del mismo modo que la irreligiosidad de nuestra época

---

394 Véase Marx y Engels, *Escritos varios*, op. cit., Tomo II, p. 464.

habrá de conducir finalmente, no al renacimiento de la religión, sino a la emancipación del hombre de toda forma religiosa, sea sobrehumana o sobrenatural. Carlyle ataca el culto del dinero, la oferta y la demanda, la concurrencia, etc., y está muy lejos de mantener la justificación absoluta de la propiedad del suelo. ¿Por qué, entonces, no saca las conclusiones evidentes a que llevan sus propias premisas y no repudia la propiedad privada en general? ¿Para qué predica la abolición de la codicia, de la oferta y la demanda, la concurrencia, etc., si deja intacta y en pie la propiedad privada, que es la raíz de todos esos males? La «organización del trabajo» no nos sirve de nada, pues para que sea eficaz es menester que exista una cierta suma de intereses comunes.[395]

En las columnas de la *Nueva Gaceta del Rin* nos encontramos, allá por el año 1850, con una crítica más dura y acerada de Carlyle, a quien la revolución de 1848 había vuelto un completo reaccionario. Engels reconoce, sin embargo, sus méritos anteriores:

Tenemos que agradecer a Carlyle que, como literato, haya arremetido contra la burguesía en un tiempo en que los gustos, las opiniones y las ideas burguesas ejercían una completa hegemonía sobre el mundo literario británico, y que lo hiciera en un tono que a veces cobraba carácter verdaderamente revolucionario. Este elogio puede aplicarse a gran parte de las páginas de sus obras La Revolución Francesa, Cromwell, Cartismo y Pasado y presente.

Y enseguida añade:

Pero la crítica que desarrolla en estos libros acerca de las condiciones reinantes se halla íntimamente asociada con una apoteosis extraña y antihistórica de la Edad Media, como es frecuente en los libros de los revolucionarios ingleses, en los de Cobbett, por ejemplo, y en los de algunos de los cartistas. Y a la par que admira el pasado, o al menos las épocas clásicas de una determinada fase social, el

---

395 Ibíd., pp. 488-489.

presente le desespera y la perspectiva del futuro le llena de horror. Cuando rinde pleitesía a la revolución, y hasta la glorifica, lo hace en la medida en que la revolución se cifra a sus ojos en una figura individual, en un Cromwell o en un Dantón. Rinde culto a estas figuras como a héroes, culto que en su obra Sobre los héroes y su culto exalta como el único refugio contra una realidad desesperante y predica como una religión.[396]

En sus últimas obras, Carlyle demostró que había desertado de lleno del campo revolucionario. «Carlyle, lo mismo que Strauss, se ha consagrado al culto del genio. Y aunque en sus obras se ha evaporado el genio, el culto persiste»[397]. Durante la guerra norteamericana de secesión, librada por la abolición de la esclavitud, Carlyle defendió a los estados esclavistas, y después, en 1865, salió en defensa de Edward John Eyre (1815-1901), gobernador de Jamaica que sofocó con gran rigor una sublevación de negros. «Así –escribe Marx– reventaba aquella espléndida burbuja de simpatía hacia los obreros; hacia los obreros de las ciudades, entiéndase bien; jamás ni en modo alguno hacia los campesinos. A la postre, resultó que todo lo que la burbuja tenía dentro era esclavitud»[398].

50. *Socialismo cristiano*

El socialismo cristiano se parece mucho al socialismo feudal. En las obras de todos los voceros de la reacción contra la Revolución francesa encontramos el culto del Altar desposado con el culto al Trono. Pero en vista de que el prestigio de la vieja monarquía absoluta se había esfumado y de que la monarquía de julio se mostraba cada día más inestable, entre los hombres de sentimientos genuinamente filantrópicos empezó a manifestarse una nueva tendencia. Era una nueva forma de socialismo que

---

396 Véase Marx y Engels, *Escritos varios*, op. cit., Tomo II, pp. 414 y ss.

397 Ibíd., p. 415.

398 Marx. *El Capital*, Tomo I, op. cit.

pretendía reconciliar la religión con la Iglesia, democratizando esta y restituyéndola a los cauces del cristianismo primitivo. El representante más destacado de esta escuela filosófica era, indudablemente, Lamennais. Su libro *Palabras de un creyente* (*Paroles d'un croyant*) vio la luz en 1837. Este libro llevó a su autor a romper con la vieja tradición eclesiástica y a divorciarse de los legitimistas. Lamennais era un demócrata sincero, un defensor apasionado del pueblo obrero, y pintó con colores muy vivos la dolorosa situación de los trabajadores. Flagelaba a los ricos como un profeta del Antiguo Testamento, sin miramiento alguno. Como remedio contra la pobreza recomendaba la asociación libre y otras medidas que garantizaran al pobre, cuando menos, lo indispensable para vivir. Su libro traspasó las fronteras de Francia, y, traducido al alemán, no tardó en convertirse en un nuevo evangelio entre los artesanos de este país.

Felipe Buchez (1796-1865), político y escritor francés, era otro preclaro representante del socialismo cristiano. Al principio se unió a los discípulos de Saint-Simon, pero pronto rompió con ellos y se puso a construir un sistema propio de socialismo. En él se sostiene que la religión y la ética cristianas son los factores principales del progreso. Buchez atacó a los comunistas y es autor de un proyecto para la creación de asociaciones de producción, especialmente adaptables a las necesidades de los artesanos. Este autor hizo causa común con el grupo de obreros parisienses que tenían por órganos en la prensa *Le Producteur* y *Le National*. Engels, que no perdía ocasión de ponerse en contacto con las organizaciones obreras, trató de entablar relaciones con Le Producteur durante su permanencia en París y publicó un artículo en sus columnas.

Sin embargo, hasta el triunfo de la reacción en 1848 no se dieron condiciones verdaderamente propicias para el desarrollo del socialismo cristiano. A partir de ahora se nos presentan toda suerte de aleaciones de socialismo con las diferentes ramas religiosas: un socialismo católico, un socialismo protestante, un socialismo anglicano, un socialismo cristiano, etc. Por la fecha de publicación del Manifiesto, estas formas religiosas de socialismo solo atraían ya a una pequeña parte del proletariado. Tanto en el *Manifiesto* como en toda su obra, Marx se opone a todo conato de cristianizar el socialismo y de introducir la moral cristiana en las teorías socialistas, que comenzaban a asumir un carácter internacional. En su polémica contra el autor de un artículo publicado en la *Gaceta Alemana de Bruselas*, adopta un tono todavía más resuelto. El autor del artículo, un tal Herman Wagener (1815-1889), era uno de los más destacados exponentes del socialismo cristiano conservador de Alemania, de aquella tendencia que no llegó a adquirir expresión desde el poder hasta bastante más tarde, hasta después de la fundación del Imperio. La pretensión de demostrar que el comunismo era un fruto de las doctrinas sociales del cristianismo fue combatida por Marx en las siguientes líneas, en las que se analiza el papel representado por estas doctrinas en el curso de la evolución histórica:

> Los principios sociales del cristianismo han tenido ya dieciocho siglos para desenvolverse y no necesitan que un consejero consistorial prusiano (alusión al mentado Wagener) venga ahora a desarrollarlos. Los principios sociales del cristianismo justificaron la esclavitud en la antigüedad, glorificaron en la Edad Media la servidumbre de la gleba y se disponen, si necesario es, aunque arrugando un poco el gesto plañideramente, a defender la opresión moderna del proletariado. Los principios sociales del cristianismo dejan la desaparición de todas las infamias para el cielo, justificando con ello la perduración de esas mismas infamias sobre la tierra. Los principios sociales del cristianismo ven en todas las vilezas de los opresores contra los oprimidos el justo castigo del pecado original y de los demás pecados del hombre, o la prueba a que el Señor quiere someter, según sus designios inescrutables, a la humanidad. Los principios sociales del cristianismo predican la cobardía, el desprecio de sí mismo, el envilecimiento, el servilismo, la humildad, todas las virtudes de la canalla; y el proletariado, que no quiere que se le trate como canalla, necesita mucho más de su intrepidez, de su sentimiento de dignidad

personal, de su orgullo y de su independencia, que del pan que se lleva a la boca. Los principios sociales del cristianismo hacen al hombre miedoso y trapacero, y el proletariado es revolucionario. Era cuanto teníamos que decir de los principios sociales del cristianismo.[399]

Desde luego, no sería difícil demostrar que esos «principios sociales del cristianismo» no desempeñaron siempre un papel reaccionario. El cristianismo primitivo, en lo que tenía de protesta contra el orden social del mundo antiguo, se alzaba contra la propiedad privada y el Estado, y abogaba por el ascetismo y la pobreza. Pero esto es ya un cuento viejo, una historia de aquellos tiempos en que no había más camino para liberar a «los que trabajan y sufren» que el de la divina Jerusalén. Los obreros con conciencia de clase deben oponerse a los manejos de cuantos intenten aunar sus intereses con los de la religión, cualquiera que sea la forma en que se les presente la doctrina, ya sea bajo el nombre de cristianismo «purificado» y «ennoblecido», ya bautizada con el de «nuevo» cristianismo o «religión de la humanidad».

La religión es siempre la conciencia y el sentimiento del yo en el hombre que no se ha encontrado aún a sí mismo o que, habiéndose encontrado, se ha vuelto a perder [...]. Por eso, luchar contra la religión es luchar directamente contra el mundo del que la religión es el aroma espiritual. La pobreza religiosa es en algunos la expresión de la pobreza verdadera, mientras que en otros es la protesta contra la verdadera pobreza. La religión es el suspiro de los oprimidos, el corazón de los descorazonados, el espíritu de los abatidos. La religión es el opio del pueblo. Acabar con la religión, dicha ilusoria del pueblo, es dar un paso hacia la conquista de su dicha verdadera [...]. Por donde la crítica del cielo se torna en la crítica de la tierra; la crítica de la religión, en la crítica de la ley; la crítica de la teología, en la crítica de la política.[400]

---

399 Véase Marx y Engels, *Escritos varios*, op. cit., Tomo II, pp. 442–443.

400 Véase *Contribución a la crítica de la filosofía hegeliana del derecho*, op. cit., Tomo I, pp. 607–608.

Marx y Engels no podían por menos de oponerse enérgicamente a todo intento de adormecer al proletariado con cualquier suerte de ideas religiosas, pues sabían que eso era detenerlo en su marcha hacia la emancipación.

51. *Sismondi*

Estamos tan acostumbrados a hablar de «socialismo pequeñoburgués» siempre que nos referimos a una serie de doctrinas socialistas extendidas aún en el seno de la clase obrera, que en el capítulo titulado «Socialismo pequeñoburgués» nos solemos inclinar más bien a ver una crítica de Proudhon y sus secuaces que una censura de las teorías del economista burgués Sismondi (1773-1842). En su prólogo a una de las últimas ediciones del *Manifiesto*, explica Engels en qué sentido empleaban él y Marx la palabra «socialismo» en este documento. Para ellos, el socialismo era, por oposición al comunismo, un movimiento en parte obrero y en parte burgués, encaminado a hacer desaparecer la pobreza por medio de panaceas y de toda suerte de remiendos. Para los autores del *Manifiesto*, el socialismo es la doctrina profesada por los defensores de toda una serie de sistemas utópicos que apelaban todos, como los proyectos anteriores de transformación social, a la clase «ilustrada», esto es, a la burguesía. Entre los paladines del socialismo burgués, Marx y Engels distinguen varios grupos. Sismondi era para ellos el prototipo del socialismo pequeñoburgués, porque en todas sus censuras al capitalismo su punto de vista era siempre pequeñoburgués o pequeño campesino. «Todos los que, como Sismondi, pretenden restablecer una justa proporcionalidad en la producción conservando las bases de la sociedad actual son reaccionarios, pues consecuentes con el camino trazado deberían pedir asimismo la restauración de las condiciones industriales de los primeros tiempos»[401].

---

401 Marx, *Miseria de la Filosofía*, op. cit., p. 90.

Sin embargo, Marx tenía a Sismondi en gran estima por las censuras dirigidas por él contra el sistema capitalista, y este juicio favorable no trasciende solo al *Manifiesto*. Los adversarios burgueses de Marx, ansiosos por acusarlo de plagiario con el menor pretexto, se desvivían por atribuirle como maestro a tal o cual economista de una generación anterior. Estos economistas se agarraron al reconocimiento de los méritos de Sismondi en la obra de Marx para apuntar a toda una serie de ideas básicas encajadas en el sistema marxista y que, sin embargo, no eran «descubrimientos originales» de Marx ni de Engels. Pero aunque tales ideas hubiesen sido expuestas de un modo o de otro con anterioridad a su tiempo, lo cierto es que en la forma que ellos acertaron a imprimirles, estas ideas adquirieron una significación mucho más profunda, y, situadas en el sistema general del pensamiento marxista, irradiaron nueva luz y se revelaron en todo su verdadero sentido.

En su *Contribución a la Crítica de la Economía política* y en los tres volúmenes de *El Capital*, Marx se expresa con gran respeto acerca de Sismondi, destacándolo entre los representantes más eminentes de la escuela clásica de economía. Llega incluso a considerarlo como el primer crítico realmente serio de esa escuela. Pero Sismondi gusta de encarecer la conveniencia de que el Estado ponga freno a la producción ilimitada, controlando el desarrollo demasiado rápido de la técnica. A Charles Andler le parece demasiado dura la crítica que Marx y Engels hacen de Sismondi en el *Manifiesto*; en cambio, Gide (nacido en 1847) y Charles Rist reconocen justas, en términos generales, sus censuras.

Lejos de tratar de estimular la producción, el gobierno debe moderar el «impulso ciego». Dirigiéndose a los hombres de ciencia, les pide que dejen de inventar, rogándoles que tomen en consideración la consigna de los economistas respecto al no intervencionismo. Abriga una secreta simpatía por el viejo sistema corporativo y los maestros de los gremios. Aun cuando condena el antiguo sistema como contrario a los intereses de la producción, se pregunta si no podría aprender de aquel sistema algo que le ayudara a refrenar los abusos de la concurrencia [...]. El primer objetivo será, por tanto, restaurar hasta donde sea posible la unión entre el trabajo y la propiedad. Pertrechado con esta mira, Sismondi aboga, en el campo de la agricultura, por la vuelta a lo que él llama propiedad patriarcal, que quiere decir tanto como la multiplicación de los propietarios rurales. En la industria, le gustaría ver el retorno del artesano independiente.[402]

¿No coincide esto, en varios respectos, con lo que se dice en el Manifiesto? Aquí leemos que «la última palabra» de las teorías de Sismondi es: «en la manufactura, la restauración de los viejos gremios, y en el campo la implantación de un régimen patriarcal». Sismondi ejerció gran influjo sobre la literatura económica de su tiempo, pero no llegó a fundar una escuela propia. Su discípulo más destacado fue Buret (1811-1842), autor de un libro acerca de la situación de la clase obrera en Francia e Inglaterra (*Misère des classes laborieuses en France et en Angleterre*, 1842). Buret va algo más allá que su maestro y recomienda una serie de reformas en la legislación social y obrera, en las que, sin embargo, vemos manifestarse la influencia de Saint-Simon.

En lo que se refiere a Adolphe Blanqui (1798-1854), economista y escritor francés, autor de varias obras sobre economía política y acerca de la clase trabajadora de Francia, hermano de Auguste Blanqui (1805-1881), socialista revolucionario y autor de varios trabajos sobre cuestiones sociales y económicas; François Xavier Droz (1773-1850), sociólogo y moralista francés, y otros, la influencia de Sismondi parece haberse limitado a que estos economistas no se avenían a adoptar, ante los sufrimientos de la clase trabajadora, la actitud cínica e indiferente que asumían los corifeos de la economía política vulgar. (Respecto a los «economistas vulgares» y diferencias que les

---

402 Charles Guide y Charles Rist, *Histoire des doctrines économiques depuis les physiocrates jusquà nos jours*, p. 227.

separan de los «economistas clásicos» puede verse *El Capital*[403]). En su *Miseria de la Filosofía*, Marx caracteriza del siguiente modo a los representantes de la escuela económica humanitaria:

> Para tranquilizar su conciencia hacen cuanto está de su parte por ocultar las contradicciones reales de la sociedad, a la par que deploran sinceramente la pobreza de los obreros y la desenfrenada concurrencia de la burguesía. Recomiendan a los trabajadores sobriedad, diligencia en el trabajo y limitación del número de hijos, y a los burgueses les aconsejan que moderen su apetito de producción. Toda la teoría de esta escuela consiste en trazar distinciones interminables entre la teoría y la práctica, entre los principios y sus resultados, entre una idea y su aplicación, entre la forma y el contenido, entre la esencia y la realidad, entre el hecho y el derecho, entre el bien y el mal.[404]

Ninguna otra escuela habló nunca tanto de la aplicación de la ética a la economía política. La escuela de los economistas morales, que surgió después de la publicación del *Manifiesto*, era una nueva expresión de este sentimentalismo pegajoso y plañideros.

52. El «verdadero» socialismo

La crítica que se hace en este capítulo del *Manifiesto* del socialismo alemán o «verdadero» socialismo es, hasta cierto punto, una censura contra la propia formación filosófica de Marx, y en mayor grado todavía la de Engels. Este recorre, en la experiencia de su vida, todas las fases que caracterizan al pensamiento alemán de su tiempo. Conforme se iba dando cuenta más y más de que esta reencarnación filosófica del socialismo había sacado de quicio su juventud, más duras eran sus referencias al propio pasado. En ninguna parte encontramos una expresión más severa de esto que decimos que en el siguiente pasaje, que puede servir de comentario a la acusación formulada en el *Manifiesto* contra el «verdadero» socialismo:

---

403 Marx. *El Capital*, Tomo I, op. cit., p. 55, nota a pie de página.

404 Marx, *Miseria de la Filosofía*, op. cit., p. 172.

Por fin, los alemanes comienzan a corromper hasta el movimiento comunista. Como suele ocurrir en tales casos, los zánganos, los retrógrados, tratan de ocultar la vergüenza de haberse quedado dormidos hablando despectivamente de los que se les adelantaron y batiendo el gran tambor de la filosofía. Apenas hace el comunismo su aparición en Alemania, cae sobre él una horda de pensadores especulativos que creen hacer grandes milagros con traducir al lenguaje de la lógica hegeliana proposiciones que se han hecho ya vulgares en Inglaterra y en Francia, con soplar en la trompeta de esta nueva sabiduría, como si fuese algo a todas luces nuevo y maravilloso, la verdadera teoría alemana, cubriendo de lodo las falsas tácticas de los ridículos sistemas socialistas de los necios ingleses y franceses. Esa perpetua teoría alemana, que tuvo el privilegio infinito de asomar las narices a la filosofía hegeliana de la historia y de verse clasificada por algún flaco profesor berlinés en el sistema de las categorías eternas; esa teoría de gentes que tal vez hojearon las obras de Feuerbach, echaron una ojeada a las de los comunistas alemanes y se mostraron conformes con lo que von Stein dice acerca del socialismo francés; esa teoría alemana, teoría de la peor calidad posible, ha llegado ya a sus conclusiones respecto al comunismo y el socialismo francés (tal como von Stein lo presentara en su libro), le ha asignado un puesto de segunda fila, se le ha adelantado a grandes pasos y lo ha superado en la fase más alta de evolución de la «teoría alemana». Desde luego, a estos notables filósofos jamás se les ocurre enterarse primero del contenido real de las cosas que han de «superar» en su sistema; no se les ocurre examinar directamente los escritos de Fourier, de Saint-Simon, de Owen y los de los comunistas franceses. Para sus fines les basta con los magros extractos hechos por von Stein (1815-1890). Y ateniéndose a esos extractos, les parece que están en condiciones de conquistar a la teoría alemana un brillante triunfo sobre los endebles combatientes extranjeros. Aunque la absurda vanidad de los teorizantes alemanes parece invulnerable, creemos, sin embargo, oportuno recordarles cuánto tienen que agradecer al extranjero en el estudio de los problemas sociales desde el punto y hora en que empiezan a interesarse por estos problemas. Entre toda la pomposa fraseología que la literatura alemana proclama, como si en ella se cifrasen los principios fundamentales del «verdadero» y «puro» comunismo germano, no se encuentra todavía una sola idea que haya visto la luz en suelo alemán. Lo que los franceses e ingleses han venido sosteniendo por espacio de diez, veinte, cuarenta años, en palabras precisas y claras, en términos cuidadosamente escogidos, empieza a traspasar ahora la frontera alemana. Durante estos últimos años, los alemanes han aprendido unos cuantos retazos de estas cosas y ahora se dedican a chapurrearlos en su jerga hegeliana. Algunos de los más brillantes pensadores alemanes acaban de descubrir estas verdades y las lanzan en letra impresa como si fuesen descubrimientos personales suyos, vestidos con una fraseología bastante menos afortunada y mucho más abstracta que la original. Y a esta censura no escapan ni mis propias palabras. La única originalidad de que pueden jactarse los alemanes es la forma abstracta, obscura y retorcida en que expresan esas ideas. Además, lo único que ellos creyeron digno de ser tomado en consideración en las obras de los franceses (pues nuestros dignos alemanes apenas sí conocen nada hasta ahora de los ingleses) no es (como cuadra a auténticos teóricos), fuera de los principios archigenerales, más que lo más malo y lo más teórico de todo: la esquematización de la futura sociedad, los sistemas sociales que la reflejan. Lo mejor de todo, la crítica de la sociedad actual, el verdadero fundamento, la misión primordial de cuantos se preocupan de problemas sociales, lo dejan tranquilamente a un lado. Por eso el «socialismo absoluto» alemán es tan lamentablemente pobre. Un poco de «humanidad», como hoy día suele llamarse eso; un poco de «realización» de esa humanidad, o por mejor decir, de esa cosa monstruosa; un poco, menos ya, de «propiedad» tomada (de tercera o cuarta mano) de Proudhon; otro poco de «simpatía» hacia las miserias del proletariado; otro poco de «organización del trabajo»; otro poco de sociedades para socorrer a las clases inferiores, y junto a todo esto una ignorancia ilimitada de todo lo que se refiere a la economía política y al verdadero carácter de la sociedad en que vivimos: a eso se reduce todo. Y por si todavía no bastase, aún viene la imparcialidad teórica, la «absoluta serenidad del espíritu», a chuparle la última gota de sangre, el último rastro de decisión y de energía. ¿Y con esa cosa tediosa y aburrida se quiere revolucionar a Alemania, poner al proletariado en movimiento, obligar a las masas a pensar y actuar?[405]

---

405 Artículo de Engels publicado en la *Gaceta Alemana de Bruselas*. Véase Marx y Engels, *Escritos varios*, op. cit., Tomo II, pp. 407-408.

Vemos, pues, que Engels no se asusta de incluirse a sí mismo en el acta de acusación. En su tiempo había mantenido íntimas relaciones con Moses Hess (1812-1875), principal exponente del socialismo filosófico alemán. Y hay que reconocer que su amistad con Hess era más estrecha, por entonces, que sus relaciones con Marx. Hess les llevaba algunos años a Marx y a Engels y había comenzado su carrera literaria algo antes que ellos. Antes de conocer a Marx, Hess había publicado dos obras tituladas *La historia sagrada de la humanidad* (1837) y *La triarquía europea* (1841). En estas obras construye su filosofía de la historia de la humanidad, completando la filosofía del pensamiento con la «filosofía de la acción».

En 1841 rompió con los neohegelianos de izquierda y trabó conocimiento con Marx. Este encuentro le produjo una profunda impresión. En una carta a su amigo Berthold Auerbach (1812-1882), ilustre escritor alemán, fechada en Colonia el 2 de septiembre de 1841, Hess escribe lo siguiente:

> Va usted a tratar al más grande, iba a decir el único, filósofo viviente... El nombre de mi ídolo es Marx. Es todavía muy joven, pues no tiene más que veinticuatro años y está llamado a ser el que dé el golpe de gracia a la religión y a la política de la Edad Media. Une a una profunda seriedad filosófica un ingenio mordaz. Imagínese a Rousseau, Voltaire, Holbach, Lessing, Reine y Hegel en una pieza (pero no revueltos a troche moche y en montón, sino perfectamente combinados y formando un todo armónico) y tendrá usted una idea de quién es Marx.[406]

Hess contribuyó a la fundación de la *Gaceta del Rin*, y en sus artículos comenzó a inclinarse hacia el comunismo. Conoció a Engels en Colonia, donde su trato fue convirtiéndose en amistad. Fue Hess quien convenció a Engels de que el comunismo era la resultante lógica de las nuevas doctrinas hegelianas. Engels y

---

406 Publicada por Karl Grünberg, en *Archiv für die Geschichte des Sozialismus*, Leeipzig, 1922, pp. 411–412.

Hess formaron parte durante varios años de la redacción de un periódico titulado *El espejo de la sociedad*, que se publicaba en Elberfeld. En uno de sus editoriales leemos: «¿Es posible que el monarca prusiano sienta menos simpatías por la clase pobre de Prusia que la cámara de diputados o el rey de Francia por la clase pobre de su país? Son tantos los hechos que indican lo contrario, y la reflexión nos tiene tan firmemente convencidos de esto, que las tendencias políticas de los liberales han llegado a ser para nosotros no solamente incompatibles, sino positivamente repulsivas»[407].

Pronto, sin embargo, hubo de librarse Engels de esta herencia de socialismo filosófico. Hess se acercaba también cada vez más a las nuevas ideas formuladas por Marx. Pero su avance era mucho más lento que el de Engels y le costaba mucha dificultad desprenderse de la vieja herencia idealista. En julio de 1846 escribía a Marx: «Del mismo modo que al comienzo hubo necesidad de eslabonar las aspiraciones comunistas con la ideología alemana, ahora tenemos que fundar nuestras teorías en premisas históricas y económicas, pues de otro modo no podríamos llegar a un acuerdo con los "socialistas" ni con ninguna otra clase de adversarios»[408].

Al plantearse en la Liga de los Comunistas, a poco de su fundación, enconadas luchas intestinas, Hess (cuyo carácter le incapacitaba para las actividades prácticas) fluctuó entre los distintos grupos, arrimándose tan pronto a uno como a otro. En el congreso de la Liga rompió definitivamente con Marx y Engels. Durante las convulsiones de la revolución alemana de 1848, Hess permaneció casi todo el tiempo al margen del movimiento; al acabar este se unió a la fracción capitaneada por Willich (1810-1878) y Schapper (1813-1870). A los pocos años abandonaba completamente las actividades revolucionarias y se convertía en el primer profeta del sionismo. Cuando Lassalle (1825-1864) comenzó su campaña de propaganda, Hess se adhirió a sus ideas;

---

407 Véase Marx y Engels, *Escritos varios*, op. cit., Tomo II, p. 352.

408 Ibíd., p. 371.

pero después de la muerte de Lassalle rompió con sus discípulos, para ingresar luego en la Asociación Internacional de Trabajadores y enrolarse en las filas de los que combatían a Bakunin.

En la severa crítica que se hace en el *Manifiesto* contra los representantes del «verdadero» socialismo, el primer blanco de ataque era, como ya hemos dicho, Karl Grün. Es interesante el comentario que hace Mehring de su persona: «Grün era un periodista típico, en el peor sentido de la palabra, hombre igualmente desprovisto de rigor y de profundidad, sin la menor probidad en sus juicios. Sus apreciaciones eran tan superficiales, tan evidentemente triviales, que aun cuando su modo de expresarlas las hacía parecer agudas a primera vista, solo servían para descubrir su falta de substancia». Marx y Engels tuvieron mucha razón al calificarlo como el más insoportable de todos los «verdaderos» socialistas.

En un artículo publicado en *El Vapor Westfaliano* algunos meses antes de ver la luz el *Manifiesto*, Marx alude ya a las relaciones espirituales mantenidas entre Hess y Grün: «Los temas que en los escritos de Hess aparecen envueltos en sugerencias vagas y expresiones míticas, son llevados por Grün hasta un grado tal, que rayan ya en lo absurdo».

Unas cuantas citas tomadas de escritos de Grün bastarán para demostrar cuáles eran la teoría y la práctica del «verdadero» socialismo:

El que invoca el nombre de Feuerbach, invoca al mismo tiempo toda la obra realizada en el campo filosófico desde Francis Bacon (1561-1626) hasta nuestros días; Feuerbach nos revela lo que la filosofía debe ser y lo que significa en último término, y se remonta hasta el hombre como la síntesis definitiva de la historia universal. Por este camino llegamos más segura y más eficazmente al concepto del trabajo que rompiéndonos la cabeza acerca de los salarios, la libre concurrencia y las injusticias de la Constitución [...]. Partamos del Hombre; del hombre curado de religión, de la idea de la muerte, de todo lo que le es ajeno, de las necesidades materiales [...], del puro y verdadero hombre [...].

El siguiente botón de muestra de las disquisiciones de Grün explica por qué los autores del *Manifiesto* consideraban insoportable su literatura:

> ¿Quién reclama la constitución en Prusia? Los liberales. ¿Y quiénes son los liberales? Unos cuantos señores que se pasan la vida metidos en sus casas y un puñado de escritores [...]. ¿Acaso constituyen el pueblo un puñado de propietarios y sus escribas? De ningún modo. ¿Pide el pueblo la constitución? Ni en sueños [...]. Si el proletariado de la Silesia tuviera conciencia propia y derechos esenciales, de acuerdo con esa conciencia, se opondría a la constitución. Como el proletariado no tiene ni conciencia ni derechos, actuamos nosotros en su nombre. Y en su nombre protestamos [...].[409]

Arengas por este estilo no servían más que para echar agua y grano a los molinos de los enemigos del comunismo, como el demócrata y republicano Karl Heinzen (1809-1880), que acusaba a los comunistas de tergiversar el significado de las palabras «factor político», demostrando que eran, de hecho, «los servidores del absolutismo».

Además del ataque a los «verdaderos» socialistas, el capítulo que glosamos contiene también una crítica de la filosofía alemana en aquello en que refleja las influencias del pensamiento revolucionario francés. A la cabeza de esta filosofía figura Kant, con su declaración de que los postulados de la Revolución francesa no eran más que los postulados generales de la «razón práctica». Marx y Engels explican esta opinión de Kant como fruto de las peculiaridades del desarrollo económico de Alemania, peculiaridades que favorecieron la persistencia de la pequeña burguesía.

> Las condiciones de Alemania a fines del siglo XVIII se hallan perfectamente reflejadas en la *Crítica de la razón práctica*, de

---

409 Véase Marx y Engels, *Escritos varios*, op. cit., Tomo II, pp. 359; 336.

Kant. La burguesía francesa había subido al poder por obra de la más formidable revolución que conoce la historia, invadiendo victoriosamente el continente europeo; la burguesía inglesa, ya políticamente emancipada, había revolucionado la industria, sometido a la India a su cetro político y subyugado comercialmente a todo el resto del mundo; pero la burguesía alemana, impotente, no podía acreditar más que «buena voluntad». Kant se conformó con esta «buena voluntad», aun cuando se quedara en pura intención; la realización de esa buena voluntad, la instauración de un régimen de armonía entre las necesidades y los impulsos de los individuos se lograría en un mundo mejor. La «buena voluntad» de Kant se hallaba perfectamente a tono con la impotencia, con la sumisión y esterilidad de los ciudadanos alemanes, cuyos pequeños intereses eran incapaces de desarrollarse sobre una escala general hasta convertirse en los intereses nacionales de la clase, razón por la cual los burgueses de las demás naciones los explotaban constantemente. A estos pequeños intereses locales correspondían, por un lado, el apocamiento local y provincial de los ciudadanos alemanes, y por otro, sus infatuadas ideas cosmopolitas. Hablando en términos generales, el desarrollo de Alemania desde la Reforma había sido en todo y por todo pequeñoburgués. Los representantes de la aristocracia feudal habían desaparecido, en su mayoría, durante las guerras de los campesinos. Los que quedaban se dividían en dos clases. Algunos eran pequeños príncipes que no reconocían más soberano que el emperador y que fueron adquiriendo gradualmente una relativa independencia, la cual les permitía erigirse en monarcas absolutos de sus minúsculos estados. Otros eran pequeños propietarios, y estos se subdividían, a su vez, en dos categorías. Muchos de ellos prestaban sus servicios al gobierno, viviendo como oficiales del ejército o funcionarios del estado. Los demás eran un tropel de hidalgos venidos a menos y que llevaban una existencia tan mísera, que el hacendado inglés con menos pretensiones o cualquier gentilhombre de province francés la hubiera desdeñado. La agricultura no se desarrollaba en grande ni en pequeña escala, sino en una forma intermedia, que compartía los defectos de ambas. Y a pesar de que persistía la servidumbre de la gleba con todas sus ignominias, los campesinos no pugnaban por emanciparse, en parte porque los métodos de cultivo no eran los más adecuados para fomentar la formación de una clase revolucionaria, y en parte porque no existía una burguesía revolucionaria que respaldara a la clase campesina.

En algún otro sitio, Marx pone de relieve las causas que impedían el desarrollo de la burguesía industrial alemana. Las nuevas rutas comerciales abiertas en el siglo XVI y que determinaron la decadencia de la industria y el comercio medievales en el momento preciso en que se abrían los horizontes de un nuevo mercado mundial y cuando la manufactura comenzaba a surgir en Inglaterra, Francia y Holanda; las consecuencias de la Guerra de los Treinta Años (1618-1648), que despobló el campo alemán, haciéndolo retroceder en ciertas comarcas a un estado de barbarie; la naturaleza peculiar de ciertas industrias (como la del lino, por ejemplo) que comenzaron a revivir hacia fines del siglo XVIII, aunque sujetas todavía a condiciones patriarcales; la naturaleza de las exportaciones, que versaban principalmente sobre productos agrícolas y que impulsaban el desarrollo de una vasta clase de terratenientes hostil a la burguesía de las ciudades: todo contribuyó a estorbar el desarrollo de la burguesía alemana y su expresión política.

A la falta de cohesión de los intereses correspondía la falta de cohesión en la organización política, y esto hacía que Alemania fuese un mosaico de pequeños principados y de ciudades imperiales libres. No podía existir concentración política en un país en que faltaban todas las condiciones económicas determinantes de esa concentración.[410]

De aquí que lo que nos encontramos en la Alemania de aquellos tiempos sea el predominio del Estado y de la burocracia, predominio fomentado por la monarquía y que asume formas particularmente falsas y grotescas. El Estado se manifestaba como un poder independiente encarnado en la burocracia. Esto explica la incorruptibilidad oficial, virtud característica de Alemania; las ilusiones estatales, tan generalizadas también en este país, y la independencia aparente de los teóricos de los

---

410 Marx, *Polémica contra Stirner*, op. cit., pp. 170-171.

derechos del Estado, que tejían sus doctrinas sin tener en cuenta para nada los intereses de la burguesía.

> El liberalismo francés, basado en los intereses reales de clase, asumió también una forma peculiar al pisar el suelo de Alemania. También las obras de Kant sirven aquí de ejemplo. Ni él ni los ciudadanos alemanes, cuyo pensamiento interpretaba, advertían que por debajo de aquellas ideas teóricas de la burguesía fluían intereses materiales y una voluntad específica determinada por las condiciones materiales de la producción. Por eso, Kant separaba la expresión teórica de los intereses que defendía, y veía en los actos de voluntad con contenido material de la burguesía francesa voliciones puras del «libre albedrío», de la voluntad humana incondicionada. De este modo, la expresión teórica se convertía en sus manos en un concepto puramente ideológico, en un postulado moral. De aquí que la pequeña burguesía alemana se replegase horrorizada ante el expeditivo liberalismo burgués tan pronto como este comenzó a manifestarse en el reinado del terror y en la batida franca contra la riqueza.[411]

El liberalismo alemán (que hasta entonces no había sido más que un sueño acerca del liberalismo abstracto, y no, ni mucho menos, la filosofía de la burguesía que luchaba por sus intereses de clase) no comenzó a adquirir una forma concreta hasta después de la revolución de julio:

> La intensidad cada vez mayor de la competencia extranjera y el desarrollo del comercio mundial, que llegó un momento en que Alemania no pudo ya eludir, la obligaron por fin a recoger sus dispersos intereses locales para organizarlos en una forma sistemática. Los ciudadanos alemanes, sobre todo desde 1840, comenzaron a pensar en instaurar una base sólida para esos intereses comunes, se hicieron nacionalistas y empezaron a clamar por constituciones y aranceles protectores.[412]

---

411 Ibíd., pp. 171-172.

412 Ibíd., p. 172.

En estas circunstancias comenzó a dar señales de vida poco a poco el «verdadero» socialismo, a medida que los intereses reales, aunque no del todo gratos, de la burguesía alemana iban asomando las narices por encima de las galas apolilladas de la vieja filosofía, y las relaciones entre la burguesía industrial, cada día más poderosa, y la aristocracia feudal se iban haciendo más tirantes (por mucho que esta tirantez quisiera velarse haciendo a cada paso protestas de reverencia servil hacia el monarca). Los «verdaderos» socialistas, Grün y consortes, arreciaban también, paralelamente y con furia redoblada, en sus acusaciones contra el liberalismo de su tiempo, privando a los obreros alemanes de la oportunidad de formular un programa político propio.

La conocida réplica de Marx a Heinzen puede aplicarse también perfectamente a Grün:

> Al proletariado no le interesa saber si el bienestar del pueblo es fin primordial o secundario para la burguesía, ni si esta quiere o no utilizar al proletariado como carne de cañón. Al proletariado no le interesa saber qué es lo que quiere la burguesía, sino lo que la burguesía está obligada a querer. El verdadero problema está en saber qué sistema político ofrecerá al proletariado un camino más expedito para la consecución de sus propios fines: si el sistema político reinante, en el que impera la burocracia, o el sistema que los liberales tratan de establecer, el régimen de la burguesía. Basta comparar la posición política que ocupa el proletariado en Inglaterra, en los Estados Unidos y en Francia con la que ocupa en Alemania, para convencerse de que la conquista del poder por la burguesía no solo brindará al proletariado nuevas armas para luchar contra ella, sino que lo colocará en una posición completamente nueva, en la posición de un partido reconocido.[413]

Este fue el punto de vista desde el que Marx y Engels libraron sus más duras batallas contra el «verdadero» socialismo, que

---

413 Marx, *El comunismo del "Observador del Rin"*, en *Gaceta Alemana de Bruselas,* 12 de septiembre de 1847.

se transformó, como era lógico que lo hiciera, en el ideario de la pequeña burguesía alemana, agobiada bajo el yugo de las instituciones feudales, a la par que alarmada ante la posibilidad del triunfo político de la burguesía industrial. Cierto es que lo sucedido en 1848 demostró que no solo la burguesía alemana (divorciada del proletariado ya antes de que este se constituyese, políticamente hablando, en clase independiente), sino también la francesa y la inglesa, se disponían a renunciar apresuradamente a sus reivindicaciones tan pronto como se evidenciara que el proletariado hacía de la revolución burguesa el punto de partida para su propia revolución; pero esto no sirvió más que para engendrar una nueva táctica más a tono con las circunstancias.

53. *Proudhon*

Veíamos que el *Manifiesto* presenta a Sismondi como representante típico del socialismo pequeñoburgués. A muchos lectores sorprenderá que se destaque a Proudhon como el representante más caracterizado del socialismo burgués o conservador, pues es corriente considerar a este escritor íntimamente identificado con el pensamiento pequeñoburgués. Una prueba más de que esta clasificación específica del Manifiesto no tiene hoy más que un valor puramente histórico.

Proudhon nació en 1809, y por consiguiente le llevaba a Marx cerca de diez años. Sus dos obras más importantes son *Qu'est ce que la propriété?* (*¿Qué es la propiedad?*), publicada en 1840, y *Système des contradictions économiques ou philosophie de la misère* (*Sistema de las contradicciones económicas o filosofía de la miseria*), publicada en 1846. Al morir Proudhon en 1865, Marx escribió que el muerto era ya por el año 1847 un «filósofo de la miseria», cuyas doctrinas tenían un marcado sabor de «socialismo pequeñoburgués».

Durante algún tiempo, Marx guardó el mayor respeto hacia las ideas de Proudhon. En *La Sagrada Familia* (1845) habla de él como de un revolucionario en el campo de la economía política. «Proudhon somete ahora la propiedad privada, que es la base de la economía política, a un examen crítico, el primer examen de carácter decisivo, implacable y al mismo tiempo científico que se haya trazado. Tal es el gran adelanto científico que debemos a Proudhon, un adelanto que revoluciona la economía política, haciendo de ella, por primera vez, una verdadera ciencia»[414]. En una carta dirigida al periódico titulado *El Socialdemócrata*, en enero de 1865, Marx habla ya de la obra de Proudhon en términos completamente distintos:

> La impertinencia de su libro se patentiza ya en su mismo título. El problema está erróneamente planteado y, por consiguiente, mal resuelto. El régimen clásico de la propiedad ha desaparecido para transformarse en el «régimen feudal», del mismo modo que el régimen feudal se ha transformado en el «régimen burgués». He ahí la suma y la substancia de su crítica acerca del viejo régimen de la propiedad. Proudhon se ocupó realmente de la propiedad actual, de la propiedad burguesa moderna. Pero la pregunta de ¿qué es esta propiedad? no podía contestarse más que procediendo a un análisis crítico de la economía política, a un análisis que enfocase este régimen de propiedad, no en un sentido jurídico precisamente, como un conjunto de relaciones voluntarias, sino en su verdadera forma de relaciones productivas. Pero como Proudhon resumía todas estas relaciones económicas bajo el concepto jurídico general de la propiedad, le era imposible llegar más allá de la conclusión a que había llegado ya Brissot (1754-1793), mucho antes que él (antes de 1789), en una obra parecida a la suya, diciendo con las mismas palabras de Proudhon: «la propiedad es el robo».[415]

Durante el largo intervalo que media entre estos dos puntos de vista encontrados habían visto la luz dos libros importantes: la *Philosophie de la Misère* (*Filosofía de la miseria*), de Proudhon,

---

414 Véase Marx y Engels, *Escritos varios*, op. cit., Tomo II, p. 127.

415 Reproducido en la introducción a las ediciones alemanas de *Misère de la Philosophie: Das Elend der Philosophie*, Dietz, Stuttgart, 1885, p. 28.

y la réplica de Marx a esta obra. En su obra titulada *La Sagrada Familia*, aunque escrita ya desde el punto de vista proletario, Marx empieza a desplazar sus investigaciones desde el campo de la crítica filosófica y jurídica al reino de la economía política.

Lo mismo en 1840 que en 1846 (fechas de publicación de sus dos libros), Proudhon se revela como un pequeñoburgués, pero con esta diferencia: que en su primera obra critica la sociedad burguesa desde el punto de vista del pequeño propietario rural, mientras que más tarde, en la *Filosofía de la miseria*, abraza los intereses del pequeñoburgués, que oscila entre el pequeño productor y el obrero. De ahí provienen todas sus contradicciones. Proudhon quería reformar la sociedad burguesa, pero sus reformas aspiraban a borrar los antagonismos de clase que pugnaban en su seno, para transformarla en una sociedad burguesa ideal. Únicamente en este sentido puede clasificarse a Proudhon, a diferencia de Sismondi (primer representante del socialismo pequeñoburgués reaccionario, empeñado en volver atrás el carro de la historia), como paladín del socialismo conservador pequeñoburgués. Después de la revolución de 1848, Proudhon rectificó nuevamente sus doctrinas. Fue entonces cuando desplegó su sistema de «mutualismo», que es en el que suele pensarse hoy generalmente cuando se habla de proudhonismo. El proyecto proudhoniano representó un gran papel en la historia de la Asociación Internacional de Trabajadores. Estas doctrinas asumieron forma concreta poco después de 1860, cuando Proudhon adaptó por primera vez sus ideas a las necesidades del proletariado urbano. Esta adaptación obedeció en gran parte a la presión del movimiento, cada vez más pujante, de la clase obrera. El sistema mutualista aparece desarrollado en la obra póstuma de Proudhon titulada *La capacité politique de la classe ouvriere* (París, 1873). En este libro se habla de la necesidad de dar al proletariado una organización independiente como clase; sin embargo, Proudhon sigue condenando las huelgas y se declara contrario a la participación directa de los obreros en la lucha política. Proudhon fue siempre enemigo del comunismo, al que oponía el mutualismo y la cooperación, y pisó en el terreno del socialismo pequeñoburgués hasta el final de sus días.

54. *La filantropía burguesa*

La cuarta y quinta década del siglo XVIII marcan el apogeo de la filantropía burguesa en la Europa occidental. El pauperismo era el peor enemigo de la humanidad y había que combatirlo. Los escritos acerca de la pobreza, la «maldición que pesa sobre el proletariado», etc., aumentan de año en año, paralelamente con el aumento del número de huelgas y de motines en el interior de las fábricas.

Entre estas personas de buena fe había no pocos «volatineros» que vivían de traficar con la caridad. Los que sinceramente apetecían que mejorase la situación de los trabajadores fundaban ligas, sociedades, organizaciones caritativas y de beneficencia para ayudar a la clase obrera. Estos filántropos tenían, sin embargo, un cuidado exquisito en evitar todo lo que pudiera «fomentar la rebeldía de los obreros contra sus condiciones de vida» o llevarlos a organizarse para la defensa de sus intereses. Alguien presentó un proyecto encaminado a premiar la laboriosidad de los obreros en las fábricas, pero no llegó a realizarse. Las «sociedades de templanza» incluían en sus programas la aspiración de levantar el nivel moral de vida de los trabajadores. La filantropía práctica se completaba con la teoría filantrópica.

La escuela filantrópica es la más desarrollada de todas las escuelas humanitarias. Sus secuaces niegan que exista ninguna necesidad de antagonismo (entre ricos y pobres). Aspiran a colocar a todo el mundo en un nivel burgués y profesan una teoría que quisieran ver realizada en aquello en que la teoría puede diferir de la práctica y liberarse de los antagonismos de clase que gobiernan la realidad. Desde luego, en el campo teórico es muy fácil ignorar las contradicciones con que en la vida real tropezamos a cada paso. Por eso la teoría filantrópica aspira a ser la realidad idealizada. Los filántropos desean mantener las categorías que son expresión de las condiciones burguesas, al mismo tiempo que se empeñan en hacer desaparecer las contradicciones que forman la esencia de este régimen, del cual son inseparables. Y aun cuando se figuran estar atacando muy seriamente las prácticas de la burguesía, los filántropos son en realidad más burgueses todavía que los demás burgueses.[416]

En su discurso sobre el librecambio, Marx retrata brillantemente a los economistas que cantan a la libertad del tráfico mercantil... ¡en interés de la clase trabajadora! «Verdaderamente –dice Marx– es difícil de comprender la asombrosa suposición de que parten los librecambistas al afirmar que un mejor empleo del capital pondría fin a los antagonismos que median entre los capitalistas y los obreros. El resultado sería precisamente el contrario. Sería, y no podría ser otro, acentuar más todavía la división entre las dos clases».

En el congreso de economistas celebrado en Bruselas durante el mes de septiembre de 1847, Rittinghausen (1814-1890) (un socialista que, andando el tiempo, había de adquirir considerable fama como adalid del referéndum y de la libre iniciativa) salió en defensa de los aranceles protectores... ¡en interés, claro está, de la clase trabajadora! *La Gaceta Alemana de Bruselas,* comentando el discurso de Rittinghausen, observaba que podía pasar perfectamente por una alocución del proteccionista burgués Friedrich List (1789-1846), si bien las arengas de este solían ser más amenas y brillantes.

Coincidiendo con ese congreso, y en la misma ciudad, se celebró otro encaminado a promover la reforma de la legislación penal. Los filantrópicos abogados de la reforma penal sostenían que el sistema unicelular o de reclusión solitaria era el mejor medio para elevar el nivel moral de los criminales de la clase

---

416 Marx, *Miseria de la Filosofía*, op. cit., p. 173.

obrera. Por fin, los congresistas decidieron fundar una sociedad internacional destinada a mejorar la suerte de la clase proletaria y de los pobres. «Prisiones celulares... en interés de la clase trabajadora (¡!)».

55. *Babeuf*

Cuando Eduard Bernstein comenzó a atacar al marxismo revolucionario, trató de demostrar que Marx y Engels no eran, en el fondo, más que discípulos espirituales de Blanqui (1798-1854), que a su vez era pura y simplemente un «babuviano» (discípulo de Babeuf, 1760-1797). Bernstein apoyaba su tesis en el hecho de que en toda la literatura socialista no existiese ninguna crítica de las teorías de Babeuf.

Charles Andler, sin embargo, está seguro de que, aunque las ideas de Babeuf no aparezcan directamente discutidas en el *Manifiesto*, este autor se halla clasificado implícitamente entre los reaccionarios, como uno de aquellos paladines que «predicaron el ascetismo universal y una igualdad primitiva»[417].

En el *Manifiesto* no solo no se toman en consideración las doctrinas de Babeuf, sino que no se hace tampoco la más leve referencia a las de Blanqui. En el capítulo correspondiente al socialismo y comunismo crítico-utópico, el *Manifiesto* no menciona a los comunistas revolucionarios ni alude tampoco para nada a los comunistas materialistas franceses. No se hace la menor mención de comunistas como Gay y Dézamy. El mismo Cabet (1788-1856) aparece aludido indirectamente, a pesar de ser el único comunista contemporáneo cuyas obras tuvieron presentes, indudablemente, los autores del *Manifiesto* al escribir el mentado capítulo.

Babeuf no fue nunca un teórico del comunismo, tesis que puede aplicarse también, con mucha más razón, a Blanqui. «Presentar a Babeuf como el exponente teórico del comunismo no podía caber más que en la cabeza de un maestro de escuela de

---

417 Véase el comentario de Andler en *Le Manifeste Communiste*, op. cit., p. 191.

Berlín»[418]. Sin embargo, en 1845, Marx asignaba un importante papel a Babeuf en la historia del pensamiento socialista. Al explicar al demócrata Karl Heinzen toda la importancia que habían tenido las ideas socialistas en el curso de la Revolución francesa, Marx subraya la labor de Babeuf, calificándolo de defensor activo de los intereses proletarios.

> El primer partido comunista verdaderamente efectivo se formó en el curso de la revolución burguesa, en el momento de ser derrocada la monarquía constitucional. Los comunistas dotados de mayor fuerza dialéctica (los «niveladores» en Inglaterra, y Babeuf, Buonarroti y otros en Francia) fueron los primeros que hicieron hincapié en la cuestión social. En *Gracchus Babeuf et la conjuration des égaux,* obra escrita por el amigo y camarada de Babeuf, Buonarroti, se pone de manifiesto cómo aquellos republicanos llegaron a comprender por experiencia que, aun cuando fuese posible resolver «problemas sociales» como los de república contra monarquía, esto no solucionaría ni una sola «cuestión social», en el sentido proletario de la palabra.[419]

Hacia fines de la tercera década del siglo XVIII, cuando (bajo la dirección intelectual de Buonarroti, que predicaba el viejo evangelio de la igualdad) los babuvistas intervinieron en el movimiento revolucionario francés, este grupo fue separándose cada vez más de aquellos que mostraban tendencias puramente republicanas y asociándose cada vez más íntimamente con los círculos comunistas proletarios. Antes de la revolución de 1848, los babuvistas se veían obligados a desarrollar secretamente sus actividades. Luego, durante las jornadas de febrero, ejercieron una influencia decisiva, logrando mantenerla hasta el final del movimiento, en junio. Dirigidos por Blanqui (que acababa de salir de la cárcel), contribuyeron a la formación de un partido proletario verdaderamente potente.

---

418 Marx, *Comentario sobre Stirner,* op. cit., pp. 309-310.

419 Véase Marx y Engels, *Escritos varios,* op. cit., Tomo II, p. 548.

Como vemos, la importancia de las enseñanzas de Babeuf no está precisamente en el campo de las ideas ni de los sistemas comunistas, sino en el terreno de las organizaciones proletarias y su táctica, en la redacción de un programa en que se cifran las medidas fundamentales para el período de la dictadura del proletariado. Precisamente por la importancia que ejercían en este campo, pudieron convertirse los babuvistas en un partido revolucionario, a pesar de que en los escritos de muchos de ellos nos encontramos con una serie de ideas reaccionarias sobre el «ascetismo universal y la igualdad primitiva». Marx dijo en una ocasión que el materialismo babuvista era un materialismo «grosero y sin desbastar». Engels demuestra que el ascetismo no solo es característica de todos los levantamientos de la Edad Media, sino que da también un tinte religioso al movimiento proletario moderno en sus primeros pasos.

Este puritanismo ascético, esta insistencia en renunciar a todos los placeres y alegrías de la vida, representa, de un lado, una restauración del principio espartano de la igualdad contra las clases dirigentes, y es, de otro, una etapa necesaria de transición, sin la cual los sectores inferiores de la sociedad son incapaces de ponerse en marcha. Si los individuos de esta clase han de arreciar en sus energías revolucionarias, si han de llegar a darse cuenta de que su posición tiene que ser de hostilidad contra todos los demás elementos de la sociedad, si han de unirse y concentrarse en una sola clase, es necesario que empiecen por desprenderse de cuanto pueda reconciliarlos con el orden existente y que renuncien a los pequeños placeres que les permiten sobrellevar temporalmente su existencia y que ni aun la más fiera opresión puede arrebatarles. Este ascetismo plebeyo y proletario se distingue marcadamente, así en su acometividad fanática como en su verdadera esencia, del ascetismo burgués predicado por los moralistas luteranos y los puritanos ingleses, pues todo el secreto del ascetismo burgués reside en el medro de la propia clase. Advertiremos, además, que aquel ascetismo proletario y plebeyo va perdiendo poco a poco su carácter revolucionario, a medida que el desarrollo de las modernas fuerzas de producción multiplica en número ilimitado los placeres materiales, echando por tierra la igualdad espartana, y, sobre todo, a medida que la posición del proletariado y, por tanto, el proletariado mismo, se tornan, con cada día que pasa, más revolucionarios.[420]

Entre los movimientos autónomos de esos sectores de la sociedad a quienes cabe considerar como precursores más o menos rudimentarios del proletariado moderno, Engels incluye, además de los «niveladores», o mejor dicho, la extrema izquierda de este movimiento durante la revolución inglesa y el grupo de Babeuf durante la Revolución francesa, la insurrección acaudillada por Thomas Müntzer (1490-1525) durante el período de la Reforma y la guerra de los campesinos en Alemania, insurrección en que explotó el descontento reinante entre los elementos proletarios de la población plebeya de Turingia. «La filosofía religiosa de Müntzer rayaba en el ateísmo, del mismo modo que su programa político presentaba gran afinidad con el comunismo. En vísperas de la revolución de febrero (1848) había aún sectas comunistas cuyo arsenal teórico se hallaba todavía peor pertrechado que el de Müntzer y sus secuaces en el siglo XVI»[421].

Las primeras aspiraciones utópicas hacia una sociedad ideal se revelaron en el siglo XVI, como protesta contra el desarrollo incipiente del capitalismo. Portavoz de estas aspiraciones, cuyas raíces se hallaban en el propio suelo del capitalismo, fue Tomás Moro (1478-1535). Su *Utopía* vio la luz en 1516. Le siguió Tommaso Campanella (1568-1639), con su *Ciudad del Sol* (Civitas Solis) en 1623. En el curso del siglo XVIII, las teorías comunistas tuvieron su abogado en Meslier (1664-1729), un pobre cura parroquial, y en Morelly (se desconocen las fechas de su muerte y de su nacimiento; sus libros se publicaron de 1743 a 1755). En las teorías de estos hombres basaron Babeuf y los que le seguían su crítica de las desigualdades existentes y sus reivindicaciones prácticas.

---

420 Engels, *La guerra campesina en Alemania*, op. cit., pp. 60–61.

421 Ibíd., p. 54.

56. *Los grandes utopistas*

Los sistemas erigidos por Saint-Simon (1760-1825), Fourier (1772-1837) y Owen (1771-1858) pertenecen al siglo XIX. Todos ellos se inspiraron en la Gran Revolución francesa y desplegaron sus actividades impulsados por las condiciones creadas por la gran industria. No fue Engels el único que puso de relieve lo mucho que el socialismo científico debe a estos tres grandes utopistas.

> Los exponentes del socialismo científico alemán no olvidarán nunca lo mucho que deben a Fourier, Saint-Simon y Owen. Estos tres hombres, por fantásticas y utópicas que fuesen sus doctrinas, deben ser clasificados entre los pensadores más fecundos de todas las épocas. Hombres de genio profético, esbozaron no pocas de las ideas que nosotros podemos ya asentar hoy sobre bases firmes y científicas.[422]

Las obras de los grandes utopistas eran, ante todo y, sobre todo, descripciones de un país imaginario. Sin embargo; su crítica de la sociedad burguesa llegaba a lo más hondo de sus raíces y contribuyó no poco a despertar la conciencia de los obreros. Más aún: tan pronto como desnudamos sus escritos de las galas utópicas nos encontramos con preciosas indicaciones referentes a las medidas de carácter positivo por las que el proletariado debe luchar en tiempos de revolución social.

Estos tres grandes utopistas no ejercieron, sin embargo, la misma influencia sobre los fundadores del socialismo científico. La influencia ejercida por Saint-Simon fue escasa, sobre todo en lo que a Marx se refiere. Engels reconoce que la defensa que Saint-Simon hacía de los obreros era perfectamente compatible con las aspiraciones burguesas. En un principio, Saint-Simon se alzó como defensor de la sociedad industrial contra el feudalismo.

---

422 Engels, *Prefacio a «La guerra campesina en Alemania»*, op. cit., adición al prefacio a la edición de 1870 para la tercera edición de 1875.

Dividió a la sociedad en tres clases: la clase feudal, la clase media y la clase industrial. En esta última incluía no solo a los obreros, sino también a los dueños de fábricas, a los comerciantes y, en general, a todos los capitalistas industriales. Estos magnates industriales, guiados por los sabios, los científicos, estaban, según él, llamados a ser los grandes paladines de la futura sociedad.

> No debemos olvidar que solo en su última obra (*Le Nouveau Christianisme*, 1825) abogaba Saint-Simon por la causa de los obreros, declarando que su emancipación era la meta final de todas sus actividades. Sus escritos anteriores no son más que panegíricos de la moderna sociedad burguesa, por oposición a la sociedad feudal, de los industriales y banqueros frente a los mariscales de campo y los legisladores de la era napoleónica. Entre sus manifestaciones y las de Owen, cuyas obras aparecieron casi al mismo tiempo, media un abismo.[423]

En una nota glosando estas manifestaciones de Marx, dice Engels que este hubiera modificado considerablemente ese pasaje si hubiese podido revisar el manuscrito. Engels olvida, sin embargo, que, al escribir el *Anti-Dühring*, él mismo se vio obligado a subrayar estas declaraciones de Marx. Aunque sea cierto que Marx hablaba siempre elogiosamente de Saint-Simon refiriéndose a su genio y a su cultura enciclopédica, no es menos cierto que, de todos los grandes utopistas, el que menos influencia ejerció sobre él fue Saint-Simon. Merece la pena advertir que ni en los tres volúmenes de *El Capital* ni en ninguna de las obras de Marx aparece citado nunca Saint-Simon en apoyo de sus opiniones.

Cuando Marx se entregó al estudio de los sistemas socialistas tenía ya detrás una experiencia de vida, adquirida en la campaña contra el régimen social del feudalismo prusiano, campaña en la que luchó mano a mano con los representantes de la nueva burguesía industrial de las provincias del Rin. Marx llegó a la

---

423 Marx, *El Capital*, Tomo III, 4ª ed., 2ª parte, p. 144.

conclusión de que no bastaba con criticar el orden social en términos generales; para él, el arma crítica principal debía ser la económica. Y esto fue lo que le alejó de Saint-Simon para acercarle a Fourier y a Owen, cuyas obras, en lo que a la crítica social se refería, tenía en mucha más estima que las del autor del *Nuevo cristianismo*.

Tan ridículo es suponer que Marx era discípulo de Saint-Simon en su interpretación materialista de la historia, como sostener que le seguía en el campo de la economía política (como seguía a Rodbertus, por ejemplo). Engels se aprovechó de los servicios de Saint-Simon hasta donde le fue posible, lo mismo que de los de Fourier y Owen; pero también él tuvo que reconocer que Saint-Simon, a pesar de haber tocado en la esencia de casi todas las teorías socialistas posteriores, había fracasado en el campo de la economía política.

Solo en un punto (y el propio *Manifiesto* lo subraya) puede decirse que Saint-Simon se anticipó a Marx: en la idea de transformar el Estado en un simple organismo administrativo del proceso de producción.

> En 1816, Saint-Simon declaró que la política era la ciencia de la producción y predijo la fusión completa de la política con la economía. El hecho de que las condiciones económicas son la base de las instituciones políticas, solo aparece aquí delineado. Pero tenemos ya la afirmación concreta de que el gobierno político sobre las personas se transformará, llegado un momento, en la gestión administrativa de las cosas y en la dirección de los procesos de producción. La abolición del Estado, que tanto se pregona hoy, aparece claramente esbozada en Saint-Simon.[424]

He ahí por qué la filosofía de Saint-Simon y sus teorías históricas no pudieron influir sobre Marx, que en 1842 era ya un materialista más convencido que lo había estado nunca

---

424 Engels, *Anti-Dühring*, op. cit., p. 277.

del idealismo. Fourier y Owen, materialistas también, ocupan una posición completamente distinta respecto a Marx. Sin un materialismo lógicamente mantenido y consecuente, sin una visión de las cosas que limpie de telarañas místicas el campo de las relaciones sociales y de la historia humana, no puede haber comunismo verdadero.

Basta comparar lo que Engels dice de Fourier con la opinión que exterioriza respecto a Saint-Simon, para comprender lo fácil que le era encontrar palabras y hechos acreditativos de los servicios prestados a la ciencia social por Fourier, y el trabajo que le costaba descubrir en las obras de Saint-Simon ninguna cualidad digna de encomio en este sentido. Lo cierto es que Fourier ejerció bastante influencia lo mismo sobre Marx que sobre Engels. En *La Sagrada Familia* y en otros muchos escritos suyos, Marx cita con frecuencia a Fourier en apoyo de sus opiniones. Califica de «maestra» su crítica de la familia y del matrimonio en la sociedad burguesa, y reputa sus ideas sobre educación como las «mejores que existen en esa materia, llenas de agudeza y profundidad».

En 1846, Engels contrastaba ya las enseñanzas de Fourier con las de los exponentes del «verdadero» socialismo alemán, y decidió emprender la publicación de las obras más importantes del utopista francés, traducidas al alemán. Pero este plan no llegó a convertirse en realidad, y Engels hubo de contentarse con publicar la traducción de un artículo de Fourier sobre el comercio. Qué profundo conocimiento tenía Engels de las obras de Fourier lo demuestra el brillante retrato que traza del socialista francés, y en el que se advierte no solo un gran respeto, sino también una gran simpatía personal hacia el eminente utopista. He aquí la semblanza:

Las obras de Fourier contienen una crítica de las condiciones sociales imperantes, crítica que no por estar brillantemente escrita deja de ser profunda, como podría esperarse de un francés. Ataca a la burguesía de un modo tajante, citando a sus inspirados profetas de los días prerrevolucionarios y a sus sicofantes de la república. Fourier demuestra de un modo inexorable cuán empobrecido vive el mundo burgués, así en lo material como en lo moral, a pesar de todas las brillantes promesas de la época enciclopedista, cuyos apóstoles solían predicar de una sociedad futura en la que reinaría la razón y la civilización irradiaría por todas partes la dicha y perfeccionaría el género humano. Cita las hermosas frases de los idealistas burgueses de la época, comparándolas con las realidades y cubriéndolos de ridículo. Fourier no es solamente un crítico; su carácter jovial e incisivo hace de él un satírico, y uno de los más grandes que jamás existieron. Describe con gran ingenio y maestría el frenesí especulativo y el espíritu devorador del mercantilismo que se apoderó de Francia después de la revolución. Pero la crítica que traza de la evolución de las relaciones sexuales burguesas y de la posición de la mujer en la sociedad es todavía más notable. Él fue quien sentó el axioma de que en la sociedad el grado de emancipación de la mujer refleja siempre el grado de emancipación general. Pero donde Fourier raya más alto es en la perspectiva que traza de la historia de la sociedad. Fourier divide el curso de la historia social en cuatro fases de desarrollo: el estado salvaje, la barbarie, el patriarcalismo y la civilización. Esta última fase corresponde al período de la llamada sociedad burguesa; es el orden social que comienza con el siglo XVI. Fourier demuestra que «la civilización complica, arrecia y hace ambiguos e hipócritas todos aquellos vicios que en la barbarie se practicaban en una forma relativamente sencilla»; que la civilización se mueve en un círculo vicioso, en medio de contradicciones, que reproduce incesantemente sin lograr resolverlas, llevando a consecuencias que resultan ser siempre lo contrario de lo que persigue o de lo que profesa perseguir. Y así nos encontramos, por ejemplo, con que en la civilización la pobreza brota precisamente de la abundancia.[425]

La influencia ejercida por Owen sobre Engels no fue menor que la ejercida por Fourier. En su primer viaje a Inglaterra, Engels colaboró en el periódico de Owen titulado *El Nuevo*

---

425 Engels, *Del socialismo utópico al socialismo científico*, op. cit., p. 22.

Mundo Moral (New Moral World). En Marx influyeron todavía más intensamente las ideas de Owen. En varias partes de El Capital se deja traslucir la importancia que Marx concedía al sistema de Owen, muy especialmente porque «Owen no solo arranca en sus experimentos del sistema fabril, sino que declara que este sistema es, teóricamente, el punto de partida de la revolución social»[426]. En este sentido, Owen ocupa en el socialismo científico un lugar más alto que Saint-Simon e incluso que Fourier, del mismo modo que en su tiempo Inglaterra era, como país capitalista, superior a Francia, donde la gran producción se hallaba todavía en mantillas. Después de pasar al campo comunista, Owen concentró sus ataques contra los principales obstáculos que se oponían a la transformación de la sociedad burguesa en una sociedad comunista; por eso arremetió principalmente contra la propiedad privada, contra la religión y contra las formas vigentes de matrimonio. Owen era un materialista convencido y basaba sus teorías en la idea de que el carácter humano obedecía a influencias exteriores y de que el hombre no poseía ninguna cualidad innata, ningún sentimiento ni conciencia moral adquiridos a priori o transmitidos por un poder sobrenatural. «Lo cierto es que la conciencia es un producto manufacturado, ni más ni menos que el algodón o cualquier otro artículo». Esta observación encierra un sentido más profundo que todos los pensamientos de los materialistas vulgares y antihistóricos juntos. Lo mismo en el campo teórico que en los dominios de la práctica, Owen prestó grandes servicios a la legislación obrera; fue el primero en abogar por la combinación del trabajo fabril con la educación de los niños empleados en la industria (el germen de las «escuelas de trabajo») y el iniciador de las cooperativas de producción y de distribución. Pero Owen no compartía las ilusiones de sus imitadores en punto a la importancia de estas reformas aisladas,

---

426 Marx. *El Capital*, Tomo I, op. cit., p. 544, nota a pie de página.

que solo consideraba como expedientes transitorios hacia el orden social comunista. Nadie, salvo Fourier, trabajó tan intensamente como él para descubrir los medios de poner fin al divorcio abierto entre el campo y la ciudad. Owen comprendía perfectamente la necesidad de llegar a una inteligencia mutua entre los trabajadores de la ciudad y del campo.

57. *Los comunistas franceses y alemanes*

Etiènne Cabet (1788-1856), comunista y republicano francés, escribió una especie de fábula social, el *Viaje a Icaria* (*Voyage en Icarie*), que causó gran sensación en su tiempo. En vísperas de la revolución de febrero (1848) fletó una expedición utópica con el fin de fundar en los Estados Unidos de América una colonia de «icarios». Cabet confiaba en poder realizar sus sueños utópicos en el mismo seno de un orden social capitalista; su aspiración era edificar en suelo americano la Nueva Jerusalén. No contento con apelar a las simpatías burguesas, se dirigió a los obreros, entre los cuales encontró algunos dispuestos a apoyar la empresa. En 1847 había trazado ya los planes para la fundación de su pequeña Icaria. Se dirigió en busca de apoyo a varias organizaciones obreras, entre otras a la Asociación Comunista de Educación Obrera de Londres, cuyos miembros más destacados (Bauer, Moll, Schapper, Lessner, etc.) tuvieron una parte tan importante en la creación de la Liga de los Comunistas. Pero aun reconociendo los servicios prestados por Cabet a la lucha proletaria, los miembros de la Asociación Comunista de Educación Obrera se declararon en contra de sus planes. Razonaban la negativa diciendo que la bancarrota inevitable en que acabarían esos planes no serviría más que para llenar de regocijo a la burguesía y que, aun para comunistas, la propiedad colectiva que él proponía era irrealizable sin el indispensable período de transición durante el cual se iría haciendo desaparecer gradualmente la propiedad privada; a su juicio, Cabet se obstinaba en cosechar sin haber sembrado. Nuestro «icario» se trasladó a Londres con el fin de convencer a los comunistas de la viabilidad de sus planes, pero fue en vano. El espíritu de la farsa enseñó su mueca grotesca en cuanto los aventureros se hicieron a la mar. Cuando levantó anclas el barco de los expedicionarios de Icaria se oían ya los primeros rumores de las tormentas revolucionarias de 1848. A la primera expedición, compuesta por 1.500 «icarios», siguieron, en el curso del mismo año, otros destacamentos. Aquellas gentes utópicas abandonaban el viejo mundo cuando todo se hallaba forcejeando con la revolución, para regresar, pocos años más tarde, a su tierra natal vencidos y desilusionados.

Aparte de estos ilusos que soñaban con llevar a cabo la transformación de la sociedad por métodos pacíficos, en Francia y Alemania había algunos otros comunistas de tendencias revolucionarias. La figura más notable de todos los comunistas que precedieron a Marx y Engels fue Wilhelm Weitling (1808-1870), de oficio sastre. Aunque el *Manifiesto* no mencione su nombre, le incluye indudablemente en el grupo dominado por las ideas de Babeuf. Más aún. En el primer capítulo del *Manifiesto* hay un pasaje que se refiere evidentemente a Weitling, que, lo mismo que Bakunin, asignaba un papel importante al proletariado andrajoso o «lumpenproletariat» (lumpenproletariado), viendo en este sector el elemento más leal y seguro de la revolución. Como Fourier, Weitling comienza su crítica del orden social analizando las pasiones y necesidades de la humanidad. En la construcción de su plan de sociedad futura reserva un puesto de primer plano a los representantes de las ciencias aplicadas. Para él, el mejor medio para instaurar un nuevo orden social era llevar el desorden social existente a un extremo tal, que la paciencia del pueblo llegara a agotarse. Weitling no se resignaba a admitir la idea de un período de transición durante el cual (en Alemania, donde no había estallado todavía la revolución burguesa) la burguesía actuara como clase dirigente. Esta disparidad de criterio fue la causa principal de su ruptura con Marx, que había sido uno de los primeros en saludar con palabras encomiásticas la aparición de su libro *Garantías de la armonía y la libertad* (1842). Marx habla de esta obra como de «un gigantesco y brillante debut de los obreros alemanes», destacándola sobre la medrosa y tímida mediocridad de la literatura política alemana de su tiempo. Weitling y Marx rompieron definitivamente el 30 de marzo de 1846, cerca de un año antes de fundarse la Liga de los Comunistas.

En Francia existía otro grupo comunista revolucionario que actuaba secretamente y que no dejó de funcionar ni aun después del fracaso de la intentona revolucionaria de mayo de 1839. En este alzamiento tomaron parte, además de Blanqui y de Barbes, los futuros fundadores de la organización comunista alemana. Los guías de este grupo de comunistas franceses, hombres que gozaban de gran predicamento en los medios obreros, eran Dézamy y sus camaradas. En su interesante digresión sobre la historia del materialismo francés, Marx expone que la teoría comunista se deriva de la filosofía materialista francesa del siglo XVIII. Y escribe:

> Fourier toma por punto de partida las doctrinas de los materialistas franceses. Los babuvistas eran materialistas groseros y sin desbastar, pero el comunismo progresivo se deriva, a pesar de todo, del materialismo francés. Nos encontramos con que estas doctrinas vuelven a Inglaterra, su país natal, después de haber asumido la forma que les imprimió Helvetius. Bentham construyó su sistema sobre las nociones morales de Helvetius; del mismo modo que Owen, partiendo del sistema de Bentham, llegó a ser el fundador del comunismo británico. Cabet, francés emigrado a Inglaterra, se sintió impresionado por las ideas comunistas que se agitaban entonces en aquel país y regresó a Francia para convertirse en el más popular, aunque también en el más superficial representante del comunismo en su patria. Al igual que Owen, los comunistas científicos franceses (Dézamy, Gay, etc.) desarrollaron la teoría materialista bajo la forma de un humanismo realista como la base lógica del comunismo.[427]

---

427 Marx y Engels, *La Sagrada Familia*, op. cit., cap. VI, pp. 239–240.

Dézamy, cuyo nombre aparece citado en algunos otros escritos de Marx, intervino activamente en los círculos comunistas obreros. Era un comunista de los pies a la cabeza, admirador convencido de Morelly, Babeuf y Buonarroti. Como Weitling, entró en contacto directo con el proletariado; pero era, a diferencia de este, un materialista consecuente. Influido por los utopistas, sus precursores, trazó un plan detallado para la instauración de un orden social comunista, confiando en que la propaganda de este plan allanaría el camino para la transformación de la sociedad contemporánea en otra de tipo superior, es decir, en una sociedad de tipo comunista. Sin embargo, pese a estos proyectos utópicos, su crítica del régimen social burgués (que tiene cierto sabor de owenismo y fourierismo) ejerció indudablemente gran influencia sobre el pensamiento de Marx. En el mismo *Manifiesto* se percibe cierto eco de la crítica social de Dézamy. Dézamy y sus discípulos atrajeron a su lado gran cantidad de obreros, y los «comunistas materialistas» de todos los matices desempeñaron, como hemos indicado ya, un papel muy importante en la labor subterránea que precedió a la revolución de 1848. Estos elementos fueron los que luego formaron la medula del partido blanquista.

Aparte de sus escritos menores sobre Lamennais y Cabet, los libros más notables de Dézamy fueron: *Code de la communauté* (1842), *Organisation de la liberté et du bien-être universel* (1846) y *Le jesuitisme vaincu et anéanti par le socialisme* (1845). Dézamy editó también un Almanach de la communauté para obreros.

58. *Cartistas y owenistas*

A diferencia de Saint-Simon y Fourier, Owen, una vez que hubo roto con las ideas convencionales de la sociedad de su tiempo, se entregó en cuerpo y alma al movimiento proletario y luchó durante varios decenios mano a mano con los trabajadores. A pesar de esto continuaba siendo un utopista pacifista y se negaba a tomar parte en las actividades revolucionarias. No se le alcanzaba la necesidad de organizar a los obreros en un partido político independiente frente a los partidos políticos de la burguesía. Esto explica la actitud por él adoptada para con los cartistas, que luchaban por conquistar la plenitud de los derechos políticos para la clase obrera. En su obra sobre la situación de la clase trabajadora en Inglaterra, Engels nos pinta del modo siguiente las relaciones entre cartistas y owenistas durante los años 1850 y siguientes:

> Los socialistas (a diferencia de los comunistas) son totalmente dóciles y pacíficos y apoyan las condiciones de vida de la sociedad existente (por malas que sean), toda vez que se niegan a abrazar, para transformarlas, ningún método que no sea la senda pacífica de la persuasión. Al mismo tiempo, sus ideas son tan abstractas, que, presentadas en su forma actual, no se prestan para ganar adeptos [...]. Los socialistas desconocen todo el proceso del desarrollo histórico y admiten la posibilidad de instaurar el comunismo en proporciones nacionales, sin pasar por un período de transición; creen en la posibilidad de implantarlo en bloque de la noche a la mañana. No comprenden que la marcha de los acontecimientos políticos impondrá la implantación de un régimen social comunista cuando la sociedad se halle madura para el cambio, cuando ese cambio se haga factible y necesario. Se explican que los obreros abriguen resentimientos contra los burgueses, pero no creen que este odio de clase pueda conducir a ningún resultado positivo. No ven que es precisamente ese resentimiento, que actúa como incentivo moral, el que más acercará al obrero a su meta. Su evangelio de filantropía universal es totalmente estéril, sobre todo bajo las condiciones que imperan actualmente en Inglaterra.[428]

Engels no cerraba los ojos a la evidencia de que los cartistas se hallaban todavía muy rezagados en su desarrollo. Sin embargo, reconocía que eran los auténticos proletarios,

---

428 Engels, *La situación de la clase obrera en Inglaterra*, op. cit., pp. 239-240.

los que representaban real y verdaderamente los intereses de la clase obrera. Por eso creía esencial llegar a una inteligencia entre los socialistas y los cartistas, y él mismo laboró de firme por conseguir sellar esta alianza, poniéndose en contacto con los cartistas y los owenistas.

Por aquel entonces, los fourieristas, en colaboración con Considérant (1808-1893), cambiaron su viejo periódico titulado *La Phalange* por un diario con el título de *La Démocratic Pacifique*. Basta mencionar el nombre para indicar la ideología del periódico. Este órgano sostuvo una campaña a favor de las «reformas» y se convirtió en portavoz de los socialistas democráticos franceses. Como hubo de escribir Engels en *La Sagrada Familia*, aquello no era más que un fourierismo bañado en las teorías sociales de la filantropía burguesa. Considérant, a quien algunos anarquistas gustan de presentar como maestro de Marx y Engels, acometió la empresa de reconciliar los intereses de las dos clases contrapuestas. En la cuarta década del siglo XVIII profetizó ya «el derrumbamiento de la política francesa». Pero después de la revolución de 1848 continuó soñando con la fundación de un nuevo falansterio, que «convencería» por la ejemplaridad a la clase capitalista. Considérant se trasladó a Texas (México), donde fundó una colonia comunista llamada «La Reunión», que, como todos los intentos de la misma clase, no tardó en estrellarse contra la cruda realidad. Regresó a París en 1869, cuando la colonia se había deshecho ya en una lucha sin cuartel, y murió el 8 de mayo de 1893. Jamás abandonó, ni aun en su avanzada edad, los intereses de la clase obrera y acogió con la más fervorosa alegría el resurgir del movimiento proletario francés.

IV. Actitud de los comunistas ante los otros partidos de la oposición

59. *Los comunistas y las organizaciones proletarias de Inglaterra y de los Estados Unidos*

En el segundo capítulo del *Manifiesto* se habla de las relaciones entre los comunistas y los demás partidos de la clase obrera. Ya hemos visto que los comunistas no constituyen un partido frente a los demás partidos obreros. Por consiguiente, dondequiera que exista un partido obrero, los comunistas forman simplemente un sector considerable dentro de ese partido, con la ventaja de que su disciplina teórica los capacita para comprender las condiciones, los avances y los resultados generales del movimiento. Así fue como los comunistas consiguieron hacer pesar su influencia sobre dos organizaciones obreras que florecieron a mediados del siglo pasado: los cartistas ingleses y los adalides de la reforma agraria en los Estados Unidos de América.

Después de la publicación del *Manifiesto*, Marx, y sobre todo Engels, que mantenían ya relaciones con los cartistas, estrecharon todavía más los lazos que les unían al ala comunista del cartismo, principalmente representada por Jorge Julian Harney (1817-1899) y Ernest Jones (1819-1869). A fortalecer esa intimidad contribuyeron los miembros de la Liga de los Comunistas londinense.

Los asuntos tomaron un giro completamente distinto en los Estados Unidos, donde la Liga de los Comunistas no había logrado echar raíces independientes. Entre los obreros alemanes emigrados a los Estados Unidos, el que ejerció una influencia más notable fue Herman Kriege (1820-1850), que se había trasladado a Norteamérica en 1845. Kriege estableció contacto directo con la organización americana titulada Asociación Nacional de Reformas, fundada en 1845 para servir de manto legal a la sociedad secreta llamada Joven América. Esta sociedad política se proponía como fin, según dice Engels, la instauración de un gobierno democrático que pudiera utilizarse como arma contra la burguesía y a favor de la causa proletaria. No hay razón alguna para identificar, como lo hace Andler, la Joven América con la Liga Antirrentista. Esta había sido fundada mucho antes, como fruto del potente movimiento agrario desarrollado en el Estado de Nueva York durante el año 1839.

Los agricultores tomaban sus fincas en arriendo de propietarios a quienes se había concedido miles y miles de acres arbitrariamente. Al principio la renta era moderada; pero la creciente voracidad de los herederos de los primitivos concesionarios iba apretando cada vez más los tornillos de los colonos y tratando de extraer un tributo cada vez mayor. Los agricultores, en vista de esto, entablaron una activa campaña contra la renta y estalló una revuelta agraria. Esta agitación encontró cauces más pacíficos en la Liga Antirrentista, que abrazaba procedimientos legales contra los abusos de los propietarios.

Los dirigentes de la Joven América intervinieron ahora en el movimiento, levantando, por medio de la Asociación Nacional de Reformas, un programa mucho más radical de condiciones agrarias. En este programa se pedía, entre otras cosas, la nacionalización de la tierra y el establecimiento de un límite máximo de 160 acres para cada propietario.

En octubre de 1845, la Joven América celebró un congreso en Boston, invitando a él a la Asociación de Trabajadores de la Joven Inglaterra (que había comenzado a funcionar aquel mismo año). El congreso adoptó un programa en el cual se proclamaba el derecho a la vida y a la libertad, declarando, además, que todo hombre era acreedor a que se le entregase la cantidad de tierra necesaria para el sostenimiento de su familia. Marx no se forjaba ilusiones en cuanto a la índole de este programa. Tanto él como los que compartían sus ideas protestaron contra Kriege por no tomar la reforma agraria como base del movimiento, por su insistencia en no darle una forma más definida, una mira más alta, tomándolo como pauta del movimiento comunista.

> Si Kriege hubiera concebido el movimiento de emancipación como una primera forma del nuevo movimiento proletario, necesaria bajo determinadas condiciones específicas, como un movimiento que, por las condiciones de vida de la clase de que arrancaba, estaba necesariamente destinado a desarrollarse hasta convertirse en un movimiento comunista; si hubiera demostrado cómo las tendencias comunistas en Norteamérica tenían que empezar forzosamente asumiendo esa for ma agraria, aparentemente contraria a todo comunismo, no hubiéramos tenido nada que oponerle.[429]

El primer resultado de este movimiento era acelerar el desarrollo industrial de la sociedad burguesa contemporánea. Pero como a la vez precipitaba el movimiento proletario y envolvía, además, un ataque contra la propiedad privada, Marx admitía que, visto en conjunto, aquella campaña tendía a promover la causa comunista. Después de conseguir unas cuantas reformas mezquinas en el terreno de la legislación agraria, el movimiento se desvaneció. Fue, en substancia, una agitación de agricultores, y los pocos obreros industriales que tomaron parte en ella se vieron arrastrados a un movimiento de vuelta al campo.

Durante los años de 1845 a 1848, Marx y Engels creyeron de primordial importancia ponerse en contacto con una organización que indudablemente ejercía gran influencia sobre los obreros norteamericanos, aunque, como ya hemos visto en la controversia que Marx hubo de sostener con el demócrata Heinzen, el primero profesaba una idea un poco exagerada respecto a la medida en que los proletarios contribuían a la agitación agraria. «En Inglaterra, bajo el nombre de "cartistas", y en los Estados Unidos bajo el de "reformistas nacionales",

---

429 Véase Marx y Engels, *Escritos varios*, op. cit., pp. 421-422.

los obreros crearon sus partidos políticos. Su grito de guerra ya no era monarquía o república. Para ellos, la alternativa era otra: régimen proletario o régimen burgués»[430]. Esta exagerada afirmación se debía a la falta de antecedentes.

En el siguiente episodio se trasluce la importancia que Marx y Engels concedían a este asunto. Los comunistas alemanes de Bruselas decidieron enviar a Kriege una circular criticando severamente su táctica en relación con el movimiento americano. Weitling fue el único miembro del grupo que se negó a firmar el documento. Esto determinó la ruptura entre los comunistas que se inclinaban a las ideas de Marx y los que, con Kriege a la cabeza, pugnaban por armonizar la labor revolucionaria con disertaciones morales y religiosas.

60. *Los comunistas y los radicales en Francia y Suiza*

Por aquel entonces, la democracia social estaba representada en Francia por Ledru-Rollin (1807-1874) y Louis Blanc (1811-1882). La tal democracia había de representar en 1848 el más afrentoso de los papeles. Sus secuaces salían de las filas del proletariado y de la pequeña burguesía. No tenían ninguna idea clara acerca de las condiciones que habían de presidir la emancipación de los obreros; todas sus esperanzas se cifraban en tópicos como «el derecho al trabajo», «la organización del trabajo», la creación de sociedades cooperativas de producción, etcétera.

Engels recomendaba frente a los socialdemócratas la táctica siguiente:

Los comunistas se entenderán con esos socialistas democráticos en los momentos de acción y deben, en general, atenerse en esas ocasiones y en lo posible a una política común con ellos, siempre que estos socialistas no se pongan al servicio de la burguesía

---

430 Véase Marx y Engels, *Escritos varios*, op. cit., Tomo II, p. 146.

dominante y no ataquen a los comunistas. Por supuesto, estas acciones comunes no excluyen la discusión de las divergencias que existen entre ellos y los comunistas.[431]

El diario socialdemócrata francés más importante era *La Réforme*. Entre sus colaboradores se contaban Flocon, Louis Blanc, etc. Engels recibió el encargo de ponerse en contacto con los que dirigían el periódico, trabando así conocimiento con Flocon y Blanc. Para estrechar las relaciones con sus nuevos amigos envió al periódico algunos artículos acerca del movimiento proletario inglés.

En Suiza se aconsejaba a los comunistas apoyar a los radicales. Estos, a pesar de que formaban un grupo insignificante, eran los únicos con quienes, en aquellos tiempos, podían colaborar los comunistas. La mayoría de los radicales suizos vivían en los cantones de habla francesa de Ginebra y Vaud. En octubre de 1846 había estallado en Ginebra una revolución democrática, acaudillada por el periodista James Fazy (1796-1878), después de cuyo movimiento el partido radical cobró más fuerza y se acercó más a los ideales de los republicanos franceses. En febrero de 1845, el gobierno conservador de Lausana, capital del cantón de Vaud, tuvo que dimitir ante un alzamiento popular, cediendo el puesto a otro gabinete de tendencias radicales, y Druey (1799-1855) ascendió a jefe del gobierno cantonal. Más tarde formó parte de una comisión nombrada para revisar la Constitución Federal y apoyó un proyecto para que se insertase en ella un artículo sobre la «organización del trabajo». Como hemos visto, este punto figuraba en el programa de los socialistas democráticos franceses. Cuando los socialistas, y aun los demócratas alemanes, se vieron obligados a refugiarse en Suiza, después del alzamiento fracasado de mayo de 1849, tanto Druey como

---

431 Véase más arriba «Principios de comunismo», respuesta a la pregunta 24, p. 157.

Fazy demostraron ser fieles servidores de la reacción europea. Pero durante los años de 1847 y 1848 su reputación política era intachable. Ocuparon un lugar prominente en la guerra separatista de la Sonderbund. La Sonderbund, que pugnaba por separarse de la Confederación Helvética, era la liga de los siete cantones conservadores sometidos a un gobierno clerical y se había constituido para combatir al gobierno federal, mucho más avanzado. Engels escribe a este respecto: «Ahora que los demócratas apoyan a la parte más civilizada, industrial y democrática de Suiza contra la democracia inculta y teutónico-cristiana de los cantones ganaderos y primitivos, estos demócratas son los representantes del progreso, dejan de revelar su afinidad con la reacción y demuestran que comprenden el verdadero sentido de la democracia en el siglo XIX»[432]. En la lucha contra los jesuitas y los partidarios de la Sonderbund, que gozaban de la protección de Metternich y de Guizot, los demócratas y socialistas europeos pusieron todas sus simpatías de parte de los cantones radicales, que habían entrado en la etapa decisiva de la lucha. En noviembre de 1847 capitularon, una tras otra, las ciudades de Friburgo, Zud y Lucerna. Estas derrotas llevaron la más completa desorganización a la Sonderbund, y a las dos semanas había terminado la guerra suiza de secesión.

En la tercera sesión de la Liga Democrática, fundada en Bruselas poco antes por Marx y otros comunistas alemanes, se acordó dirigir una proclama al pueblo suizo. En ella se invitaba a todos los demócratas convencidos a que prestasen su apoyo a los radicales suizos en su lucha por «sacudir el yugo de los curas» y acabar con la Sonderbund. Este documento iba firmado por Marx, Jules Vallès (1832-1885), compositor y literato; Wilhelm Wolff (1809-1864), representante de la Sociedad Obrera Alemana de Bruselas, a quien Marx dedicó el primer volumen de El Capital; Moses Hess (1812-1875) y otros.

---

432 Véase Marx y Engels, *Escritos varios*, op. cit., Tomo II, p. 446.

61. *La cuestión polaca y los comunistas*

En cuanto a Polonia, a los comunistas se les aconsejaba que apoyasen a la Sociedad Democrática Polaca, que había sido fundada en 1832 para contrarrestar la labor de los aristócratas desterrados. Los demócratas polacos creían que la causa principal del fracaso de la revolución de 1830-1831 había sido el egoísmo de los aristócratas, y sostenían que la salvación de Polonia no estaba solo en el alzamiento armado, sino que era preciso desarrollar simultáneamente una revolución democrática y radical. La mira de los demócratas era, por tanto, apelar al pueblo, a los campesinos. Para ganarse las simpatías populares incluyeron en su programa la emancipación de los campesinos y la supresión de los vínculos feudales que pesaban sobre la tierra. En 1845, bajo la influencia de las ramas austríaca y prusiana, la Sociedad Democrática preparó un nuevo alzamiento bajo la dirección de Mieroslawski (1814-1878). El 24 de enero de 1846 se proclamó en Cracovia un gobierno nacional. Este gobierno nacional publicó el 22 de febrero un manifiesto en el que se prometía a los campesinos la igualdad de derechos y la posesión libre de las tierras que cultivaran. El intento fracasó. Excitados por los más ultrajantes métodos demagógicos (métodos de que Metternich sabía servirse con suma maestría), los campesinos se labraron ellos mismos su derrota haciendo una matanza de miles de propietarios. Y la pequeña república de Cracovia, último vestigio de la Polonia independiente que quedaba en pie después de los repetidos repartos, fue anexionada a Austria con el consentimiento de Rusia y de Alemania.

Esta insurrección despertó las simpatías de todos los demócratas de Europa. Fue el preludio de los sucesos revolucionarios que provocaron la convulsión del continente en 1847 y culminaron en la revolución de febrero de 1848. A pesar de su trágico fin, la tendencia socialista del levantamiento fue acogida por la gran masa del pueblo, a la que se le alcanzaba perfectamente la diferencia que mediaba entre este movimiento revolucionario y los que habían ocurrido durante los años 1830-1831. Los polacos se ganaron nuevas simpatías, esta vez procedentes del campo proletario. Sin exageración puede afirmarse que la restauración de la independencia polaca encontró su primera expresión enérgica en las clases proletarias de Alemania, Francia e Inglaterra después del alzamiento de Cracovia.

He ahí explicado por qué la cuestión polaca figura siempre, desde 1847 en adelante, en el orden del día de todos los congresos de alguna importancia celebrados por los demócratas europeos. En la asamblea celebrada en Londres el 29 de noviembre de 1847 en conmemoración de la revolución polaca de 1830-1831, Marx y Engels hablaron de la importancia de la cuestión polaca para el proletariado europeo. En su discurso, Marx indicó que la cuestión polaca formaba parte del movimiento general en pro de la emancipación de la clase obrera.

> Para que los pueblos se unan, en el sentido genuino de esta palabra, es necesario que tengan intereses comunes. Y para que lleguen a tener intereses comunes es indispensable la previa abolición del régimen de propiedad imperante, pues este régimen es precisamente el que determina la explotación de unos pueblos por otros. Solo la clase obrera está interesada en la abolición del régimen vigente de propiedad. Solo ella posee los medios para conseguirlo. El triunfo del proletariado sobre la burguesía pondrá fin, a la par, a los conflictos nacionales e industriales, que son la causa actual de la hostilidad de unas naciones contra otras. Por consiguiente, el triunfo del proletariado sobre la burguesía será la señal de la emancipación de todas las naciones oprimidas.[433]

Engels explica por qué la lucha de los polacos por su libertad tenía un especial interés para Alemania: «Ninguna nación puede ser libre mientras mantenga a otra encadenada.

---

433 Publicado en la *Gaceta Alemana de Bruselas*, 1847, núm. 98.

Por eso la emancipación de Alemania no será posible mientras los alemanes no liberen a los polacos del yugo germano»[434]. En el mitin celebrado el 22 de febrero de 1848 en conmemoración del alzamiento de Cracovia, Marx abordó de nuevo el problema polaco, tratando de hacer comprender al auditorio, en todo su alcance, la importancia de los sucesos de Cracovia. De este examen sacaba en consecuencia que la emancipación nacional de un pueblo se hallaba siempre íntimamente unida al movimiento democrático, es decir, a la emancipación de la clase oprimida. Por eso no era la emancipación de la Polonia aristocrática, sino de la Polonia democrática, el problema que afectaba a toda la democracia europea.

En la misma asamblea, Engels encarece la importancia de este problema para el pueblo alemán. El alzamiento de Cracovia había convertido un asunto exclusivamente polaco en asunto de interés internacional; y lo que hasta entonces era pura fraseología sentimental, pasaba a ser una expresión positiva que afectaba a la actuación de todos los verdaderos demócratas. Alemania era la que más debía congratularse de ello, pues en una Polonia democrática tendría una aliada leal, una aliada que compartiría sus mismos intereses. El revolucionamiento político de Alemania, la desaparición de Prusia y Austria como potencias dominantes en la Europa central, el repliegue de la Rusia zarista detrás de los ríos Dniester y Dvina, todo esto sería el preludio para la emancipación de Polonia y de Alemania.

Tales eran, pues, y bien claros como se ve, los motivos por los cuales Marx y Engels insistían en que los comunistas apoyaran a aquel partido polaco que entendía que la emancipación de Polonia debía llevarse a cabo por medio de una revolución agraria como la que había estallado en la república de Cracovia el año 1846.

---

434 Ibíd.

62. *Deberes de los comunistas en Alemania*

En Alemania se recomienda a los comunistas que apoyen a la burguesía mientras esta se halla empeñada en una guerra revolucionaria contra las fuerzas de la reacción.

Marx y Engels conocían harto bien la tibieza y falta de decisión de la burguesía alemana. Hasta aquel sector de la burguesía interesado en el desarrollo industrial de las provincias del Rin y de Westfalia formaba meramente en el movimiento de oposición; y aun los mismos colaboradores asiduos de la *Gaceta del Rin,* que dirigía Marx, hombres como Camphausen (1803-1890), Hansemann (1790-1864) y Mevissen (1815-1899), demostraron, en los debates de la *Dieta,* que estaban muy por debajo de un Mirabeau (1749-1791) o de un La Fayette (1779-1849). Pero no por eso perdían Marx y Engels su ecuanimidad:

Sin embargo, los obreros alemanes saben muy bien que la monarquía absoluta no vacilará ni puede vacilar un solo momento en recibirlos, al servicio de la burguesía, con balas de cañón o a latigazos. ¿Por qué han de preferir, pues, los obreros la persecución brutal del gobierno absoluto, con su séquito semifeudal, al gobierno directo de la burguesía? Los obreros saben muy bien que la burguesía no solo les hará concesiones políticas más amplias que la monarquía absoluta, sino que, mal que le pese, por exigirlo así la prosperidad de su comercio y su industria, provocará las condiciones necesarias para la unificación de la clase obrera, y la unificación de la clase obrera es el primer requisito para su victoria. Los obreros saben que la abolición del régimen burgués de propiedad no podrá llevarse a cabo precisamente manteniendo en pie el régimen feudal. Saben que el movimiento revolucionario de la burguesía contra los estamentos feudales y la monarquía absoluta no hará más que acelerar su propio movimiento revolucionario. Saben que su lucha contra la burguesía no podrá comenzar hasta el día en que la burguesía haya triunfado. Y a pesar de todo esto no comparten las ilusiones burguesas del señor

Heinzen. Pueden aceptar y deben aceptar la revolución burguesa como condición de la revolución proletaria. Pero jamás, ni por un momento, considerarla como su propia meta final.[435]

Es cierto que la burguesía alemana se había quedado muy rezagada, que empezaba a luchar contra la monarquía absoluta y a consolidar su poder político en una época en que la burguesía de todos los demás países adelantados se hallaba ya empeñada en una lucha a vida o muerte con el proletariado, cuando toda Europa había dejado ya atrás las ilusiones políticas de la infancia. Sin embargo, también en Alemania empezaban a estallar ya conflictos entre la burguesía y la clase obrera, cobrando incluso carácter virulento, como lo demuestran los disturbios de Silesia y Bohemia. Es decir, en Alemania el proletariado y la burguesía luchaban ya en el terreno económico antes de que esta se hubiese constituido en clase política independiente.

La burguesía alemana trató de convertir la monarquía absoluta en una monarquía burguesa por todos los medios pacíficos, sin querer recurrir a procedimientos revolucionarios. Pero esta esperanza era una vana ilusión, pues la monarquía absoluta tenía sus raíces en la burocracia y en el orden feudal, clases ambas que se veían encaradas con el dilema de «ser o no ser». La revolución burguesa era, pues, inevitable.

No obstante, los comunistas no debían frenar ni por un momento en su labor específica. No debían cejar en su misión de educar a los obreros en la conciencia de sus intereses de clase, opuestos a los de la burguesía, haciéndoles comprender que la batalla contra esta empezaría inmediatamente después del derrumbamiento de la monarquía absoluta, tan pronto como se evidenciase que la revolución burguesa no era más que el preludio de la revolución proletaria.

Es corriente atribuir a Engels la paternidad de todo este capítulo IV; pero no es así, y basta con comparar el texto

---

435 Véase Marx y Engels, *Escritos varios*, op. cit., Tomo II, pp. 469-470.

del *Manifiesto* y la táctica aquí propuesta con sus *Principios de comunismo* para comprender cuán difícil era hasta para un hombre como Engels trazar y expresar líneas de acción convenientes. Mientras que Engels dice que los comunistas debían luchar contra el gobierno apoyando al partido liberal burgués, Marx sostiene que los comunistas solo debían hacer causa común con la burguesía en la medida en que esta actuase revolucionariamente. Mientras que Engels se circunscribe a la lucha por la consecución de un gran número de derechos, merced a los cuales el triunfo de la burguesía sería al mismo tiempo el triunfo del partido comunista, Marx eslabona la revolución burguesa de Alemania (donde las condiciones eran mucho más propicias que aquellas con que se habían encontrado Inglaterra y Francia en los siglos XVII y XVIII respectivamente) con la revolución proletaria; entendiendo que la primera no sería más que el preludio de la segunda.

Que los comunistas tuvieron en cuenta las condiciones especiales imperantes en Alemania al estallar la revolución lo demuestra el hecho de que, inmediatamente después de desatarse, levantaron un programa de reivindicaciones prácticas que difiere en varios puntos del que se formula en el segundo capítulo del *Manifiesto*. El programa redactado por los comunistas alemanes en el 48 tiene todavía gran interés de actualidad.[436]

Una de las diferencias esenciales que median entre este programa y el del *Manifiesto* estriba en la petición de concesiones que, aunque en muy pequeño grado, habían sido logradas ya en los países más adelantados, tales como Suiza, los Estados Unidos, Francia e Inglaterra. Sin estas reformas esenciales sería imposible la instauración de condiciones políticas y sociales que sirvieran a los obreros de armas en su lucha contra la burguesía. Los puntos uno al seis, y el doce y el trece, resumen las reivindicaciones políticas generales, cuya realización transformaría a Alemania

---

436 Véase más arriba «Reivindicaciones de los comunistas alemanes», p. 245.

en una república indivisible y democrática. Los demás puntos se refieren a concesiones tocantes a la vida social y económica. Corresponden al décimo punto del programa esbozado en el *Manifiesto*, si bien aparecen más desarrollados y difieren de este en algunos aspectos. Estos detalles y divergencias tienen un interés especial para nosotros, pues de ellos podemos inferir hasta qué punto Marx y Engels hubieran formulado los mismos principios, de no haberse visto obligados a introducir en el *Manifiesto* una serie de puntos que eran tal vez fruto de la deliberación colectiva o de las transacciones a que habían tenido que llegar con las distintas corrientes de opinión en el congreso de la Liga de los Comunistas celebrado en Londres.

Pronto la experiencia de la revolución alemana demostró que allí donde la burguesía se ve arrastrada, bien a su pesar, a tomar parte en el movimiento revolucionario contra la monarquía absoluta, procura pactar inmediatamente con las fuerzas del pasado, con tanto más ahínco cuanto mayores son la decisión y la energía con que la clase obrera plantea sus propias reivindicaciones. Por lo demás, las reivindicaciones formuladas por Marx y Engels en Alemania eran como para sacar de quicio a la burguesía alemana... Eran demasiado fuertes para los estómagos de aquellos demócratas.

63. *Comunistas y demócratas*

Vemos, por consiguiente (tal es la idea substancial de este pasaje), que, lo mismo en Francia que en Suiza, que en Polonia o en cualquier otro país, los comunistas debían unir sus fuerzas a las de aquellos que batallasen contra las condiciones sociales y políticas dominantes, pues cada paso que se da en la senda de la emancipación de la clase trabajadora prepara el terreno para la lucha de clases entre el proletariado y la burguesía.

Pero, a diferencia de los demócratas, los comunistas, aun tomando parte en estos movimientos, no colocan la cuestión de la forma de gobierno o la de los derechos políticos a la cabeza de su programa. Combaten, ante todo y, sobre todo, contra la propiedad privada, y la solución de este problema es cuestión de vida o muerte para el proletariado, en lo que a la abolición del régimen burgués de propiedad se refiere.

Otro de los puntos del orden del día comunista, tal como se desprende del capítulo final del Manifiesto, es la unión e inteligencia de los partidos democráticos de todos los países. Todas estas eran las razones que inducían a la Liga de los Comunistas al tratar de unir a los comunistas y a los demócratas en un frente único. Con ayuda de Marx, Engels, Wolff, etc., la Liga confiaba en llevar a cabo la unión de las fuerzas democráticas de todos los países contra el feudalismo y la reacción. Sin embargo, esta inteligencia no significaría para los comunistas la renuncia a seguir criticando la fraseología y las ilusiones de aquellos mismos demócratas con quienes se aliaban. La unión de las dos tendencias se llegó a realizar en algunas organizaciones internacionales, tales como la Asociación Democrática de Bruselas (cuya vicepresidencia ocupaba Karl Marx) y la Fraternidad Democrática de Inglaterra. En esta última organización predominaban los cartistas, y entre sus miembros figuraban Schapper y otros representantes del comunismo alemán en Londres.

ÍNDICE

servos ad pileum vocare